선설공사

중대재해 처벌법

건설공사

중대재해 처벌법

김진권

Serious Accidents Punishment Act

경인문화사

머리말

이 책은 헌법상 국가의 국민에 대한 기본권인 안전권에 기초하여 제정된 「중대재해 처벌 등에 관한 법률」(이하 '중대재해처벌법'이라고 한다)을 건설업 분야에 집중하여 집필하였다.

2024년 산재사망자 589명 중에 건설업이 276명(46.8%), 제조업이 175명(29.7%)으로 건설업과 제조업에서 76.5%를 차지하였고, 중대재해로 기소된 사건의 법원 판결 1~53호를 업종별로 분석하면, 건설업에서 28건(52.8%), 제조업에서 19건(36%) 등으로 나타나 건설업과 제조업에서 전체의 88.8%를 차지하고 있다.

중대재해처벌법은 안전보건관리체계의 구축과 조치의무를 이행하지 않은 부작위범이자 고의범, 그리고 의무이행을 위반하여 중대재해에 이르게 한 결과적 가중범의 법적 성격을 가지며, 이의 인과관계가 인정될 때 사업주 또는 경영책임자등을 신분범으로서 처벌한다.

중대재해처벌법상 의무와 책임에 있어서는 법 제4조를 통해 사업주 또는 경영책임자등에 대한 안전 및 보건 확보의무와 법 제5조를 통해 도급, 용역, 위탁 등 관계에서의 안전 및 보건 확보의무를 규정하고, 동법 시행령 제4조와 제5조를 통해 안전보건관리체계의 구축 및 이행 조치와 안전·보건 관계 법령에 따른 의무이행에 필요한 관리상의 조치 등을 각각 규정하고 있다.

건설공사는 중층적 도급방식에 의해 행해지는 특징으로 인해 중대재해 발생시 건설공사발주자, 도급인 및 관계수급인 등의 사업주 또는 경영책임자등 이해관계자별로 책임이 어떻게 부과되는지가 관건이다. 개정 산업안전보건법에서 '도급인'의 정의에서 '건설공사발주자'를 명시적으로 제외하면서 건설공사발주자는 건설공사를 주문하는 자로 시공을 주도하여 총괄·관리하지 아니하는 자를 말하고, 재도급하는 자는 제외한다고 규정하고 있다. 중대재해처벌법 제4조 및 제5조에 의해 사업주 또는 경영책임자, 법인 또는 기관이 그 시설, 장비, 장소에 대하여 '실질적으로 지배·운영·관리하는 자'의 요건에 해당하는 자가 의무주체에 해당한다고 보아야 할 것이다.

건설하도급 관련 책임에서는 산업안전보건법상 안전·보건 조치의무 대상이 관계수급인의 '근로자'에서 '종사자' 개념으로 확대되었고, 중대재해처벌법상 도급·용역·위탁 등 계약의 형식과 관계없이 사업수행을 위해 '대가를 목적으로 노무를 제공하는 자'를 보호대상으로 규정하여 하청업체 대표 사망에 대해서도 원청경영책임자에게 책임이 주어진다. 여기서 관계수급인은 직접 도급관계인 도급·용역·위탁 등에 대하여는 의무와 책임의 주체가 될 수 없지만, 재차 도급·용역·위탁 등을 행한 때에는 동법 제4조에 따라 안전보건 확보의무의 이행주체가 될 수 있다. 건설사업의 경우, 상시근로자가 500명 미만이라 하더라도 건설산업기본법상 토목건축공사업은 시공능력평가 상위 200위 이내라면 안전보건에 관한 업무를 총괄·관리하는 전담조직을 두어야 한다.

산업안전보건법은 안전보건관리체제를 구축하고 사업장에 대한 구체적인 안전 및 보건에 관한 기준과 그에 따른 조치의무 등 사업장별로 구체적 조치를 이행하도록 하면서 위반시 안전보건관리(총괄)책임자에게 책임을 부과하고 있다. 반면, 중대재해처벌법은 산업안전보건법의 세부적인 안전 및 보건조치의 이행이 이루어지도록 안전보건관리체계를 구축하고 이를 지원, 평가, 확인·점검 및 관리하는 의무를 경영책임자에게 부과하고 있다.

중대재해처벌법 위반으로 기소된 법원 판결 53건(1호~53호)의 양형 사유를 보면, 피해자의 사망이라는 중대한 결과가 발생한 점, 피고인이 안전보건 의무위반 행위를 한 점, 중대재해 예방을 위해 엄중한 책임이 필요한 점, 산업재해 등 동종 전과가 있는 점 등이 불리하게 작용하고 있다. 피고인에게 유리한 양형요인으로는 피해자와의 합의가 가장 중요했고, 그 외 자백 및 반성, 피해자 과실의 개입여부 그리고, 본건 사고 이후에 재발방지 노력 등으로 분석되었다.

중대재해처벌법이 중대재해의 예방이라는 입법취지로 볼 때 사회적 안전시스템으로 정착하도록 만드는 것이 필요하지만, 법령상 이해관계자간의 법적 책임의 불균형 문제와 불명확한 조문 등의 문제는 입법목적을 위한 책임과 처벌의 한계로 작용하고 있다. 특히, 건설공사에서 건설공사도급인과 관계수급인 경영책임자등의 책임 불균형 문제와 불명확한 조문으로 인한 다양한 해석상 논란이 되는 문제, 법의 확대시행 이후 소규모사업장의 법적용 현황과 현실적 한계 문제, 법대응을 위한 안전 관련 인증제의 도입과 활용의 검토 문제, 공공발주의 PQ·적격심사의 안전역량평가 적용 문제, 경영책임자에 대한 사후적 형사처벌과 재해예방 정책의 문제 등이 입법목적을 위해 시급한 해결해야 할 문제로 꼽고 있다.

이에 따른 입법적 개선방안으로 도급인과 수급인의 법적책임의 균형분담으로 자기책임의 명확화와 불명확한 조문의 의미규정과 모호한 책임 등에 대해 명확히 할 필요가 있다. 정책적 개선방안으로 소규모사업장의 중대재해 예방을 위한 대안적 체계가 필요하고, 법대응을 위한 구체적인 솔루션인 안전 및 건축 관련 인증제를 적극 도입하고 활용할 필요가 있다. 또한, 공공발주에서부터 중대재해처벌법 의무이행 규정의 안전역량평가 확대와 사전점검 정책으로 강화되어야 한다. 끝으로, 현행 사업주 또는 경영책임자등의 자연인을 대상으로 한 형사처벌 위주에서 인센티브 정책을 겸한 법인에 대한 단계별 행정벌적 제재로의 입법정책 전환을 제시한다.

이 책을 발간하면서 그간 건설법인·벤처법인 등 20년의 경영을 거쳐 현재 법무법인 대륙아주 전문위원과 인하대학교(대학원) 교수로 겸직해오기까지 삶의 도전과 여정에서 함께한 소중한 인연에 감사드린다.

먼저, 집필의 용기를 이끌어주신 광운대학교의 신만중 명예교수님, 추천사로 애정과 법정책의 위중함을 표해주신 정우택 국회부의장님과 한승구 대한건설협회장님, 그리고 이춘원 대학원장, 정영철 주임 교수님, 한재경 교수님과 김진곤 교수님, 전북대 김용섭 명예교수님, 인하대학교의 현승균 대학원장님께도 감사드린다.

법무법인(유한) 대륙아주 김진한 대표변호사님과 이규철 대표변호사님, 중대재해대응그룹의 수장 차동언 변호사님을 비롯한 중대재해대응그룹 식구들, 그리고 정부부처와 기업의 요직을 두루 경험하신 고문님들과 함께 일하는 것에 깊은 자부심으로 감사를 드린다. 이 분들은 세상의 어려움을 안고 찾아주신 고객들을 어루만지고 회복을 도와주는 법무(法務)의 기회와 보람, 자극의 장을 나누고 있다. 여기에, 60여 년의 전통으로 유서깊은 한국학과 인문서의 요람으로서 졸고(拙稿)의 출간을 해주신 경인문화사 한정희 대표님을 비롯하여 열정적으로 수고해주신 임직원 여러분께도 고마움을 전한다.

특히, 지난 25년 동안 곁에서 묵묵히 헌신과 의리로 자리를 지켜준 사랑하는 박정애 여사와 나의 보물들인 다영, 다빈, 동현, 그리고 양가 부모님과 형제들에게 감사드리며 이 책을 바친다.

2025. 12.
법무법인(유한) 대륙아주 집필실에서
民笠 김 진 권

추천사

신만중 (광운대학교 명예교수, 변호사)

요즘 국회에서 쏟아져 나오는 수많은 입법안들을 볼 때 자주 마음이 가는 곳은 약자를 위한 법안들 입니다. 그 중에서 과연 산업발전에 기여하면서도 경제적 약자를 보호하는 입법이 얼마나 될까요?

2021년 1월 26일 제정된 '중대재해 처벌 등에 관한 법률'은 형사법적인 처벌을 강조한 법으로 제정되었습니다. 안전보건관리체계의 구축과 조치의무를 이행하지 않은 부작위범으로 중대재해에 이르게 한 사업주 또는 경영책임자등에 대한 처벌을 가능하게 만든 법이 탄생한 것 입니다. 그러나 처벌과 책임 범위의 불명확성 등으로 법률이 시행되기도 전에 위헌 논란이 계속되어 온 반면, 산업재해의 발생 빈도가 높은 건설공사와 관련하여 중대재해 발생을 사전에 예방하고, 중대재해를 대폭 축소시키거나 방지하기에는 국가의 안전인프라 등 여전히 부족한 점이 많은 것도 사실입니다.

이러한 시기에 가장 복잡한 쟁점과 구조의 건설분야에 집중하여 이해관계자들의 법적 책임을 연계시켜 판결 사례와 문제점, 해결책까지 명확히 제시한 서적 제1호가 이번에 발간되는『건설공사 중대재해처벌법』이라는 점은 시사점이 큽니다.

현재 세간에 나온 저서 중 이 책만큼 도급관계 이해관계자들의 책임을 구체화하여 소개하고 분석·정리하면서 효율적인 해결책을 제시한 도서는 존재하지 않습니다. 이는 건설업 현장과 법무법인 현업에서 법령 시행 과정을 직접 목도해 가면서 중대재해 발생원인을 분석하고, 경험해본 저자만의 강점이라 할 것입니다.

앞으로 건설업을 비롯한 제조·조선·서비스업 등 도급관계의 안전·보건 책임에서 실무자나 연구자 등 독자들의 관심을 충분히 사로잡으면서 실무에 많은 도움을 줄 것으로 기대되어 이 책을 최우선으로 추천하는 바입니다.

추천사

정우택 (대한민국 제21대국회 부의장)

오늘날 대한민국의 산업안전 정책은 단순히 현장의 사고 예방을 넘어,국가 및 기업의 지속가능한 경쟁력의 핵심 축으로 자리잡았습니다. 특히 건설산업은 국가적으로는 GDP 대비 15%를 투자하는 중요산업으로서, 국민의 생명과 재산을 지키는 공공적 가치를 가짐과 동시에 안전보건 수준은 곧 대내외 경쟁력과 신뢰도를 가늠하는 척도가 되고 있습니다.

이 책『건설공사 중대재해처벌법』은 글로벌 도약의 전환기에 우리 사회가 직면한 안전보건 관련 법정책이 현재의 "처벌 중심의 법체계"가 아닌"예방 중심의 안전문화 정착"이라는 대원칙 아래 법률·정책·안전관리체계의 균형을 모색한 매우 시의적절한 탁월한 저서입니다.

저자는 20년의 건설·벤처경영과 법률 실무를 두루 경험한 전문가로서 중대재해처벌법을 중심으로 관련 법률까지 아우르며 건설공사 각 이해관계자의 의무와 책임, 그리고 법적용상 한계와 개선방안까지 학문적 이론과 법원 판결 사례 등을 통해 구체적으로 분석·제시하고 있습니다.이는 법률 이론과 건설현장 현황을 관통하는 전문성을 갖춘 체계적 접근으로서 앞으로 안전보건 담당자와 학도들은 물론, 정부의 안전보건 정책 수립과 입법적 보완 논의에도 귀중한 참고가 될 것입니다.

중대재해처벌법의 입법 목적은 중대재해 예방으로써 안전한 사회를 구축하기 위한 것으로 그 어느 때보다 제도적 균형 및 정책리더십이 요구되고 있는데 이 책은 그 방향성을 명확히 제시하며, 법과 현장 그리고 지속가능한 안전정책이 어떻게 조화되어야 하는지를 보여주고 있습니다.

이 책이 대한민국의 산업안전 전반에 선도적 이정표가 되기를 바라며, 산업계와 학계, 그리고 입법정책 관계자 모두에게커다란 유익이 되길 기대합니다.

추천사

한승구 (대한건설협회 회장)

우리나라 건설산업은 지난 반세기 동안 해외건설 누적 수주 1조 달러 달성, GDP 대비 15%에 달하는 건설투자, 200만 명 고용창출이라는 위대한 성과를 이뤄냈습니다. 이러한 성취의 중심에는 77여 년의 역사를 가진 명실상부한 대한민국 최고의 건설단체인 대한건설협회가 있습니다.

이제 건설산업은 전통적 산업구조를 넘어 첨단 IT기술과 인공지능을 접목한 4차 산업혁명 시대의 대전환기를 맞이하고 있습니다. 이에 대한건설협회는 시대적 요구에 부응하여 건설업계의 위기 극복과 미래 성장동력 확보, 그리고 건설인의 안전한 일터를 만들기 위해 끊임없는 혁신으로 변화를 이끌어가고 있습니다. 이를 위해 건설물량 확대, 적정공사비 확보, 합리적 안전규제 정비, 건설산업 이미지 개선 등을 통해 언제나 국민들과 함께하는 최적의 건설서비스 기관으로 도약하고자 합니다.

이러한 흐름 속에서 출간되는 김진권 박사의 저서『건설공사 중대재해처벌법』은 건설산업에 특화된 안전경영을 위한 필독서가 되리라고 기대합니다. 본 서(書)는 헌법상 국민 기본권인 안전권에 기초한「중대재해 처벌 등에 관한 법률」을 중심으로, 건설공사에서 사업주 또는 경영책임자등의 책임을 학술적·실무적으로 체계화한 저서로서, 복잡한 도급구조에 따른 이해관계자의 법적 책임 문제를 명확히 분석하여 제시하였습니다.

대한건설협회는 "안전이 곧 경쟁력"이라는 비전 아래, 중대재해처벌법의 올바른 이해와 현실적 이행을 통해 중대재해를 감소시키기 위한 대응체계 강화에 앞장서고 있습니다. 이 책『건설공사 중대재해처벌법』이 그 과정에서 건설업계가 마주한 법적·제도적 과제를 실무적으로 해석하고, 예방 중심의 안전문화를 정착시키는 데 중요한 지침서가 되어 많은 독자들의 사랑을 받기를 기대합니다.

추천사

차동언 (법무법인 대륙아주 중대재해대응그룹장·변호사)

이번에 출간된『건설공사 중대재해처벌법』은 건설업계에서 가장 목마르게 기다린 "만나"와 같은 존재라고 생각합니다.

중대재해처벌법이 2021. 1. 26. 제정되었을 당시 수많은 논란에 휩싸였습니다. 일부에서는 위헌이라는 주장도 있었고, 반대편에서는 오히려 처벌의 강도가 약하다는 주장도 나왔는데 이러한 논란은 향후 이 법의 운용이 어떻게 될지 예측을 할 수 없다는 불안감 때문에 경영에 큰 부담을 주어왔습니다.

그동안 법이 시행되면서 많은 사례가 발생하고 수사와 재판 결과가 차례차례 나오게 되어 어느 정도 기준은 세워졌지만 아직도 일선에서는 딱히 건설기업의 경영에 있어 불확실한 점이 해결되지 않은 것이 사실입니다. 이런 상황에서 건설업계에 특화된 이번 저서는 그동안 건설업계에서 갖고 있던 궁금증에 대하여 상당 부분 해결책을 제시한 명저라고 생각합니다. 특히 책의 구성에 있어 지난 3년간 쌓여진 각종 수사사례와 판례를 통하여 건설업계 이해관계자의 책임을 개별 상황을 들어 적용하고 설명한 것이 높이 평가할 만합니다.

무엇보다 구체적 사건에서의 대응책 뿐만 아니라 중대재해 발생시 대응하기 위하여 사전에 준비하여야 할 시스템의 대응책으로 중대재해처벌법준수인증제를 제시한 것은, 이제 건설업계도 사후약방문 형태로 중대재해에 대응할 것이 아니라 전향적으로 컴플라이언스(compliance)체계에 따라 사전에 방어시스템을 유지하고 그 상황을 항상 동적(dynamic)으로 유지해야 한다고 선언하는 것이라서 우리나라 건설업계의 중대재해 대응전략을 글로벌 수준으로 한 단계 업그레이드한 것이라 평가할 만합니다.

향후 이 저서가 건설업계가 안전하게 운영할 수 있도록 해답을 주는데 크게 기여할 것이라 확신합니다.

| 목차 |

제2장 건설공사와 이해관계자의 법적 책임

제3장 중대재해처벌법상 경영책임자등의 책임

제4장 중대재해처벌법 적용 현황과 판결 사례

제5장 중대재해처벌법 적용상 문제점과 한계

제6장 건설공사 중대재해처벌법 책임 관련 개선방안

| 표 목차 |

제1장

서론

제1절 개관

Ⅰ. 개설

「헌법」 제34조 제6항에서 "국가는 재해를 예방하고 그 위험으로부터 국민을 보호하기 위해 노력하여야 한다"라고 규정하고 있어서 「중대재해처벌 등에 관한 법률」(이하 "중대재해처벌법"이라 한다)은 헌법상 국민의 권리와 의무인 '안전권'의 발로(發露)라 할 수 있다. 또한, 「헌법」 제32조 제3항에서 "근로조건의 기준은 인간의 존엄성을 보장받도록 법률로 정한다"라고 하여 산업현장에서 인간으로서의 존엄성을 근로조건의 기준 마련을 통해 보장하도록 하고 있다. 이는 중대재해처벌법에서 입법목적과 중대재해에 대한 사업주 또는 경영책임자등을 수범자로서 규율하고 있는 강력한 근거가 되고 있다.

헌법상 보장된 국민에 대한 산업재해 예방을 위한 실정법상 규정은 「근로기준법」(1953. 5. 10. 제정)을 통해 시작되었다. 이후 급속한 산업화 속에서 산업재해 사망사고가 지속돼오면서 1970년에 37,752명에 불과했던 산업재해자 수가 1980년에 113,375명으로 3배 가까이 증가하였고, 산업재해 사망자 수는 639명에서 1,273명, 직업병의 경우 780명에서 4,828명으로 증가하여 이로 인한 경제손실액도 92억에서 3,125억으로 33배나 증가하였다. 이에 따라 근로기준법 제6장 사업장의 안전과 보건에 관한 10개 조문만으로 국가사회의 안전을 규율하기에는 한계를 드러냈고, 이로써 「산업안전보건법」이 제정(1981. 12. 31)되었다.

산업안전보건법 제정 이후 40여 차례의 재개정이 이루어졌음에도 중대사망사고가 끊임없이 이어져 사업주 또는 경영책임자등에 대한 강력한 처벌만이 중대재해를 감소시킬 수 있다는 사회적 요구가 대두되었다. 마침 2021년 1월 26일 중대재해처벌법(법률 제17907호)이 제정되어 2022년 1월 27일 시행되고, 2024년 1월 27일부터는 유예되었던 50인 미만 5인 이상 소규모사업장에도 본격 시행되기에 이르렀다.

그럼에도 불구하고, 고용노동부에 의한 유족급여 승인 기준 산재사고 사망 현황을 보면 2019년 855명에서 2024년 827명으로 최근 5년간 800명대를 유지하며 좀처럼 줄지 않고 있는 실정이다.

한편, 법원 판결 53건(1~53호)의 중대재해 유형을 업종별로 분석하면, 건설업에서 28건이 발생하여 전체사고의 52.8%를 차지했고, 제조업에서 19건으로 전체의 36%, 그리고, 서비스업과 공동주택관리업, 폐기물재활용업에서 각각 2건(3.7%) 차지하였다. 결과적으로 건설업과 제조업에서 전체의 88.8% 차지함에 따라 타업종에 비해 위험도가 상당히 높다는 것이 재확인되었다.

법원 판결 53건(1~53호)의 중대재해 사고의 유형을 분석해보면, 추락사고 13건(24.5%), 물체에 맞음 11건(20.7%), 끼임사고 13건(24.5%), 깔림사고 8건(15.1%), 감전사고 2건(3.8%), 폭발사고 2건(3.8%), 치임사고 1건(1.9%), 넘어짐사고 1건(1.9%), 열사병 1건(1.9%), 독성감염 1건(1.9%)으로 나타났다. 이처럼 위험도가 가장 높다고 할 수 있는 건설공사에서의 중대재해는 규모나 빈도에 있어 각별히 살펴야 하는 분야로 중대재해처벌법상 사업주 또는 경영책임자등에 대해 각별한 안전·보건 의무와 책임이 요구된다.

중대재해처벌법이 건설공사에 있어 건설공사발주자, 도급인 및 관계수급인 등 각 이해관계자별 어떠한 의무와 책임이 있는지, 기소에 따른 법적책임의 적용과 법원 판결은 어떻게 형성되고 있는지, 이에 따른 법적용상에 따른 문제점을 도출하고 개선방안을 모색하고자 한다.

중대재해 위반으로 사업주 또는 경영책임자등과 법인의 법적 책임에 대해서는 중대재해처벌법과 산업안전보건법, 형법, 민법 등에 규율되어 형사처벌과 함께 피해에 대한 손해배상 청구 등에 대한 근거가 될 수 있다. 예를 들면, 「중대재해처벌법」 제4조, 제5조, 제6조 및 제15조, 동법 시행령 제4조, 제5조 등을 통하여 법적 책임에 대한 규정이 어떻게 적용되는지, 좀 더 구체적으로는 제4조의 사업주 또는 경영책임자등은 사업주나 법인 또는 기관이 실질적으로 지배·운영·관리하는 사업 또는 사업장에서 종사자의 안전·보건상 유해 또는 위험을 방지하기 위한 조치를 하여야 한다고 규정하고 있다. 동법 제5조에 사업주 또는 경영책임자등은 사업주나 법인 또는 기관이 제3자에게 도급, 용역, 위탁을 행한 경우에는 제3자의 종사자에게 중대산업재해가 발생하지 않도록 제4조의 조치를 하도록 규정하고 있다. 또한, 동법 시행령 제4조 9항에 제3자에게 도급, 용역, 위탁 등을 하는 경우에는 종사자의 안전·보건을 확보하고 산업재해 예방을 위해 반기 1회 이상 안전점검을 하여야 한다고 정해놓고 있다. 특히 건설업의 경우 도급, 용역, 위탁 등을 받는 자의 안전·보건을 위한 공사기간에 관한 점검을 요구하고 있다.

산업안전보건법 및 시행령도 규율되어 있어 법 제10조 제2항 및 동법 시행령 제11조에 의하면 '도급인의 사업장'에 도급인이 제공하거나 지정한 경우로서 도급인이 '지배·운영·관리하는 장소'에 한하여 그 책임을 부여하고 있다. 즉, 도급인이 해당 사업장의 유해·위험 요인을 인지하고, 이를 관리·개선할 수 있는 통제가 가능한 장소로 한정해 도급인의 책임을 규정하고 있다. 다만, 고용노동부의 산업재해예방 운영지침에 의하면, 관계수급인 자신이 작업장소나 시설·설비 등을 소유하거나 도급인이 아닌 제3자로부터 임대하여 사용하는 경우, 시설·설비 및 장비에 대한 시설변경 및 안전장치의 설치·해체를 수급인의 필요에 따라 임의로 행하는 경우 등은 도급인의 지배·관리하는 영역 이외의 범위로 보고 있다.

중대재해처벌법은 사업 또는 사업장에 안전·보건조치를 위반하여 중대산업재해가 발생할 경우 의무이행에 대한 부작위에 의한 인과관계의 성립시 사업주 또는 경영책임자등을 형사처벌하는 법이다. 이에 책임주체인 사업주 또는 경영책임자등은 안전보건관리체계의 구축 및 이행에 관한 조치와 안전보건 관계법령에 따른 의무이행에 필요한 관리상의 조치의무를 다하고 산업재해 방지를 위하여 노력하여야 한다.

중대재해처벌법이 소규모사업장에 확대 시행되면서 건설업 경영책임자는 소위 도급관계에서의 하청업체 안전에 대해서 본격적으로 경영리스크로 판단하는 계기가 되었다. 그러나 소규모사업장은 건설공사 이해관계자의 의무와 책임주체 여부에 대한 혼란과 중대산업재해 방지를 위한 안전보건관리체계 마련의 여건 미흡, 책임과 처벌에 대한 당사자 적격 등에 대한 논란 등으로 인해 중대재해 예방을 위해 제대로 대응하고 있는지 의문이다.

이와 같은 배경으로 기존 산업안전보건법의 안전보건관리체제와는 달리 중대재해처벌법에서 요구하는 안전보건관리체계를 통한 각 건설공사 이해관계자의 사업주 또는 경영책임자등의 의무와 책임에 대한 논증을 저자의 박사학위 논문을 기초로 한 해설과 판례 분석 등을 추가·수정하여 입법목적을 달성하기 위한 개선방안까지 제시하였다.

Ⅱ. 목적

2021년 1월 26일 제정된 중대재해처벌법이 2022년 1월 27일 시행되는 과정에서 경영계와 노동계 간의 지속적인 논쟁과 학계의 법리적 우려가 지속돼 왔다. 그러나, 입법론자들은 이 법의 제정과정에서 종래 수많은 사상자를 낸 중대재해에 대해 실질적 책임이 있는 사업주들이 지나치게 가벼운 법적 책임을 지고 있다는 사회적 비판을 방패삼아 일사천리로 제정하였다는 것은 주지의 사실이다.

입법과정에서 중대산업재해의 사업주 또는 경영책임자등의 처벌수위와 직업성 질병의 범위, 안전보건관리체계의 구축 및 이행에 관한 조치 등의 시행령에 대한 충분한 사회적 합의없이 법제사법위원회에서 40여일 만에 처리되어 졸속입법이라는 비판이 따랐다. 사회적으로 미치는 파급효과가 큰 법을 제정할 경우에는 충분한 시간과 협의의 과정을 통해 국민적 합의와 세밀한 심의를 통해 법의 균형성과 정당성을 확보하여 입법효과를 거두어야 하는데 그렇지 못했기 때문이다.

이러한 입법배경으로 인해 중대산업재해가 빈번한 건설공사에서 건설공사발주자, 도급인 및 관계수급인 등의 이해관계자의 의무와 책임, 법원 판결을 통해 나타난 책임범위와 법리적 쟁점은 첨예한 문제가 아닐 수 없다.

독일 사회학자 울리히 벡(Ulrich Beck)은 '위험사회(Risk Society)'를 통해 "위험이 사회의 중심현상이 되는 사회"를 말했는데, 여기서 'Risk'는 사람에 의해 만들어진 생산된 위험(Manufactured Risk or Uncertainty)의 'Risk'라고 하였다. 결국, 인간에 의해 만들어진 위험사회에서의 '안전'의 가치를 역설한 것으로서 중대재해처벌법이 잠재된 위험사회의 인식을 깨웠는지도 모른다.

중대재해처벌법은 입법과정만큼 법시행 과정과 마찬가지로 논란의 연속이다. 특히, 이해관계자의 책임주체간의 불균형 문제와 불명확한 해석상의 문제, 형사처벌에 대한 위압감으로 중소기업은 무방비와 무력감으로 대응조차 미진한 상황이다. 따라서, 입법을 통한 전환적 개선방안을 모색하고, 정책적 개선방안을 통해 책임주체인 사업주 또는 경영책임자등의 이해관계자와 구성원이 협력으로 중대재해를 예방할 수 있는 길을 모색해야 한다.

중대재해처벌법은 산업안전보건법 등과 달리 '처벌'을 재해예방의 수단으로 전면에 내세우고 있다.[1] 법시행 이후 아직은 판례의 형성 시기라는 점을 볼 때, 안전보건 분야에서 기존엔 산업안전보건법 중심의 연구가 활발했던 것이 사실이다. 중대재해처벌법 시행과 함께 건설업 분야 이해관계자의 사업주 또는 경영책임자등의 책임과 의무주체 간의 법적용에 있어서는 다양한 이해관계자만큼의 복잡한 책임구조를 가진다고 볼 수 있다. 이러한 시기임에도 불구하고 비교적 단기간에 중대재해처벌법에 대한 활발한 연구도 끊이지 않고 왔는데 기존 연구 현황을 되짚어 보면, 헌법원리 관점에서 바라본 위헌성과 법적 실효성 문제, 중대재해처벌법상 도급인과 건설공사발주자 구분과 기준에 관한 연구, 소규모 건설현장의 법적용상 문제점과 개선방안, 안전보건관계법상 건설공사 도급인의 법적책임, 중대재해처벌법의 문제점 또는 쟁점과 개선방안, 건설공사 이해관계자에 관한 재해예방, 입법 실효성에 관한 연구, 재난 및 안전관리 법제의 법체계 정비를 통한 대응체계 등이 주류를 이루었음을 볼 수 있다.

본 집필을 통해 건설공사에서 사업주 또는 경영책임자가 중대재해처벌법상의 수범자로서 이해관계자인 건설공사발주자, 도급인 및 관계수급인 등에 대해 어떻게 법적용이 되는지, 법적용시 법리상 문제점은 무엇인지 논리적 연결성를 가지고 실무적 관점으로 접근하고자 한다. 이를 위해 최근 중대재해처벌법으로 기소된 사건의 법원 판결을 분석하여 의무이행 부작위에 따른 책임과 법적용에 영향을 미치는 쟁점, 양형요인과 처벌 유형 등을 분석하여 제시한다. 또한, 실제 법시행 과정에서 드러난 문제점 중 법령상 책임의 불균형 문제와 해석상 모호하고 불명확한 조문을 도출하고 이에 대한 입법적

1 정진우, 「중대재해처벌법 개정3판」, 중앙경제, 2024. 3, 99면.

개선방안을 제시하고, 이에 더해 중대재해처벌법의 입법취지와 목적에 부합하는 법정책적 개선방안을 제안하여 중대재해 예방의 실효적(實效的) 이행가능성을 높이고자 하였다.

III. 범위

건설공사는 주로 도급관계에 의해 이루어지는데, 이러한 도급관계에서 중대재해처벌법에서의 건설공사발주자, 도급인 및 관계수급인의 책임은 각각 어떻게 적용되는지, 쟁점은 무엇인지가 관건이다.

먼저 일반적인 도급의 의미를 보자면, "당사자 일방이 어느 일을 완성할 것을 약정하고 상대방이 그 일의 결과에 대하여 보수를 지급할 것을 약정함으로써 그 효력이 생기는 것"을 말한다. 조금 확대한 개념의 도급이란, 그 명칭에 관계없이 어떠한 물건의 제조·건설·수리 또는 서비스를 제공하거나 그 밖의 업무를 타인에게 맡기는 계약을 말하고, 각 단계의 수급인은 사업이 여러 단계에 걸쳐 도급된 경우인 '중층적 도급관계'의 관계수급인 모두를 포함하고 있다. 여기서 더 나아가 각 단계의 수급인과 근로자의 관계에 있거나 도급, 용역, 위탁 등 계약의 형식에 관계없이 그 사업의 수행을 위하여 대가를 목적으로 노무를 제공하는 관계에 있는 자까지 포함된다고 볼 수 있다.

도급의 용어와 범위만 하더라도 도급은 '일을 주는 자'의 입장이고, 최초의 도급을 받은 자는 원도급이며, 하도급은 '원도급의 재도급'이라는 성질을 갖는데, 일반적으로 하도급 법률관계에 대해서 규율하는 해당 법률상 용어의 정의를 달리하고 있다. 이를 구체적으로 보면, ① 민법에 의할 때는 도급인, 수급인, 하수급인으로, ② 건설산업기본법에 의할 때는 발주자, 도급인, 관계수급인으로[2] ③ 하도급법에 의할 때는 발주자, 원사업자, 수급사업자로 당사자 지위를 정의하고 있다. 이와 같은 사례 등으로 보더라도 관계된 법에 따라서 용어도 각각 다른 입장을 취하고 있어 본 책을 집필함에 있어 범위와 한계, 용어 등에 대해 다음과 같이 정하였다.

1) 중대재해처벌법상 '중대재해'란 '중대산업재해'와 '중대시민재해'를 말하는데, 본 책에서는 일반적으로 중대재해 등의 위험도가 높고, 법률적으로 복잡한 쟁점이 의율되는 건설업·제조업·조선업 등에서의 '중대산업재해'에 한정한다.

2) 중대재해처벌법이 처벌의 성격으로 특별형법설과 행정법설이 대립하고 있는데, 전자의 입장은 중대재해처벌법이 산업안전보건법상 사업주 등의 처벌한계로 인하여 사업주 또는 경영책임자등을 신분범으로 하여 형사처벌을 강화한 법으로써 특별형법설을 긍정하는 입장이지만, 이의 대안적 비판 기조이다.

3) 중대재해처벌법의 안전 및 보건 확보의무 및 이행 책임자이자, 이의 부작위로 인한 중대재해 책임의 수범자로서 법적 신분을 가지는 '사업주 또는 경영책임자등'의 용어를 사용함에 있어서 제목이나 소제목, 본문에서는 줄여서 문맥상 '사업주', '경영책임자' 또는, '경영책임자등' 이란 용어로 통칭하기도 한다.

4) '경영책임자등'에서 일반적으로 '경영책임자'와 '등'은 띄어쓰기가 맞춤법에 맞지만, '사업주'와 '경영책임자'를 포괄하는 개념으로 법문에서 '경영책임자등'으로 붙여서 표기함에 따라 본 책에서도 가급적 원문 그대로 표기한다.

5) 본 책에서 도급관계의 용어는 전부개정「건설산업기본법」제2조에서 규정한 정의로 '건설공사발주자', '도급인', '(관계)수급인' 등의 용어로 사용한다.

---

2 전부개정 산업안전보건법에서는 '도급인'에서 '건설공사발주자'를 명시적으로 제외하면서(제2조 제7호), 건설공사발주자에 대해서는 "건설공사를 도급하는 자로서 건설공사의 시공을 주도하여 총괄·관리하지 아니하는 자를 말한다. 다만, 도급받은 건설공사를 다시 도급하는 자는 제외한다"(제2조 10호)로 정의하고 있다. 또한, '수급인'에서 "도급인으로부터 물건의 제조·건설·수리 또는 서비스의 제공, 그 밖의 업무를 도급받은 사업주를 말한다"(제2조 제8호)고 정의하고 있다.

6) 중대재해처벌법상의 용어를 본문과 연계하여 정리하자면, 동법 제5조에 제3자에게 '도급, 용역, 위탁'의 경우에도 안전보건 조치의무를 책임지도록 명시하고 있는데 '도급, 용역, 위탁'의 용어는 모두 도급의 형태로 안전보건 확보의무의 책임을 갖는 위치로써 '도급인'의 범주에 포함한다.

7) 또한, 법시행 이후 중대재해처벌법으로 입건된 사건 다수가 아직 재판절차가 진행중으로서 판례 형성의 시기임을 감안하여 2025. 7. 31. 기준으로 법원 판결 53건(1호~53호)의 판결 사례를 인용하였다.

제2절 중대재해처벌의 이해

Ⅰ. 중대재해처벌법의 목적

법 제1조(목적)

이 법은 사업 또는 사업장, 공중이용시설 및 공중교통수단을 운영하거나 인체에 해로운 원료나 제조물을 취급하면서 안전·보건 조치의무를 위반하여 인명피해를 발생하게 한 사업주, 경영책임자, 공무원 및 법인의 처벌 등을 규정함으로써 중대재해를 예방하고 시민과 종사자의 생명과 신체를 보호함을 목적으로 한다.

중대재해처벌법은 사업 또는 사업장, 공중이용시설 및 공중교통수단을 운영하거나 인체에 해로운 원료나 제조물을 취급하면서 안전·보건 확보를 위하여 요구되는 다양한 조치의무를 이행하지 않음으로써 인명피해를 발생하게 한 사업주, 경영책임자, 공무원 및 법인의 처벌 등을 규정함으로써 중대재해를 예방하고 시민과 종사자의 생명과 신체를 보호함을 목적으로 한다.

Ⅱ. '중대재해'의 정의

법 제2조(정의)

1. "중대재해"란 "중대산업재해"와 "중대시민재해"를 말한다.
2. "중대산업재해"란「산업안전보건법」제2조 제1호에 따른 산업재해 중 다음 각 목의 어느 하나에 해당하는 결과를 야기한 재해를 말한다.

가. 사망자가 1명 이상 발생

나. 동일한 사고로 6개월 이상 치료가 필요한 부상자가 2명 이상 발생

다. 동일한 유해요인으로 급성중독 등 대통령령으로 정하는 직업성 질병자가 1년 이내에 3명 이상 발생

중대재해처벌법 제2조 제2호는 산업안전보건법 제2조 제1호에 따른 산업재해 중 ① 사망자가 1명 이상 발생, ② 동일한 사고로 6개월 이상 치료가 필요한 부상자가 2명 이상 발생, ③ 동일한 유해요인으로 급성중독 등 대통령령으로 정하는 직업성 질병자가 1년 이내에 3명 이상 발생한 경우를 "중대산업재해"로 정의하고 있다. 여기에서 '동일한 사고'란 동일한 시간, 장소에서 발생한 하나의 사고로 해석하는 것이 타당할 것이다.

Ⅲ. 중대재해처벌법의 보호 대상

법 제2조(정의)

7. "종사자"란 다음 각 목의 어느 하나에 해당하는 자를 말한다.

가. 「근로기준법」상의 근로자

나. 도급, 용역, 위탁 등 계약의 형식에 관계없이 그 사업의 수행을 위하여 대가를 목적으로 노무를 제공하는 자

다. 사업이 여러 차례의 도급에 따라 행하여지는 경우에는 각 단계의 수급인 및 수급인과 가목 또는 나목의 관계가 있는 자

법 제5조(도급·용역·위탁 등 관계에서의 안전 보건 확보의무)

사업주 또는 경영책임자등은 사업주나 법인 또는 기관이 제3자에게 도급, 용역, 위탁

> 등을 행한 경우에는 제3자의 종사자에게 중대산업재해가 발생하지 아니 하도록 제4조의 조치를 하여야 한다. 다만, 사업주나 법인 또는 기관이 그 시설, 장비, 장소 등에 대하여 실질적으로 지배·운영·관리하는 책임이 있는 경우에 한정한다.

중대재해처벌법 제2조, 제5조에 따라 보호 대상은 다음과 같다.

① 기본적으로 안전·보건상 유해 또는 위험의 방지는 종사자를 대상으로 하며, 종사자는 개인사업주나 법인 또는 기관이 직접 고용한 근로자 뿐만 아니라, 도급·용역·위탁 등 계약의 형식에 관계없이 대가를 목적으로 노무를 제공하는 자, 각 단계별 수급인, 수급인의 근로자와 수급인에게 대가를 목적으로 노무를 제공하는 자 모두를 포함하는 개념이다.

② 기존 산업안전보건법에서는 수급인의 '근로자'가 도급인의 사업장에서 작업을 하는 경우에 도급인에게 안전조치 의무를 부과하고, 이를 위반시 형사책임을 부담하였으나, 중대재해처벌법은 정의 규정에서 '종사자'에 하청업체 소속 근로자를 포함시킴으로써 자신의 근로자 뿐만 아니라 도급, 용역, 위탁 등을 행한 경우 제3자의 근로자에 대해서까지 포괄적으로 안전 및 보건 확보의무를 부담하도록 한다.

③ 중대재해처벌법 제4조에 따라 도급인은 사업 또는 사업장을 실질적으로 지배·운영·관리하는 경우 뿐만 아니라, 동법 제5조에 따라 그 시설, 장비, 장소 등을 실질적으로 지배·운영·관리하는 경우까지 책임을 부담하는 것으로 책임의 범위를 확대하고 있다.

Ⅳ. 안전 및 보건 확보의무

법 제4조(사업주와 경영책임자등의 안전 및 보건 확보의무)

① 사업주 또는 경영책임자등은 사업주나 법인 또는 기관이 실질적으로 지배·운영·관리하는 사업 또는 사업장에서 종사자의 안전·보건상 유해 또는 위험을 방지하기 위하여 그 사업 또는 사업장의 특성 및 규모 등을 고려하여 다음 각 호에 따른 조치를 하여야 한다.

1. 재해예방에 필요한 인력 및 예산 등 안전보건관리체계의 구축 및 그 이행에 관한 조치
2. 재해 발생 시 재발방지 대책의 수립 및 그 이행에 관한 조치
3. 중앙행정기관·지방자치단체가 관계 법령에 따라 개선, 시정 등을 명한 사항의 이행에 관한 조치
4. 안전·보건 관계 법령에 따른 의무이행에 필요한 관리상의 조치

② 제1항제1호·제4호의 조치에 관한 구체적인 사항은 대통령령으로 정한다.

1. 의의

중대재해처벌법은 개인사업주 또는 경영책임자등에게 개인사업주나 법인 또는 기관이 실질적을 지배·운영·관리하는 사업 또는 사업장에서 일하는 모든 종사자에 대한 안전 및 보건 확보의무를 부과한다.

법 제6조는 개인사업주 또는 경영책임자등이 법 제4조 및 제5조에 따른 안전 및 보건 확보의무를 위반하여 중대산업재해에 이르게 한 경우 처벌하는 것으로 규정하기 때문에 안전 및 보건 확보의무는 중대재해처벌법의 핵심 규범이다.

사업 또는 사업장에서 종사자의 안전·보건상 유해 또는 위험을 방지하기

위해 사업 또는 사업의 특성 및 규모 등을 고려하여 조치해야 하는 '안전 및 보건 확보의무'는 법 제4호 제1항 제1호~4호이다.

법 제4조 제1항 제1호에 따른 조치의 구체적인 사항은 동법 시행령 제4조에 제1호~제9호로 규정하였고, 법 제4조 제1항 제4호 따른 "안전보건 관계 법령"은 동법 시행령 제5조 제2항 제1호~제4호로 구체화하여 정하고 있다.

2. '실질적으로 지배·운영·관리하는' 사업 또는 사업장

'개인사업주나 법인 또는 기관'이란, 사업주로서 자신의 사업을 영위하는 자, 타인의 노무를 제공받아 사업을 하는 자로 사업 운영에 따른 경영상 이익의 귀속 주체를 의미한다.

또한, '실질적으로 지배·운영·관리하는'의 의미는, ① 하나의 사업 목적 하에 해당 사업 또는 사업장의 조직, 인력, 예산 등에 대한 결정을 통괄하여 행사하는 경우를 의미한다. ② 중대재해처벌법에서는 '실질적 지배·운영·관리'의 의미에 대하여 별도의 규정을 두고 있지 않으나, 산업안전보건법 제10조 제2항에 도급인이 제공하거나 지정한 경우로서, 도급인이 '지배·관리'하는 '대통령령으로 정하는 장소'를 도급인의 사업장에 포함하고 있고, 중대재해처벌법에서는 '운영'을 추가하여 사업주체인 '원청'의 책임을 포괄하고 있다. ③ 고용노동부는 산업안전보건법상 '도급인이 지배·관리하는 장소'의 의미와 관련하여 '지배·관리'란, '도급인이 해당 장소의 유해·위험요인을 인지하고 파악하여 유해·위험요인을 관리·개선·제거하는 등 통제할 수 있는 정도를 의미한다'고 해석하고 있다. ④ 고용노동부의 '지배·관리'의 해석은 '운영'의 사전적 개념인 '조직이나 기구, 사업체 따위를 운용하고 경영함'이라는 해석을 고려하여 '실질적 지배·운영·관리'는 유해·위험 요인을 제거·통제할 수 있고, 경영적 관점에서 하나의 사업 목적 하에 해당 사업 또는 사업장의 조직, 인력, 예산 등에 대한 결정을 총괄하여 행사하는 경우를 의미한다고 해석하고 있다. ⑤ 대검찰청은 '중대재해처벌법 벌칙해설서'를 통해 '실질적 지배·운영·관리'에 해당하는지 여부에 대하여, 일차적으로 '통제가능성' 여부를 확인할 뿐만 아니라 사업장의 특성 및 규모 등을 구체적으로 고려하여 해당 작업이 이루어지는 장소에 사업주 등의 지시권이 미칠 수 있는 관리자의 파견 여부, 해당 장소에서 일어나는 업무 및 비상 상황 등에 대한 보고가 이루어질 수 있는 체계가 있는지 여부(일일 또는 월간 업무보고 등), 일상적 또는 비일상적 작업이나 경영상 판단이 필요한 중요 업무 결정에 대해 사업주 또는 경영책임자등이 관여하는지 여부, 해당 장소의 시설·설비의 소유권이 누구에게 있는지 여부, 사업 운영 예산의 편성 및 집행 권한이 누구에게 있는지 여부 등도 추가적으로 확인하여 최종적으로 '실질적 지배·운영·관리' 여부를 판단한다는 입장이다. ⑥ 개인사업주 또는 경영책임자등은 개인사업주나 법인 또는 기관이 실질적으로 지배·운영·관리하는 사업 또는 사업장의 종사자라면 계약의 형식에 관계없이 대가를 목적으로 노무를 제공하는 자, 각 단계별 관계수급인, 그리고 수급인의 근로자와 수급인에게 대가를 목적으로 노무를 제공하는 자 모두의 안전 및 보건 확보의무를 이행하여야 한다.

V. 중대재해처벌법의 처벌대상 및 범위

법 제6조(중대산업재해 사업주와 경영책임자등의 처벌)

① 제4조 또는 제5조를 위반하여 제2조제2호가목의 중대산업재해에 이르게 한 사업주 또는 경영책임자등은 1년 이상의 징역 또는 10억원 이하의 벌금에 처한다. 이

경우 징역과 벌금을 병과할 수 있다.

② 제4조 또는 제5조를 위반하여 제2조제2호나목 또는 다목의 중대산업재해에 이르게 한 사업주 또는 경영책임자등은 7년 이하의 징역 또는 1억원 이하의 벌금에 처한다.

③ 제1항 또는 제2항의 죄로 형을 선고받고 그 형이 확정된 후 5년 이내에 다시 제1항 또는 제2항의 죄를 저지른 자는 각 항에서 정한 형의 2분의 1까지 가중한다.

법 제7조(도급·용역·위탁 등 관계에서의 안전 보건 확보의무)

제7조(중대산업재해의 양벌규정) 법인 또는 기관의 경영책임자등이 그 법인 또는 기관의 업무에 관하여 제6조에 해당하는 위반행위를 하면 그 행위자를 벌하는 외에 그 법인 또는 기관에 다음 각 호의 구분에 따른 벌금형을 과(科)한다.

다만, 법인 또는 기관이 그 위반행위를 방지하기 위하여 해당 업무에 관하여 상당한 주의와 감독을 게을리하지 아니한 경우에는 그러하지 아니하다.

1. 제6조제1항의 경우: 50억원 이하의 벌금
2. 제6조제2항의 경우: 10억원 이하의 벌금

중대재해처벌법 제6조, 제7조와 같이 처벌 및 양벌규정은 다음과 같다.

① 산업안전보건법 체계에서 수급인의 근로자가 사망하는 경우 도급인의 안전보건관리책임자가 처벌되었으나, 중대재해처벌법에서는 경영책임자(CEO)가 안전 및 보건 확보의무 위반으로 처벌된다.

② 원청(도급인) 경영책임자가 중대재해처벌법위반죄 피의자로 입건되어 수사를 받게 되는 경우 회사의 형사리스크가 증대된다.

③ 법 제7조 양벌규정에 따라 회사 역시 최대 50억 원 이하의 벌금형에 처할 수 있다.

제2장

건설공사와 이해관계자의 법적 책임

제1절 건설공사의 의의와 특성

Ⅰ. 건설공사의 개념과 특징

1. 건설공사의 개념

일반적으로 건설은 건축보다 넓은 개념으로 이해된다. 건축이 건축법에서 정의하듯 하나의 건축물을 완성하는 신축 등의 일련의 과정과 관련된 미시적 개념이라면, 건설은 전체 도시의 연계성 및 주변 환경과의 여러 요소들을 고려한 가운데 하나의 건축물 뿐만 아니라 사회의 하부구조인 도로·교량 등의 시설물 그리고 경관까지도 조성하는 일체의 행위로 볼 수 있다.[3]

건설공사의 개념은「건설산업기본법」제2조 제4호에 토목공사, 건축공사, 산업설비공사, 조경공사, 환경시설공사, 그 밖에 명칭과 관계없이 시설물을 설치·유지·보수하는 공사 및 기계설비나 그 밖의 구조물의 설치 및 해체공사 등으로 정의하고 있다. 건설공사는 종합적인 계획과 관리 및 조정을 하면서 시설물을 시공하는 '종합공사'와 시설물 일부의 전문분야 건설공사인 '전문공사'로 구분할 수 있다.

다만, 각 사업법인 전기공사업법에 따른 전기공사나 정보통신공사업법에 따른 정보통신공사, 소방시설공사업법에 따른 소방시설공사, 국가유산수리 등에 관한 법률에 따른 문화재 수리공사 등 어느 하나에 해당하는 공사는 포함하지 않는다.[4] 최근엔 공사기간의 단축과 투입인력의 절감, 안전성 제고

---

3 정영철,「건설·부동산 공법론」, 박영사, 2023, 3면.

4 「건설산업기본법」제2조 제4호 가~라.

등을 목적으로 전통적인 건설기술에 AI(Artificial Intelligence) 기반의 첨단 스마트 기술을 적용함으로써 건설공사의 생산성, 안전성, 품질 등을 향상시키는 스마트 건설기술이 적용되고 있다.

2. 건설공사의 일반적 특징

건설업은 주택, 도로, 항만, 산업시설, 국가SOC 등을 포함하는 광범위한 인적·물적 자원을 통해 생산과정을 담당하는 국가 경제의 기간산업으로서 다른 산업에 비해 인력의 고용과 규모, 생산, 부가가치 창출 등 유발효과가 지대하기 때문에 국가경제의 전략산업이라 할 수 있다. 다른 산업에서 볼 수 없는 독특한 특징으로 인해 각 현장의 공정별 다단계의 도급구조로 인해 다양한 산업재해가 빈번하게 발생하여 안전성이 강조되는 분야이기도 한데 그 특성은 다음과 같이 주문생산성, 이동성과 옥외성, 생산의 장기성, 종합적인 산업 등 특징으로 정리할 수 있다.[5]

가. 주문생산성

건설업은 특정 주문자의 주문에 따라 행해지는 구조이기 때문에 일반적으로는 수주산업이라고 부른다. 수주산업은 불특정 다수에게 판매를 목적으로 하는 제조업과 달리 구매자가 정해져 있고, 구매자의 요구사항과 필요성 등을 모두 알고 있는 상태에서 목적물을 그 특성에 맞게 제작하기 때문[6]이다.

그러나, 건설업은 공정에 따른 계획의 수립이 용이하지 않은데, 일반적으로 도급계약의 형태로 발주자로부터 공사의뢰를 받게 되고, 이를 완성한 시

5 윤재윤, 「건설분쟁관계법(제8판)」, 박영사, 2021, 10면 이하 참조.

6 이성희·김정애, 「상업교육연구(제8판)」, 박영사, 2021, 198면.

공목적물을 발주자에게 인도하는 형태로 이행되기 때문에 표준화·규격화한 생산체계를 갖추기 어렵다. 특히 수익성은 당해 공사의 계약방식에 따라 다르겠지만, 주로 입찰이라는 경쟁절차를 거치게 되므로 입찰경쟁력과 수주능력에 따라 상이하게 달라질 수 있다.

이렇듯 건설공사는 주문자의 요구사항과 필요조건에 따라 각각 상이한 상황에 비해 치열한 경쟁의 과정을 거치며 무리한 수주로 자칫 현장의 안전·보건관리를 간과하여 중대사고를 유발하는 경우가 많은데, 이렇게 되면 기업과 사업주에게는 경영상의 위험요인으로 작용할 수도 있다.

나. 이동성과 옥외성

건설 목적물은 토지의 정착물이기 때문에 일정한 장소에서 생산한 후 이동시킬 수 없기 때문에 당해 토지에 건축물을 생산하지 않고는 대체재가 존재할 수 없다는 특성을 지녔다. 다만, 건설업은 일반 제조업과 달리 생산장소가 일정하지 않고 주문에 따라 각 현장에서 이뤄지기 때문에 인력과 기자재 등의 현장조달이 필요한 생산장소로 이동하는 특징이 있다. 때문에 생산조직이 유동적이고 불안정적인 성격을 띠고 있다. 또한, 건설산업은 타 산업에 비해 옥외성의 특성을 가진다. 주로 옥외에서 현장이 진행되기 때문에 토지에 대한 의존도가 높고, 계절이나 기후 등의 자연조건에 민감할 수밖에 없고, 자연재해로 인한 공정의 지연이나 피해처리와 관련해 귀속주체 간에 민감하게 작용되기도 한다. 따라서 실내보다는 야외현장에서 이뤄지는 옥외성과 이동성으로 인해 예상하지 못한 위험성이 상존하는 것이 현실이다.

다. 생산의 하도급 의존성

건설업을 영위하는 수급인은 주문자의 요구와 상황을 달리하기 때문에 생산에 필요한 모든 수단을 항시 보유하고 있지 않아서 경영외부에 필요에 따라 중층적인 도급방식에 의한 하도급 방식의 구조를 가지고 있다. 따라서 공사를 수주받으면 그 규모와 특성에 따라 필요한 기술과 장비, 인력을 보유한 전문 건설업자에 하도급하거나 계약의 일부를 위탁하는 방식으로 수행하게 된다. 수급인은 공사의 전체를 직접 시공하지 않고 부분적으로 하도급을 통해 위탁·관리하는 역할을 하고, 이를 도급받은 하수급인은 자재, 장비, 노무자 등을 통해 해당 공사를 시공하는 역할을 한다.

이처럼 직능별 하도급업자에게 하도급을 주고 원도급은 하도급 부분의 조립과 관리능력을 기반으로 하여 수주와 기획, 경영활동을 주로 담당하게 된다. 그러나 하도급자가 대부분 영세하고 치열한 입찰경쟁으로 인한 저가수주와 이로 인한 품질저하, 안전·보건관리 인식과 조치의 미흡 등으로 인해 건설업 자체의 발전에 부정적 요소로 작용하기도 한다.

라. 생산의 장기성

건설공사는 공사계약에서부터 목적물의 건축물이 완성되기까지 오랜 시간이 걸리는 특성을 가지고 있다. 건설업은 기획에서부터 설계 및 시공단계를 거쳐 준공 및 하자보수에 이르기까지 다양하고 복합적인 성격으로 인해 생산주기가 길 수밖에 없다. 이러한 장기성 특성으로 인해 자재와 장비, 노무비 등이 공사원가에 큰 영향을 받게 되고, 공기가 긴만큼 공사이행의 관리가 어려워지고, 위험성 관리 기간이 장기화되기 때문에 그만큼 안전리스크는 커질 수 밖에 없다.

최근의 경향처럼 공사기간 중에 급격한 물가의 변동이 있거나 또는 설계변경 의 사정 등이 생기면 공기단축과 안전관리의 어려움이 있을 수 있고, 이에 따라 공기가 길어질수록 산업재해 방지를 위한 인력과 비용이 추가 투입되어야 하므로 기업과 사업주를 비롯한 안전관리 담당자의 부담도 형벌규정의 가중과 함께 무거워지고 있는 추세이다.

최근에는 스마트건설의 발전으로 모듈러 공법이 적용되어 탈현장화, 단기화되는 측면이 있다. 외벽체와 창호, 배관 등을 포함한 개별 주거 공간을 공장에서 박스 형태로 사전 제작하여 현장으로 이동시켜 조립한 후 배관, 전선 등을 연결시키는 공법이 늘어나고 있다.

마. 종합적인 산업

건설업은 종합산업이라고 표현하는데, 이는 생산활동에 있어서 철강, 시멘트, 목재, 석재 등 다른 공업생산물의 공급을 받아 그것을 가공·조립하는 산업으로서 토목, 건축, 전기 등의 다수 공정의 종합으로 구성[7]되기 때문이다. 이러한 공업생산물을 재료로 하여 다양한 구조와 형태로 완성하는 산업으로써 건축, 토목, 전기, 설비, 기계, 인테리어 등 다수의 공정을 거쳐 종합적으로 하나의 완성된 건축물을 완성한다. 이러한 특성상 공사비에서 차지하는 원재료비에 대한 비율이 커서 건축공사의 경우 원재료비가 일반적으로 60~70% 차지한다.

이처럼 건설업의 복잡한 공정과 형태로 인해 현장에서의 안전·보건관리에 대한 위험성이 높고, 최근 중대재해처벌법 시행으로 인한 기업과 사업주 책임이 증가함에 따라 철저한 안전·보건 조치의무의 이행이 요구되는 산업이라 할 수 있다.

---

7 윤재윤, 앞의 책, 11면.

Ⅱ. 건설업 현황과 도급의 의의

1. 건설업의 종류와 현황

가. 건설업의 종류

건설업은 건설공사를 수행하는 건설업과 건설공사에 관한 조사나 설계, 감리, 또는 사업관리나 유지관리 등 건설공사와 관련된 용역을 수행하는 건설용역업으로 나눌 수 있다. 건설업은 건설산업기본법 및 동법 시행령에 따른 각 업종별로 기술능력(기술인)과 자본금, 시설을 갖추어야 하는데 등록기준에 해당하는 요건과 건설업의 종류와 면허를 분류하자면 다음과 같다.

종합공사에 따른 토목공사업, 건축공사업, 토목건축공사업, 산업·환경설비공사업, 조경공사업 등 따른 5개 종목의 일반건설업과 전문공사에 따른 실내건축공사업, 토공사업, 습식·방수공사업, 석공사업 등의 28개 업종[8]의 전문건설업, 특별법상의 전기공사업(전기공사업법), 정보통신공사업(정보통신공사업법), 소방설비공사(소방시설공사업법), 문화재수리공사(문화재 수리 등에 관한 법률) 등의 건설업으로 분류할 수 있다. 여기서 '종합공사'란 종합적인 계획, 관리 및 조정을 하면서 시설물을 시공하는 건설공사를 말하며,[9] '전문공사'란 시설물의 일부 또는 전문 분야에 관한 건설공사를 말한다.[10]

건설용역업은 엔지니어링활동업, 건축설계·감리업(건축사법), 감리전문업(건설기술관리법) 등으로 분류할 수 있다.

---

8 「건설산업기본법」 시행령 〔별표2〕 건설업의 등록기준상 29개 업종에서 〔대통령령〕 제31328호(2020. 12. 29.) 별표2 제2호거목의 개정규정은 같은 법 부칙 제2조의 규정에 의해 시설물유지관리업이 2023. 12. 31까지 종합 또는 전문건설업으로 업종전환되어 2024. 1. 1. 이후부터 28개 업종으로 개편됨.

9 「건설산업기본법」 제2조 제5호.

10 「건설산업기본법」 제2조 제6호.

나. 건설업 현황과 안전

건설업은 생산유발효과와 부가가치 유발효과 등 국가경제에서 차지하는 비중이 높고, 고용창출 효과가 높기에 지역경제 활력제고를 위한 핵심 기반 산업으로 평가하고 있다. 하지만, 최근 금리인상과 원자재 가격의 급등, 소비시장 위축 등으로 인해 민간건설시장의 침체가 수 년째 이어지고 있는 형국이며, 2022년에 시행된 중대재해처벌법이 2024년에는 50인 미만 5인 이상 사업장에 확대시행됨으로써 소형공사 중심의 지방 건설업을 더욱 위축시킬 수 있을 것으로 보인다.

지방은 주로 전문건설업이 주종을 이루는 특징으로 보건데, 중대재해처벌법 시행 이전의 대형공사(50억원 이상)와 소형공사(3억원 미만)의 지역별 전문건설업 수주 비중을 보면, 지역별 소형공사 위주로 91.8%에서 97.6%까지 수주계약 건수 비율을 보이고 있고, 대형공사는 지역별로 전무하거나 많아야 0.5% 비율의 계약건수를 보인다.

| 표 1 | 지역별 전문건설업의 수주 비중[11]

공사규모	구분	울산	세종	경기	강원	충북	충남
소형공사	계약건수	92.6%	94%	91.8%	97.6%	94.6%	96.1%
	계약금액	20.1%	6.4%	24.5%	58.1%	33.9%	37.6%
대형공사	계약건수	0.5%	0.3%	0.3%	0.0%	0.2%	0.1%
	계약금액	39.6%	82.3%	22.7%	3.5%	16.1%	19.4%
공사규모	**구 분**	**전북**	**전남**	**경북**	**경남**	**제주**	-
소형공사	계약건수	96.1%	96.1%	97.2%	96.5%	94.7%	
	계약금액	37.5%	30.8%	46.9%	40.8%	47.5%	
대형공사	계약건수	0.1%	0.2%	0.1%	0.1%	0.1%	
	계약금액	21.1%	30.7%	7.9%	17.5%	10.1%	

* 2019년 기준.

11 대한전문건설협회(2020), 전문건설업통계조사; 2019년 기준, 원·하도급 계약실적 합산.

위와 같이 종합건설업과 전문건설업의 1건당 계약금액의 격차는 전국 합산 기준 14배 이상 차이가 나는 점을 고려할 때 지역 내 기업의 대다수를 차지하고 있는 전문건설업의 영세성은 큰 상황임[12]을 알 수 있다.

최근 수 년간 국내총생산(GDP) 지표 중 유독 건설투자만 역성장[13] 기조의 추세가 이어지고 있는 상황에서 ESG경영 확산에 따른 안전보건 기준과 요건도 강화되고 있는 형국이다. 특히 건설업의 경우 다수의 계약주체 간의 관계를 통해 이루어지므로 대규모 자금이 필요하고, 비교적 장기적으로 실외에서 이루어지는 위험한 환경이 상존하기 때문에 안전을 위한 이해관계자의 경영책임자등과 구성원, 지역사회와의 긴밀한 협력이 무엇보다 중요하다.

중대재해처벌법이 시행되는 즈음인 2022년 1월 광주에서 HDC현대산업개발이 공사하던 아이파크 아파트 붕괴사고와 인천 검단신도시의 GS건설 아파트 공사 현장 지하주차장 붕괴사고가 발생했다. GS건설은 1,666가구 규모의 해당 아파트 단지를 전면 재시공하는 것으로 사고에 대한 책임을 지기로 했는데, 이에 대한 손실비용은 철거 및 재시공 건설비용과 지체보상금 외 기타 손실 비용 등을 합쳐서 1조원에 이를 것으로 추정하고 있다. 여기에 더해 GS건설의 주가가 하락하고 아파트 브랜드 이미지도 크게 손상되었는데 이러한 사고는 기업에 막대한 손해 뿐만 아니라 주식을 보유하고 있는 투자자나 채권자 등에게도 연쇄적인 손해로 이어질 수 있다. 이러한 사고사례는 근로자와 사용자의 안전은 물론, 투자자의 권리까지 위협하기 때문에 안전경영, 안전건설 원칙이 더욱 강조되는 이유이다.

---

12 전영준·이광표·김화랑, 「지역건설산업 활성화를 위한 합리적 정책 방안 발굴 연구」, 한국건설산업연구원, 2022, 30면.

13 한국경제인협회의, 2022년 발표에 의하면, 건설투자는 2022년 2.6%, 2023년 1.4% 성장했던 반면, 2023년에는 1.8%(한국은행), -1.4%(한국개발연구원KDI), 1.2%(정부) 등 모두 마이너스 성장률을 전망하고 있다.

이처럼 국가경제에서 큰 영향을 미치는 건설업의 최근 상황은 역성장 추세와 함께 무엇보다 지역의 전문건설업 현황은 영세성을 면하지 못하고 있다. 여기에 대내외적으로 ESG경영의 요구와 국내는 사업주와 기업에 대한 처벌강화를 골자로 하는 중대재해처벌법 시행으로 경영환경은 더욱 무거워진 상황이다. 그렇지만, 생명과 바꿀 수 있는 가치는 그 어디에도 없으며. 건설업의 경우 안전보건이 붕괴될 경우 막대한 인명피해와 재산상의 손실을 초래할 수 있다.

2. 도급의 의의

가. 도급의 개념과 특징

건설공사는 도급의 중층적 방식으로 업무가 이루어지는 특징을 가지고 있다. 「민법」 제664조의 "도급은 당사자 일방이 어느 일을 완성할 것을 약정하고 상대방이 그 일의 결과에 대하여 보수를 지급할 것을 약정함으로써 그 효력이 생기는 것"을 말한다. 따라서 도급을 받은 수급인이 선량한 관리자의 의무에 따라서 일을 처리하였더라도 결과의 완성을 이행하지 못한 경우에는 채무불이행이 되는데, 이러한 점에서 민법상 '위임' 계약과 구별되는 성격을 갖는다.[14]

도급계약은 상호간 의무를 부담하는 것이므로 쌍무계약이고, 상호급부의 대가가 있다는 점에서 유상계약이며, 특별한 형식이 필요없는 불요식(不要式)계약이고, 당사자의 합의만으로 성립된다는 점에서 낙성(諾成)계약이다.

도급계약에서 수급인은 도급받은 일의 완성을 위해 직접 근로자를 고용할

---

14 윤성철, 「하도급분쟁사례해설」, 도서출판 법과교육, 2020, 3면.

수 있다. 이 때 고용된 근로자는 수급인이 직접 지휘하고 명령하여 도급받은 업무를 수행하며, 도급인은 수급인의 근로자를 직접 지휘하고 명령하지 않는다. 파견과는 차이가 있는데 그 차이점은 도급계약에 있어 근로자에 대한 지휘명령권은 수급인에게 있고, 도급인과 근로자 사이에는 사용종속관계가 있다.

도급은 약정된 일의 완성을 목적으로 하는 것이다. 그러므로 일처리 자체를 수급인만의 노무를 통해서 해야 하는 것은 아니며, 당사자 사이의 별도의 금지사항이 없는 한 수급인은 그 일을 하도급 줄 수 있어 규모가 큰 일의 도급에서부터 전문성을 특별히 요구하는 작은 일까지 제2차적 도급이라 할 수 있는 하도급을 이용하는 것이 일반적이다. 이 하도급은 수급인과 하수급인 사이에 행해지는 도급계약이며, 통상적으로 현장에서 하수급인의 행위와 안전에 관하여 수급인이 모든 책임을 지도록 되어 있다.

건설도급계약은 일반도급계약과 법적 성질이 다른 특성을 가지고 있다. 계약당사자 이외에도 설계, 도급, 하도급, 감리 등 그 이행과정에서 다수의 협력관계 속에서 거대한 자본이 투입되어 편리하고 안전한 삶의 공간과 직결되는 건축물이 완성된다. 이러한 측면에서 건설도급은 시공과정에서 도급인의 고용이나 위임 등의 이행형태 속에서 수급인에겐 엄격한 노동과 하자문제로 이행과정상 상호간의 신뢰가 필요하다. 이와 같이 건설도급계약은 일반도급계약과는 상당히 다른 특성을 가지며 이를 정리하자면 다음과 같다.

첫째, 계약이행이 장기간이며 계약규모가 크다는 점에서 수급인의 미수령 공사대금채권을 보호하고 도급인의 공사이행채권을 충분히 보호할 필요성이 있다.

둘째, 건설공사는 발주자 뿐 아니라 일반 공중의 재산 및 안전과도 관련이 되기 때문에 안전과 충실시공이 유지될 수 있도록 건설사업자에게 기본적인 기술수준, 충분한 자금, 시공능력 등을 갖출 것이 요구된다.

셋째, 시공과정에서 도급인측의 계속적인 감리로 인하여 종속적인 측면이 있고, 하자가 쉽게 발견되지 않기 때문에 당사자 간 신뢰관계가 바탕이 되어야 한다는 점에서 이를 계속적 채권관계로 보는 견해도 있다.[15]

건설공사의 특성상 건설도급계약은 정보의 양과 질, 교섭력에서 우위에 있는 당사자가 최대의 이윤을 추구하여 계약을 지배하며, 다른 계약보다 우선하여 수행하도록 되어 있다.[16]

건설분야 도급 중 토목·건축에 관한 건설공사계약, 공장설비·플랜트 등의 건설계약이 있다. 이러한 계약에서 계약서가 계약성립의 법률적 요건은 아니고, 당사자 간 합의에 의해 성립한다. 도급계약에 의해 수급인은 업무추진에 필요한 노무 및 작업 등을 통하여 '약정한 일의 완성'이라는 완성된 결과를 이행하여야 할 의무를 지고, 도급인은 그 결과에 대하여 대가를 지불할 책임을 진다. 즉, 도급에서는 결과와 대가관계이고, 그 과정 자체는 법률적 평가대상이 되지는 않는다.

나. 도급의 법적 성질

도급계약에서 통상 각 도급단계에 따른 수급인이 생기는데, 여기서 수급인은 사업이 여러 단계에 걸쳐 도급된 경우인 '중층적 도급관계'의 각 단계의 수급인 모두를 포함하고 있다.[17] 여기서 더 나아가 각 단계의 수급인과 근로자의 관계에 있거나 도급, 용역, 위탁 등 계약의 형식에 관계없이 그 사업의 수행을 위하여 대가를 목적으로 노무를 제공하는 관계에 있는 자까지 포함한다.

---

15 윤재윤, 앞의 책, 95면.

16 조은례, "건설공사도급계약의 성립에 관한 연구", 한국법학회 28권, 2007, 109면.

17 정현희, "중대재해 처벌 등에 관한 법률의 재판 실무상 쟁점", 사법정책연구원, 2022, 33면.

또한, 「중대재해처벌법」 제2조 제7항에 의하면,[18] 여러 단계의 도급으로 인해 하수급인의 소속 종사자에게 중대재해가 발생하거나, 위 하수급인 또는 하수급인 소속의 종사자까지 그 사업의 수행을 위해 노무를 제공받는 자는 안전보건 확보의무 책임이 있다. 동법 제4조에 사업주와 경영책임자등의 안전 및 보건 확보의무가 명시되어 있는데, 안전보건 확보의무와 관련한 책임의 범위를 사업주나 법인 또는 기관이 실질적으로 지배·운영·관리하는 사업 또는 사업장도 포함한다. 동법 제5조에는 도급, 용역, 위탁 등 관계에서의 안전 및 보건 확보의무가 명시되어 있는데, 실질적으로 지배·운영·관리하는 경우에 한정하여 제3자에게 도급, 용역, 위탁 등을 행한 경우에 제3자의 종사자에게도 안전보건 확보의무의 책임을 지도록 하고 있다.

개정 「산업안전보건법」[19] 제63조 도급인의 안전조치 및 보건조치에서 도급 및 수급인, 관계수급인의 개념 정의를 명확히 규정하고 있으며, '도급인의 사업장' 개념을 신설하여 도급인 자신의 사업장에서 작업을 하는 경우에 관계수급인 근로자에 대해 산업재해를 예방하기 위해 적절한 안전보건 조치의무를 부담하도록 그 책임범위를 확대하는 것으로 하였다. 또한, 「중대재해처벌법」 제2조 제7항에 여러 차례의 도급에 따라 행해지는 각 단계의 수급인 및 관계수급인을 규정하고 있으며, 「산업안전보건법」 제2조 9항에 '관계수급인'을 "도급이 여러 단계에 걸쳐 체결된 경우에 각 단계별로 도급받은 사업주

---

18 「중대재해처벌 등에 관한 법률」 제2조(정의) 제7항(종사자): 가. 근로기준법상의 근로자, 나. 도급, 용역, 위탁 등 계약의 형식에 관계없이 그 사업의 수행을 위하여 대가를 목적으로 노무를 제공하는 자, 다. 사업이 여러 차례의 도급에 따라 행하여지는 경우에는 각 단계의 수급인 및 수급인과 가목 또는 나목의 관계가 있는 자.

19 「산업안전보건법」 개정(법률 제16272호, 시행 2020.1.16.) 제63조(도급인의 안전조치 및 보건조치) 도급인은 관계수급인 근로자가 도급인의 사업장에서 작업을 하는 경우에 자신의 근로자와 관계수급인 근로자의 산업재해를 예방하기 위하여 안전 및 보건 시설의 설치 등 필요한 안전조치 및 보건조치를 하여야 한다. 다만, 보호구 착용의 지시 등 관계수급인 근로자의 작업행동에 관한 직접적인 조치는 제외한다.

전부를 말한다"라고 규정함으로써 사업이 여러 단계에 걸쳐 도급된 경우 여러 수급인을 모두 관계수급인의 개념으로 포섭하고, 관계수급인의 근로자 전체에 대한 안전보건 조치의무를 도급인에게 부과하였다.

산업안전보건법상의 도급인 책임에 대한 판례[20]에 의하면, 도급인이 실질적으로 지배·관리하는 사업 또는 사업장에서 그 수급인이 사용하는 사업장에서 그 수급인이 사용하는 근로자에 대한 산업안전보건법에 따른 의무를 부담할 뿐, 수급인(특수형태 근로종사자가 아닌 사람)에 대해서는 그 의무를 부담하지 않으므로 산업안전보건법 위반의 책임이 발생하지 않는다[21]고 판시하고 있다. 이와는 반대로, 중대재해처벌법상으로는 종사자 개념에 수급인을 포함하고 있으므로 수급인이 업무와 관계되는 설비 등이나 작업 그 밖에 업무로 인하여 사망한 경우 중대산업재해에 포함한다고 해석하고 있다.[22]

Ⅲ. 건설도급의 개념과 성격

1. 이해관계 주체별 법적 개념

도급과는 달리 하도급은 도급을 받은 수급인이 그 일을 다시 제3자에게 맡기는 것을 말하며, 「하도급거래 공정화에 관한 법률」(이하 "하도급법"이라 한

---

20 대법원 2019. 7. 26. 선고 2018도7650 판결: 산업안전보건법 도급사업주에게 법 제29조에 따른 의무를 지도록 하는 목적은 산업재해를 예방하고 쾌적한 작업환경을 조성함으로써 근로자의 안전과 보건을 유지·증진하기 위한 것이라는 점에 비춰 사업주가 산업안전보건법상의 의무를 부담하는 상대방은 사업주 자신이 사용하는 근로자와 그의 수급인이 사용하는 근로자라 할 것이므로 그의 수급인에 대해서는 안전보건 조치의무를 부담하지 않는다고 보아야 할 것이다.

21 정현희, 앞의 논문, 34면.

22 대검찰청, 「중대재해처벌법 벌칙해설」, 88면.

다) 즉, 하도급은 양당사자간의 도급계약의 거래에 있어 도급을 받는 수급인이 하수급인에게 자신의 용역의 전부 또는 일부를 다시 도급주는 것을 의미한다. 하도급은 하도급법에 의해 규율되며, 제1조 목적에 "이 법은 공정한 하도급거래질서를 확립하여 원사업자와 수급사업자가 대등한 지위에서 상호보완하며 균형있게 발전할 수 있도록 함으로써 국민경제의 건전한 발전에 이바지함을 목적으로 한다"고 명시하고 있다.

동법 제2조 제1항의 규정에 따르면, '하도급 거래'란 원사업자가 수급사업자에게 제조위탁, 수리위탁, 건설위탁 또는 용역위탁을 하거나 원사업자가 다른 사업자로부터 제조위탁, 수리위탁, 건설위탁 또는 용역위탁을 하거나 원사업자가 다른 사업자로부터 제조위탁, 수리위탁, 건설위탁 또는 용역위탁을 받은 것을 수급사업자에게 다시 위탁한 경우, 그 위탁을 받은 수급사업자가 위탁받은 것을 제조·수리·시공하거나 용역을 수행하여 원사업자에게 납품·인도 또는 제공하고 그 대가를 받는 행위를 말한다고 규정하고 있다.

한편, 하도급법에 의한 거래당사자의 개념은 물품 등의 제조·수리·시공 및 용역을 수급인에게 도급하는 자를 '발주자', 발주자로부터 도급받아 중소사업자에게 하도급을 주는 사업자를 '원사업자', 원사업자로부터 하도급을 받은 중소사업자를 '수급사업자'라 한다. 결국, 하도급은 '원도급의 재도급'이라는 성질을 갖고 있으며, 법률에 따라 용어를 달리 정의하고 있다.

정리하면, 민법에 의하면 도급인, 수급인, 하수급인으로, 건설산업기본법에 의하면 발주자, 도급인, 수급인으로, 하도급법에 의하면 발주자, 원사업자, 수급사업자로 정의하고 있다. 건설공사에서 발주자의 위치이냐 도급인의 위치이냐에 따라 법령상 그 의무이행에 따른 책임이 명확히 엇갈린다.

가. 건설공사발주자

건설공사발주자는 사업의 기획에서부터 최종 완성을 총괄하는 이익의 주체로서 건설공사를 최초로 도급받는 수급자로 하여 안전하게 준공할 수 있도록 역할을 할 의무를 가진다. 「산업안전보건법」 제67조에 의하면, 건설공사 계획단계, 설계단계, 시공단계에 따른 위험요인 파악과 감소방안, 공사안전보건대장의 작성과 그 이행여부를 확인하도록 되어 있으며,[23] 단계별 산업재해 예방조치 내용을 정리하면 다음의 ｜표 2｜와 같다.

또한, 동법 제68조의 안전보건조정자로의 역할, 동법 제69조 공사기간 단축 및 공법변경 금지에 대한 규정, 동법 제70조 건설공사 기간의 연장, 동법 제71조 설계변경의 요청, 동법 제72조 건설공사 등의 산업안전보건관리비 계상 등, 동법 제73조 건설공사의 산업재해 예방 지도, 동법 제75조 안전 및 보건에 관한 협의체 등의 구성·운영에 관한 특례, 동법 제76조 기계기구 등에 대한 건설공사도급인의 안전조치 등에서와 같이 건설공사발주자로서의 안전보건 조치 및 이행에 관한 사항이 규정되어 있다.

건설공사의 경우 당해 현장의 위험요소와 원인, 위험성 등에 대한 감소대책을 수립해야 할 책임이 있다. 특히 건설사의 안전보건 전문가의 의견수렴

---

23 「산업안전보건법」 제67조(건설공사발주자의 산업재해 예방조치): ①대통령령으로 정하는 건설공사의 건설공사발주자는 산업재해 예방을 위하여 건설공사의 계획, 설계 및 시공단계에서 다음 각 호의 구분에 따른 조치를 하여야 한다. 1. 건설공사 계획단계: 해당 건설공사에서 중점적으로 관리하여야 할 유해·위험요인과 이의 감소방안을 포함한 기본안전보건대장을 작성할 것 2. 건설공사 설계단계: 제1호에 따른 기본안전보건대장을 설계자에게 제공하고, 설계자로 하여금 유해·위험요인의 감소방안을 포함한 설계안전보건대장을 작성하게 하고 이를 확인할 것 ②제1항에 따른 건설공사발주자는 대통령령으로 정하는 안전보건 분야의 전문가에게 같은 항 각 호에 따른 대장에 기재된 내용의 적정성 등을 확인받아야 한다. ③제1항에 따른 건설공사발주자는 설계자 및 건설공사를 최초로 도급받은 수급인이 건설현장의 안전을 우선적으로 고려하여 설계·시공 업무를 수행할 수 있도록 적정한 비용과 기간을 계상·설정하여야 한다. ④제1항 각 호에 따른 대장에 포함되어야 할 구체적인 내용은 고용노동부령으로 정한다.

| 표 2 | 건설발주자의 단계별 산업재해 예방조치[24]

단 계	예방조치 주요내용
계획단계	① 유해·위험요인 파악 및 이의 감소방안을 포함한 기본안전 대장의 작성 및 확인 ② 업무수행 임직원과 전문가를 지정함 ③ 안전보건 전문가 자문을 통한 안전 사항을 반영함 ④ 사업규모별·종류별·공사의 진척 정도별 안전한 설계와 시공업무를 위한 산업안전보건관리비 등 계상·설정
설계단계	① 계획단계에 따른 기본안전대장 설계자에게 제공함 ② 유해·위험요인 감소대책 설계조건 반영: 설계자 선정 및 입찰시 고지해야 함 ③ 설계안전보건대장의 작성 확인 및 실시설계서에 반영
시공단계	① 설계안전보건대장 수급인에게 제공해야 함 ② 설계안전보건대장 및 공사안전보건대장 제공 및 이행여부 확인 - 산업안전보건관리비 산출내역 - 위험성 평가내용 - 유해·위험방지 계획서 - 안전보건조정자 등의 배치 ③ 수급인의 공사안전보건대장 변경요청에 따른 적정성 검토 및 변경 승인함 ④ 수급인의 재해발생 위험 판단으로 설계 변경 요청시 검토 및 승인해야 함 ⑤ 산재위험 방지를 위한 설계변경 요청 및 공사기간 연장 요청시 반영

과 안전보건 관리에 필요한 문서를 검토하고, 사전에 위험요인을 찾아내어 그 위험을 감소하기 위한 대책을 수립하고 이를 토대로 설계서의 설계조건을 작성하여야 한다. 현장의 특수성으로 인해 파생될 수 있는 위험요인을 사전에 파악하여 자료나 정보를 설계자에게 제공하고 시공단계에서 그 위험요인의 유형과 통제수단을 반드시 문서화하도록 해야 한다.

다수 공종의 설계자가 참여할 경우 위험요소의 도출 및 평가기준의 채택,

24 「산업안전보건법」 제67조, 제68조, 제71조, 제72조 참조.

안전을 고려한 공정 종류별 설계자 회의 개최 여부, 건설분야 안전보건 전문가 참여 여부 등 안전설계 과정에서의 안전성 검토시 건설공사 참여자와 같이 수행해야 할 발주자의 역할은 다음과 같다.[25]

첫째, 발주자는 설계 안전성 검토보고서와 설계에 적용된 시공법과 절차, 지반조사보고서 등 설계부터 시공전반을 고려한 위험요인 파악과 그에 따른 중대재해 감소대책에 관한 내용을 정리하여 시공자에게 전달해야 한다. 시공자에겐 공사발주 및 착공 전 단계에서 시공자가 안전관리 계획서 작성에 필요한 정보를 제공하고 작성 후 심사하여야 한다. 이때 안전보건 관리계획서의 작성비용과 현장 점검비용, 공사현장 주변의 안전관리비용과 외부인 통행 및 차량소통 대책비용 등을 공사금액에 명시하도록 해야 한다.

둘째, 시공단계에서는 시공자의 안전관리계획 이행여부 확인과 안전관리비의 집행, 안전점검과 안전교육 실시여부를 확인해야 한다. 안전사고 발생시에는 사고조사 및 조치, 공사완료보고시 안전관리비 집행 및 안전점검, 안전교육 실시여부 확인, 안전사고 조사 및 조치와 공사완료시 안전관리계획서 및 설계도와 함께 점검하여 전반적인 보고서를 안전관리계획서 및 설계도와 함께 보관해야 한다.

민간이나 공공기관 발주자와 상관없이 안전한 공사를 위해 자신의 대리인으로 수행할 유능한 시공사 선정과 감리 및 설계 업무를 원만하게 수행할 수급인을 선정하여 당해 공사에 있어서 원만하게 진행이 되도록 여건을 만들고 지원한다.

---

25 정중섭, "발주자 역할과 안전보건경영시스템 운영이 건설재해 감소에 미치는 영향", 한밭대학교 박사논문, 2023, 15면.

나. 도급인(원사업자)

하도급법에서 정의한 원사업자란, 중소기업자[26]가 아닌 사업자로서 중소기업자에게 제조 등의 위탁을 한 자, 혹은 중소기업자 중 직전 사업연도의 연간 매출액이 제조 등의 위탁을 받은 다른 중소기업자의 연간 매출액보다 많은 중소기업자로서 그 다른 중소기업자에게 제조 등의 위탁을 한 자로 정의한다.[27]

원사업자는 하도급법 등으로 규율에 의하면 다음과 같이 분류할 수 있다. 먼저, 중소기업자가 아닌 사업자[28], 중소기업자지만 수급사업자에 비해 연간 매출액이 더 많은 기업자[29], 계열회사를 통하여 하도급거래 규제를 우회하는 경우 그 계열회사[30], 상호출자제한기업집단 소속 회사[31] 등이다.

2020. 1. 16. 시행된 개정 산업안전보건법에서는 도급의 범위를 넓게 상정하고 도급인이 지배·운영·관리하는 장소를 포함하여 작업을 하는 경우 도급인의 책임으로 확대하였다, 이는 도급인이 지배·관리하는 장소의 위험요인을 도급인이 관리·통제할 수 있다고 보아 해당 장소에서 작업하는 관계수급인의 산업재해 예방에 대해 도급인에게 책임을 부과하고 있다.

2022. 1. 27. 시행된 중대재해처벌법에서는 실질적으로 지배·운영·관리하는 사업 또는 사업장의 종사자 및 제3자의 종사자도 중대산업재해가 발생하지 않도록 사업주 또는 경영책임자에게 조치의무를 부과하고 있다.

---

26 「중소기업기본법」 제2조 제1항, 3항에 따른 자이며, 중소기업협동조합에 따른 중소기업협동조합을 포함하고 있다.

27 「하도급거래 공정화에 관한 법률」 제2조 제1항, 제2항

28 「하도급거래 공정화에 관한 법률」 제2조 제2항 제1호.

29 「하도급거래 공정화에 관한 법률」 제2조 제2항 제2호.

30 「하도급거래 공정화에 관한 법률」 제2조 제4항.

31 「하도급거래 공정화에 관한 법률」 제2조 제5항 제1호.

다. 수급인(수급사업자)

건설공사에서 공사 참여주체별로 발주자 A와 종합건설회사 B가 건설공사계약을 체결하였을 경우 B는 토공사업체 C 및 철근콘크리트공사업체 D와 계약을 체결하였다고 가정한다.

건설산업기본법상 용어로 보면 A는 '발주자', B는 '수급인', C와 D는 '하수급인'으로 정의할 수 있다. 반면, 하도급법에서는 B를 '원사업자'로 정의하고 C와 D를 '수급사업자'로 정의하고 있다.

하도급법상 '수급사업자'[32]는 원사업자로부터 제조·수리·건설의 위탁을 받아 물품의 납품 및 공사를 시공하는 중소기업자를 말하기 때문에 중소기업자가 아니면 수급사업자가 될 수 없다.

공정거래법상 상호출자제한기업집단 계열회사는 하도급법상 원사업자의 요건을 갖추지 못하더라도 원사업자로 보며, 수급사업자의 요건을 갖추더라도 수급사업자로 보지 않는다.

라. 공사감리자

발주공사의 경우[33], 공사의 감리자 즉, 발주자의 업무대행자는 경영책임자로 볼 수 없고 해당 공사기간 동안 건설공사 현장을 실질적으로 지배·운영·관리하는 시공사의 대표이사 등이 경영책임자에 해당된다. 다만, 통상적으로 건설공사 사업관리 업무를 수행하는 사업장에서는 감리업체에 대한 건축법 및 건설기술진흥법 위반 여부와 형사책임 유무에 따른 수사의 대상이 될 수 있고, 이 경우 고의나 과실에 따른 안전 및 보건 확보의무 이행 책임에 의율될 수 있다.

---

32 「하도급거래 공정화에 관한 법률」 제2조 제1항 제3호.

33 고용노동부, 「중대재해처벌법령 FAQ-중대산업재해부문」, 2022, 38면.

실례로, 지금까지 공사감리자가 중대재해처벌법으로 기소되어 처벌을 받은 유일한 사례[34]가 있다. 2022. 2. 23. 제주대학교 학생생활관 민자사업(BTL) 건설현장의 철거과정에서 굴뚝을 파쇄하던 중 상단 굴뚝구조물이 낙하하여 굴착기를 그대로 충격하여 굴삭기 운전자가 현장에서 사망한 사건이다.

제주지방법원은 2023. 10. 18. 이 사건에서 해체공사 감리를 맡았던 피고 건축사사무소 대표에게 금고 8개월에 집행유예 2년을 선고하였고, 검찰 및 피고측이 쌍방불항소하여 1심법원에서 확정된 사건이다.

이 사건에서 해체공사의 감리계약을 체결한 감리회사 대표는 해체공사가 관계 법령 등에 따라 적정하게 시행될 수 있도록 감독·관리할 책임이 있었다. 해체감리 업무를 하는 경우, 구조물에 관한 사항을 검토·확인하고 해체계획서 검토, 해체작업 순서·해체공법 등 해체계획서에 따라 적합하게 시공하는지 검토·확인하는 등 재해예방을 위해 해체공사감리 업무의 의무가 있었다.

2. 하도급의 성격

기업에서 건설하거나 생산·제조하는 규모가 커지고 세부 분야별 전문성을 필요로 하는 등 효율성을 높이기 위해서는 분업활동을 통해 극복할 수밖에 없다. 어떠한 일의 완성을 위해 분업활동을 위해 도급거래가 이루어지는데 「민법」 제664조에 의하면, '도급'은 민법상 당사자 일방이 어느 일을 완성할 것을 약정하고[35] 상대방이 그 일의 결과에 따라 보수를 지급하는 것을 약

34 2023. 10. 18. 선고 2023고단146 판결.

35 도급받은 일의 완성을 해야 한다는 점에서 하도급을 포함한 대금청구권은 도급계약의 결과를 완성한 후 도급대금의 지급의무가 발생한다. 다만, 상호간의 약정에 따라 건설하도급의 경우 기성고에 따라 대금을 지급하는 방법이 있다.

정하는 계약으로 정의할 수 있다. 다만, 도급을 받는 수급인이 선량한 관리 의무의 이행으로 일을 처리하였다고 하더라도 최종 결과를 완성하지 못했다면 채무불이행이 된다.

하도급 거래는 거래의 특수성을 지닌다. 원사업자로부터 장기간 거래하는 수급사업자는 대부분 주거래처에 대한 의존가능성이 높아지고, 거래가 지속될수록 이로 인해 거래관계의 전환이 어려워지며, 수급사업자는 원사업자에게 의존할 가능성이 커지는 특징이 있다. 특히, 건설업의 경우 발주자는 정해져 있고, 수급사업자들은 다수이기 때문에 특별한 경쟁력이 없는 경우는 수주 여부가 생존의 문제여서 원사업자의 결정권한이 클 수밖에 없고, 불이익을 당하고도 직접 대응하는 대등한 교섭력이 발휘되지 못하는 현실이 있다.

이러한 배경에서 경제적 열위에 있는 수급사업자의 권익과 이익을 보호하고 원사업자의 불공정하도급 거래를 시정하기 위해 하도급법을 제정하게 되었다. 특히 하도급법은 '사회법' 영역의 성질을 가지지만 특정한 경우에는 계약자유의 원칙이 수정되는 강행법의 성질도 가진다. 이렇게 제정·시행된 하도급법은 다음과 같은 네 가지의 성격을 가지게 된다.

첫째, 하도급법은 국민경제의 민주화라는 공익실현을 목적으로 국가가 사인(사기업)에 대해 거래상 우월적 지위에서 개입하는 공법이자 경제법 성격을 가진다.[36] 둘째, 일반적인 대등한 당사자 간 사적거래관계 중 하도급법에서 규정하고 있는 지연이자가 민법이나 상법에서 규정하고 있는 법정이자율보다 우선한다는 점에서 특정한 거래행위에 대하여 규율하는 민사상 특별법

36 법적 성격의 구체적인 예를 들자면, 사인 간의 하도급 분쟁은 민사소송의 대상으로서 일반 민사법원이 관할이 되지만, 공정거래위원회의 처분을 받는 당사자는 구속의 권한을 갖는 강행적 성격으로서 특히 원사업자에 대한 제재처분은 행정소송으로서의 항고소송 대상이기도 하다는 의미로 공법적 성격을 갖는다.

성격을 가진다.[37]

셋째, 법적 규제는 「독점규제 및 공정거래에 관한 법률」(2023. 6. 20. 법률 제19510호 일부개정되고, 2023. 6. 20. 부터 시행되는 것을 말한다. 이하 "공정거래법"이라 한다) 제45조 제1항 제6호에서 규정하고 있는 "자기의 거래상의 지위를 부당하게 이용하여 상대방과 거래하는 행위"의 한 유형으로 규제하였으나, 1984. 12. 31. 제정된 하도급법이 공정거래법의 특별법으로서 지위를 갖는다.[38]

넷째, 「하도급법」의 지위는 법 제34조에 의해 다른 법률과의 관계를 규정한 바 "「대·중소기업 상생협력 촉진에 관한 법률」, 「전기공사업법」, 「건설산업기본법」, 「정보통신공사업법」이 법에 어긋나는 경우에는 이 법에 따른다"라고 명시되어 있어 다른 법률보다 우선 적용을 받는 특별법적 성격을 가진다.[39]

---

37 대법원 2010. 10. 28. 선고 2010두16561 판결 참조, 예컨대, 하도급법상 지연이자가 민법·상법상 이자율보다 우선한다는 점을 들 수 있다.

38 「하도급법」 제28조(독점규제 및 공정거래에 관한 법률과의 관계)에 의하면, "하도급 거래에 관하여 이 법의 적용을 받는 사항에 대하여는 「독점규제 및 공정거래에 관한 법률」 제45조 제1항 제6호를 적용하지 아니한다." 명시되어 있다.

39 특히, 하도급법이 건설산업기본법보다 우선 적용을 받는 특별법적 성격으로서 건설산업기본법의 하도급 규정은 하도급법의 규정이 적용되지 않을 경우에 보충적으로 적용된다.

제2절 건설공사 이해관계자등의 법적 책임

Ⅰ. 의의

중대재해처벌법에서는 건설공사 이해관계자들에 대한 개념을 직접적으로 정의하고 있지 않지만, 산업안전보건법상 정의에 의하여 건설공사 발주자, 도급인, 수급인, 관계수급인, 근로자 등의 이해관계자에 대해 설명하고 있을 뿐이다. 여기서 각 책임주체의 통칭인 '이해관계자(利害關係者, Stakeholder)'는 주로 상법 등에서 "이해관계의 당사자"를 뜻하는 용어로서 건설공사에서 직접·간접적으로 이해관계를 가지는 건설공사발주자, 도급인, 관계수급인 등을 뜻한다.

건설공사에 있어 중대산업재해 발생시 중대재해처벌법 등의 책임에 규율될 것인지는 안전보건관리체계 구축과 조치의무의 부작위(위반)에 따른 결과발생의 인과관계, 즉 작위의무의 미이행이라는 기본범죄에 더하여 근로자의 사망이라는 중한 결과가 더해진 결과적 가중범[40]의 책임주체에 대한 문제이다. 또한, 건설공사에서 이해관계자의 법적 책임 규정과 책임여부에 대해 판례는 어떻게 보여주고 있는지 논거한다.

---

40 대법원 2014. 8. 28. 선고 2013도3242 판결.

Ⅱ. 건설공사 경영책임자등의 법적 책임

1. 산업안전보건법상 책임

건설공사의 도급관계에서 안전·보건 관리의무와 책임위반에 있어 다양한 법령을 통해서 경합될 수 있는데, 최근 중대재해 사고로 인해 기소된 사건의 법원판결을 통해 보자면, 중대재해처벌법 위반과 산업안전보건법 위반, 형법상 업무상과실치사상죄 등이 상상적 경합으로 적용되는 것을 볼 수 있다.

건설업은 타 업종에 비해 중층적 도급관계 구조와 다양한 분야의 산업이 물적· 기술적 집합체를 이루며 완성을 거치는 분야로 산업재해의 위험성이 상존하며 위험도가 높은 분야이다. 중대재해처벌법은 도급사업에서 중대재해 예방을 위한 관계수급인의 종사자를 보호하고자 안전보건관리체계의 구축(법 제4조)과 안전보건 확보의무를 이행(법 제5조)할 것을 규정하고 있는 법으로서 실질적인 지배·운영·관리하는 사업 또는 사업장의 사업주 또는 경영책임자등을 신분범으로 처벌하고 있다.

앞서 살펴본 것처럼 현행 중대재해처벌법상 건설공사발주자는 '단순 발주자'의 자격으로 사업장을 실질적으로 지배·운영·관리하는 주체가 아닌 경우에 그 사업주 또는 경영책임자등에게 책임을 묻기는 어려워 보인다. 「산업안전보건법」 제2조 제6호, 제7호에서 도급에 대하여 "명칭에 관계없이 물건의 제조·건설·수리 또는 서비스의 제공, 그 밖의 업무를 타인에게 맡기는 계약"으로 정의하면서 "도급사업주에서 '건설공사발주자'는 제외한다"라고 규정하고 있다. 다만, 중대재해처벌법에서 사업주 또는 경영책임자등은 제3자에게 도급 등을 행한 경우 하청업체 종사자의 안전을 보호하기 위하여 조치를 취하도록 제4조 및 제5조에 규정하고 있다. 이 규정들은 도급인의 직접 종사자로부터 노무를 제공받는 경우를 예정하여 필요한 의무를 둔 점을 고려한[41] 것이라는 주장도 있으나 실제 처벌에 있어 최근 법원판결에서는 제4조의 "실질적으로 지배·운영·관리하는 사업 또는 사업장"의 관계수급인 모두를 포괄하는 것으로 판례가 형성되어 가고 있다. 결국, 중대재해처벌법에서는 단순히 고용관계를 전제로 하지 않고 있으며, 보호 대상을 근로자에서 '종사자'[42]로 그 범위를 확대하고 있다.

「산업안전보건법」 제2조 제4호에서 사업주에 대하여 "근로자를 사용하여 사업을 하는 자"로 규정하여 고용관계에 있는 사업주가 소속 근로자를 위한 안전·보건 조치의무를 부과하고 이를 위반할 경우 처벌하도록 규정하고 있다. 「근로기준법」 제2조 제1항의 사업주 개념은 근로자의 사용 즉, 고용관계를 전제로 하고 있으며, 여기서 근로자는 직업의 종류와 관계없이 임금을 목적으로 사업이나 사업장에 근로를 제공하는 자로 정의하고 있다.

「산업안전보건법」 제63조에서도 "도급인은 관계수급인 근로자가 도급인의 사업장에서 작업을 하는 경우 자신의 근로자와 관계수급인 근로자의 산업재해를 예방하기 위하여 안전 및 보건 시설의 설치 등 필요한 안전조치 및 보건조치를 하여야 한다"고 규정하여 도급인에게 자신의 근로자 뿐만 아니라 관계수급인 근로자에 대하여도 필요한 안전·보건조치를 취하여야 할 의무를 부담하게 하고 있다.[43]

또한, 동법 제64조 제1항에 건설공사도급인은 관계수급인 근로자가 도급

---

41 전형배, "중대재해처벌법의 해석상 쟁점", 노동법포럼(제34호), 노동이론실무학회,2021. 11, 284면.

42 「중대재해처벌법」 제2조 제7호, 근로기준법상 근로자 외에도 도급, 용역, 위탁 등 계약의 형식에 관계없이 그 사업의 수행을 위하여 대가를 목적으로 노무를 제공하는 자 및 사업이 여러 차례의 도급에 따라 행하여지는 경우에는 각 단계의 수급인 및 수급인과 가목의 근로자 또는 나목 의 대가의 목적으로 노무를 제공하는 자까지 포함한다.

43 서준호, "산업안전보건법상 건설공사 도급인의 책임에 관한 연구", 동아대학교 대학원(박사학위 논문), 2020, 70면.

인의 사업장에서 작업을 하는 경우, "① 도급인과 수급인을 구성원으로 하는 안전 및 보건에 관한 협의체의 구성 및 운영을 하고, ② 작업장 순회점검을 하며, ③ 관계수급인이 근로자에게 하는 안전보건교육을 위한 장소 및 자료의 제공 등을 지원하고, 그 교육의 실시를 확인하여야 하며, ④ 작업장소에서 발파작업을 하는 경우 및 작업장소에서 화재·폭발, 토사·구축물 등의 붕괴 또는 지진 등이 발생한 경우에 대비한 경보체계 운영과 대피방법 등 훈련을 하여야 하며, ⑤ 위생시설 등 고용노동부령으로 정하는 시설의 설치 등을 위하여 필요한 장소의 제공 또는 도급인이 설치한 위생시설 이용의 협조"를 하여야 한다고 규정하고 있다. 또한, 동법 제64조 제2항에 명시된 바와 같이 "자신의 근로자 및 관계수급인 근로자와 함께 정기적으로 또는 수시로 작업장의 안전·보건에 관한 점검"을 하여야 한다.

「산업안전보건법」 제71조 제1항에서 건설공사도급인은 건설공사 중에 대통령령으로 정하는 가설구조물[44]의 산업재해가 발생할 위험이 있다고 판단되면 건축·토목 분야의 전문가 등을 통해 대통령령으로 정하는 전문가[45]의 의견을 들어 건설공사발주자에게 설계변경을 요청할 수 있도록 하고 있다.

다만, 건설공사발주자가 설계를 포함한 턴키발주의 경우는 예외로 규정하고 있다. 또한, 동조 제2항에 고용노동부장관으로부터 공사 중지 또는 유

---

44 「산업안전보건법 시행령」 제58조 제1항, "대통령령으로 정하는 가설구조물"이란 다음 각 호의 어느 하나에 해당하는 것을 말한다.
1. 높이 31미터 이상인 비계.
2. 작업발판 일체형 거푸집 또는 높이 6미터 이상인 거푸집 동바리[타설(打設)된 콘크리트가 일정 강도에 이르기까지 하중 등을 지지하기 위하여 설치하는 부재(部材)]
3. 터널의 지보공(支保工: 무너지지 않도록 지지하는 구조물) 또는 높이 2미터 이상인 흙막이 지보공.
4. 동력을 이용하여 움직이는 가설구조물.

45 「산업안전보건법 시행령」 제58조 제2항의 건축·토목 분야의 전문가란, 공단 또는 다음의 어느 하나에 해당하는 사람으로서 해당 건설공사도급인 또는 관계수급인에게 고용되지 않은 사람을 말한다.
1~4. 「국가기술자격법」에 따른 건축구조기술사, 토목구조기술사, 토질및기초기술사, 건설기계기술사

해·위험방지계획서의 변경 명령으로 설계변경이 필요한 경우엔 건설공사발주자에게 설계변경을 요청하도록 규정하고 있다. 동조 제3항에는 건설공사의 관계수급인은 가설구조물의 붕괴 등 산업재해 발생 위험이 있다고 판단이 되면 전문가의 의견을 들어 설계변경을 요청할 수 있고, 건설도급인은 기술적으로 명백히 불가능한 경우가 아니면 이를 반영하여 설계를 변경하도록 규정하고 있다.

동법 제72조에 건설공사 사업계획 수립에서 산업안전관리비에 대한 사업비 의무계상 규정과 동법 제75조에 대통령령으로 정하는 건설공사의 건설도급인에 대한 규정으로 근로자위원과 사용자위원이 동일한 수로 안전 및 보건에 관한 협의체를 구성하고 운영하도록 규정하고 있고, 동법 제76조를 통해 타워크레인 등 기계·기구 또는 설비에 대한 안전조치 및 보건조치를 규정하고 있다.

2. 중대재해처벌법상 책임

건설공사의 경우, 기존에는 공동도급관계에서 공동수급체 간 지분비율에 따른 공사금액 분할 여부, 분리계약시 공사금액 합산 여부, 재료비, 부가세 등 비용합산 여부가 문제되었지만 적용대상이 확대되면서 상시근로자 5명 이상인 경우 공사금액을 따지지 않고 중대재해처벌법의 적용 대상[46]이 되었다.

「중대재해처벌법」 제4조에 따른 중대산업재해 예방 대응으로 사업 또는 사업장의 특성 및 규모 등을 고려하여 다음 각 호에 따른 안전보건 확보의무에 따른 조치를 하여야 한다. 첫째, 재해예방에 필요한 인력 및 예산 등 안전

46 최명기·정유철, 앞의 책, 36면.

보건관리체계 구축 및 그 이행에 관한 조치, 둘째, 재해발생시 재해방지 대책의 수립 및 그 이행에 관한 조치, 셋째, 중앙행정기관, 지방자치단체가 법령에 따라 개선, 시정 등을 명한 사항의 이행에 관한 조치, 넷째, 안전보건 관계 법령에 따른 의무이행에 필요한 관리상의 조치를 이행해야 한다.

사업주 또는 경영책임자등의 안전 및 보건 확보의무 내용은 시행령에서 세부적으로 규정하고 있는데, 결국은 중대재해처벌법에서 요구하는 것은 안전보건에 관한 컴플라이언스 체계를 구축하는 것이고, 컴플라이언스 체계는 구체적으로 사업 또는 사업장별로 경영책임자가 근로자의 안전·보건을 위한 예방체계를 마련하는 것이다. 그러나, 소규모 회사의 경우 단일 사업장일 경우가 많고 대표자가 당해 사업장의 안전보건관리책임자일 경우가 많다. 따라서, 이런 경우에도 현실적으로 안전·보건 관리체계 등의 시스템을 갖추는 것이 필요하냐는 문제점이 제기되고 있고, 안전·보건 확보의무의 수준과 관련하여 어떻게 준수해야 될지 모호하다는 지적도 많다.

의정부지방법원 고양지원의 판례[47]에 의하면, 유해·위험요인 확인·개선절차와 관련한 판시에서 그 회사가 피고인은 안전보건관리 컨설팅 업체에 안전보건관리체계 구축을 의뢰하여 안전·보건 경영 매뉴얼을 만들고 중대재해처벌법에 관한 초청강연도 받고 전문가로부터 자문 등을 받은 사실도 있다. 이러한 사실관계를 통해 유해·위험요인의 확인 및 개선절차는 이행했다고 주장을 했으나, 법원은 경영매뉴얼이 일반적 공사현장의 매뉴얼일 뿐 당해 사건 공사현장의 특성에 따른 유해·위험 요인을 확인하여 개선하는 업무절차로 보기 어렵다고 봤고, 초청강연이나 자문 등도 이 사건 현장의 특성에 따른 것이라고 볼 만한 자료가 없다고 판시하였다.

47 의정부지방법원 고양지원 2023. 4. 6 선고 2022고단3254 판결.

또한, 위험성평가표가 있지만 안전·보건 확보의무의 수준과 관련하여 어떻게 준수·이행했는지 모호하여 유해·위험요인의 확인 및 개선하는 업무절차를 마련하였다고 보기 어렵다고 판단했다. 컨설팅을 의뢰하기는 했으나 업체의 거듭된 요청에도 불구하고 자료제공이 되지 않는 등 의무이행 체계 구축이 제대로 이루어지지 않고, 실질적으로 현장의 위험요인을 고려한 조치여야만 의무이행을 한 것으로 인정된다며 엄격하게 해석하였다.

이와 같이 법령에서는 안전·보건 확보의무를 구축하고 이행하는 단서조항이 있는데, 사업장의 특성과 규모 등을 고려하라고 규정하고 있다. 모든 기업들이 동일한 수준의 안전·보건 확보의무를 이행할 것을 요구하는 건 아니고 위험의 정도나 기업의 규모에 따라서 안전·보건 확보의무의 이행 수준은 달라질 수 있다는 것을 전제하고 있는 것이어서 회사마다 안전·보건 확보의무를 이행할 때 어느 수준에서 의무를 다했다고 판단할 수 있는지가 상당히 모호한 상황이다.

실제 기소와 수사과정에서 다양한 유형이 발견되는데 유해·위험요인과 관련하여 절차서만 마련해둔 경우, 절차서에 따라서 위험성평가를 실시하는 경우, 그리고 본사 차원에서 평가가 잘 될 수 있도록 실질적으로 주기적으로 관리하는 경우 등 회사마다 의무이행의 수준이 천차만별이라 수사기관의 의무이행 여부 판단을 검사의 주관적 판단에 맡기는 측면이 있다. 중대재해처벌법이 시행된 이후 기소된 사건 중 법원판결 순서에 의한 15건을 분석해보면, 이 중 4건 만이 최종 결론이 난 상태로 이들은 모두 중소기업이고 대기업은 아직 한 곳도 없다.[48]

최근 법원 판결 사례를 보면, 유족과 합의를 전제로 하여 경영책임자가 징

48 2024년 4월말 현재 기준.

역형의 집행유예가 선고되는 사례가 존재하는 상황에서 중소기업들 입장에서는 안전보건관리체계 구축과 이행에 대한 현실적 여력도 없지만, 건설공사 중대재해 사건 대부분의 법원판결이 도급인 책임으로 귀결되는 경향으로 인해 관계수급인 입장에서는 안심하는 분위기도 없지 않아 법의 규범력에 한계가 있는 것 아니냐는 지적도 있다.

하지만, 「중대재해처벌법」 제4조 제1항 "사업 또는 사업장의 특성 및 규모 등을 고려"하여 안전보건 확보의무를 이행하도록 정하고 있어 이행이 없는 상태에서 중대재해 발생시 고의범으로서의 부작위 책임을 피하기는 어렵다.

따라서, 50인 미만 사업장에 직접 적용되는 안전보건 확보의무는 안전보건 경영방침의 마련(시행령 제4조 제1호), 재해예방을 위해 필요한 예산 편성 및 집행(제4호), 안전보건관리책임자등의 업무수행 평가기준 마련(제5호), 하도급업자에 대한 평가기준 마련(제9호) 등의 항목으로서 형식적으로 서류만 갖추는데 그치면 안되고, 실질적인 이행과 반기 1회 이상 점검과 사업주 또는 경영책임자등에 대한 보고와 지시, 확인절차 등의 이행은 필수적으로 요구된다.

다만, 최근 중대재해처벌법의 법원 처벌을 보면, 아직 대기업 처벌은 거의 볼 수 없고, 중소기업 및 사업주 등이 대부분이고, 도급인 책임비중이 높아 수급관계인 사업주 책임이 제한적인 상황이라 건설공사 중소기업 경영책임자들의 수범심리 부담에 비해 현실적으로 중대재해처벌법의 대응이 미비한 것이 현실이다.

Ⅲ. 건설공사발주자의 법적 책임

1. 건설공사발주자 책임의 법적 근거

건설공사발주자는 건설공사를 도급하는 자로서 건설공사의 시공을 주도하여 총괄·관리하지 아니하는 자를 말하되, 도급받은 건설공사를 다시 도급하는 자는 제외한다고 규정하고 있다. 여기서 건설공사의 시공을 주도하여 총괄·관리하는지 여부를 기준으로 건설공사발주자인지 도급인인지 구분되는데, 산업안전보건법상 건설공사발주자의 지위로서 건설공사 기간 동안 해당 공사 또는 시설, 장비, 장소 등에 대하여 실질적으로 지배·운영·관리하였다고 볼 만한 사정이 없는 한 해당 건설공사 현장의 종사자에 대하여 도급인으로서의 제4조 또는 제5조에 따른 책임을 부담하지 않는다.[49]

「산업안전보건법」 제63조에 따르면, 도급인은 관계수급인 근로자가 도급인의 사업장에서 작업을 하는 경우에 자신의 근로자와 관계수급인 근로자의 산업재해를 예방하기 위하여 필요한 안전·보건조치를 해야 하고, 동법 제66조에 따라 도급인은 관계수급인 또는 관계수급인 근로자가 동법을 위반하면 시정하도록 조치할 규정을 두고 있다. 하지만, 건설공사발주자는 이러한 의무들을 부담하지 않기 때문에 건설공사의 도급주체가 건설공사발주자인지 도급인인지가 중요한 쟁점이 되고 있다.

동법 제67조에 의하면, 건설공사발주자는 산업재해를 예방하기 위해 건설공사의 계획, 설계, 시공단계에서 법률에서 규정하는 각 단계의 예방조치를 하여야 하고, 동법 제68조에 2개 이상의 건설공사 도급시 건설공사발주

49 고용노동부, 「중대재해처벌법 중대산업재해 해설」, 2021, 108면.

자는 그 2개 이상의 건설공사가 같은 장소에서 행해지는 경우에 작업의 혼재로 인한 산업재해를 예방하기 위해 건설공사 현장에 안전보건조정자를 두도록 하고 있다.

동법 제69조에 의하면, 건설공사발주자는 공사안전보건대장을 작성하여야 하고 설계도서 등에 따라 선정된 공사기간을 단축해서도 안되고 공사비를 줄이기 위하여 위험성 있는 공법을 사용하거나 정당한 사유없이 정해진 공법을 변경해서도 안된다. 그리고 건설공사발주자는 동법 제70조에 태풍, 홍수 등 악천후, 전쟁·사변, 지진, 화재, 전염병, 폭동, 그 밖에 계약당사자가 통제할 수 없는 사태의 발생 등 불가항력의 사유가 있는 경우, 또는 건설공사 발주자에게 책임이 있는 사유로 인해 착공이 지연되거나 시공이 중단된 경우, 건설공사가 지연되어 해당 건설공사도급인이 산업재해 예방을 위하여 공사기간의 연장을 요청하는 경우 등에는 특별한 사유가 없으면 공사기간을 연장하도록 정하고 있다.

한편, 「건설기술진흥법」 제2조 제4호에 의하면, 건설공사발주자는 건설목적물을 완성함에 있어서 부실공사 등을 방지하고 품질수준을 향상시키기 위해 공사기간 동안 사업관리를 한다. 건설공사의 사업관리는 「건설산업기본법」 제2조 제8호에 의한다고 규정하고 있다. 여기서 「건설산업기본법」 제2조 제10호의 '발주자'란 건설공사를 건설사업자에게 도급하는 자를 말하는데 원수급인(원청)은 도급인으로 해석하여 건설공사발주자가 아니라는 해석이다.

또한 「건설기술진흥법」 제39조의 2(시공단계의 건설사업관리계획 등)에 의하면 발주청은 건설공사의 부실시공 및 안전사고의 예방 등 건설공사의 시공을 관리하기 위하여 건설공사 착공전까지 시공단계의 건설사업관리계획을 수립하도록 규정하고 있는데, 시공단계의 건설사업관리방식, 건설사업관리 업무를 수행하는 건설기술인 또는 공사감독자의 배치계획 등의 수립, 건설사업관리계획의 수립, 변경 또는 시행 등을 대통령령으로 정하여 하도록 규정하고 있다. 이 때 건설사업관리 업무에 대한 규정이 단순 건설공사발주자가 아닌 도급인의 역할로 볼 수 있는 것 아니냐는 의문이 제기될 수 있는 대목인데, 「산업안전보건법」 제2조 10호에 의한 "건설공사의 시공을 주도하여 총괄관리하지 않는 자"에 해당하지 않을 수 있다.

그러므로 건설기술진흥법의 상기 규정이 단순 건설공사발주자가 감리행위를 이유로 안전관리 수행의 범위를 어디까지 할 수 있는지, 사업관리 명목으로 건설공사발주자가 안전관리를 위해 건설사업자에 개입하는 것이 중대재해처벌법의 지배·운영·관리로 해석할 수 있어 법 적용대상에 해당되는 지가 논란이 되고 있다.

한편, 「형법」 제268조에 따르면 업무상의 과실, 즉 업무와 관련하여 다하여야 할 구체적·직접적인 주의의무를 다하지 아니함으로써 사람을 사상에 이르게 한 경우 5년 이하의 금고 또는 2천만원 이하의 벌금을 부과하도록 규정하고 있다. 이 규정은 산업안전보건법에서 정한 안전·보건 조치, 산업재해예방을 위한 조치의무는 상기 업무상과실치사죄에서의 '업무상 주의의무'에 포함된다.

이에 따라 산업안전보건법에서 정한 형벌은 경미한 수준이더라도 이의 해당하는 조치를 이행하지 않거나 태만히 함으로써 근로자의 사망 또는 부상을 초래한 경우에는 형법상 업무상과실치사상죄로 의율될 수 있다. 실제는 실무상 법정형이 더 중한 업무상과실치사상죄로만 기소하면서 그 업무상 과실의 내용을 산업안전보건법상 조치의무 위반으로 구성하는 경우도 있다.

2. 중대재해처벌법상 발주자의 법적 책임

건설공사발주자가 개념상으로는 도급에 해당하지만 별도의 예외규정이 없으므로 「중대재해처벌법」 제5조 사업주 또는 경영책임자등은 사업주나 법인 또는 기관이 제3자에게 도급, 용역, 위탁 등을 행한 경우에는 제3자의 종사자에게 중대산업재해가 발생하지 아니하도록 제4조의 조치를 하여야 한다. 다만, "사업주나 법인 또는 기관이 그 시설, 장비, 장소 등에 대하여 실질적으로 지배·운영·관리하는 책임이 있는 경우에 한정한다"는 규정에 의한 책임을 부담한다고 볼 수 있다.

반면, 「산업안전보건법」 제61조는 적격수급인 선정의무 규정으로 "사업주는 산업재해 예방을 위한 조치를 할 수 있는 능력을 갖춘 사업주에게 도급하여야 한다"라고 규정하고 있는데, 「중대재해처벌법 시행령」 제4조 제9호에 "도급, 용역, 위탁의 경우 종사자의 안전·보건을 확보하기 위한 기준과 절차에 따른 평가기준과 점검 및 절차"에 관한 규정으로 구체화하여 규범력을 더욱 강화한 것으로 볼 수 있다. 따라서 건설공사발주자의 사업주 또는 경영책임자등에 대한 중대재해처벌법 적용은 '실질적인 지배·운영·관리'가 주요 쟁점이 될 것으로 보이지만, 현장소장, 안전보건 총괄관리자 등에 대해서는 산업안전보건법에 적용될 것으로 보인다.

또한, 산업안전보건법이 2019년 개정되면서 도급인의 산업재해 예방의무가 확대되었고, 도급인과 수급인의 안전·보건 조치에 관하여 제5장 등에서 다수의 규정을 마련하여 등장한 개념으로 그 판단기준이 아직 명확히 정립되어 있다고 보기는 어렵다. 다만, 건설공사 위험의 외주화를 경계하면서 산업안전의 위험을 예방하기 위한 발주자로부터 법률상의 자격과 전문성을 가진 적격수급자가 도급받아 공사를 진행해야 하는 것과 불법 재하도급을 방지하는 규정이 추가되었다.

산업안전보건법에서 건설공사발주자를 도급인의 범위에서 제외하고 있는 것과 달리, 중대재해처벌법에서는 별다른 예외규정을 두고 있지 않은 관계로 중대재해사고가 발생한 경우 건설공사발주자의 중대재해처벌법의 처벌을 부담하는지가 문제된다. 해당 건설공사가 도급에 해당하는 것이 명백한 상황임에도 별도의 예외 규정은 없으나 「중대재해처벌법」 제4조[50]와 제5조[51]에 의한 적용으로 인한 처벌 가능성이 제기될 수 있는데, 그 이유는 「산업안전보건법」 제67조에 '건설공사발주자'는 건설공사 계획단계에서 기본안전보건대장 작성의무, 설계단계에서 기본안전보건대장에 따른 설계안전보건대장 및 확인, 시공단계에서 설계안전보건대장에 따른 공사안전보건대장 등을 작성하게 한 후 이를 확인하는 등의 산업재해예방 조치의무의 쟁점이 될 수 있기 때문이다.

또한 '건설공사발주자'는 2개 이상의 건설공사가 같은 장소에서 진행되는 경우 안전보건조정자 배치(「산업안전보건법」 제68조), 공사기간 단축 및 정당한 사유없는 공법 변경의 금지(「산업안전보건법」 제69조), 산업재해 예방을 위한 도급인의 요청시 공기 연장(「산업안전보건법」 제70조), 산업재해 발생 우려가 있는 경우 설계변경(「산업안전보건법」 제71조), 도급계약 체결시 도급금액에 산업안전보건관리비 계상(「산업안전보건법」 제72조) 등의 의무를 이행해야 한다. 또한, 위반 자체로 형사책임이 따르는 사항은 공사기간 단축 및 공법변경 금지(「산

50 「중대재해처벌법」 제4조, 사업주 또는 경영책임자등은 사업주나 법인 또는 기관이 실질적으로 지배·운영·관리하는 사업 또는 사업장에서 종사자의 안전·보건상 유해·위험을 방지하기 위하여 그 사업 또는 사업장의 특성 및 규모 등을 고려하여 다음 각 호에 따른 조치를 하여야 한다.

51 「중대재해처벌법」 제5조, 사업주 또는 경영책임자등은 사업주나 법인 또는 기관이 제3자에게 도급, 용역, 위탁 등을 행한 경우에는 제3자의 종사자에게 중대산업재해가 발생하지 아니하도록 제4조의 조치를 취하여야 한다. 다만, 사업주나 법인 또는 기관이 그 시설, 장비, 장소 등에 대하여 실질적으로 지배·운영·관리하는 책임이 있는 경우에 한정한다.

업안전보건법」 제171조 제1호) 조항이다. 건설공사발주자가 설계도서 등에 따라 산정된 공사기간을 단축하거나 공사비를 줄이기 위해 위험성 있는 공법 또는 정당한 이유없이 변경된 공법을 사용하는 경우 1천만원 이하의 벌금에 처하도록 규정하고 있다.

「중대재해처벌법」 제4조에 사업주와 경영책임자등의 안전 및 보건 확보의무를 정하여 사업주 또는 경영책임자등은 사업주나 법인 또는 기관이 실질적으로 지배·운영·관리하는 사업 또는 사업장에서 종사자의 안전·보건상 유해 또는 위험을 방지하기 위한 조치사항을 규정하고 있다. 동법 제5조에서는 도급, 용역, 위탁 등 관계에서 사업주나 법인 또는 기관이 제3자에게 도급, 용역, 위탁 등을 행한 경우에도 안전·보건 조치를 하여야 하며, 그 시설, 장비, 장소에 대하여 실질적으로 지배·운영·관리하는 경우에도 책임을 지도록 규정하며, 동법 시행령 제4조 제9호[52]에 그 기준을 정하고 있다.

여기에서 「중대재해처벌법」 제5조와 동법 시행령 제4조 제9호에 의해 구체화되고 있는 「중대재해처벌법」 제4조의 관계, 적용범위 등에 관하여 해석상 의문이 제기될 수 있다. 첫째, 「중대재해처벌법」 제5조 조문은 「중대재해처벌법」 제4조와 시행령 제4조 제9호에 의해 규율이 가능한 영역을 다시 선언적으로 규정한 측면이 강하다는 견해와 둘째, 「중대재해처벌법」 제4조에 의한 안전 및 보건을 확보할 대상자가 '종사자'이고, 동법 제2조 제7호 '종사자'의 개념에 의하면, 자신의 사업을 위해 노무를 제공하는 모든 사람이 제4조

---

52 「중대재해처벌법 시행령」 제9조 제4호. 제3자에게 업무의 도급, 용역, 위탁 등을 하는 경우에는 종사자의 안전·보건을 확보하기 위해 다음 각 목의 기준과 절차를 마련하고, 그 기준과 절차에 따라 도급, 용역, 위탁 등이 이루어지는지를 반기1회 이상 점검할 것.

가. 도급, 용역, 위탁 등을 받는 자의 산업재해 예방을 위한 조치 능력과 기술에 관한 평가기준·절차.

나. 도급, 용역, 위탁 등을 받는 자의 안전·보건을 위한 관리비용에 관한 기준.

다. 건설업 및 조선업의 경우 도급, 용역, 위탁 등을 받는 자의 안전·보건을 위한 공사기간 또는 건조기간에 관한 기준.

에 의한 안전 및 보건 확보 대상자이기 때문에 「중대재해처벌법」 제5조는 동법 제4조가 적용되지 않는 즉, 도급·용역·위탁 등으로 '타인의 사업 또는 사업장'이지만 자신이 실질적으로 지배·운영·관리하는 책임이 있는 시설, 장소, 장비 등에서 노무를 제공하는 제3자의 종사자에 대하여 도급인 등의 경영책임자에게 제4조의 안전 및 보건 확보의무를 부과한 것으로 해석해야 한다는 견해 등이 있을 수 있다.[53]

위에서 살펴본 바와 같이 「중대재해처벌법」 제5조의 실제 운영에서는 단서 부분에서 "다만, 사업주나 법인 또는 기관이 그 시설, 장비, 장소 등에 대하여 실질적으로 지배·운영·관리하는 책임이 있는 경우에 한정한다"라는 내용이 중요한 의미를 가지는 것으로 보이며, 이는 헌법상 명확성의 원칙과 책임주의 등을 고려할 때 "그 시설, 장비, 장소 등에 대하여 실질적으로 지배·운영·관리하는 책임이 있는 경우"의 의미를 엄격하게 해석하는 것이 타당하다고 할 것이다.

사업주 또는 경영책임자등의 안전 및 보건 확보의무를 구체적으로 규정하고 있는 시행령 제4조는 수급인 회사 등에 그대로 적용하기 어려운 문제가 발생하게 된다. 시행령 제4조에서 규정하고 있는 사업주 또는 경영책임자등의 안전 및 보건 확보의무의 내용이 도급 등 관계에서 어떤 형태로 나타나고 수급인 등에게 얼마나 큰 영향을 미치는지는 사업 또는 사업장의 특성이나 도급의 형태나 구조에 따라 책임구조는 달라질 것이다.

그럼에도 불구하고 산업안전보건법과 중대재해처벌법의 체계의 관계상으로 볼 때 시공을 총괄·관리하지 않고 그 시설·장비·장소 등에 대해서도 실질적으로 지배·운영·관리하지 않는 건설공사발주자는 산업안전보건법상 의

53 송인택 외, 「중대재해처벌법 해설과 대응」 박영사. 2022, 282~283면 참조.

무이행 책임이 면제될 수 있다고 보여지고, 이에 따라 중대재해처벌법상 책임이 부과되지 않는 것으로 판례가 형성되어 가고 있다.

정리하자면, 건설공사발주자가 건설현장에 미치는 영향력이 커서 산업재해 예방에 대한 관심을 고취할 제도적 필요성은 인정되나 ① 산업안전보건법상 건설공사발주자는 그 개념에서부터 시공을 주도하여 총괄·관리하는 자를 제외하고 있는 점, ② 중대재해처벌법 제5조의 단서규정에 의해 건설공사발주자라 할지라도 현장의 시설, 장비, 장소 등에 대하여 실질적으로 지배, 운영, 관리하는 책임이 없는 경우는 안전·보건 확보의무를 부과하지 않고 있는 점, ③ 건설공사를 발주한 '주문자'에까지 안전·보건 확보의무를 부과하여 처벌하는 경우 "책임 없이 형벌 없다"는 헌법상 책임주의 원칙에 위배되는 점 등을 종합하면[54], 중대재해처벌법상 안전·보건 확보의무가 부여된 도급사업주 개념에 건설공사발주자는 실제 책임을 부담하는 경우는 거의 없을 것으로 보인다.

3. 발주자의 책임여부와 판례

가. 덕산갈바텍의 지붕 보수공사

건설공사발주자로 인정한 사례로 울산지방법원 2022. 9. 1. 선고 2021노1261 판결 사례가 있다. 제조업을 주목적으로 설립한 덕산갈바텍 주식회사(이하 "제조사"라고 한다)로 부터 건설업을 목적으로 설립한 ㈜그린개발(이하 "건설사"라고 한다)이 공장동 지붕 및 벽체 일부의 보수공사를 도급받은 현장에서 이 사건 지붕공사 수행 중 건설사 소속 근로자(이하 "피해자"라고 한다)가 지붕 슬레

54 노정환, 「중대산업재해치사상죄에 대한 실무적 고찰」(중대재해·산업안전 세미나), 울산지방검찰청 2022, 10면.

이트 파손으로 인해 추락하여 사망하였다.

이 사건에 대해 검사는 제조사에 대해 산업안전보건법상 도급인의 지위에 있음을 전제로, 도급인의 산업안전보건 조치의무를 다하지 않아 피해자가 사망에 이르게 하였음을 이유로 기소하였다.

산업안전보건법상 도급인과 건설공사발주자의 구분은 법 제2조 제10호에서 규정한 바와 같이 "건설공사의 시공을 주도하여 총괄·관리하는 자"에 해당하는지 여부인데, 이해 관하여 고용노동부는 이에 대한 책임에 대해 ① 당해 건설공사가 사업의 유지 또는 운영에 필수적인 업무인지, ② 상시적으로 발생하거나 이를 관리하는 부서 등 조직을 갖추었는지, ③ 예측 가능한 업무인지 등의 요인을 종합적으로 고려하여야 한다는 입장이다.[55] 다만, 건설공사발주자는 시설, 장비, 장소에 대하여 실질적으로 지배·운영·관리하였다고 볼만한 사정이 없는 한, 해당 건설공사 현장의 종사자에 대해 도급인으로서 「중대재해처벌법」 제4조 또는 제5조에 따른 책임을 부담하지 않는 경우가 일반적이라는 입장을 견지하고 있다.

그러나 건설공사발주자가 제3자의 종사자에 대한 안전 및 보건 확보의무를 부과하지 아니할 필요성은 산업안전보건법에 비해 오히려 중대재해처벌법이 높다고 보는 점, 산업안전보건법의 체계상 중대재해처벌법상 의무도 면제된다고 해석하는 것이 타당하다는 점으로 보아 「중대재해처벌법」 제5조의 책임도 부과되지 않는다고 보는 견해도 있다. 이러한 견해의 대립에도 불구하고 건설공사발주자 책임은 예외적인 경우에 한정될 것으로 보이며, 해당 공사와 관련하여 시설, 장비, 장소 등을 실질적으로 지배·운영·관리하는 경우에는 중대재해처벌법상 법적책임을 부담할 것으로 예상된다.

---

55 고용노동부, 「개정 산업안전보건법 시행(2020. 1. 16.)에 따른 도급시 산업재해예방 운영지침」, 2020. 15면.

법원은 제조사의 주된 업종, 건설사의 주된 업종과 인력배치, 안전교육의 실시주체, 제조사가 공사와 연관해 실시한 안전교육 성격, 당해 공사가 제조사의 생산활동에 미치는 영향 등을 검토한 결과, 당해 공사가 공장동 지붕 및 벽체 일부 보수공사에 불과하고, 해당 공장 건물은 용융아연도금 제조업, 선박부품 제조업, 화공약품 제조업 등을 영위하는 피고인 제조사의 사업수행에 필수적인 고유의 생산설비에 해당하는 건물도 아니라는 이유로, 피고 제조사에 대해 산업안전보건법상 건설공사발주자임을 인정하였다.

나. 일산의 요양병원 신축공사

중대재해처벌법 법원 판결1호 일산의 요양병원 신축공사 추락사고 사건으로서 의정부지방법원 고양지원 2023. 4. 6. 선고 2011고단3254 판결로 쌍방불항소 하여 1심에서 확정된 사건이다. 이 사건은 발주자인 ㈜온유파트너스(이하 "A주식회사"라고 한다)의 요양병원 신축공사를 도급받아 총괄·관리하여 진행하던 건설공사도급인 A주식회사로부터 다시 철골 및 데크플레이트 공사를 하도급 받은 관계수급인 회사의 근로자가 건물 5층에서 건물 내부 개구부를 통해 고정앵글을 인양하던 중에 고정앵글 이탈로 안전대를 사용하지 않은 근로자가 16.5m 아래의 1층 바닥으로 추락하여 사망한 사건이다. 이 사건은 중대재해처벌법이 2022. 1. 27. 시행된 이후 기소된 첫 법원 판결로서 중대재해처벌법위반죄에 대한 판단기준과 처벌에 대한 수위를 확인할 수 있는 판결이라 주목을 받은 사건이다.

도급인 A주식회사에 대하여 벌금 3천만원을, A주식회사의 대표이사에 대하여 중대재해처벌법위반 및 산업재해치사죄로 징역 1년6월에 집행유예 3년을, 관계수급인 회사에 대해서는 벌금 1천만원을 각 선고하였다. 법원은 도급인 A주식회사가 실질적으로 지배·운영·관리하는 사업 또는 사업장에서 제3자에게 도급 등을 행한 경우 제3자의 종사자의 안전 및 보건상 유해 또는 위험을 방지하기 위해 도급인(원청) A주식회사 및 대표이사에게 중대재해처벌법 시행령 제4조 제9호의 안전보건관리체계의 구축 및 이행에 관한 조치를 취하여야 할 의무가 있다고 판단하고 피고가 일부만 이행하였어도 사고가 발생하지 않았을 가능성이 큰 것으로 보이는 점을 불리한 양형인자로 판단하였다.

상기 판결은 건설공사 현장에서 도급인(원청) A주식회사 및 대표자를 안전·보건 의무이행의 주체로 보고 사망사고와 건설공사도급인의 의무이행 부작위로 인한 인과관계를 인정하여 책임을 부과한 사건으로 건설공사발주자인 병원측은 수범대상에서 제외되었고, 사망한 근로자를 직접 채용하였던 관계수급인 대표에 대해서는 별다른 형벌이 부과되지 않았다. 다만, 관계수급인 회사에 대해서만 벌금 1천만원을 부과하는데 그쳤던 사건으로 피고측과 검찰측 쌍방이 불항소하여 1심에서 확정되었던 사건이다. 법원은 이와 같은 선고를 통해 도급인 및 도급인의 경영책임자등에 대해 주로 무거운 책임을 묻고 있으며, 기소된 다른 사건들의 경우에도 유사하게 적용될 것으로 예상된다.

4. 소결

개정된 산업안전보건법에 따르면 건설공사발주자는 관계수급인의 근로자에 대한 안전 및 보건 조치의무를 직접적으로 부담하는 대신에 건설공사의 계획단계에서 기본안전보건대장을 작성 및 확인하는 등 예방조치 의무부담, 안전보건조정자 배치, 정당한 사유없는 공법변경 금지, 산재예방을 위한 도급인 요청시 공기 연장, 산재예방을 우려한 설계변경, 도급금액에 산업안전보건관리비 계상 등의 의무를 부담하도록 규정하고 있다.

중대재해처벌법에 따르면, 사업주나 법인 또는 기관이 그 시설, 장비, 장소 등에 대하여 실질적으로 지배·운영·관리하는 책임이 있는 경우로 한정하는 것과 헌법상 명확성의 원칙과 책임주의 등을 고려할 때 시설, 장비, 장소 등에 대하여 실질적으로 지배·운영·관리하는 책임이 있는 경우로 그 범위를 엄격하게 해석하고 있다. 따라서, 일반적인 건설공사의 발주자와 도급인 관계에서의 중대산업재해 발생에 있어 건설공사발주자의 책임을 묻기에는 제약이 따른다고 봐야 할 것이다.

법원 판결1호 일산의 요양병원 공사현장 사건의 경우, 건설공사발주자인 병원측은 수범대상에서 제외되었고, 사망한 근로자를 직접 채용하였던 관계수급인 대표자에 대해서도 별다른 형벌이 주어지지 않아 실질적인 지배·운영·관리의 주체를 건설공사도급인으로 보고 대표자는 징역 1년6월에 집행유예 3년, 법인에 대해서는 벌금 3천만원, 하청법인에 벌금 1천만원으로 판결하였다.

Ⅳ. 건설공사도급인의 법적 책임

1. 의의

건설공사발주자와 도급인 관계에서의 책임유무를 말할 때 '위험의 외주화'란 표현을 자주 거론한다. '위험의 외주화'란 주로 발주자인 기업들이 위험한 업무나 현장을 하도급 형태로 열악한 하청업체에 떠넘겨 외주화함으로써 책임을 회피하려 한다는 표현이다. 2019. 1. 15. 산업안전보건법의 전면개정을 통해 도급인의 책임을 강화하고 수급인에게 책임을 전가하는 것을 억제하고자 하는 취지를 담고 있다.

한국산업안전보건공단이 2017년 조선·철강·자동차·화학 등 제조업 51개 원청사를 상대로 조사한 '원·하청 산업재해 통합 통계산출 실태조사'에 의하면 하청에서 사고의 사망사고만인율이 원청 0.25‱, 상주 하청업체가 1.77‱로 원청보다 하청업체 근로자가 7배나 높다고 조사되었다.[56]

중대재해처벌법은 도급·용역·위탁 등의 사업장에서 중대산업재해의 예방을 통해 관계수급인의 종사자 안전·보건상 유해 또는 위험을 방지할 의무를 규정하고 있다.[57] 그럼에도 불구하고, 도급인 경영책임자가 제3자 수급인에게 도급을 행한 경우 중대재해처벌법 시행령 제4조 및 5조의 안전보건 확보의무의 책임과 의무를 이행해야 하는 지위에 있는가 하는 점과 제3자 수급인의 사업장 자체조직의 안전보건 확보의무와 중첩되거나 충돌되는 부분에 대해서는 어떻게 해석해야 하는가[58] 하는 책임적격에 대한 논란이 있다.

2023. 12. 7. 대법원은 한국서부발전㈜의 하청업체 태안화력발전소 근로자인 故 김용균씨 사건의 1심 산업안전관리법 위반과 업무상과실치사죄 여부의 재판이 있었다.[59] 이 사건에서 한국서부발전의 임직원들, 하청업체

---

56 조윤호, 「원·하청 산업재해 통합 통계 산출Ⅱ」, 안전보건공단(산업안전보건연구원), 2017, 146면.

57 「중대재해 처벌 등에 관한 법률」 제4조, 제5조.

58 서진두·이승길, "중대재해처벌법상 도급관계에서 안전보건 확보의무 이행주체에 관한 소고", 사회법연구(제48호), 2024, 248면.

59 대전지방법원 서산지원 2020고단809 판결[산업안전보건법위반, 업무상과실치사].
대전지방법원 서산지원 2022. 2. 10. 선고: 원청인 한국서부발전이 태안화력발전소에서 석탄을 운반하는 컨베이어벨트 등 연료환경설비 운전·점검, 낙탄 처리 등 설비 운전 관련 업무를 위탁하였는데 태안화력발전소 소속 근로자였던 피해자가 컨베이어벨트 및 아이들러 점검, 탄처리 작업 등을 하는 과정에서 컨베이어벨트와 아이들러 사이의 물림점에 끼어 사망한 사고와 관련하여 원·하청 관계자들이 산안법 위반 등의 혐의로 기소된 사안이다. 원청이 피해자와 실질적 고용관계가 존재하여 구 산안법 66조의2, 제23조 제1항에 따라 사업주로서 안전조치의무가 있는지, 원청의 대표가 업무상 주의의무를 위반하여 업무상과실치사죄가 성립하는지가 쟁점이었다. 하급심 법원은 제반 사정에

대표와 그 임직원들에게는 징역형의 집행유예 또는 벌금형 등이 선고되었던 반면, 과실치사 및 산업안전보건법 위반 등의 혐의로 기소된 원청의 경영책임자인 한국서부발전 대표이사는 '건설공사발주자'로 보고 '무죄'가 선고되었다. 위 사례와 같이 산업안전보건법 안전·보건 조치의무를 위반하여 발생한 사고와 관련해 '건설공사발주자'와 '도급인'의 각각의 의무와 책임의 범위와 한계를 인식해야 하는 상황이다.

2. 도급인 책임의 법적 근거

「산업안전보건법」 제2조 제6호는 '도급'이란 명칭에 관계없이 물건의 제조·건설·수리 또는 서비스의 제공, 그 밖의 업무를 타인에게 맡기는 계약을 말한다고 규정한다. 동법 제2조 제7호에 따르면 '도급인'이란 물건의 제조·건설·수리 또는 서비스의 제공, 그 밖의 업무를 도급하는 사업주를 의미하지만 '건설공사발주자'는 제외된다. 또한, 동법 제2조 제10호에 '건설공사발주자'란 '건설공사를 도급하는 자로서 건설공사의 시공을 주도하여 총괄·관리하지 아니하는 자'를 의미하기 때문에 "건설공사의 시공을 주도하여 총괄·관리하는 자"에 해당하면 산업안전보건법에 의한 '도급인' 사업주에 해당하기 때문에 이에 따른 산업안전보건법상 사업주 또는 경영책임자 및 도급인으로서

비추어 보았을 때 원청이 피해자를 비롯한 운전원들 사이에 실질적 고용관계가 있었다는 점을 인정하기에 부족하다고 보아 산안법 위반 혐의를 무죄로 선고하였는데, 원청의 대표가 협력사의 안전관리·사고, 용역계약의 변경 등에 관한 보고를 받음으로써 지휘계통을 통해 위험성을 관리감독하는 일반적 추상적 의무를 부담한다고 볼 수 있으나 그를 넘어 구체적, 직접적 주의의무를 부담한다고 단정할 수 없다는 등의 이유를 들어 업무상 주의의무를 위반하여 피해자를 사망에 이르게 하였다는 공소사실이 증명되지 않았다고 보아 무죄를 선고하였다.

- 판례 리뷰는 심재진, "김용균씨 사망 사건에 대한 제1심 법원의 판결은 전부개정 산업안전보건법과 중대재해처벌법의 필요성과 정당성을 웅변한다?", 「월간 노동리뷰」 통권 제205호, 한국노동연구원, 2022. 4, 108~113면 참조.

의 책임을 지게 된다. 그리고 동법 제2조 제11호 가목, 「건설산업기본법」 제2조 제4호는 "시설물을 설치·유지·보수하는 공사"를 건설공사에 포함하고 있다.

또한, 전부개정 산업안전보건법은 도급인이 수급인 또는 수급인 근로자에 대한 안전 및 보건조치 책임을 부과하는 범위를 관계수급인 근로자가 도급인의 사업장, 도급인이 제공하거나 지정한 장소로서 도급인이 지배·관리하는 대통령령으로 정하는 장소에서 작업하는 경우로 규정함으로써(「건설산업기본법」 제63조), 도급의 유형, 위험장소, 사업의 목적 등에 관계없이 수급인 근로자의 안전 및 보건조치에 대해 책임을 지도록 하였고, 이를 위반한 도급인에게 형사처벌하도록 규정하고 있다.

3. 도급인 책임 여부와 판례

가. 한국제강 방열판 보수작업 현장

중대재해처벌법 법원 판결2호인 한국제강(이하 "A주식회사"라고 한다) 사업장에서 발생한 대법원 2023. 12. 28 선고 2023도12316 판결 사건이다. 피고인 A주식회사는 압연, 압출 및 인발제품 제강 제조를 목적으로 설립된 법인으로서 2014년경부터 별도 개인수급업체인 A주식회사에 제강 및 압연 일용보수작업 업무를 1년 단위로 도급계약하여 매년 갱신하여 왔다. 피고인 A주식회사의 대표이사는 사업장의 종사자와 관계수급인 근로자의 안전·보건에 관한 사항을 총괄하여 관리하는 안전보건총괄책임자이다. A주식회사로부터 도급계약한 별도 개인수급업체는 2022. 3. 16. A주식회사의 야외작업장에서 방열판 보수작업을 지시받고 방열판의 앞면과 뒷면의 표면 연삭작업을 위해 크레인으로 들어올리는 작업이 필요했다. 이를 위해 방열판 상부에 부착된 리프팅 러그홀에 섬유벨트를 끼우고 들어올리던 중 낡은 섬유벨트가 끊어지고 무게 1,220kg의 방열판이 낙하하여 개인수급업체 근로자인 피해사망자를 덮쳐 심혈성 쇼크로 사망케한 사건이다.

이 사건에서 쟁점이 되는 것은 도급을 준 A주식회사 및 대표이사의 책임과 이와 보수계약을 체결한 개인수급업체 대표의 책임 중에 누가 중한 책임주체가 될 것인지의 여부다. 결론적으로 대법원은 A주식회사의 사업장에서 종사자의 사망으로 중대산업재해에 이르게 하였다고 판시하며 업무상과실치사, 중대재해처벌법 위반, 산업안전보건법 위반의 공소사실이 제1심과 원심에서 모두 유죄로 인정된 사안으로 위 각 법의 목적, 보호법익, 행위태양 등에 비추어 볼 때 「형법」 제40조의 상상적 경합관계에 있다고 보고 상고를 기각하여 도급인인 A주식회사 대표이사를 징역 1년으로 법정구속, A주식회사 법인에 대하여 벌금 1억원, 개인수급업체 대표에게는 징역 6월에 집행유예 2년을 선고한 원심판단을 유지하였다.

나. 인천항만공사의 갑문보수공사

이 사건은 중대재해처벌법이 시행되기 전인 2020. 6. 3. 인천항만공사의 인천항 갑문 정기보수공사 현장에서 있었던 사망사고 사건이다. 2019년 산업안전보건법 전면개정 이후 발생한 사건으로 건설공사발주자와 도급인의 책임유무에 대해 원심판결에서는 도급인으로, 항소심 판결에서는 건설공사발주자로, 대법원 판결에서는 산업안전보건법상 도급인에 해당한다고 판단한 사건이다.

본 사건에 대해 원심판결[60]에서는 인천항만공사가 건설공사발주자에 해

60 인천지방법원 2023. 6. 7. 선고 2022고단1878 판결.

당하는지 여부 즉 건설공사의 시공을 주도하여 총괄·관리하는 자의 의미는 실제로 공사를 주도하여 총괄·관리하였는지에 초점을 맞추기보다는 '규범적으로 평가'하여 건설공사의 시공을 주도하여 총괄·관리하는 지위에 있는 자에 해당하는지에 의해 판별해야 한다고 설시했다. 따라서 인천항만공사가 실제로 시공을 주도해 총괄·관리하는 지위에 있으므로 산업안전보건법상 도급인으로서의 주의의무를 부담한다고 판단하였다.

원심 판결을 정리하자면, ① 갑문을 항만시설로 유지·보수하는 업무는 인천항만공사의 기본적인 업무로 평가되는 점, 피해자가 인천항만공사가 직접 관리하는 사업장에서 사망한 점, 인천항만공사로부터 도급받은 수급인 회사(이하 "수급인"이라 한다)에 비해 인천항만공사가 월등히 우월적 지위에 있다는 점 등을 고려할 때, 인천항만공사의 시공상 규범적 지위는 "총괄·관리하는 자"에 해당한다. ② 검사가 제출한 입증자료에 의하면, 2020년 갑문 정기 보수공사에서 인천항만공사는 사실상 시공을 주도해 이를 총괄·관리하는 자의 지위에 있었다고 판단한 바, 인천항만공사가 도급인이 아닌 건설공사발주자에 해당한다는 주장을 배척했다. ③「산업안전보건법」제167조 규정 형식에 비춰 볼 때 근로자 사망은 피고인의 안전보건 조치의무 위반과 그에 대한 고의, 그리고 사망 사이의 상당인과관계 인정이 일차적으로 요구되고, 나아가 근로자 사망에 관해 결과적 가중범에서 요구하는 객관적, 주관적 각 예견가능성과 비슷한 정도의 주관적 범죄성립요건만 인정되면 유죄를 인정하기에 충분하다고 판시했다. 이에 따라서 인천항만공사 사장은 사업장에서 안전조치가 취해지지 않은 상태에서 작업이 이뤄지고 향후 그러한 작업이 계속될 것이라는 사정을 미필적으로라도 인식했으며, ④ 그런데도 이를 그대로 방치하고 이로 인해 작업장의 안전조치가 취해지지 않은 채로 작업이 이뤄지고, 향후 그러한 작업이 계속될 것이라는 사정을 미필적으로라도 인식했다고 판단해 산업안전보건법 위반의 고의도 인정하여 결론적으로 인천항만공사를 사실상 도급인으로 판단하였다.

본 사건에서 항소심 법원[61] 판결은 인천항만공사를 건설공사발주자로 볼 것이냐, 아니면 사업주인 건설공사도급인으로 볼 것이냐에 대한 판단에 대해 도급인이 아닌 건설공사발주자로 판단하면서 원심의 판단을 모두 부정하면서 원심 판결을 파기하였다. 인천항만공사가 원심에서와 같이 산업안전보건법상 건설공사발주자가 아닌 도급인에 해당한다고 보기에는 부족하다고 판단하였다.

항소심 판결의 요지는 ① 인천항만공사가 건설공사발주자로서 산업재해 예방 등의 책임과 의무를 다했다는 사정만으로 당해 공사의 시공을 주도하고 총괄·관리했다고 볼 수 없고, 고용노동부 질의회시에서 건설공사의 시공을 주도하여 총괄·관리하지 아니하는 자는 발주와 시공을 함께 실시하는 자를 제외하곤 순수 발주만 하는 자로 해석하며[62], "한국도로공사가 건설공사에서 발주자의 역할을 수행한다면 건설공사발주자에 해당하며, 직접 감독업무는 시공을 주도하여 총괄·관리하는 것으로 볼 수 없다"[63]라는 유권해석을 한 바 있다. ② 산업안전보건법이 2019년 전부개정되면서 도급인의 범위를 확대하고 유해하거나 위험한 일부 작업의 도급을 원칙적으로 금지한 '위험의 외주화' 현상에 대응하여 도급인의 책임을 강화하고 수급인에게 책임이 전가하는 것을 억제하고자 하는 취지가 있으며, ③ 산업안전보건법상 공사를 도급한 자 중 건설공사발주자를 떼어내어 독자적인 책임을 부과한 취지를 고려해보면 당해 현장의 건설공사를 시공할 자격이 없는 경우에는 그 건

---

61 인천지방법원 2023. 9. 22. 선고 2023노2261 판결.

62 고용노동부, 산업안전과-4675, 2019. 10. 28.

63 고용노동부, 산업안전과-2524, 2019. 6. 5.

설공사를 다른 사업주에게 도급할 수 밖에 없는 자의 경우로서 해당 공사를 일정한 자격과 능력을 갖춘 건설업자에게 도급한다고 해서 '위험의 외주화'로 보아선 안될 것이다. 이처럼 다른 사업주에게 도급할 수 밖에 없는 경우 특별한 사정이 없는 한 건설공사발주자에 해당할 뿐 도급인에 해당하지 않는다고 봄이 타당하다. ④ 건설공사의 시공을 직접 수행할 자격이나 능력이 없는 자가 그 공사를 다른 사업자에게 도급한 경우, 공사를 도급한 자는 해당 공사의 공정이나 각 과정에서 발생할 수 있는 산업재해의 위험, 그리고 그 위험을 예방할 수 있는 조치에 대해 일반적으로 알 수 있는 지위에 있지 않은 바, 인천항만공사가 건설공사발주자가 아닌 도급인에 해당한다고 보기 부족하고, 달리 이를 인정할 증거가 없다고 판시하였다. ⑤ 한편, 인천항만공사는 자체적으로 위험성평가를 실시하고 작업 중 추락 및 미끄러짐에 대해 정기적인 교육의 실시, 안전난간을 설치하는 등 안전조치를 취했으나, 갑문보수공사에 대해서 스스로 파악해 예기치 못한 사고에 대비할 위치에 없었다. 따라서, 검사가 제출한 증거만으로는 인천항만공사가 건설공사발주자가 아닌 도급인에 해당한다고 보기 부족하고, 이를 인정할 증거가 없으며, 인천항만공사가 산업안전보건법상 도급인에 해당한다고 하더라고 산업안전보건법 위반의 고의를 인정할 증거가 없다고 판단하였다.

하지만, 본 사건의 대법원 판결[64]에서는 형식적인 건설공사 시공자격의 보유 여부보다는 실질적인 총괄·관리의 권한과 영향력 등을 고려하여 도급인 여부를 판단해야 한다고 판시하면서 인천항만공사를 산업안전보건법상 도급인에 해당한다고 판단하여 원심을 파기하고 사건을 인천지방법원에 환송하였다,

64 대법원 2024. 11. 14 선고 2023도14674 판결.

대법원 판결의 요지는 ① 대법원은 원심의 판단과 달리 개정 산업안전보건법에서 도급인의 범위를 확대하고, 건설공사의 시공을 주도하여 총괄·관리하는 자는 도급인으로서의 책임을 져야한다고 지적하며, ② 원심은 피고인 공사 및 공사의 경영책임자에게 산업안전보건법 위반에 대한 고의를 인정하기 어렵다고 했지만 이러한 판단이 법리에 어긋난다고 설시하였다. ③ 인천항만공사는 갑문의 유지 및 관리를 주된 목적으로 하며, 관련 유지·보수·관리를 위한 전담부서를 운영하고 전문성을 보유하고 있어 정기보수공사 과정에서 발생가능한 유해·위험 요소에 대한 실질적인 지배, 관리 권한을 가지고 있음에도 예방을 위한 필요한 조치를 취하지 않았다고 판단했다.

결론적으로 대법원은 피고 인천항만공사가 산업안전보건법상 건설공사 발주자가 아닌 도급인으로서 수급인 사업주와 동일한 안전·보건 조치의무를 중첩적으로 부담하여야 한다고 보고, 인천항만공사의 경영책임자는 안전보건총괄책임자로서 재해예방에 필요한 조치를 취하지 않아 근로자 사망과 인과관계가 있다고 판단하였다.

4. 소결

도급관계에 있어 수급인 근로자의 중대산업재해로 인한 도급인 사업주 또는 경영책임자등과 법인의 책임관계는 어떻게 구성될 것인가의 문제에 대해 최근 대법원 판례를 통해 살펴본다. 산업안전보건법 제15조, 제38조 등의 규정을 통해 사업주는 유해하거나 위험한 장소·시설 등으로부터 산업재해를 예방하기 위하여 필요한 조치를 하여야 한다. 중대재해처벌법에 의하면, 도급인은 제3자에게 도급 등을 행한 경우 제3자의 종사자의 안전 및 보건상 유해 또는 위험을 방지하기 위한 책임을 가지기 때문으로 보인다. 상기 사건은 경영책임자와 법인을 안전·보건 의무이행의 주체로 보고 사망과 도급인의 의무이행 부작위로 인한 인과관계가 인정되어 책임을 부과한 사건이다.

법원 판결2호 한국제강 방열판이 추락하여 이에 부딪혀 근로자가 사망한 사건은 도급인 책임으로 판단하였는데, 이 사건에서는 사업장의 근로자 등 종사자에 대한 안전보건 조치의무 위반으로 여러 차례 적발되고 종전에 발생한 산업재해 사망사고로 형사재판을 받는 중에 재차 중대산업재해가 발생하였다는 점이 불리한 양형요인으로 작용되어 대표자는 징역 1년으로 법정구속되고, 법인은 벌금 1억원 선고를 받았다.

당 사건의 쟁점사항으로서 동일한 일시와 장소에서 근로자 사망이라는 결과 발생을 방지하지 못한 부작위에 의한 범행에 대하여 산업안전보건법 위반 및 중대재해처벌법 위반, 업무상과실치사 등의 죄수에 대한 판결에 있어 상상적 경합 관계[65]에 있다고 판단하였다. 항소심에서 피고는 상상적 경합 관계에 대한 일부 공소사실과 실체적 책임관계에서의 법리해석에 대한 오해가 있다고 항변하였으나, 대법원은 원심에서 판단한 대부분의 공소사실 부분을 상상적 경합 관계로 판단한 것은 정당할 뿐 아니라, 죄수 판단에 대한 법리를 오해한 판결이 아니라고 상고를 기각하여 도급인 책임 관계에 대한 원심의 판단을 최종 확정하였다.

또한, 인천항만공사 갑문보수공사 현장의 근로자 사망사건은 중대재해처벌법 시행 이전이지만, 2019년 산업안전보건법 전면개정 및 2020년 시행 이후에 발행한 사건으로서 건설공사발주자와 도급인 책임규정을 명확하게 개정

65 형법제40조(상상적 경합) 한 개의 행위가 여러 개의 죄에 해당하는 경우에는 가장 무거운 죄에 대하여 정한 형으로 처벌한다.
상상적 경합은 1개의 행위가 실질적으로 여러 개의 구성요건을 충족하는 경우인데 반해, 법조경합은 1개의 행위가 외관상 여러 개의 죄의 구성요건에 해당하는 것처럼 보이지만 실질적으로 일죄만을 구성한다는 점에서 차이가 있다. 상상적 경합은 여러 개의 행위에 의해 여러 개의 범죄를 행하는 경합범과도 구별된다.
(김혜정·박미숙·안경옥·원혜욱·이인영, 「형법총론(제5판)」, 정독, 2024. 2, 455면)

한 이후의 판례로서 갖는 의미가 크다. 즉, 건설공사발주자는 시공을 총괄·관리하지 않는 자를 말하고, 도급인은 제조·건설·수리·서비스의 제공 등 업무를 도급하는 자로서 건설공사발주자를 분명히 제외시키고 있다. 대법원이 인천항망공사를 도급인으로 판단한 것은 사업의 주된 목적이 갑문의 유지 및 보수이고, 전담부서의 운영 등으로 전문성과 재해예방에 실질적인 지배·관리 권한을 가졌다는 것이다. 따라서, 도급인으로서 수급인 사업주와 동일한 안전·보건 조치의무를 중첩적으로 부담하여야 하고, 인천항만공사 대표이사는 안전보건관리총괄책임자로서 안전·보건 조치의무를 위반했다고 판시하였다.

본 사건을 통해, 한국도로공사를 건설공사발주자로 보며 "직접적 감독업무는 시공을 주도하여 총괄·관리하는 것으로 보지 않는다"는 고용노동부의 유권해석을 부정함으로써 대법원 판단에 대한 상당한 비판과 함께 실질적인 영향력의 정도, 도급사업주의 해당공사의 전문성, 수급인의 안전관리 이행능력 등에 대한 해석과 함께 향후 도급인의 책임범위에 대한 치열한 법리해석과 책임에 대한 논란이 예상된다.

V. 하도급 및 용역관계의 법적 책임

1. 의의

중대재해의 인과관계 판단을 위해 「중대재해처벌법」 제4조에 따라 경영책임자는 법인 또는 기관이 실질적으로 지배·운영·관리하는 사업 또는 사업장에서 제3자에게 도급 등을 행한 경우 제3자의 종사자에 대하여도 안전·보건상 유해 또는 위험을 방지하기 위하여 재해예방에 필요한 조치를 취하여야 한다.

또한, 동법 제5조에서 도급, 용역, 위탁 등 관계에서도 안전 및 보건 확보 의무를 위해 제4조의 조치를 취하고, 사업주나 법인 또는 기관이 시설, 장비, 장소에 대하여 실질적으로 지배·운영·관리하는 책임이 있는 경우에도 책임을 지도록 하고 있다. 여기에 관계수급인의 용역 및 위탁이 규율된 「건축법」 제2조 제1항 제16호의 2[66] 규정은 건축물의 유지·관리를 업으로 하는 사업자가 다른 사업자에게 위탁하여 청소, 폐기물의 수집 및 처리, 운반 등의 활동을 위탁하거나, 조경관리 및 유지서비스를 하는 것으로 정의하고 있다.

이에 중대재해처벌법상 의무이행으로는 유해·위험 요인을 확인하여 개선하는 업무절차를 마련하여야 하고, 안전보건관리책임자, 관리감독자 및 안전보건총괄책임자가 업무를 각 사업장에서 충실히 수행할 수 있도록 안전보건관리책임자 등이 해당 업무를 충실하게 수행하는지를 평가하는 기준을 마련하며, 사업 또는 사업장에 중대산업재해가 발생하거나 발생할 급박한 위험이 있을 경우를 대비하여 작업중지, 근로자 대피, 위험요인 제거 등 대응조치에 관한 매뉴얼을 마련하여야 한다.[67]

2. 하도급 및 용역관계 책임의 근거와 내용

「중대재해처벌법」 제5조 및 동법 시행령 제4조 제9호는 사업주 또는 경영책임자등과 법인이 제3자에게 도급, 용역, 위탁의 경우에 안전·보건 확보의무를 부담하도록 명시하고 있다. 따라서 건설공사의 하도급 및 관계수급인(하수급인 등)의 의무주체에 있어 「중대재해처벌법」 제4조 및 제5조의 "실질적

66 「건축법」 제2조 제16호의2. "건축물의 유지·관리"란 건축물의 소유자나 관리자가 사용 승인된 건축물의 대지·구조·설비 및 용도 등을 지속적으로 유지·관리하기 위하여 건축물이 멸실될 때까지 관리하는 행위를 말한다.

67 「중대재해처벌법 시행령」 제4조 제1항 제11호의 9가지 조치 규정.

으로 지배·운영·관리하는 자"라는 요건에 해당하는 자가 수범자가 되므로 특수한 경우를 제외하고는 대개의 경우 도급인 등이 의무주체라고 보아야 할 것이다. 이러한 부분은 중대재해처벌법 시행에 있어 관계수급인의 의무와 책임에 있어 어떠한 처벌대상도 해당하지 않는 것으로서 중대재해 예방에 있어 책임불균형으로 실효성 측면에 상당한 문제[68]가 된다는 비판이 있는 것이 사실이다.

산업안전보건법을 살펴보면, 제5조에서 사업주의 재해예방을 위한 의무와 조치사항, 동법 제15조에 안전보건관리책임자를 통한 관리사항, 동법 제29조에서 근로자에 대한 안전보건교육 이행, 동법 제36조와 제38조에서 각각 위험성평가의 실시와 안전조치에 관한 사항, 동법 제66조에서 관계수급인에 대한 시정조치, 동법 제77조에서 특수형태근로종사자에 대한 안전조치 및 보건조치 등을 이행할 것을 규정하고 있다. 또한, 동법 제17조, 제18조, 제19조 등에서 용역이나 위탁, 하도급 관계에서의 개인사업주나 법인 또는 기관이 개별 사업장에 두어야 하는 안전관리자,[69] 보건관리자,[70] 안전보건관리담당자,[71] 산업보건의[72] 수를 정하고 있는 바, 개인사업주나 법인 또는 기관 단위에서 합산하여 총 3명 이상인 사업 또는 사업장으로 규정하고 있다. 금융업, 보험업, 사회복지서비스업 등과 같이 산업안전보건법의 안전관리자 등 전문인력의 배치의무가 없는 사업 또는 사업장의 경우에는 안전·보건에 관한 업무를 총괄·관리하는 전담조직을 두지 않을 수 있으나. 안전관리자의 업무를 안전관리전문기관에 위탁할 경우 안전관리자 등을 배치하여야 하는

68 정진우, 앞의 책, 220면 참조.
69 안전관리자: 「산업안전보건법」 제17조 및 「산업안전보건법」 시행령 별표 3.
70 보건관리자: 「산업안전보건법」 제18조 및 「산업안전보건법」 시행령 별표 5.
71 안전보건관리담당자: 「산업안전보건법」 제19조 및 「산업안전보건법」 시행령 제24조.
72 산업보건의: 「산업안전보건법」 제22조 및 「산업안전보건법」 시행령 제29조.

기준에 따른 해당 사업 또는 사업장인지를 판단하여야 한다.

건설공사도급인이 관계수급인 근로자의 전담 안전관리자를 선임한 경우에는 수급인이 해당 사업장에 대해 안전관리자를 별도로 둘 필요는 없으나,[73] 수급인의 안전관리자 배치의무 자체가 없어지는 것은 아니므로 수급인도 요건에 맞게 전담조직을 둘 필요가 있다.

특히, 건설사업에 관하여는 상시근로자 수를 기준하는 것이 아니라 시공능력평가 기준으로 판단하여야 한다. 즉, 상시근로자 수[74]가 500명 미만인 사업 또는 사업장이라 하더라도 「건설산업기본법」 제8조[75] 및 동법 시행령 〈별표 1〉에 따른 토목건축공사업에 대해 동법 제23조[76]에 따라 평가하여 공시된 시공능력의 순위가 상위 200위 이내인 건설사업자라면 안전보건에 관한 업무를 총괄·관리하는 전담조직을 두어야 한다. 다만, 건설사업자의 경우 전년도 시공능력평가 순위가 200위[77] 밖에 있다가 200위 이내로 평가된

---

73 「산업안전보건법」 시행규칙 제10조(도급사업의 안전관리자 선임).

74 상시근로자: 도급, 용역, 위탁 등을 행한 제3자의 근로자나 근로기준법상의 근로자가 아닌 노무제공자는 개인사업주나 법인 또는 기관의 상시근로자수 산정에 포함되지 않는다.

75 「건설산업기본법」 제8조(건설업의 종류) ① 건설업의 종류는 종합공사를 시공하는 업종과 전문공사를 시공하는 업종으로 한다. ② 건설업의 구체적인 종류 및 업무범위 등에 관한 사항은 대통령령으로 정한다.

76 「건설산업기본법」 제23조(시공능력의 평가 및 공시) ① 국토교통부장관은 발주자가 적정한 건설사업자을 선정할 수 있도록 하기 위하여 건설사업자의 신청이 있는 경우 그 건설사업자의건설공사 실적, 자본금, 건설공사의 안전·환경 및 품질관리 수준 등에 따라 시공능력을 평가하여 공시하여야 한다. ② 삭제. ③ 제1항에 따른 시공능력의 평가 및 공시를 받으려는 건설사업자는 국토교통부령으로 정하는 바에 따라 전년도 공사실적, 기술자 보유현황, 재무상태, 그 밖에 국토교통부령으로 정하는 사항을 국토교통부장관에게 제출하여야 한다. ④ 국토교통부장관은 제1항에 따른 시공능력 평가를 위하여 필요한 경우 그 시공능력 평가를 신청한 건설사업자, 건설공사의 발주자, 그 밖의 관계 기관·단체의 장에게 공사실적, 기술자 보유현황 등의 자료 제출을 요청할 수 있다. 이 경우 자료 제출을 요청받는 관계 기관·단체의 장 등은 특별한 사유가 없으면 이에 따라야 한다. ⑤ 제1항, 제3항 및 제4항에 따른 시공능력의 평가방법, 제출 자료의 구체적인 사항, 공시 절차 및 자료 제출 요청, 그 밖에 필요한 사항은 국토교통부령으로 정한다.

77 건설사업자 시공능력평가 순위: 국토교통부 건설정책과에서 매년 7월말 발표하고 있다.

경우에는 시공능력 순위를 공시한 연도의 다음 연도 1월 1일까지 전담조직을 두도록 규정하고 있다.

그 외 관계수급인에 용역 및 위탁이 부과된 법규를 보자면, 「하도급법」 제2조 제11항에 의하면, '용역·위탁'이란 지식·정보성과물의 작성 또는 역무의 공급을 업으로 하는 사업자가 그 업에 따른 용역수행 행위의 전부 또는 일부를 다른 용역업자에게 위탁하는 것을 말한다. 특히 「건축법」 제2조 제1항 제16호의 2 규정에 의한 건축물의 유지·관리를 업으로 하는 사업자가 다른 사업자에게 위탁하여 청소, 폐기물의 수집 및 처리, 운반 등의 활동을 위탁하거나, 조경관리 및 유지서비스를 하는 것으로 정의하고 있다.

이러한 관련 법규에 따른 의무와 책임이 쟁점이 될 수 있는데 「중대재해처벌법」 제5조에 따르면, 직접 도급관계에 의한 관계수급인의 도급·용역·위탁 등에 대하여는 의무와 책임의 주체가 될 수 없지만, 재차 도급·용역·위탁 등을 행한 때에는 동법 제4조에 따라 안전보건 확보의무의 이행주체가 될 수 있다는 점이다.

3. 하도급 및 용역 관계의 책임여부와 판례

가. 제주대학교 학생생활관 민자사업공사

중대재해처벌법으로 기소된 법원 판결7호 사건으로서 제주지방법원 2023. 10. 18. 선고 2023고단146 판결 사건을 하도급 관계수급인 입장에서의 책임여부를 중심으로 살펴보았다. 본 사건은 건설업 등을 목적으로 설립된 피고 제동종합건설(이하 "A주식회사"라고 한다)의 건축현장에서 철거공사 하도급을 맡은 철거업체 대표인 수급인 당사자(이하 "수급인"이라 한다)가 사망한 사건이다. A주식회사는 제주대학교 학생생활관 4차 임대형 민자사업공사(BTL)에서 별도 2개 법인과 함께 지분 참여하고(지분률 20%) 건설공사를 38,187,600,000원에 도급받아 시공하는 건설업 사업법인이다. A주식회사의 대표이사(이하 "A주식회사 대표자"라고 한다)는 해당 사업을 총괄하는 권한과 책임이 있는 사람으로 안전 및 보건상 유해위험을 방지하고 재해예방에 필요한 안전보건관리체계의 구축 및 조치의무가 있는 경영책임자이다. 또한, 피고인 현장소장은 해당 현장의 안전보건관리책임자이자 안전보건총괄책임자이다.

A주식회사는 기존 학생생활관 철거를 위해 수급인과 하도급 계약을 하였고, 2023. 2. 23. 피해자 수급인(사망당시 55세)이 굴삭기를 직접 운전하여 생활관의 일부분인 높이 12M 굴뚝을 철거하기 위해 굴뚝 중간지점부터 파쇄작업을 하던 중 굴뚝 상단 6M 부분이 쓰러지며 굴삭기 운전석에 그대로 충격을 가하여 굴삭기 안에 있던 피해자 수급인을 덮쳐 다발성장기부전 등으로 현장에서 사망하게 하였다.

해당 사건에서 법원은 철거업체 수급인 대표자도 근로자로 보고 수급인의 자기책임 부주의에 의한 원인과 이로 인한 피해로 보지 않고, 원청 A주식회사에 대하여 벌금 8천만원, A주식회사 대표자에게는 징역 1년2월에 집행유예 3년, 원청 현장소장에게는 금고 1년에 집행유예 3년, 원청 현장감독자(건축이사)와 원청 안전관리자(실장) 및 공사책임감리자(건축사 사무소 대표)에게는 금고 8개월에 집행유예 2년을 선고하였고, 원피고 쌍방 불항소하여 1심에서 형이 확정되었다.

법원은 피고인 원청 A주식회사에 벌금과 함께 안전보건관리체계의 구축 및 이행조치의무를 위반한 경영책임자인 대표이사의 징역형 외에도 근로자 및 관계수급인 근로자의 안전·보건을 총괄하여 관리하는 안전보건총괄책임자인 원청 현장소장과 공사현장의 해체방법과 순서 등의 작업계획서를 세워

안전한 해체작업을 지시하는 현장 관리감독자인 건축이사와 당해 공사 현장의 위험성 평가 및 안전교육을 실시하고 안전보건관리책임자를 보좌하는 안전관리자(실장)에게도 금고 8개월에 집행유예 2년을 주문하였다. 뿐만 아니라 해체감리계약을 체결하여 해체공사 감리업무를 담당하는 책임감리자인 감리회사 대표(건축사사무소 대표)도 금고 8개월에 집행유예 2년을 선고하였던 사건으로 그동안의 중대재해처벌법 위반 사건 중에 가장 많은 피고인을 처벌한 사건으로 기록되었다.

나. 국제경보산업의 공동주택 위탁관리 현장

본 사건은 중대재해처벌법으로 기소된 사건으로 서울북부지방법원 2023. 10. 12. 선고 2023고단2537 판결 사건으로서 공동주택관리회사인 국제경보산업(이하 "A관리회사"라고 한다)이 위탁받아 관리하는 공동주택에서 일어난 중대재해 사건이다.

사건은 2022. 4. 15. 11시경 사고 현장인 아파트 104동 1층 현관 앞 천정의 누수를 확인하고 이를 점검하기 위해 A관리회사 소속 피해자(남, 66세)로 하여금 3.2M 상당 높이의 천정을 확인하기 위해 1.5M 높이는 올라가야 했고, 이를 확인 후 내려오던 중 불상의 이유로 떨어져 바닥에 머리를 부딪히는 사고가 발생했다. 이후 피해자는 고려대학교 안암병원에서 외상성경막하 출혈에 의한 중증 뇌부종으로 인한 뇌연수마비로 사망에 이르게 하였다.

본 사고로 인해 피해자 사망사고에 대한 책임과 주의의무에 대해 누가 책임질 것인지 여부가 문제되었는데, 기본적으로 책임이 있는 사업주는 근로자가 추락할 위험이 있는 작업을 하는 경우 산업재해 예방을 위해 필요한 조치를 해야 하기 때문에 안전모 등을 지급하고 근로자들의 작업을 적절히 지휘·감독하여 사고를 미리 방지하여야 할 업무상 주의의무가 있었다.

「중대재해처벌법」 제5조에 사업주 또는 경영책임자등은 사업주나 법인이 제3자에게 도급, 용역, 위탁의 경우에 종사자의 중대산업재해가 발생하지 않도록 안전·보건 조치를 하여야 한다. 공동주택의 경우 대부분 위탁관리 체제로 종사자의 중대재해 발생시 입주자대표회의 또는 대표회장, 위탁관리회사 또는 경영책임자의 책임관계가 어떻게 적용될 것인가가 쟁점이 될 수 있다. 공동주택의 경우 공동주택관리법에 의해 300세대 이상의 공동주택일 경우 '의무관리대상 공동주택'[78]으로서 입주자 등이 전문적으로 관리하는 자 즉, 주택관리업자를 선정[79]하여 관리하여야 한다.

법원은 입주자대표회의 또는 대표회장은 소위 위탁발주자로서 보고, 수탁자인 관리회사와 관리회사 대표이사에게 직접적인 안전보건 의무당사자로 보고 책임을 부과하였다. 법원 판결내용과 쟁점을 분석해보면, 피고인 'A 관리회사'는 상시근로자 664명을 두고 공동주택관리업을 하는 법인으로서 2009년경부터 동대문구 소재 아파트의 입주자대표회의로부터 아파트 위탁관리계약을 체결하여 해당 아파트의 소속 근로자의 산업재해 예방을 위한 안전조치 의무이행 책임이 있다고 설시하였다. 또한, 피고인 관리회사의 대표이사는 경영책임자이자 사업을 총괄하는 권한과 책임이 있는 경영 및 안전보건총괄책임자로 보고 사업장에서 종사자의 안전·보건상 유해위험을 방지하고 사업 또는 사업장의 특성 및 규모 등을 고려하여 재해예방에 필요한

---

78 「공동주택관리법」 제2조(정의) 제1항제2호.

가. 300세대 이상의 공동주택

나. 150세대 이상으로서 승강기가 설치된 공동주택

다. 150세대 이상으로서 중앙집중식 난방방식(지역난방방식을 포함한다)의 공동주택

라. 「건축법」 제11조에 따른 건축허가를 받아 주택 외의 시설과 주택을 동일 건축물로 건축한 건축물로서 주택이 150세대 이상인 건축물.

79 「공동주택관리법」 제7조(위탁관리) ① 의무관리대상 공동주택의 입주자등이 공동주택을 위탁관리할 것을 정한 경우에는 입주자대표회의는 다음 각 호의 기준에 다라 주택관리업자를 선정하여야 한다.

인력 및 예산 등 안전보건관리체계의 구축 및 그 이행에 관한 조치의무를 져야함에도 불구하고 종사자가 사망하는 결과에 이르게 하였다는 것이다. 이에 따라 서울북부지방법원은 아파트입주자대표회의는 불기소하였으나, 위탁관리회사에 벌금 3천만원, 대표이사는 징역 8월에 집행유예 2년, 관리소장에게도 징역 8월에 집행유예 2년을 선고하였고, 현재 관리회사가 항소하여 2심이 진행중인데 최종 판결이 어떻게 나오게 될지 주목되는 사건이다.

4. 파견 용역관계의 법적 책임

중대재해처벌법 시행으로 인해 건설공사 현장 등에서 파견과 관련하여 안전·보건 의무이행에 관한 주체와 책임관계에서 파견사업주와 사용사업주 중에 누가 책임을 져야 할 것인가가 의제될 수 있다. 「중대재해처벌법」 제4조에 따르면, 해당 사업장에서의 실질적 지배·운영·관리의 주체가 책임주체가 되고 있으며, 동법 제5조에 의해 도급, 용역, 위탁의 경우에 그 시설, 장비, 장소에 대해 실질적인 지배·운영·관리하는 주체가 책임을 지도록 규정하고 있기에 사용사업주가 안전·보건의 책임주체라고 보아야 한다.

「파견근로자 보호 등에 관한 법률」(이하 "파견법"이라 한다)에 의하면, 제2조에 따라 파견사업주가 근로자를 고용한 후 그 고용관계를 유지하면서 근로자파견계약의 내용에 따라 사용사업주의 지휘·명령을 받아 사용사업주를 위한 근로에 종사하게 하는 것을 말하는데, 여기서 파견사업주[80]와 사용사업주[81]의 책임관계가 어떻게 적용되는지가 쟁점이 될 수 있다. 파견사업주는 파견근로자와 고용계약을 체결한 계약주체로서 근로조건, 해고제한, 해고예고,

---

80 「파견근로자 보호 등에 관한 법률」 제2조제3호.

81 「파견근로자 보호 등에 관한 법률」 제2조제4호.

임금지급, 퇴직금, 휴업수당, 연차 및 유급휴가, 재해보상 등에 대하여 사용자책임을 진다. 반면, 사용사업주 책임은 법정근로시간, 연장근로제한, 휴식 및 휴일, 여성과 연소자 근로관계, 생리휴가, 산전휴가 등에 대한 사용자책임을 규정하는 등 주로 근무상의 책임에 대한 규정을 담고 있다.

또한, 「파견법」 제35조에 따라 파견 중인 근로자의 산업재해예방을 위한 안전관리 책임은 사업주인 사용사업주로 정함에 따라 파견근로자에 대한 안전관리자 채용을 포함한 안전관리 책임은 모두 사용사업주가 부담하는 것으로 규정하고 있다. 또한, 사용사업주는 사용사업주가 고용한 근로자와 파견받아 사용하는 근로자를 합하여 산정한 사업의 규모와 사업의 종류에 따른 안전관리자를 선임하여야 하고, 정기건강검진 외의 법정 안전교육을 포함한 모든 안전·보건조치를 실시하도록 정하고 있다. 파견사업주는 직접적으로 관리·감독을 하지는 않지만 일반적인 지휘·감독권을 행사하는 위치에 있으므로, 파견근로자가 작업장에서 안전하게 작업할 수 있도록 조치하여야 할 의무가 있다.

한편, 근로자 파견관계 성립여부에 관한 판단기준에 관하여 대법원[82]은 파견사업주가 근로자를 제3자를 위한 업무를 수행하도록 하는 경우, 파견법의 적용을 받는 근로자 파견에 해당하는지에 관하여 당사자가 작성한 계약의 명칭이나 형식에 구애됨보다는 제3자가 직·간접적으로 업무수행 자체에 관하여 구속력 있는 지시의 여부와 상당한 지휘·명령을 하는지, 제3자 소속 집단으로 실질적으로 편입되었다고 볼 수 있는지, 파견사업주가 근로자의 선발이나 근로자의 수, 교육 및 훈련, 작업·휴게시간, 근무태도 등에 관한 결정 권한을 독자적으로 행사하는지, 계약의 목적이 구체적인 범위의 확정여부와

---

82 대법원 2024. 3. 12. 2019다28966 판결, 대법원 2015. 2. 26. 선고 2010다106436 판결 참조.

근로자가 제3자 소속 근로자의 업무와 구별되어 전문성·기술성이 있는지, 파견사업주가 계약의 목적을 달성하기 위해 필요한 독립적인 기업조직이나 설비를 갖추고 있는지 등을 바탕으로 근로관계의 실질에 따라 판단하여야 한다고 판시하고 있다.

5. 소결

안전·보건에 관한 책임과 의무이행 주체에 대한 사례로 제주대학교 학생생활관 민자사업공사 사건과 국제경보산업의 공동주택 위탁관리 판결 사례를 건설하도급 및 용역·위탁관계에서의 관점에서 짚어보았다.

산업안전보건법 전면개정으로 인해 안전보건 조치의무 대상이 관계수급인의 '근로자'에서 '종사자' 개념으로 확대하였고, 중대재해처벌법의 적용에서는 도급·용역·위탁 등 계약의 형식과 관계없이 사업수행을 위해 "대가를 목적으로 노무를 제공하는 자"를 보호대상으로 규정하여 하청업체 대표 사망과 공동주택 위탁관리의 경우에 대해서도 원청과 관리회사의 책임을 물은 것에 의미를 가진다고 볼 수 있다.

제주대학교 학생생활관 민자사업공사 도급관계에서의 판례를 살펴보면, 철거회사 대표 본인의 과실로 보지 않고 이의 지배·운영 주체인 원청대표가 안전보건 확보의무 등을 이행하지 않았다고 판단했다. 법원 판결에 의하면 건설도급 및 하도급 관계에서 도급인의 실질적인 지배·운영·관리에 있는 시설, 장비, 장소 등에 대하여 일관되게 도급인 및 도급인 사업주의 책임으로 판시하고 있다. 특히, 하청업체 대표자인 수급인이 직접 굴삭기를 운전하여 철거를 하다가 사망에 이른 경우인데 굴삭기 운전자를 하청업체 대표로 봤다기보다는 노무제공자로 봤다.

국제경보산업의 공동주책 위탁관리 현장 사건에서는 공동주택에서 중대재해 발생시 입주민들을 대표하는 입주자대표회의 및 대표회장, 위탁관리회사 및 사업주 등의 책임과 의무에 대한 법적책임이 세간의 큰 관심을 끈 사건이다. 통상적으로 위탁관리회사는 입주자대표회의의 영향력 아래에서 경비 및 보안, 건물관리, 청소 등 주민들의 다양한 요구와 갖가지 민원사항을 해결하고 있고, 형태는 위탁관리이지만 운영은 입주자대표회의의 지배력에 있다고 보아도 무방할 정도이기 때문이다. 결론적으로 국제경보산업 소속 피해자가 천정점검을 위해 사다리를 오르고 내리다가 추락하여 사망한 사건과 관련하여 법원의 판단은 위탁관리회사 및 관리회사 대표, 관리소장을 책임주체로 보아 기소하였고, 입주자대표회의는 불기소처분하였다.

또한, 건설공사 등에서 빈번하게 행해지는 파견근로 용역관계에서의 중대재해 발생으로 인한 책임여부에 대해 중대재해처벌법은 파견근로자가 근로하는 사업장의 실질적으로 지배·운영·관리하는 주체가 어떻게 되느냐에 따라 그 의무와 책임의 인과관계에 의해 책임이 판단된다고 할 수 있다.

「중대재해처벌법」 시행령 제4조 제7호의 의무는 해당 사업장의 근로자만이 아닌 조직 전체의 노무제공자 등을 포함해 종사자의 의견을 청취하도록 규정하고 있고, 파견법에서도 파견근로자에 대한 안전관리자 채용을 포함한 안전관리 책임은 모두 사용사업주가 부담하는 것으로 규정하고 있다. 다만, 의무이행 주체간 법적용에 있어 자기책임의 원리에 의해 각 이행주체와 종사자도 안전의식을 바탕으로 규정을 준수하여 이행하는 것이 필요하다.

제3장

중대재해처벌법상 경영책임자등의 책임

제1절 중대재해처벌법의 의의 및 성격

Ⅰ. 중대재해처벌법의 목적과 특징

1. 입법 목적

「중대재해처벌법」 제1조 목적은 '사업 또는 사업장, 공중이용시설 및 공중교통수단을 운영하거나 인체에 해로운 원료나 제조물을 취급하면서 안전·보건 조치의무를 위반하여 인명피해를 발생하게 한 사업주, 경영책임자, 공무원 및 법인의 처벌 등을 규정함으로써 중대재해를 예방하고 시민과 종사자의 생명과 신체를 보호함을 목적으로 한다'고 규정하고 있다.

안전보건 관련 법제정 배경을 거슬러 올라가면, 우리나라는 해방 이후 근로 및 재해 관련 입법 없이 개별 법령에서 근로자의 근무환경 및 작업조건 등에 대하여 규율해오다가 1953년에 이르러 「근로기준법」을 제정하였다. 이에 따라 근로안전 관리규칙과 근로보건관리규칙을 제정하고 각종 산업재해에 대처해 오던 중 중공업과 화학공업의 발전 등 급속한 산업화로 인해 대형 산업재해가 더욱 빈발하게 되었다. 이렇듯 산업환경이 변함으로써 노동환경도 다양해짐에 따라 새로운 입법 필요성이 대두되어 1981년 산업안전보건법을 제정하여 근로자의 안전 및 보건 증진을 위한 본격적인 규범을 만들게 되었다.

「산업안전보건법」은 조문만 총 11장 175조, 시행령은 11장 119조로 안전·보건의 유지·증진에 관한 세부적으로 규정하고 적용되어 왔음에도 사망사고가 끊이지 않고 이어져 왔고, 마침내 2021년 「중대재해처벌법」이 4장 16조 및 시행령이 4장 제13조로 안전·보건 조치의무를 위반한 사업주 또는 경영책임자등의 처벌을 위한 중대재해처벌법이 제정되기에 이르렀다. 법제정 당시 법제사법위원회의 입법제안 이유를 보면 현대중공업 아르곤가스 질식 사망사고, 태안화력발전소 압사사고, 이천 물류창고 건설현장 화재사고, 가습기 살균제 피해사건 등의 중대산업재해로 인한 사망사고 발생 등이 사회적 문제로 지적되었고, 이에 사업주나 법인의 안전·보건 조치의무 위반으로 인명사고가 발생한 경우, 사업주와 경영책임자 및 법인 등을 처벌함으로써 근로자를 포함한 종사자와 일반시민의 안전권을 확보하고, 기업의 조직문화 또는 안전관리 시스템 미비로 인해 일어나는 중대재해사고를 사전에 예방하려는 것이라고 분명히 밝히고 있다.[83]

이러한 입법배경에도 불구하고 중대재해처벌법에 대하여 비판적 견해도 없지 않다. 우리나라의 산업안전보건 수준이 낮은 이유를 찾아보려는 진지한 노력보다는 하지 않고, 가장 손쉬운 제재수준 강화에만 집중되어 있다는 것이다. 이로써 정치권과 행정기관은 할 일을 다하고 있다는 인상을 국민들에게 주게 되어 실질적인 개선의 방치로 이어질 가능성이 높다는 비판,[84] 음주운전 사망사고를 실효적으로 줄이려면 음주운전 치사죄만 엄벌하는 것이 아니라 상시적 음주운전 자체를 처벌해야 한다는 것이다. 이를 위해서는 음주운전의 처벌기준(측정방법, 측정절차, 음주수치)이 명확해야 하며, 음주운전의 적발률을 현저히 높이는 것이 음주운전의 실질적인 감소에 훨씬 도움이 된다는 것이 형사정책학의 정설임에도 불구하고 음주운전은 처벌하지 않으면서 결과발생의 음주운전치사죄만 엄벌하고, 이에 더하여 음주운전 처벌기준조차도 명확하지 않은 것과 같다는 비판[85] 등이 제기된 바 있다.

---

83 송인택 외, 앞의 책, 31면.

84 정진우, "중대재해처벌법 제정과정에서의 법적 쟁점과 남겨진 과제", 과학기술연구 27권 2호, 한남대학교 과학기술연구원, 2021, 49면.

85 김용희, "「중대재해처벌법의 적용을 둘러싼 형사법적 쟁점 검토」에 대한 토론문", 중대재해처벌법 시

2. 법의 특징과 내용

중대재해처벌법은 산업안전보건법의 의무주체인 ‘사업주’ 개념을 확장하여 ‘경영책임자등’이라는 개념을 도입하고, ‘근로자’의 개념을 넘어 ‘종사자’의 개념을 도입하여 산업안전보건법에 비해 처벌을 강화하여 규정하였다.

또한, 산업안전보건법에서의 안전보건관리 범위가 ‘사업장’ 단위로 이루어진다면 중대재해처벌법은 ‘사업’ 단위로 확장함으로써 그 전반을 관리해야 하는 의무로 규정하고 있다. 따라서 「산업안전보건법」의 안전보건관리책임자는 당해 사업장에서 실질적으로 총괄·관리하는 권한과 책임을 지는 자로[86] 안전보건 조치의무를 이행할 책임이 있는 반면, 중대재해처벌법의 경영책임자등은 개별 사업장에 국한되지 않는 전사적인 안전보건관리체계를 구축할 의무를 부담하여야 한다.

중대재해처벌법은 산업안전보건법 준수를 위한 안전보건관리체계 시스템을 만드는 법안으로[87] 볼 수 있어 산업안전보건법을 일반법으로 보자면 이의 특별법의 지위에 있다고 할 수 있다.[88] 산업안전보건법상에서는 경영책임자가 사업장에서 안전보건조치가 취해지지 않은 채 작업이 이루어지고 있다면 고의가 인정되기 어려워 의무위반을 알 수 없었던 사정의 소명이 인정되지만, 중대재해처벌법에서는 경영책임자등에게 요구되는 안전보건관리체

행 대비 법무부·고용노동부 공동학술대회 자료집, 2021. 12, 65면 참조.

86 대법원 2004. 5. 14. 선고 2004도74 판결 등.

87 법무법인 율촌 중대재해센터(강병호 외), 「중소기업·자영업자를 위한 중대재해법 한권으로 끝내기」, 매일경제신문사, 2024. 7. 12, 9면.

88 김진권·신만중, “중대재해처벌법 실효성 강화 방안”, 아주법학(제33권 제4호), 경상국립대학교 법학연구소, 2025, 66면.
송지용, “중대재해처벌법상 도급인과 건설발주자의 구분 의의 및 기준”, 형사법의 신동향(통권 제77호), 2022, 371면.

계의 구축 및 의무이행에 대해서 주기적으로 이행 및 점검을 하였다는 사실을 소명해야 인정된다.

산업안전보건법에서 수급인의 근로자가 도급인의 사업장에서 작업을 하는 경우, 도급인에게 안전보건 조치의무를 부과하고 도급인이 이를 위반하는 경우에는 형사책임을 물을 수 있으며,[89] 수급인의 근로자가 사망하는 경우 가중처벌 하고 있지만, 현행 산업안전보건법상 사업장에서의 안전책임을 경영책임자에게 직접적으로 부과하는 근거조항이 없어 대표자의 책임을 부과한 사례는 거의 없다.

반면, 중대재해처벌법에서는 안전·보건 책임주체를 도급인의 사업 또는 사업장이 아니더라도 실질적으로 지배·운영·관리하는 경우 뿐만 아니라 그 시설, 장비, 장소 등에 대하여 실질적으로 지배·운영·관리하는 경우 사업주 또는 경영책임자등과 법인에 대한 처벌을 규정[90]하고 있다.

중대재해처벌법의 주요 내용은 목적(제1조)과 적용범위(제3조), 사업주와 경영책임자등의 안전·보건 확보의무(제4조), 도급·용역·위탁 등 관계에서의 안전·보건 확보의무(제5조), 중대산업재해 사업주와 경영책임자등의 처벌(제6조), 중대산업재해의 양벌규정(제7조), 중대시민재해의 사업주와 경영책임자등의 안전·보건 확보의무(제9조) 등으로 구성되어 있다.

제1장 총칙의 제1조는 사업주 또는 경영책임자등과 법인을 처벌함으로써 중대재해를 예방하고 종사자와 시민을 보호한다는 법의 목적을 담고 있으며, 제2조는 중대산업재해, 공중이용 및 교통시설, 종사자, 사업주, 경영책임자등의 정의 내용을 담고 있다.

---

89 「산업안전보건법」 제169조 제1호, 제63조: 3년이하의 징역 또는 3천만원 이하의 벌금에 처한다.

90 「중대재해처벌법」 제4조.

| 표 3 | 중대재해처벌법과 산업안전보건법 위반에 따른 처벌[91]

구분	사고유형	법정형	비 고
중대재해처벌법	사망사고	징역 1년 이상, 벌금 10억 이하 (5년 이내 재범시 1/2 가중)	중대재해처벌법 제6조 제1항
		양벌규정 벌금 50억 이하	중대재해처벌법 제7조 제1호
	부상·질병 사고	징역 7년 이하, 벌금 1억 이하 (5년 이내 재범시 1/2 가중)	중대재해처벌법 제6조 제2항
		양벌규정 벌금 10억 이하	중대재해처벌법 제7조 제2호
산업안전보건법	사망사고 (도급자 포함)	금고 5년 이하, 벌금 2,000만원 이하	형법 제268조
		징역 7년 이하, 벌금 1억원 이하 (5년 이내 재범시 1/2 가중)	산업안전보건법 제168조
		양벌규정 벌금 10억 이하	산업안전보건법 제173조
	중대상해 사고	금고 5년 이하, 벌금 2,000만원 이하	형법 제268조
		징역 5년 이하, 벌금 5,000만원 이하	산업안전보건법 제168조
		양벌규정 벌금 5,000만원 이하	산업안전보건법 제173조
	사업주 안전보건 조치	징역 5년 이하, 벌금 5,000만원 이하	산업안전보건법 제168조
		양벌규정 벌금 5,000만원 이하	산업안전보건법 제173조
	도급인 안전보건 조치	징역 3년 이하, 벌금 5,000만원 이하	산업안전보건법 제169조
		양벌규정 벌금 3,000만원 이하	산업안전보건법 제173조

91 대검찰청, 앞의 책, 111면.

제2장은 중대산업재해에 관한 규정으로 제3조에서 제8조까지 안전 및 보건 확보의무와 사업주 또는 경영책임자등의 처벌, 법인에 대한 양벌규정 등을 담고 있다. 특히 제4조에서 사업주 또는 경영책임자등이 실질적으로 지배·운영·관리하는 사업 또는 사업장 종사자의 안전·보건상의 유해·위험방지 조치에 관한 내용이고, 제5조는 안전 및 보건 확보의무로써 제3자에게 도급, 용역, 위탁의 경우에도 안전보건 조치의무를 위반하면 중대산업재해치사상죄가 성립된다.[92] 하지만 의무이행과 인과관계, 고의성 등 구성요건이 충족되어야 처벌할 수 있다. 제6조와 제7조는 중대산업재해의 사업주 또는 경영책임자등의 처벌조항과 양벌규정을, 제8조는 안전보건교육의 수강 내용을 담고 있다.

제3장은 중대시민재해의 사업주 또는 경영책임자등의 안전 및 보건 확보의무와 중대시민재해에 대한 양벌규정을 담은 내용으로 제9조, 제10조, 제11조의 각 항으로 구성된다.

마지막 제4장은 보칙으로서 형 확정사실의 통보와 중대산업재해 발생사실의 공표, 심리절차에 관한 특례, 손해배상의 책임, 정부의 사업주 등에 대한 지원 및 보고 등을 제12조, 제13조, 제14조, 제15조, 제16조의 각 항으로 구성하고 있다.

3. 특별형법적 성격

산업안전보건법에서는 산업재해의 예방을 위해 사업주와 안전보건관리책임자 등의 안전·보건 조치의무 등을 규정하고 있다. 이에 따라 법 제38조에

92 대검찰청 「공소장 및 불기소장에 기재할 죄명에 관한 예규」에 의하면, 중대산업재해가 발생한 결과에 따라 사망·부상·질병인지에 따라 중대재해처벌 등에 관한 법률위반죄를 산업재해치사죄와 산업재해치사상으로 분류하였다.

| 표 4 | 중대재해처벌법의 조문별 구성내용[93]

구분		중대재해처벌법의 구성내용	시행령 내용
제1장 총칙	제1조	목적	
	제2조	정의	직업성 질병 범위
제2장 중대산업 재해	제3조	적용범위	
	제4조	사업주와 경영책임자의 안전 및 보건 확보의무	안전보건관리체계 구축 안전보건 의무이행
	제5조	도급,용역,위탁 등에서 안전 및 보건 확보의무	
	제6조	중대산업재해 사업주와 경영책임자의 처벌	
	제7조	중대산업재해의 양벌규정	
	제8조	안전보건교육의 수강	안전보건교육 이수
제3장 중대시민 재해	제9조	사업주와 경영책임자의 안전 및 보건 확보의무	안전보건관리체계 구축 안전보건 의무이행
	제10조	중대시민재해 사업주와 경영책임자의 처벌	
	제11조	중대시민재해의 양벌규정	
제4장 보칙	제12조	형 확정 사실의 통보	
	제13조	중대산업재해 발생사실의 공표	중대산업재해 발생 공표
	제14조	심리절차에 관한 특례	
	제15조	손해배상의 책임	
	제16조	정부의 사업주 등에 대한 지원 및 보고	이행사항 서면보관

93 김진권·신만중, 앞의 논문, 54면.

안전조치, 법 제39조에 보건조치의무 등 세부적인 기준을 규정하여 사업주에게 이를 준수할 의무를 부과하고, 이를 위반하여 근로자를 사망에 이르게 한 자 및 이를 위반한 자를 징역 또는 벌금에 처하도록 정하고 있다.

하지만, 기존의 안전 및 보건 관련 법령은 행정규제와 이에 대한 벌칙으로 구성되어 사업장이나 건설현장에서 이루어지는 작업이나 업무 등에 있어서 중대재해 발생시 간접적으로 관여하는 사업주나 경영책임자등에 대하여 업무상과실치사상죄로 처벌하는 것이 사실상 불가했다.[94]

이처럼 중대재해처벌법은 기존 산업안전보건법상 처벌의 한계로 인하여 사업주, 경영책임자등에 대한 강력한 처벌을 통하여 종사자와 시민의 중대재해를 예방하고 생명과 신체를 보호하고자 하는 목적(법제1조)으로 제정되었다. 법명상으로도 "중대재해 처벌 등에 관한 법률"로서 제6조 및 제7조 등에 형법상 징역과 벌금형을 가함으로써 그 성질에 관하여 산업안전보건법의 특별형법적 성격을 가진다고 할 수 있다. 반면, 중대재해처벌법을 행정법으로 보는 견해는 행정적 규제 내지 행정형벌적 요소가 가미되었고, 경영책임자등을 처벌함으로써 달성하려는 궁극적 목적이 생명·신체의 보호에 있으므로 본질상 안전·보건에 관한 성격으로[95] 중대재해 예방을 통한 국민의 안전권 확보의 수단으로서의 처벌을 의미한다는 점에서 행정법 성격을 가진다는 견해도 존재한다.[96]

결론적으로, 중대재해처벌법은 우리 사회 현실에서 종래의 안전보건 관련

---

94 김진권·신만중, 앞의 논문, 57면

95 오대영, "중대재해처벌법의 적용상 쟁점에 관한 소고 -중대산업재해를 중심으로", 법조 제71권 제4호(통권 제754호), 법조협회, 2022, 327면 / 김영국, "중대재해처벌법의 법적 쟁점과 법정책 과제 - 기업의 안전보건조치 강화의 관점에서", 입법학연구 제18집 제1호, 한국입법학회, 2021, 113면.

96 김혜경, "중대재해처벌법의 해석과 적용 - 영국 기업과실치사법과의 비교분석을 중심으로", 형사정책연구 제34권 제4호, 2023·겨울, 85면.

법제도의 계속된 실패로 인한 인명피해가 지속됨에 따라 특별법의 개입이 더 이상 유보되기 어려운 상황이 반영된 특별형법으로서[97] 특히, 산업안전보건법의 행정책임의 특별법적 제재처분을 가지는 특별형법적 성격으로 보는 것이 타당하다는 견해이다.

Ⅱ. 중대재해처벌법 위반죄의 법적 성격

1. 신분범

신분범이란, 구성요건이 행위의 주체로서 일정한 신분을 요구하는 범죄를 지칭하는 형법의 개념으로서 여기서 신분이란 일정한 범죄행위에 대한 범인의 인적관계인 특수한 지위나 상태를 가리킨다. 중대재해처벌법 위반으로 중대산업재해에 이르게 한 죄는 '사업주 또는 경영책임자'라는 신분이 있어야 성립하는 범죄이므로 진정신분범[98]이다. 따라서, 중대재해처벌법의 정범은 일반범죄가 아닌 '사업주 또는 경영책임자'라는 일정한 신분이 있어야 수범자로 적용하는 '신분범'의 성격을 가진다.

형법 제33조에 의하면, 신분관계로 인하여 성립될 범죄에 가공한 행위는 신분관계가 없는 자에게도 신분이 있는 사람과 함께 공범이 될 수 있다. 개인사업주 또는 경영책임자등은 중대재해처벌법 제4조 또는 제5조 위반으로 중대산업재해에 이르게 한 신분범으로서 수범지위에 있다고 할 것이다. 중

97 김한균, "안전보건확보의무의 형법적 부과 - 중대재해처벌법과 그 제정의 형사정책적 평가",「형사정책」 33, 한국형사정책학회, 2021, 113면.

98 형사법상 '신분 또는 신분범'이란 형법 제33조의 공범과 신분 규정에 명시된 바 신분이 있어야 성립하는 범죄인 진정신분범 또는 신분 때문에 형의 경중이 달라지는 경우 부진정신분범이 있음

대재해처벌법이 수범자로서 신분범 지위를 규정하고 있는데 만약, 신분이 없이 수범자에 가담한 경우는 어떻게 할 것이냐가 관건이 될 것이다. 이에 대해 법률 규정에 따른 '사업주 또는 경영책임자'에 해당하지 않는 비신분범은 기본적으로 중대재해처벌법 위반죄의 정범은 될 수 없으나, 구체적인 행위의 사실관계에 따라 형법 제30조부터 제33조까지의 공범 규정을 적용할 수 있다[99]고 규정하고 있다.

2. 부작위범

형법 제18조 부작위범은[100] "위험의 발생을 방지할 의무가 있거나 자기의 행위로 인하여 위험발생의 원인을 야기한 자가 그 위험발생을 방지하지 아니한 때에는 그 발생된 결과에 의하여 처벌한다"고 규정하고 있다. 즉, 부작위범의 경우 인과력 있는 작위행위는 무(無)이므로 가설적 추가절차, 즉 요구되는 작위의무를 이행하였다면 결과발생이 없을 것이 고도로 개연적인 때 인과관계가 있다.[101]

따라서, 「산업안전보건법」 168조의 안전보건 조치의무 위반죄와 같은 형식의 처벌규정이 있는 것과 달리 중대재해처벌법은 의무위반 자체만으로는 처벌하지 못하는 형태를 띠고 있으며, 중대재해치사상의 결과가 발생했을 때 부작위에 의한 인과관계 판단으로 인한 처벌의 대상이 될 뿐이다.

---

99 형법 제33조(공범과 신분) 신분이 있어야 성립되는 범죄에 신분이 없는 사람이 가담한 경우에는 그 신분 없는 사람에게도 형법 제30조부터 제32조까지의 규정을 적용한다. 다만, 신분 때문에 형의 경중이 달라지는 경우에 신분 없는 사람은 무거운 형으로 벌하지 아니한다.

100 「형법」 제18조(부작위범).

101 이승준, "중대재해처벌법위반죄에서의 경영책임자의 책임과 인과관계 - 의정부지법 고양지원 2023. 4. 6. 선고 2022고단3254 판결의 평석, 형사법의 신동향, 통권 제79호, 2023, 117면.

중대재해처벌법은 사업주 또는 경영책임자등에게 안전 및 보건 확보의무의 이행을 요구하는 명령규범을 규정하는 작위의무에 대한 부작위에 대하여 처벌하고 있다. 따라서 중대재해처벌법 위반죄는 그 규정 형식상 부작위범 중에서도 구성요건이 부작위에 의하여만 실현될 수 있는 범죄인 진정부작위범에 해당한다고 볼 수 있다.[102] 반면, 의무의 귀속주체가 아닌 자에게는 해당 의무가 공통으로 부여되어 있다고 할 수 없으므로 안전·보건 확보의무의 귀속주체가 아닌 자는 안전·보건 확보의무위반으로 인한 중대재해처벌법위반죄의 공동정범이 될 수 없다.

대법원은 작위의무를 미이행한 부작위범의 인과관계 판단에 관해 "작위의무를 이행하였다면 결과가 발생하지 않았을 것이라는 관계가 인정될 경우에는 작위를 하지 않은 부작위와 사망의 결과사이에 인과관계가 있다"고 판시하고 있다.[103]

3. 결과적 가중범

산업안전보건법이 안전보건 조치의무 위반 그 자체를 통상의 기본행위로 보고 처벌하면서 중한 결과 발생에 대해 가중처벌하는 것과 달리 중대재해처벌법상의 산업재해치사상죄는 기본행위만으로는 처벌하지 않고 중대산업재해라는 결과가 발생해야만 처벌하는 특수한 결과적 가중범 구조를 갖고 있다.

따라서 중대산업재해치사상죄는 ① 안전보건 확보의무 위반 및 그에 대한 고의, ② 중대산업재해 결과 발생, ③ 인과관계 등 3가지 구성요건 요소를 모두 갖추어야 처벌할 수 있다.[104] 여기서 결과적 가중범이란, 행위자가 의도한

---

102 권창영 외 16인, 「중대재해처벌법 연구 I」, 법문사, 2022, 283면.

103 대법원 2015. 11. 12. 선고 2015도6809 판결.

104 노정환, "중대산업재해치사상죄에 대한 실무적 고찰"(중대재해 산업안전 세미나), 울산지방검찰청,

기본범죄를 넘어 중한 결과가 발생한 경우 기본범죄와 중한 결과를 하나로 묶어 기본범죄보다 형벌이 특히 가중되는 범죄유형을 말한다. 상해치사죄('상해의 고의'로 범행하였으나 '사망'의 중한 결과가 발생한 경우)가 그 대표적인 예이다.

현행 형법상 인정되는 결과적 가중범의 기본범죄는 모두 '고의범'이다.[105] 결과적 가중범은 고의범과 과실범이 하나의 구성요건 속에 결합된 결합범이지만 기본범죄와 과실범의 상상적 경합보다 훨씬 더 중한 형으로 규정되어 있는 이유는 중한 결과가 고의적인 기본범죄에 전형적으로 내포된 잠재적인 위험의 실현이란 점에서 단순한 과실범의 결과이기보다는 행위위반가치가 크다는 점에 있다.[106]

| 표 5 | 형법상 결과적 가중범 조항과 처벌

형법조항	죄명	구성요건 및 법정형
제259조 제1항	상해치사죄	사람의 신체를 상해하여 사망에 이르게 한 자는 3년 이상의 유기징역에 처한다.
제262조	폭행치사죄	제260조와 제261조의 죄를 지어 사람을 사망이나 상해에 이르게 한 경우는 제257조부터 제259조까지의 예에 따른다.
제269조 제3항	낙태치사상죄	부녀의 촉탁 또는 승낙을 받아 낙태하게 하여 부녀를 상해에 이르게 한 때에는 3년 이하의 징역에 처한다. 사망에 이르게 한 때에는 7년 이하의 징역에 처한다.
제281조 제1항	체포감금치사상죄	체포, 감금 등의 죄를 범하여 사람을 상해에 이르게 한 때에는 1년 이상의 유기징역에 처한다. 사망에 이르게 한 때에는 3년 이상의 유기징역에 처한다.
제337조	강도치사상죄	강도가 사람을 상해에 이르게 한 때에는 무기 또는 7년 이상의 징역에 처한다.

2022. 9. 27, 28면.

105 이주원, 「형법총론(제3판)」, 박영사, 2024. 1, 126면.

106 이건우·정병국 외 7인, 「중대재해처벌법상 책임과 기업의 대응실무」, 공공노무법인, 2022, 91면.

산업안전보건법은 안전보건 조치의무 위반으로 인하여 사망의 결과를 발생시킨 경우에 가중처벌한다고 규정하고 있으며, 대법원도 산업안전보건법상 안전보건 조치의무위반죄에 대하여 일관되게 고의범으로 해석하고 있다. 판례는 "사업주가 사업장에서 안전조치가 취해지지 않은 상태에서의 작업이 이루어지고 있고 향후 그러한 작업이 계속될 것이라는 사정을 미필적으로 인식하고도 이를 그대로 방치"한 경우 고의를 인정하고 있다.[107]

또한, 「형법」 제14조[108]에 의하면, 범죄는 원칙적으로 고의범에 한하여 처벌하고 과실에 의한 행위는 별도의 처벌규정을 두지 않는 한 형벌의 대상이 되지 않는다고 규정하였다. 다만, 과실범 처벌규정을 별도로 두고 있지 않은 중대재해처벌법 위반죄 역시 사업주 또는 경영책임자등이 안전보건 확보의무를 고의로 위반한 경우에 한하여 인과관계가 성립한다고 보는 것이 타당할 것이다.

반면, 중대재해라는 결과발생에 대해 주의의무 위반으로 성립하는 과실범으로 파악하고, 그 전제가 되는 안전 및 보건 확보의무 위반은 고의에 의한 것이든 과실에 의한 것이든 무관하다[109]는 견해도 존재한다.

대검찰청의 해석에 의하면, 중대재해처벌법위반죄는 "사업주 또는 경영책임자의 안전 및 보건 확보의무 위반" 이라는 고의의 기본범죄로 인하여 '중대재해'라는 중한 결과가 발생한 경우를 처벌하는 결과적 가중범의 구조를 취

---

107 산업안전보건법위반죄에서 고의가 쟁점이 된 사안 중 고의성을 인정한 사례는 대법원 2012. 5. 24. 선고 2022도7666 판결, 2014. 4. 10. 선고 2012도12341 판결, 2021. 3. 11. 선고 2018도10353 판결이 있으며, 고의를 부정한 사례는 2011. 10. 13. 선고 2011도10743 판결, 2012. 4. 26. 선고 2010도6042 판결, 2016. 12. 29. 선고 2016도16409 판결 등이 있다.

108 「형법」 제14조(과실) 정상적으로 기울여야 할 주의를 게을리하여 죄의 성립요소인 사실을 인식하지 못한 행위는 법률에 특별한 규정이 있는 경우에만 처벌한다.

109 최정학, "중대재해처벌법(기업 경영자 처벌의 논리)", 「노동법연구」 제51호, 서울대노동법연구회, 2021, 18~22면 참조.

하고 있다. 다만 기본범죄에 해당하는 안전 및 보건 확보의무 위반행위에 대하여는 별도의 처벌규정을 두지 않으므로, 정책적 결단에 의하여 기본범죄는 따로 처벌하지 않으나 이것이 중한 결과로 이어진 경우에 처벌하는 특수한 형태의 결과적 가중범에 해당한다고 할 수 있다.[110]

4. 양벌규정

「중대재해처벌법」 제7조의 중대산업재해의 양벌규정에 의해 법인 또는 기관의 경영책임자등이 그 법인 또는 기관이 업무에 관하여 제6조에 해당하는 위반행위를 하면 그 행위자를 벌하는 외에 그 법인 또는 기관 그 자체를 벌금형으로 처벌하는 양벌규정이다. 이에 따라 법 제6조 제1항의 경우, 즉 종사자가 사망한 경우에는 50억원 이하의 벌금, 법 제6조 제2항의 경우, 즉 종사자가 부상 또는 직업성 질병의 해를 입은 경우에는 10억원 이하의 벌금의 양벌규정이 적용된다.

중대재해처벌법의 양벌규정은 안전보건 확보의무의 주체는 사업주 또는 경영책임자등의 자연인을 특정하고 있으나, 「중대재해처벌법」 제7조의 양벌규정은 법인 또는 기관의 경영책임자등이 안전보건 확보의무를 위반한 경우 그 법인 또는 기관에 벌금형을 부과하는 것으로서 다른 행정형법의 양벌규정과 달리 처벌대상자를 확대하는 기능을 가지고 있지 않고 법인만을 처벌하기 위한 조문으로 해석할 수 있다.

다만, 중대재해처벌법의 양벌규정은 단서를 가지고 있는데 형벌의 책임주의 원칙에 따라 "법인 또는 기관이 위반행위를 위하여 해당 업무에 관하여 상당한 주의와 감독을 게을리 하지 아니한 경우에는 그러하지 아니한다"는 처

110 대검찰청, 앞의 책, 14면.

벌 면책조항을 두고 있다. 여기서 '법인의 상당한 주의와 감독의무'와 관련하여 판례는 "구체적인 사안에서 법인이 상당한 주의 또는 관리감독 의무를 게을리하였는지 여부는 당해 위반행위와 관련된 모든 사정, 즉 당해 법률의 입법 취지, 처벌조항 위반으로 예상되는 법인침해의 정도, 그 위반행위에 관하여 양벌규정을 마련한 취지 등은 물론 위반행위의 구체적인 모습과 그로 인하여 실제 야기된 피해 또는 결과의 정도, 법인의 영업규모 및 행위자에 대한 감독가능성 또는 구체적인 지휘감독 관계, 법인이 위반행위 방지를 위하여 실제 행한 조치 등을 전체적으로 종합하여 판단하여야 한다"고 판시하는 바,[111] 중대재해처벌법의 최근 판례에서도 이와 다르지 않게 적용되는 것으로 나타난다. 또한, 양벌규정은 영리법인과 비영리법인을 포함한 법인 또는 기관으로서 영리법인에 한정되지 않으며, 사업주가 국가, 또는 지방자치단체, 기타 공법인인 경우는 어떻게 적용하느냐가 관건일텐데 국가는 형벌권의 주체이지 객체가 될 수 없으므로[112] 중앙행정기관은 국가 형법권의 주체인 국가의 일부 조직으로서 양벌규정에 의한 처벌대상이 되지 않기 때문에, 해당 기관을 양벌규정에 의하여 형사처벌하는 것은 법이론적으로 가능하지 않다고 할 것이다.

한편, 지방자치단체의 경우에는 판례에 의하면, 기관위임사무[113]의 경우 지방자치단체는 국가기관의 일부로 볼 수 있으나, 지방자치단체가 그 고유의 자치사무를 처리하는 경우 지방자치단체는 국가기관의 일부로 볼 수 없으며, 국가기관과는 별도의 독립된 공법인으로서 양벌규정에 의한 처벌대상

---

111 대법원 2010. 9. 9. 선고 2008도7834 판결.

112 박상욱·김대휘 편집대표, 「주석 형법」(총칙1), 한국사법행정학회, 2020. 119면.

113 지방자치단체의 장이 처리하도록 규정하는 사무의 성질이 국가기관위임사무에 해당하는지 여부의 판단에 있어서는 법령의 규정 형식과 취지의 고려도 필요하며, 경비부담과 최종적인 책임귀속의 주체 등도 아울러 고려하여 판단하여야 할 것임.
(대법원 1999. 9. 17. 선고 99추30 판결 등)

이 되는 법인에 해당한다고 하겠다.

「산업안전보건법」 제173조의 양벌규정과 「중대재해처벌법」 제7조의 양벌규정은 각각 법인이나 개인사업주가 처벌되는 경합관계를 어떻게 해석할 것이냐가 관건인데, 이때 죄수관계에 대해 산업안전보건법과 중대재해처벌법 등은 수범자와 책임원인이 되는 행위 자체가 구별되므로 원칙적으로 실체적 경합관계에 있다는 견해가 있으나, 1개의 동일한 위반행위가 서로 다른 법령이 적용되어 수개의 죄가 성립하는 경우로 보아 형법상 상상적 경합관계에 있다고 보는 견해[114]가 지배적이고 최근 판례를 통해서도 드러나고 있다.

III. 중대재해처벌법 처벌의 요건

1. 의의

중대재해처벌법은 사업주 또는 경영책임자등에 대한 처벌의 구성요건으로 안전보건 확보의무 위반으로 인한 중대재해가 발생한 경우, 즉 중대산업재해에 대한 미필적 고의범으로서 부작위에 의한 결과적 가중범으로 처벌된다. 하지만, 중대재해처벌법은 산업안전보건법 등 행정형법과는 달리 설령 중한 결과(중대재해)가 발생하더라도 형사처벌을 할 수 있을 뿐 기본행위 방지의무의 준수를 강제할 방법은 없다.[115]

「중대재해처벌법」 제4조와 5조에서 '사업주 또는 경영책임자등'이 실질적으로 지배·운영·관리하는 사업 또는 사업장의 시설·장비·장소에서 안전보건 확

114 권창영 편집대표, 「온라인 주석- 중대재해 처벌 등에 관한 법률」, 로앤비, 2022. 287면.
115 정진우, 앞의 책, 52면.

보의무를 구축 및 이행하도록 규정하고 있다. 이는 도급·용역·위탁의 경우에도 사업주 또는 경영책임자등이 하청업체 근로자를 포함한 종사자[116]에 대해서도 안전보건 확보의무를 부과하고 있고, 이의 위반시 형사처벌이 주어진다.

| 표 6 | 사업주 또는 경영책임자 처벌의 요건

조 문	구 분	구성요건
중대재해처벌법 제4조	책임주체	개인사업주 또는 경영책임자
	의무대상	사업주나 법인 또는 기관이 실질적으로 지배·운영·관리하는 사업 또는 사업장
	목 적	종사자의 안전·보건상 유해 또는 위험 방지
	고려사항	사업 또는 사업장의 특성 및 규모 등 고려
	의무내용	법 제4조 제1항 제1호~제4호에 따른 조치
중대재해처벌법 제6조	행위불발	법 제4조 및 제5조 위반
	결과불발	중대재해처벌법에 이르게 한 결과
	법정형	사망: 1년 이상의 징역 또는 10억원 이하의 벌금 사망 이외: 7년 이하 징역 또는 1억원 이하의 벌금

그런데 사업주 또는 경영책임자등에게 중대재해처벌법의 형사책임을 묻기 위한 기본적 구성요건은 ① 개인사업주 또는 경영책임자등이 ② 법 제4조, 제5조 또는 제9조에서 규정하는 안전·보건 확보의무를 위반하여 ③ 중대산업재해에 이르게 한 때라고 할 수 있는데, 처벌을 위해서는 ④ 안전·보건 확보의무 위반과 중대재해 발생 사이에 인과관계가 인정되어야 하고, ⑤ 구

116 「중대재해처벌법」 제2조 제7호 "종사자"란 다음 각 목의 어느 하나에 해당하는 자를 말한다. 가.「근로기준법」상의 근로자, 나. 도급, 용역, 위탁 등 계약의 형식에 관계없이 그 사업의 수행을 위하여 대가를 목적으로 노무를 제공하는 자, 다. 사업이 여러 차례의 도급에 따라 행하여지는 경우에는 각 단계의 수급인 및 수급인과 위 가목 또는 나목의 관계가 있는 자.

성요건에 대한 고의와 ⑥중대재해라는 결과 발생에 대한 예견가능성도 있어야 한다.[117]

중대재해처벌법은 사업주 또는 경영책임자등에게 부여되는 안전보건 확보의무의 작위의무를 위반했을 때 처벌하는 진정부작위범 형태를 갖추고 있으나, 부작위 행위가 모두 구성요건에 해당하는 것은 아니다. 구성요건 해당성을 갖추기 위해서는 먼저 행위자에게 작위의무의 존재와 구체적인 작위의무의 인식, 그리고 이를 이행할 수 있는 구성요건적 상황임에도 불구하고 안전보건 확보의무 불이행이라는 부작위행위가 있어야 한다.[118]

2. 안전보건 확보의무 위반

중대재해처벌법상 사업주 또는 경영책임자등은 법제4조 및 동법 시행령 제4조 제1~8호 및 동법 제5조에 의한 안전보건 확보의무를 가진다. 법에서는 법인과 기관을 구분하여 의무이행 주체를 구분하여 규정하고 있지만, 의무이행 주체는 개인회사의 경우 개인사업주이고, 법인이나 기관의 경우는 경영책임자로서 수범자의 지위를 가진다.

중대재해처벌법상 위 법령을 근거로 하는 안전보건조치는 안전·보건에 관한 업무, 안전보건관리체계의 구축 및 이행, 안전·보건 관리상의 조치, 유해·위험요인의 개선, 안전·보건에 관한 인력 등의 관리비용 등 포괄적인 개념으로 보호하도록 규정하고 있다.

원칙적으로 실질적인 지배·운영·관리하는 사업 및 사업장과 도급, 용역, 위탁 등에서 작업기간이 짧다고 하더라도 그 기간에 관계없이 작업에 종사

117 김·장법률사무소 중대재해대응팀, 「중대재해처벌법」, 박영사, 2022, 225면.

118 이재상, 「형법총론」, 박영사, 2011, 122면.

하는 모든 노무제공자가 안전·보건 보호대상에 해당되어 경영책임자로서 의무를 지며, 이의 위반여부가 중대재해처벌법 적용요건이 된다.

3. 사업주 또는 경영책임자등의 고의성

고의성은 중대재해처벌법의 성립에 중대한 구성요건이다. 중대재해처벌법은 산업안전보건법과 달리 기본행위를 처벌하지는 않고 중대재해 결과발생으로 인한 결과적 가중범의 성격을 가지고 있다. 다만 위험성이 있는 현장에서 법이 정하고 있는 안전조치를 취하지 않은 상태에서 작업을 지시하거나, 안전조치가 없이 작업이 이루어지는 사실을 알면서도 이를 방치하는 안전보건 위반행위가 사업주 또는 경영책임자등에 의해 이루어졌다고 보는 고의성이 인정될 경우 성립할 뿐이다. 즉, 고의성은 재해 발생 위험성 내지 그 가능성과 안전보건 확보에 대한 불이행에 대한 인식이 필요하고, 미필적 고의로도 처벌이 가능하며, 결과에 대한 고의 즉, 중대산업재해 발생 자체에 대한 고의는 포함되지 않는다.[119]

만약, 행위자가 종사자의 사망이라는 결과를 인식하고도 중대재해처벌법상 작위의무를 행하지 않았다면 인과관계 여부에 따라 살인죄의 죄책이 문제될 수 있다.[120] 다만, 사업주 또는 경영책임자등이 안전보건관리체계를 갖추고 안전보건 조치의무가 제대로 이행되는지에 대하여 점검 및 보고받는 체계가 있음에도 안전보건 실무자의 부실한 보고의 경우에는 고의성이 조각될 것으로 본다.

---

119 권오성, "중대재해처벌법의 해석상 쟁점-제6조와 제7조를 중심으로", 노동법포럼 통권 제35호, 2022, 199면.

120 노정환, 앞의 논문, 31면.

4. 인과관계 인정 여부

「형법」 제17조 인과관계에서는 "어떤 행위라도 죄의 요소되는 위험발생에 연결되지 아니한 때에는 그 결과로 인하여 벌하지 아니한다"고 명시하고 있다. 인과관계와 관련하여 논리적 조건관계를 의미하는 자연과학적 인과관계와는 달리 형법상 인과관계는 이에 대해 법적·사회적 관점의 평가적 요소가 포함된다고 보는 것이 일반적이다. 즉, 어떤 행위가 없었다면 결과 발생도 없었을 것이라는 논리적 조건관계의 인과관계만이 아닌 규범적 평가를 통해 평가를 거치는 것이 형법상 인과관계로서 인정된다고 보는 관점이다.

형법상 인과관계의 의미는 법적·사회적 관점에서 평가적 요소가 포함되었다고 보는데, 조건관계상 행위와 결과발생 사이의 경우에 따른 규범적인 평가를 거쳐 형법상 인과관계가 인정된다고 볼 수 있는지에 대하여 대법원은 "사회생활상의 일반적인 지식경험에 비추어 일정한 행위로부터 일정한 결과가 발생하는 것이 상당하다고 평가할 수 있는 경우에 형법상의 인과관계를 인정할 수 있다"는[121] 상당인과관계설 입장을 취하고 있다.

상당인과관계설은 어떠한 상황의 결과발생에 있어 개연성이 인과관계 존부의 판단기준이 된다고 보고 행위자가 지배할 수 없는 사정에 의해 결과가 발생한 경우 그 결과를 행위자의 행위에 귀속시킬 수 없다고 보는 견해이다. 즉, 행위로부터 결과가 발생하는 것이 경험상 일반적일 때 형법상의 인과관계를 긍정하고 제3자의 중대한 과실이 개입되고 그 때문에 중한 결과가 발생한 경우에는 인과관계의 상당성을 부정한다.

중대재해처벌법은 규정형식상 중대재해의 발생에 있어 종사자의 안전·보

---

121 대법원 1995. 9. 15. 선고 95도906 판결, 대법원 1996. 5. 28. 선고 95도1200 판결, 대법원 2001. 6. 1. 선고 99도5086 판결, 대법원 2011. 4. 14. 선고 2010도10104등 판결 등.

건관리 의무불이행으로 인해 형사책임의 귀책이 가능하다. 또한, 산업안전보건법과 달리 중대재해처벌법은 의무주체, 적용범위, 중대재해 개념, 의무대상, 보호대상, 처벌 등에서 확연히 나타난다. 「중대재해처벌법」 제6조 또는 제10조의 처벌규정에서 결과적 가중범인지 여부에 대하여는 해석의 견해가 일치하고 있지는 않으나, 다수는 결과적 가중범의 성격으로 해석하고 있다. 다만, 법 제4조 또는 5조의 부작위에 의한 의무불이행이 산업안전보건법상의 구체적인 안전보건 확보의무 위반을 야기하고 해당 의무위반이 중대산업재해를 일으키는 구조가 가장 전형적이고, 이 경우 단계적인 인과성 심사가 필요하다는 견해[122]가 있다.

이른바 2단계 인과관계 이론에 의하면, 1차적으로 사업주 또는 경영책임자등의 안전보건 확보 의무위반과 산업안전보건법상의 구체적인 안전보건 조치의무 위반 사이의 인과관계이고, 2차적으로 개인사업주 또는 경영책임자등에게 「중대재해처벌법」 제6조의 책임을 묻기 위해서는 법 제4조 및 제5조의 안전·보건 조치의무의 부작위가 산업안전보건법 위반으로 인하여 중대산업재해를 일으켰느냐는 인과관계의 쟁점 여부이다.

일반형법상 결과발생과 인과관계에서 거동범은 부작위만 있으면 부작위범이 성립한다. 반면, 중대재해처벌법상으로는 결과발생 시점에서 '부작위와 결과발생 사이에 인과관계'가 인정되어야 한다. 결론적으로, 현장에서의 안전보건 조치의무 위반행위가 근로자 또는 피해자의 과실 등의 직접적인 원인으로 작용하여 중대산업재해 발생으로 연결되는지가 인과관계의 쟁점이라 할 수 있다.

---

122 김성룡, "중대재해처벌법의 적용을 둘러싼 형사법적 쟁점 검토", 법무부·고용노동부 공동학술대회 자료집, 2021. 12. 1. 49~50면.

| 표 7 | 「중대재해처벌법」 2단계 인과관계

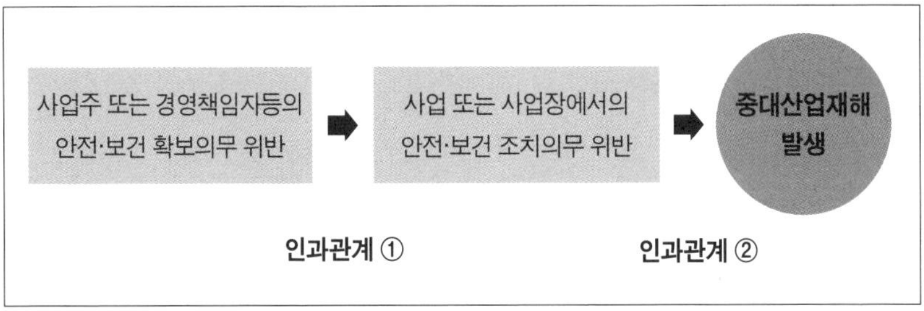

결론적으로, 중대재해처벌법 위반사건에서 경영책임자등의 형사책임을 확정짓기 위해서는 의무위반 자체만으로는 처벌하지 못하고 안전·보건확보 의무의 불이행과 산업재해치사상 사이의 중층적인 인과관계 입증이 요구된다.

다음의 표는 근로자 사망, 종사자 등 사망에 의한 중대재해처벌법과 산업안전보건법에 적용된 결과와 중대산업재해 등의 결과 발생에 따른 법률상 책임주체와 의무와 이의 인과관계 및 법률의 고의예견가능성에 대한 형사적 검토 체계이다.

| 표 8 | 중대재해사건에 대한 형사적 검토 체계[123]

결과	① 근로자 사망 - 중대재해처벌법, 산업안전보건법 제167조, 업무상과실치사 ② 근로자 외 종사자 사망 - 중대재해처벌법, 업무상과실치사 ③ 사망 외 중대재해처벌법상 중대산업재해 - 중대재해처벌법, 산업안전보건법 일반, 업무상과실치사상 ④ 사망 외 중대재해처벌법상 중대시민재해 - 중대재해처벌법, 업무상과실치상

123 정현희, 앞의 논문, 128면.

결과	⑤ 사망 외 중대재해처벌법상 중대재해 - 산업안전보건법 일반, 업무상과실치상 ⑥ 그 외 상해·질병 - 업무상과실치상 ⑦ 단순 안전보건조치위반 - 산업안전보건법 일반
주체	산업안전보건법: 사업주(법인, 개인) ⇒ (양벌규정) 행위자 특정, 확장적용 중대재해처벌법: 개인사업주, 경영책임자등 ⇒ (양벌규정) 법인 또는 기관 형법: 업무상과실치사상죄 주체 제한 없음 ① 법인의 대표자(대표이사), 경영책임자등 ② 안전보건관리책임자 ③ 관리감독자 ④ 안전보건관리자 ⑤ 기타 종업원
의무	① 중대재해처벌법(제4조, 제5조)상 안전보건 확보의무(객체: 종사자) ② 산업안전보건법(제38조, 제39조, 제63조)상 안전보건 초지의무 (객체: 근로자) ③ 업무상 주의의무(형법 제268조)(객체: 요건 불요)
인과관계	각 주체별 의무위반 사항과 사망 등 결과 사이 인과관계 필요
고의예견 가능성	• 산업안전보건법: 안전보건조치 미이행한 채 안전보건상의 위험 작업의 지시 또는 안전보건 미조치 상태에서 작업의 이행 사실을 알면서도 방치 • 중대재해처벌법: 사업주 또는 경영책임자등의 안전보건 확보의무 위반(안전보건관리체계 미구축, 재발방지대책 미수립, 안전보건관련 시정명령 미이행 등)에 대한 고의, 중대재해 결과에 대한 예견가능성

중대재해처벌법 시행 이후 인과관계와 관련하여 최근 기소된 사례가 있다. 2022년 6월, 중대재해처벌법을 적용한 1호 기소 사례인 두성산업 주식회사(이하 "D산업"이라 한다) 사건에 대한 사건에서 창원지방법원은 대표이사에게 징역 1년 및 이에 대한 집행유예 3년, 법인인 D산업에 대해 벌금 2,000

만원을 선고하였다.[124] 직접적 처벌사유로 D산업은 2022. 2. 독성물질인 트리클로로메탄이 함유된 세척제를 사용하면서도 국소배기장치를 설치하지 않아 노동자 16명에게 집단급성간중독 피해를 입혔다는 혐의다.

상기 D산업의 기소쟁점은 중대재해처벌법 시행령 제4조 제3호에 의한 유해·위험요인 확인 개선절차 마련 미비, 동시행령 제4조 제5호에 의한 안전보건관리책임자등에 대한 평가기준마련 미비 등이다. 유해·위험요인 개선 문제점은 확인된 유해·위험을 체계적으로 분류 및 관리하고 유해·위험요인별로 제거하고 대체 및 통제하는 방안을 의미하는 것이다. 법령상 형식적인 기준으로 사안을 포섭하는 판결이 아닌 세부적인 기준을 제시하여 인과관계를 짚은 것이다. 또한, 안전보건관리책임자등에 대한 평가기준 마련 미비에 대해 산업안전보건법에 따른 업무 수행 및 그 충실도를 반영하는 내용을 포함하면서 충분히 구체적이고 세부적이어야 한다고 지적하며, 형식적인 인사평가 내용이나 설문지 형식으로는 평가기준을 제대로 갖추었다고 인정하지 않은 것이다.

판례에서 법원은 "상당인과관계는 피고인의 행위가 피해자의 상해라는 결과를 발생하게 한 유일한 원인이어야 하는 것은 아니며, 피해자나 제3자의 과실 등이 경합하여 발생한 경우에도 인정할 수 있다"라는 점을 들어 사업장에 국소배기장치가 설치되어 있지 않았던 사정이 사고발생의 유일한 원인은 아니라 하더라도 당해 사고 발생에 상당한 영향을 미쳤을 것은 명백하므로 상당인과관계가 인정된다고 판시하였다.

124 창원지방법원 마산지원, 2023. 4. 26. 선고, 2022고합95 판결[산업안전보건법위반·업무상과실치사·중대재해처벌등에관한법률위반].

제2절 경영책임자등의 실무유형별 책임

Ⅰ. 사업주 또는 경영책임자등의 의의

1. 사업주

「중대재해처벌법」 제4조에서 사업주와 경영책임자등은 사업주나 법인 또는 기관이 실질적으로 지배·운영·관리하는 사업 또는 사업장에서 종사자의 안전·보건상 유해 또는 위험을 방지하기 위한 조치를 하여야 한다고 규정하고 있다. 여기서 '사업주'란 「중대재해처벌법」 제2조 제8호에 명시된 바 "자신의 사업을 영위하는 자, 또는 타인의 노무를 제공받아 사업을 하는 자를 말한다"라고 규정하고 있다.

또한, 「중대재해처벌법」 제3조는 사업주에 대하여 "개인사업주에 한정한다. 이하 같다."라고 부연하여 규정하는 것으로 볼 때 기본적으로 '사업주 또는 경영책임자등'을 함께 규정하고 있는 것은 수범자로서의 자연인임을 전제하여 규정하고 있는 것이다.

「산업안전보건법」 제2조 제4호의 '사업주'란 "근로자를 사용하여 사업을 하는 자"라고 규정한 것을 볼 때, 중대재해처벌법에 따르는 '사업주'는 단순 근로자를 사용하여 사업을 하는 자로 한정하고 있는 산업안전보건법에 따른 개념보다 확장하여 노무를 제공받는 모든 사업이 해당한다고 할 수 있다.

이를 볼 때, 산업안전보건법상 사업주는 고용관계를 전제로 한다고 볼 수 있으며, 사업경영상 이익의 실질적 귀속주체이자 영업주체로서 사업주가 법인인 경우에는 그 법인 자체를, 사업주가 개인인 경우에는 그 개인 자체를 의미한다[125]고 할 수 있는데, 법인의 대표이사라고 해서 꼭 사업주에 해당하는 것은 아니다.[126] 따라서, 산업안전보건법상 사업주는 '근로자를 사용하여 사업을 하는 자'이므로 개인사업주 뿐만 아니라 법인사업주도 포함하는 개념으로 볼 수 있다.

반면, 중대재해처벌법에서는 '사업주' 외에 '법인'과 '기관'이라는 표현도 사용되고 있고, 의무의 주체를 '사업주 또는 경영책임자등'이라고 규정하여 사업주와 경영책임자에게 동일한 내용의 의무를 부과하고 있다. 이러한 점에 비추어 볼 때 중대재해처벌법상의 '사업주'는 '개인사업주'로 해석하는 것이 타당하다.

고용노동부도 중대재해처벌법이 산업안전보건법과 달리 제반 의무를 개인으로서의 사업주와 경영책임자등에게 부과하고 개인사업주가 아닌 사업주를 경영책임자등과 구분하여 법인 또는 기관으로 표현하고 있는 점에 비춰볼 때 「중대재해처벌법」 제3조 이하에서 사업주는 개인사업주만을 의미한다고 보고 있다.[127]

「중대재해처벌법」 제3조 적용범위에서 보더라도 "상시근로자가 5명 미만인 사업 또는 사업장의 사업주(개인사업주에 한정한다. 이하 같다.) 또는 경영책임자등에게는 이 장의 규정을 적용하지 아니한다" 라고 규정된 바와 같이 '사업주'는 '개인사업주'에 한정한다고 부가적으로 설명하여 그 의미를 분명히 하고 있다.

---

125 대법원 1992. 11. 10. 선고 92도2034 판결.

126 정현희, 앞의 논문, 35면.

127 고용노동부, 「중대재해처벌법 해설」, 2021, 20면.

2. 경영책임자

「중대재해처벌법」 제2조 제9호에 '경영책임자등'에 대한 정의에 대해 "사업을 대표하고 사업을 총괄하는 권한과 책임이 있는 사람 또는 이에 준하는 안전보건에 관한 업무를 담당하는 사람"이라고 정하고 있다. 기존 산업안전보건법상 처벌에서 회사의 경영을 총괄하면서 최종적인 의사결정권을 갖는 자에 대한 형사책임을 묻기 어려운 경우가 많았다는 비판적 고려에서 제정된 법이다.[128]

중대재해처벌법상 '경영책임자등'이 이행하여야 할 안전보건 확보의무에 대해 법 제4조 제1항 제2호는 "재해발생시 재발방지 대책의 수립 및 그 이행에 관한 조치"를 규정하고 있고, 동항 제3호는 "중앙행정기관·지방자치단체가 관계법령에 따라 개선, 시정 등을 명한 사항의 이행에 관한 조치"를 규정하고 있다. 위 규정은 제2호와 같이 경영책임자등이 책임져야 할 산업재해 발생에 대해 재발방지를 위한 조치를 미이행하거나, 3호에 행정기관으로부터 시정명령을 받았음에도 경영책임자등이 이를 간과한 경우를 안전보건 확보의무 위반 내용으로 보고 있다.

경영책임자의 권한과 책임에 있어 형식적인 지위나 명칭이 아닌 '실질적으로' 사업을 대표하고 총괄하는 권한과 책임이 있는 신분이어야 한다. 안전보건 확보의무의 최종 의사결정권을 가지는 경우에 경영책임자라고 할 수 있을 것이다.

따라서 경영책임자등은 재해예방에 필요한 조직, 인력, 예산 등에 관한 사항을 실질적으로 결정할 권한을 가진 자에게 산재예방을 위한 안전보건 확

128 이상협, "중대재해처벌 등에 관한 법률의 도입에 따른 쟁점에 대한 검토", 한국해법학회지 제43권 제2호, 2021, 112면.

보의무의 책임이 부여되고 있다고 할 것이다.

또한, 법인의 경영책임자등의 특정에 관하여는 민법, 상법 등의 법령[129]과 정관 등에 근거하여 법인을 대외적으로 대표하면서 대내적으로 사업을 총괄하는 지위에 있는 자가 누구인지와 해당사업에서의 직무와 책임, 권한과 의사결정 구조 등을 종합적으로 고려하여야 할 것이다.

Ⅱ. 실무유형별 책임과 쟁점

1. 의의

중대재해처벌법상 사업주 또는 경영책임자는 외관상의 직위나 직책에 관계없이 실질적인 사업의 대표를 말하며, 사업을 총괄하여 조직, 인력, 예산에 대한 권한과 책임을 가지고 안전보건 확보의무 이행에 관한 최종적인 의사

129 경영책임자등의 법률상 규정: ① 민법상 비영리법인의 경우, 「민법」 제58조 제1항에서 "이사는 법인의 사무를 집행한다"라고 규정하고 있으며, 제59조 제1항에서 "이사는 법인의 사무에 관하여 각자 법인을 대표한다"라고 규정하고 있다. ② 합명회사의 경우, 제200조 제1항에서 "각 사원은 정관에 다른 규정이 없는 때에는 회사의 업무를 집행할 권리와 의무가 있다"고 규정하고, 제207조에서 "정관으로 업무집행사원을 정하지 아니한 때에는 각 사원은 회사를 대표한다. 수인의 업무집행사원을 정한 경우에 각 업무진행사원은 회사를 대표한다"고 규정하고 있다. ③ 합자회사의 경우, 「상법」 제269조에서 "합자회사는 본장에 다른 규정이 없는 사항은 합명회사에 관한 규정을 준용한다"고 규정하고, 제273조에서 "무한책임사원은 정관에 다른 규정이 없는 때에는 각자가 회사의 업무를 집행할 권리와 의무가 있다"고 규정한다. ④ 주식회사의 경우, 「상법」 제383조 제6항에서 "제1단서(자본금 총액이 10억원 미만인 회사로서 이사를 1명 또는 2명으로 한 경우)의 경우에는 각 이사(정관에 따라 대표이사를 정한 경우에는 그 대표이사를 말한다)가 회사를 대표하며"라고 규정하고, 제408조의4는 "집행임원의 권한은 다음 각 호의 사항으로 한다. 1. 집행임원 설치회사의 업무집행, 2. 정관이나 이사회의 결의에 의하여 위임받은 업무집행에 관한 의사결정"이라고 규정하는 바, 대외적으로 대표권을 갖는 대표이사가 업무집행권을 갖는다고 해석할 수 있고, 한편 집행임원이 있는 경우 업무집행권이 집행임원에게 있다.

결정권을 가진 사람이라고 할 수 있다. 그러나, 사업주의 유형과 법인의 형태와 역할에 따른 중대재해처벌법의 책임과 의무를 어떻게 해석할 것인가에 따라서 수범자의 지위가 달라질 수 있다. 법인의 구조와 형태별 역할, 안전·보건에 대한 조직과 인력 및 예산 등의 의사결정 구조 등에 따른 법적책임이 어떻게 적용되는지는 법적용에 있어 중요한 쟁점이 되고 있다.

2. 기업대표자 유형별 책임

가. 전문경영인(CEO)과 안전경영책임자(CSO)의 경우

회사의 소유자(주주)가 별도로 있고, 법인등기상에 대표이사로 등재되어 전문경영인(CEO)으로 경영하는 경우에 중대재해처벌법상 '경영책임자등'에 해당하는지가 관건이다.

제1설에 의하면, 실질적인 소유자가 직함이나 소유를 불문하고 재해예방과 관련된 인사나 예산에 관한 의사결정까지 하는 경우에는, '사업을 대표하고 사업을 총괄하는 권한과 책임'이 있는 경우로 실질적 소유자가 포함되고, 이럴 경우 그 기업의 CEO 역시 '사업을 대표하고 사업을 총괄하는 권한과 책임'이 있는 지위가 없다고 할 수 없으므로, 결국 실질적 소유자와 CEO 모두 '경영책임자등'의 지위에 있다고 볼 것이라는 견해다.[130]

제2설에 의하면, 「중대재해처벌법」 제2조 9호 각 목의 규정과 같이 범죄구성요건으로서의 신분을 규정한 것으로 '경영책임자등'에 대해 엄격히 해석할 필요가 있다. 따라서, 법인의 대표이사나 비영리법인의 이사 등 '법률에 따라 대표권이 인정되는 법정기관'만이 '경영책임자등'에 해당할 수 있으며, 법인

130 송인택·안병익·이태승·정재욱·윤상호, 앞의 책, 96면.

의 등기이사가 아니면서 사업을 대외적으로 명칭을 사용하여 대표하는 명예회장, 회장, 사장, 부사장 등은 경영책임자라고 볼 수 없으나, 법률상 권한이 없으면서도 이사에게 업무집행을 지시하거나 회사의 업무를 집행한 사람은 구체적인 사실관계에 따라 「형법」 제30조의 공동정범이나 「형법」 제31조 제1항의 교사범의 직책을 부담할 뿐이라는 견해[131]가 있다.

종합해보면, 중대재해처벌법위반죄는 안전보건 확보의무를 이행하지 않은 신분범이 아닌 자에 대하여는 「형법」 제30조의 공동정범으로 처벌할 수 없으며, 기업의 실질적인 소유자로서 사업 전반에 조직, 인력, 예산에 대하여 최종적인 의사결정 권한과 지위에 있는 사람이면 법정기관이 아니더라도 '경영책임자등'의 지위에 있다고 보아 중대재해처벌법위반죄로 처벌하는 것이 입법취지에 부합한다[132]는 견해가 지배적이다.

한편, 대표이사가 아니면서 법인의 안전보건 업무책임 실무를 총괄하는 권한과 책임이 있는 안전경영책임자(CSO, Chief of Safety Officer)를 둔 경우에 중대재해로 인한 인사상 사고 발생시 안전경영책임자만을 경영책임자인 수범자로 보고 대표이사를 형사처벌에서 제외시킬 수 있을지 쟁점이 될 수 있다.

이 문제에서 CSO가 실질적인 권한이 없이 대표이사 대신 중재재해처벌법의 책임을 지는 소위 '바지사장'으로 악용될 우려가 있고, 안전 및 보건 분야에서 조직과 인사, 예산의 최종적인 의사결정 권한을 가진다 하더라도 신분범으로서의 공법상 의무자인 대표이사가 책임을 면하기 어렵다는 소위 대표이사 면책부정설이 지배적이다.

즉, CSO는 수범자인 대표이사의 안전보건 의무이행을 위한 업무상 보조자일 뿐 오히려 안전경영책임자의 의무이행을 제대로 감독하지 않았을 경우

---

131 권오성, 앞의 책, 61~62면.

132 정현희, 앞의 논문, 39면.

대표이사가 형사처벌을 받게 되고 오히려 면책될 수 없을 것이다.

따라서, 중대재해처벌법의 입법목적이 안전한 경영을 위해 안전보건에 관한 조직과 인력, 예산 등을 적절히 편성하는데 최종적인 결정을 할 수 있는 자를 '경영책임자'로 보는 것인 바, CSO에 일임하여 직함만 유지한 채 안전보건이 제대로 확보되지 않았다면 오히려 대표이사 본연의 의무를 저버리는 것으로서 이로 인해 재해가 발생하였다면 안전보건 확보의무 위반으로 보게 될 것이다.

나. 공동대표이사 및 각자대표이사의 경우

사업을 대표하고 총괄하는 권한과 책임이 있는 사람이 2명 이상이 있다면 2명 모두 경영책임자등이 될 수 있으며, 안전보건 확보의무 역시 공동으로 부여된 것으로 볼 수 있다. 복수의 대표이사가 공동으로만 대표이사의 행위를 할 수 있는 공동대표이사(「형법」 제389조 제2항)로 되어 있는 경우, 기본적으로 모두 경영책임자등이 될 것이지만 공동대표이사 1인이 다른 공동대표이사에게 대표권 행사의 특정사항에 관하여 개별적으로 위임하는 것은 판례상 가능하므로[133] 공동대표이사 제도의 운영실태가 각 회사별로 다를 수 있다.

따라서 회사 내에서의 직무, 책임과 권한 및 기업의 의사결정 구조 등을 종합적으로 고려하여 실질적으로 해당 사업에서 최종 경영책임자가 누구인지 판단할 수 있을 것이다.[134]

각자 대표이사의 경우, 하나의 법인에 두 개 이상의 사업이 있어 각각의 사업 부문별 권한과 책임을 총괄하는 대표이사가 있고, 각 부문의 사업이 독립적으로 분리되어 있어 개별적인 사업으로 평가될 수 있는 경우 즉, 각자 대표

133 대법원 1989. 5. 23. 선고 89다카3677 판결.

134 고용노동부, 앞의 책, 22면.

이사의 경우는 각각 해당 사업부문의 경영책임자에 해당한다고 할 수 있다.

단, 안전보건에 관한 최종적인 책임과 권한을 공동으로 행사한 사실이 밝혀지는 등 사안에 따라서는 공범으로 의율될 수도 있다.[135]

또한, 사업부문별 복수의 대표이사가 있고, 법인을 대표하는 사업 전체를 총괄하는 대표가 별도 있는 경우, 각 사업 부문의 조직, 인력, 예산 등 경영의 독립성을 가지고 별개의 사업으로서 운영되는 경우에 원칙적으로는 각 사업 부문별 대표가 경영책임자에 해당하지만, 경영상의 중요한 의사결정을 총괄하거나 부문별 대표와 공동으로 하는 경우에는 법인 내에서의 인사와 예산 편성 권한, 직위나 직무, 해당 사업부문에서 실질적인 권한행사 등 기업의 의사결정 구조에 따른 영향력 등을 종합적으로 고려하여 사업을 총괄하는 대표가 경영책임자에 해당하는지 여부를 판단하여야 할 것이다.[136]

다. 공동수급체의 경우

공동수급체는「국가를 당사자로 하는 계약에 관한 법률」제25조, 또는「지방자치단체를 당사자로 하는 계약에 관한 법률」제29조에 근거하여 공동계약에 근거하여 결성한다.[137] 국가 또는 지방자치단체가 발주하는 건설공사

---

135 김·장 법률사무소 중대재해대응팀, 앞의 책, 23면.

136 정현희, 앞의 논문, 43~44면.

137 「국가를 당사자로 하는 계약에 관한 법률」제25조(공동계약)

① 각 중앙관서의 장 또는 계약담당공무원은 공사계약, 제조계약 또는 그 밖의 계약에서 필요하다고 인정하면 계약상대자를 둘 이상으로 하는 공동계약을 체결할 수 있다.

② 제1항에 따라 계약서를 작성하는 경우에는 그 담당 공무원과 계약상대자 모두가 계약서에 기명하고 날인하거나 서명함으로써 계약이 확정된다.

「지방자치단체를 당사자로 하는 계약에 관한 법률」제29조(공동계약) ① 지방자치단체의 장 또는 계약담당자는 필요하다고 인정하면 계약상대자를 2명 이상으로 하는 공동계약을 체결할 수 있다.

② 지방자치단체의 장 또는 계약담당자는 제1항에 따른 공동계약의 경우 입찰 참가자격으로 지역을 제한하지 아니하는 입찰로서 건설업 등의 균형발전을 위하여 필요하다고 인정할 때에는 공

중 일정규모 이상으로서 한 개의 회사가 공사를 담당하기에 적절하지 않다고 판단되는 경우 발주자는 공동수급체 구성요건으로 입찰자격을 부여하도록 하고 있다.

공동수급체로 구성하는 공동계약의 유형은 기획재정부의 계약예규인 「공동계약운용요령」의 규정에 의하여 공동이행방식, 분담이행방식, 주계약자관리방식 유형으로 구분하며 다음과 같은 특징을 가진다.

첫째, 공동이행방식은 공동수급체의 모든 구성원이 계약의 이행 전반을 공동으로 수행하는 형태로서, 법적으로 연대책임(Joint and Several liability) 이 인정된다. 이는 발주자 입장에서 계약이행의 안정성을 담보하기 위한 제도적 장치로, 구성원 중 일부가 계약상 의무를 불이행하더라도 나머지 구성원이 그 책임을 함께 부담해야 한다.

따라서 발주자는 공동수급체 전체를 하나의 계약당사자로 간주하며, 계약보증금, 손해배상, 하자담보책임 등 모든 법적 의무가 공동으로 귀속된다. 구성원 간의 업무분담은 내부적 합의에 불과하며, 대외적으로는 하나의 단일체로서 작동한다. 이러한 구조는 대규모 공사, 복합기술이 요구되는 사업, 혹은 위험 분산이 필요한 프로젝트에서 자주 활용된다. 다만, 공동수급체이 구성원 간 출자비율에 따라 배당하거나 분담하는 방식으로 구성원 모두가 공동으로 의사결정 및 업무집행을 하여 건설공사를 공동이행하므로 구성원

사현장을 관할하는 특별시·광역시·특별자치시·도 및 특별자치도에 법인등기부상 본점 소재지가 있는 자 중 1인 이상을 공동수급체의 구성원으로 하여야 한다. 다만, 제5조에 따라 국제입찰에 의하는 경우로서 외국건설업자(「건설산업기본법」 제9조에 따라 건설업의 등록을 한 외국인 또는 외국법인을 말한다)가 계약상대자에 포함된 경우는 제외한다.

③ 제2항에도 불구하고 공사현장을 관할하는 해당 지역에 공사의 이행에 필요한 자격을 갖춘 자가 10인 미만인 경우에는 그러하지 아니한다.

④ 제1항에 따라 공동계약을 체결하는 경우에는 해당 지방자치단체의 장 또는 계약담당자와 계약상대자 모두가 계약서에 기명·날인하거나 서명함으로써 계약이 확정된다.

⑤ 공동계약의 체결방법 등 공동계약에 필요한 사항은 대통령령으로 정한다.

모두의 경영책임자가 중대재해처벌법상의 책임을 부담한다고 볼 것이다.[138] 다만, 구성원 중 어느 1인이 시공을 일괄하여 담당하고 다른 구성원들은 자본만 투입하는 위임시공방식의 경우 시공을 일괄담당한 구성원의 경영책임자가 안전보건 확보의무를 담당한다고 보아야 할 것이다.[139]

둘째, 분담이행방식은 공동수급체 구성원들이 각각 일정한 공종 또는 구간을 독립적으로 분담하여 수행하는 방식으로 주로 토목공사에서 공사구간을 나누어 진행하거나, 건설공사에서 공종을 나누어 시행하는 경우 등에 활용된다.[140] 이 경우 각 구성원은 자기의 분담부분에 대해서만 계약상 의무를 부담하며, 다른 구성원의 불이행에 대해 연대책임이 없다는 점이 공동이행방식과의 가장 큰 차이점이다. 따라서, 분담이행방식에서는 공동수급체 구성원은 각자 분담한 공사만을 시공하고 현장소장도 각자 별도 두고 있으므로 분담한 공사에 한정하여 중대재해처벌법상 책임을 부담한다고 볼 것이다.[141]

이는 법적으로 발주자와 각 구성원 간에 독립된 계약관계가 성립하며, 공사대금, 계약보증금, 하자담보책임 역시 분담비율에 따라 개별적으로 부담하기 때문이다. 이러한 구조는 공종이 명확히 구분되고, 기술적 결합도가 낮은 공사나 용역에서 효율적이다. 즉, 각자의 전문 분야를 살리면서도 법적 위험을 분리할 수 있다는 장점이 있다.

셋째, 주계약자관리방식은 공동수급체 구성원 중 전체 공사의 총괄관리 및 책임을 주계약자(Prime Contractor)가 맡는 방식으로서 「건설공사 공동도급 운영규정」 제9조 제3호에 따르면, 주계약자는 자신이 분담한 부분 외에 다른

---

138 고용노동부, 「중대재해처벌법 중대산업재해 질의회시집」, 2023. 5, 170면.

139 김성근 외, 「중대재해대응 핵심이슈 72선」, 대한경제, 2023, 99면.

140 정홍식, 「해외건설프로젝트에서 시공자들의 건설공동수급체」, 국제거래법연구(제23권 제1호), 2014, 89면.

141 고용노동부, 위 질의회시집, 171면.

구성원의 계약·안전·품질 이행 등에 대하여 연대책임을 지고, 그 밖의 구성원은 자신이 분담한 부분에 대하여만 해당 책임을 진다.[142] 참여업체는 자신의 담당 공종에 대해서만 책임을 부담하고, 그 대가는 주계약자로부터 지급받는다. 따라서, 주계약자의 경영책임자는 공사 전체에 대하여 중대재해처벌법상의 책임을 부담하고, 그 밖의 구성원의 경영책임자는 분담한 부분에 대하여만 중대재해처벌법상의 책임을 부담한다고 보아야 할 것이다.[143]

이 방식은 특히 중소기업의 공공공사 참여를 촉진하기 위한 정책적 목적에서 마련된 제도이다. 주계약자는 기술력과 자본력이 있는 기업이 맡고, 참여업체는 중소기업이나 지역업체가 담당함으로써 상생 구조를 형성하는 특징이 있다.

라. 특수목적법인(SPC)의 경우

공사현장에서 특수목적법인(SPC)이 운영되는 경우, 경영책임자등을 어떻게 볼 것인가가 문제가 될 수 있다. 만약 A, B, C D, E 회사가 출자를 하여 구성한 컨소시엄이 투자사업 건설을 수주한 후 SPC를 설립하였고, A와 B회사

---

142 「건설공사 공동도급운영규정」 제9조(계약이행책임) 건설공사를 도급받은 공동수급체 구성원은 제3조에 따른 공동도급계약의 이행방식에 따라 다음 각 호와 같이 계약이행 책임을 진다.
1. 공동이행방식으로 건설공사를 도급받은 공동수급체의 구성원은 연대하여 계약이행 및 안전·품질이행의 책임을 진다.
2. 분담이행방식으로 건설공사를 도급받은 공동수급체의 구성원은 자신이 분담한 부분에 대하여만 계약이행 및 안전·품질이행 책임을 진다.
3. 주계약자관리방식으로 건설공사를 도급받은 공동수급체의 구성원 중 주계약자는 자신이 분담한 부분에 대하여 계약이행 및 안전·품질이행 책임을 지는 외에 다른 구성원의 계약이행 및 안전·품질이행 책임에 대하여도 연대책임을 지고, 주계약자 이외의 구성원은 자신이 분담한 부분에 대하여만 계약이행 및 안전·품질이행 책임을 진다. 다만, 주계약자가 탈퇴한 후 제7조 제4항에 따른 주계약자의 계약이행 및 안전·품질이행의무 대행이 이루어지지 않은 경우에는 주계약자 이외의 구성원은 자신의 분담부분에 대하여도 계약이행 및 안전·품질이행이 이루어지지 아니하는 것으로 본다.

143 전상수 외, 「중대재해처벌법 해석과 입법론」, 박영사, 2025. 1, 229면.

의 담당 실무자 '갑'과 '을'이 대표이사를 맡을 경우 경영책임자등으로 수범자의 지위가 있을지 문제가 된다. '갑'과 '을'이 실질적인 책임과 권한의 범위 등 구체적인 사실관계와 A, B, C D, E 회사의 SPC 경영의 관여 정도에 따라 달라질 수 있다.

즉, A, B, C는 금융이익만 받기로 하고, D와 E는 경영에 관여한 경우 A, B, C는 책임을 부담하지 않을 수 있겠으나, D와 E는 경영에 관여한 정도에 따라 공동의 책임을 가질 수 있다. '갑'과 '을'이 최종적인 의사결정의 책임을 가지는지가 중요한 판단기준이 될 수 있고, 특수목적을 위한 법인의 설립목적으로 보아 SPC 사업을 기준으로 판단하여야 할 것이다. 또한, SPC가 A, B, C D, E 회사의 대표들이 모인 협의체가 중요 의사결정을 하는 것이라면 A, B, C D, E 회사의 각 대표들이 경영책임자등으로서의 수범자의 위치가 될 가능성도 배제할 수 없다.

마. 외국인투자회사의 경우

외국인투자회사의 경우, 법인등기부등본상 대표이사(Representative Director, RD)가 외국인으로 외국 본사나 로컬사무소에 근무하고, 한국사무소의 대표(General Manager, 이하 "GM"이라 한다)의 역할은 국내에 거주하는 한국인 임원이 담당하고 있다면 경영책임자를 누구로 볼 것인지 문제가 제기될 수 있다.

한국내 GM이 업무를 총괄하면서 안전·보건에 관한 기본방침, 인사와 조직, 예산 등을 결정한다면 그 한국인 GM이 경영책임자등으로 중대재해처벌법에 따른 의무와 책임을 부담하게 될 수 있다. 다만, GM이 아닌 대표이사가 외국에 상주하면서 국내사업장을 실질적으로 총괄관리하고 있는 외국인 신분일 경우라도 중대산업재해 발생시 「형법」 제2조의 속지주의 원칙에 따라 해당 대표이사가 중대재해처벌법상 경영책임자로 인정될 가능성이 높다.

또한, 외국인투자법인의 한국내 본사는 서울에 있고, 공장은 지방에 있으면서 공장의 안전보건에 대해서는 외국 본사나 지역사무소의 업무담당임원(Functional Head) 또는 안전·보건 담당임원이 전적으로 관할하는 경우 당연히 등기부등본상의 대표이사가 책임을 지는 것으로 수사가 진행될 것이나 최종적이고 궁극적인 권한을 갖는 자가 누구인지 살펴보게 될 것이다.

또한, 외국 회사가 한국 회사와 합작(Joint Venture)법인을 구성하여 한국에서 사업을 운영하는 경우 원칙적으로 합작법인에서 사업을 총괄 대표하거나 그에 준하는 안전·보건을 총괄하는 사람이 있으면 그 합작법인의 경영책임자등으로 인정될 것이다. 만약 외국 회사가 최대 투자자로서 합작법인의 운영을 실질적으로 통할·결정하고 그와 같은 운영 업무에 안전·보건도 포함되어 있다면 그 외국 회사에서 그와 같은 역할을 하는 자가 합작 법인의 경영책임자등으로 인정될 수도 있을 것이다.[144]

바. 법인 내 복수의 사업 부문

복수의 사업 부문의 형태는 하나의 법인이 여러 개의 사업부문, 공장, 지점, 또는 사업소를 운영하는 경우로서 실질적으로 각 부문은 별도의 조직·인력·안전관리체계를 갖추고 독립적으로 운영되는 경우도 있다. 이때 각 사업부문에서 발생한 재해에 대해 법인의 '대표이사'가 전면적으로 형사책임을 져야 하는가, 아니면 각 부문별 경영책임자에 해당하는 자가 개별적으로 책임을 져야 하는가 하는 점이 실무상 핵심 쟁점이 된다.

첫째, 완전 집중형 구조의 경우, 대표이사가 모든 부문을 직접 관리·지휘

144 김·장 법률사무소 중대재해대응팀, 앞의 책, 29~30면 참조.

하며, 안전보건 관리조직도 중앙집중적으로 통제하는 경우에는 대표이사 1인이 전체 법인의 경영책임자로 인정될 가능성이 높다.

둘째, 부분 위임형 구조의 경우, 대표이사가 각 사업부문별로 안전관리권한, 예산편성권, 인사결정권 등을 명확히 위임하고, 각 부문장이 독립적으로 안전보건관리체계를 운영하는 경우로서 각 부문장은 '실질적인 경영책임자등'에 해당할 수 있으며, 대표이사는 감독·감시의무 위반이 있는 경우에 한하여 제한적으로 책임을 질 수 있다.

셋째, 완전 분권형 구조의 경우 각 사업부문이 별도의 법인격은 없으나 사실상 독립된 회사처럼 운영되는 경우에는 대표이사가 아닌 각 사업부문장(예: 공장장, 사업본부장)이 경영책임자에 해당한다고 본다. 이 경우 대표이사는 전체적 안전보건 관리체계의 수립 책임 외에 의무이행 부담은 물론 구체적 사고에 대한 직접책임에서는 벗어날 수 있을 것으로 본다.

반면, 여러 사업 부문들을 총괄하는 차원에서 해당 사업 부문의 중요한 의사결정을 총괄대표가 하거나 부문별 대표와 공동으로 하는 경우에는 법인내에서의 직위나 직무, 해당 사업 부문에서의 실질적인 권한 행사 등 기업의 의사결정 구조 등을 종합적으로 고려하여 사업을 총괄하는 대표가 경영책임자에 해당하는지 판단하여야 한다고 본다.[145]

사. 해외 사업장의 경우

해외사업장에서의 산업재해 발생의 경우, 고용노동부 질의회신에서 "국제법 관계, 재해조사의 현실적 어려움 등을 종합적으로 고려하여 해외 사업장에서 발생한 재해는 조사대상에 해당하지 않거나 사실상 곤란하다"고 보

---

145 정현희, "중대재해 처벌 등에 관한 법률의 재판 실무상 쟁점", 사법정책연구원, 2022. 43~44면.

있다.[146]

실제 베트남 현지법인이 발주한 건설공사 소속 근로자가 감전 재해를 입어 발주처와 수급인 등을 대상으로 산업안전보건법 위반 등을 위유로 한국에서 고소한 사건에서 고용노동부는 "국제법 질서에 있어 각국의 법령은 해당 국가 내의 모든 사람에게 적용될 수 있을 뿐이고 다른 국가의 영역에서까지 적용될 수 없다는 속지주의 법리가 일반적으로 승인되고 있다는 점, 재해조사가 해외사업장에서까지 적용될 수 없다는 속지주의 법리가 일반적으로 승인되고 있다는 점, 재해조사가 해외사업장에서는 실제로 진행되기 어려운 현실적인 사정 등을 이유로 법 적용에 어려움이 있다"는 행정해석을 내놓은 바 있다.[147]

그러나 중대재해처벌법이 시행된 이후 고용노동부의 행정해석에 변화가 있는 것으로 보인다. 해외사업장에서의 중대재해처벌법 적용 여부에 관하여 다른 특별한 규정이 없는 한 '내국인의 국외범 처벌원칙' 등 형법총칙상 기본원칙에 따라 판단하여야 한다는 입장이다.[148]

반면, 대검찰청은 중대재해처벌법 벌칙 해설을 통해 "외국법에 따라 설립된 국내 기업의 해외법인도 국내기업 소속 근로자가 출장·파견을 통해 업무를 수행하고 있고 국내법인 또는 기관이 해당 사업을 실질적으로 지배·운영·관리한다면 해외법인의 사업장이라 하더라도 중대재해처벌법이 적용된다"고 해석하였다.[149]

정리하자면, 중대재해처벌법은 안전보건 확보의무를 규정하고 있는데 반

---

146 고용노동부 안전보건정책과-2659, 2010.12.7, 질의회신, 산재예방정책과-2380, 2016.7.19. 질의회신 참조.

147 전상수 외, 앞의 책, 235면.

148 고용노동부 행정해석, 중대산업재해감독과-2453, 2022.6.23. 참조.

149 김희래, "해외 사업장 대산 중대재해법 수사 가능할까?", 매일경제, 2022.6.2.

해 안전보건 조치의무를 규정하고 있는 산업안전보건법과는 달리 해외에서의 중대재해에 대하여도 그 의무위반에 대하여 해외사업장의 본사에 대한 보고체계와 자료 등을 본사를 통해 확인하는 방법으로 조사하는 방법으로 수사가 이루어질 수 있을 것으로 본다. 다만, 형사구성 요건 중 주요 쟁점인 안전보건 확보의무를 불이행한 것과 의무 불이행으로 중대재해 결과가 발생하였다는 명확한 인과관계가 입증되어야 하는데, 해외에서 발생한 사고는 실제 증거수집 등의 수사를 진행하는 어려움이 있어 일정 등의 한계가 예상된다.[150]

3. 기관 및 공공부문의 경우

중앙행정기관의 장과 지방자치단체의 장, 지방공기업의 장, 공공기관의 장 등도 중대재해처벌법상 기본적으로 수범자에 해당하는데 각 기관의 사업에서 누구를 경영책임자로 할 것인가가 관건이다. 중대재해처벌법상 중앙행정기관은 「정부조직법」 제2조 제2항에 근거한 법에 따라 설치한 부·처·청의 행정기관으로 하되 법에 따라 설치해야 된다고 규정하고 있으며, 각 호에서 방송통신위원회, 공정거래위원회, 금융위원회, 개인정보보호위원회, 원자력안전위원회, 행정중심복합도시건설청, 새만금개발청 등을 규정하고 있다.

따라서, 중대재해처벌법상 중앙행정기관은 '정부조직법상 중앙행정기관'을 의미하는 것으로 해석함이 상당하고,[151] 정부조직법상 규정되지 않은 대

---

150 최영진, "중대재해기업처벌법 시행에 따른 해외 사업장 적용가능성 및 우리 기업의 대응방향" Kotra, 호치민무역관, 2022.6.13, 참조 / 전상수 외, 앞의 책, 236면 재인용.

151 권오성, 「중대재해처벌법의 체계」, 새빛, 2021. 참조: 공공감사에 관한 법률 제2조 제2항은 중앙행정기관을 「정부조직법」 제2조에 따른 부·처·청과 감사원, 국가인권위원회, 국민권익위원회, 공정거래위원회, 금융위원회, 방송통신위원회 및 그 밖의 대통령령으로 정하는 기관을 말한다고 정의하

법원, 국회, 감사원 등의 헌법기관의 경우 「중대재해처벌법」 제2조 제9호 나목이 아니라 제2조 제9호 가목에 따라 경영책임자를 결정하는 것이 타당한 해석으로 보인다.[152]

지방자치단체의 경우 「지방자치법」 제101조에 지방자치단체의 장은 지방자치단체를 대표하고 그 사무를 총괄하도록 규정하고 있어 이는 「중대재해처벌법」 제2조 제9호 나목에 따른 경영책임자로 봐야 한다.

지방공기업의 장은 「지방공기업법」 제3조 규정에 ① 지방직영기업, ② 지방공사, ③ 지방공단으로 구분하고 있고, 동법 제51조에 의하면, 공사는 법인으로 한다고 규정하고, 동법 제76조 제2항에 공단의 설립·운영에 관하여는 공사는 공단으로 본다고 명시된 바, 지방공사와 지방공단은 지방자치단체와는 구별된 별도 법인이므로 해당 법인의 대표자를 경영책임자로 봐야 할 것이다.

공공기관의 장은 공공기관의 운영에 관한 법률 제4조부터 제6조[153]까지의

고, 동법 시행령 제2조는 고위공직자범죄수사처, 국무조정실, 원자력안전위원회 및 행정중심복합도시건설청을 중앙행정기관으로 규정하고 있다. 결국 정부조직법에 따른 중앙행정기관과 공공감사에 관한 법률에 따른 중앙행정기관의 범위가 상이하다. 본법 규정이 형사처벌의 신분자를 정하는 규정이므로 죄형법정주의에 따라 엄격하게 해석해야 하는 점, 공공감사에 관한 법률은 감사원의 공공감사체계 확립에 필요한 사항을 규정하는 법률인 점 등을 고려하면 본법에서 말하는 '중앙행정기관'은 정부조직법상 중앙행정기관을 의미하는 것으로 해석하는 것이 합리적이다.

152 권오성, 「중대재해처벌법의 체계」, 새빛, 2021. 참조: 본법 제2조 제9호 가목을 민간건설부문의 법인 및 비법인 사단 등에 대해서만 제한적으로 적용되는 것으로 해석한다면 법원이나 국회가 영위하는 사업에 대해서는 중대재해처벌법을 적용할 수 없다는 결과가 발생한다. 그러나 본법 제2조 제9호 나목에 해당하지 않는 공법인이나 법인격 없는 영조물의 경우에는 제2조 제9호 가목을 적용하여 그러한 공법인이나 법인격 없는 영조물이 영위하는 사업을 대표하고 사업을 총괄하는 권한과 책임이 있는 사람을 경영책임자로 보는 것이 본법의 입법취지에 부합한다고 생각한다. 다만, 향후 법 개정을 통하여 정비가 필요한 부분이다.

153 공공기관의 운영에 관한 법률 제4조(공공기관) ① 기획재정부장관은 국가·지방자치단체가 아닌 법인·단체 또는 기관(이하 "기관"이라 한다)으로서 다음 각 호의 어느 하나에 해당하는 기관을 공공기관으로 지정할 수 있다.

1. 다른 법률에 따라 직접 설립하고 정부가 출연한 기관.

규정에 따라 공공기관의 장은 「중대재해처벌법」 제2조 제9호 나목의 경영책임자에 해당한다. 다만 법률 규정에 따라 지정된 공공기관 이외의 공공기관의 경우에는 「중대재해처벌법」 제2조 제9호에 따라 경영책임자를 판단해야 할 것이다.[154]

4. 학교 및 교육시설의 경우

국가가 설립 및 경영하는 국립대학의 경우, 학교경영의 총괄 책임과 권한이 총장에게 있으므로 총장이 경영책임자에 해당하며, 개별 법률에 따라 설

---

2. 정부지원액(법령에 따라 직접 정부의 업무를 위탁받거나 독점적 사업권을 부여받은 기관의 경우에는 그 위탁업무나 독점적 사업으로 인한 수입액을 포함한다. 이하 같다)이 총수입액의 2분의 1을 초과하는 기관.
3. 정부가 100분의 50 이상의 지분을 가지고 있거나 100분의 30 이상의 지분을 가지고 임원 임명권한 행사 등을 통하여 해당 기관의 정책 결정에 사실상 지배력을 확보하고 있는 기관
4. 정부와 제1호부터 제3호까지의 어느 하나에 해당하는 기관이 합하여 100분의 50 이상의 지분을 가지고 있거나 100분의 30 이상의 지분을 가지고 임원 임명권한 행사 등을 통하여 해당 기관의 정책 결정에 사실상 지배력을 확보하고 있는 기관.
5. 제1호부터 제4호까지의 어느 하나에 해당하는 기관이 단독으로 또는 두 개 이상의 기관이 합하여 100분의 50 이상의 지분을 가지고 있거나100분의 30 이상의 지분을 가지고 임원 임명권한 행사 등을 통하여 해당 기관의 정책 결정에 사실상 지배력을 확보하고 있는 기관
6. 제1호부터 제4호까지의 어느 하나에 해당하는 기관이 설립하고, 정부 또는 설립 기관이 출연한 기관. 제5조(공공기관 등의 지정절차) ① 기획재정부장관은 공공기관을 다음 각 호의 구분에 따라 지정한다.
7. 공기업·준정부기관: 직원 정원, 수입액 및 자산규모가 대통령령으로 정하는 기준에 해당하는 공공기관.
8. 기타공공기관: 제1호에 해당하는 기관 이외의 기관.
9. 제6조(공공기관 등의 지정 절차) ① 기획재정부장관은 매 회계연도 개시 후 1개월 이내에 공공기관을 새로 지정하거나, 지정을 해제하거나, 구분을 변경하여 지정한다. 다만, 회계연도중이라도 다음 각 호의 구분에 따라 공공기관을 새로 지정하거나, 지정을 해제하거나, 구분을 변경하여 지정할 수 있다.

154 대검찰청, 앞의 책, 103면.

립된 국립대학법인인 서울대학교,[155] 인천대학교의 경우에도 총장이 국립대학 법인의 업무를 총괄하므로 총장이 경영책임자에 해당한다.

공립학교의 경우, 지방교육자치에 관한 법률 제2조에 의거한 지방자치단체의 교육·과학·기술·체육 그 밖의 학예에 관한 사무는 특별시·광역시 및 도의 자치사무의 집행기관으로 교육감을 두고 있어 교육감이 그 사무를 총괄하는 자에 해당한다.[156]

사립학교의 경우, 학교법인, 공공단체의 법인 또는 그 밖의 사인이 설치하는 「유아교육법」 제2조 제2호, 「초·중등교육법」 제2조 및 「고등교육법」 제2조에 따른 학교로서 이사장이 학교법인을 대표한다. 이사장은 학교법인을 대표하고 사립학교법과 각 법인의 정관에 따라 규정된 직무를 수행하며 학교법인 내부의 사무를 총괄하므로 사립학교를 설치·운영하는 권한과 책임이 있는 경영책임자에 해당한다.[157]

참고로, 학교는 공중이용시설에 속하지만 교육시설은 공중이용시설에서 제외한다고 규정되어 있어 중대시민재해 규정이 적용되지 않으며, 종사자의 사망과 같은 중대산업재해가 발생한 경우 중대재해처벌법의 처벌 대상이 되지만, 초·중·고등 교육기관은 산업안전보건법상 안전보건관리책임자나 안전관리자 등의 배치의무가 면제되므로 중대재해처벌법 시행령 제4조 제2호(전담조직 규정), 제5호(안전보건관리책임자, 관리감독자 및 안전보건총괄책임자의 권한 및 예산과 수행), 제6호(안전보건관리자, 보건관리자 배치 등)는 해당사항이 없다.

---

155 국립대학법인 서울대학교 설립·운영에 관한 법률 제6조(총장) ① 국립대학법인 서울대학교에 학교의 장으로서 총장을 둔다.

156 지방교육자치에 관한 법률 제3조, 제18조, 제20조.

157 정현희, 앞의 논문, 48면.

제3절 중대재해처벌법상 의무이행 책임

Ⅰ. 의의

산업안전보건법에서 사용하는 '안전보건관리체제'에서 '체제'라는 용어대신 중대재해처벌법에서는 '안전보건관리체계'와 같이 '체계'라는 용어를 사용한다. 「산업안전보건법」 제2항 1절 이하에서 이사회(14조), 안전보건관리책임자(15조), 안전관리자(17조), 산업안전보건위원회(24조) 등 모두 사업장 안전보건 관리를 위하여 필요한 조직 및 그 역할에 관하여 규정하고 있다. 반면, 중대재해처벌법상 '안전보건관리체계'는 산재예방을 위해 유해·위험요인을 파악하고 사전에 적절한 조치를 취하는 등 사업장의 안전과 보건의 유지 및 개선을 위한 경영체계로 명시하고 있다.

「중대재해처벌법」 제4조 사업주와 경영책임자등의 안전 및 보건 확보의무의 규정을 두어 사업주 또는 경영책임자등은 사업주나 법인 또는 기관이 실질적으로 지배·운영·관리하는 사업 또는 사업장에서 종사자의 안전·보건상 유해 또는 위험을 방지하기 위하여 조치를 취하여야 한다고 정하고 있다.

또한, 동법시행령 제5조에 안전·보건 관계 법령에 따른 의무이행에 필요한 관리상의 조치를 구체적으로 규정하고 있는데, 제1항에 법 제4조 제1항 제4호에서 "안전·보건 관계 법령"이란 해당 사업 또는 사업장에 적용되는 것으로서 종사자의 안전·보건을 확보하는 데 관련되는 법령을 말한다고 규정하고 있다.

의무이행에 필요한 관리상의 조치는 동법 시행령 제1호에서 제4호까지 재해발생시 재발방지 대책 수립 및 이행조치, 중앙행정기관 등의 시정명령

이행조치, 안전·보건 관계법령상 의무이행의 관리상의 조치, 유해·위험 작업 의무교육 등을 명시하고 있다. 시행령 제4조 제1호에서 제9호까지 안전보건관리체계의 구축 및 이행 조치의 규정에 의해 9가지의 구체적인 이행조치 사항을 명시하고 있는데 그 내용은 다음과 같다.

| 표 9 | 안전보건관리체계 구축 및 이행 기준

구 분	50인미만 사업	50억미만 건설공사	비 고(이상: ↑)
안전·보건 목표와 경영방침	○	○	
안전보건 전담조직	×	×	상시근로자 500인↑, 토목건축공사업 시평 200위 이내
유해위험요인 확인·개선절차	○	○	
안전보건 예산편성·집행	○	○	
안전보건 관리책임자등 평가	○	○	안전보건관리책임자(50명,20억), 관리감독자(모든 사업장)
안전관리자 등 배치	△	×	안전보건관리자(50명↑,20억↑) / 안전보건관리담당자(20~50명,5개업종)
종사자 의견청취·개선이행	○	○	산업안전보건위원회(50명↑, 120억↑), 안전보건협의체(120억↑)
중대재해 대비 매뉴얼	○	○	
도급시 절차 및 이행점검	○	○	소규모 건설공사 (전문건설사, 재하도급 금지)

Ⅱ. 안전보건관리체계와 의무이행 책임

1. 안전·보건에 관한 목표와 경영방침 설정

중대재해처벌법 시행령 제4조(안전보건관리체계의 구축 및 이행조치)

제4조제1항제1호에 따른 조치의 구체적인 사항은 다음 각 호와 같다.

1. 업 또는 사업장의 안전보건에 관한 목표와 경영방침을 설정할 것.

중대재해처벌법 시행령 제4조 1호에 의하면, 개인사업주 또는 경영책임자등은 사업 또는 사업장에 '안전·보건에 관한 목표와 경영방침'을 설정하여야 한다. 이는 실질적으로 지배·운영·관리하고 있는 사업 또는 사업장의 특성이나 규모 등을 감안하여 안전·보건 목표와 경영방침을 설정하도록 의무를 부과한 것으로서 안전·보건에 관한 조직과 인력, 예산 등 안전보건관리체계를 구축할 때 안전·보건 목표와 경영방침을 기초해 영향을 미치기 때문이다.

사업 또는 사업장의 안전보건에 관한 목표와 경영방침은 자율적으로 설정하되, 아래와 같은 사항을 고려해야 한다.[158]

① 사업 또는 사업장의 유해·위험요인 등 구체적인 특성을 반영하여야 한다. 해당사업상의 특정 업무에서 반복되는 재해의 발생을 막기 위해 형식적이 아닌 경영차원의 노력이나 구체적인 방안 등을 반영한 목표나 경영방침을 명확히 수립하고 제시해야 한다.

② 사업 또는 사업장의 종사자에게 명확하고 구체적으로 전달해야 한다, 안전경

158 고용노동부, 앞의 책, 44~46면 참조.

영 목표와 경영방침을 수립하는데 그치는 것이 아니라 사업장내에 게시하고 알려서 하부 종사자들에게 제대로 전달하는 것이 안전보건 확보의무를 이행했다고 평가할 수 있다.

③ 종사자의 안전보건 확보를 위한 구체적이고 세부적인 전략이 제시되어야 한다. 안전경영 목표와 경영방침은 경영책임자등의 안전의지와 가치, 안전보건에 관한 구체적인 개선과 실행 의지를 담은 실현가능한 세부전략을 수립해야 한다.

④ 안전보건에 관한 지속가능한 개선의지를 제시해야 한다. 경영목표와 방침을 지속적으로 개선하여 나가겠다는 경영책임자의 의지를 표명하고 중장기적 관점의 목표 설정과 구현을 위해 일관성 있는 로드맵을 담아야 한다.

⑤ 경영방침 수립 단계에서 종사자나 구성원들과 협의를 통해 의견수렴을 거치는 것이 필요하다. 안전보건에 관한 목표와 경영방침은 종사자 등 구성원이 인식하고 실행목표를 위해 함께 노력해야 할 것이다.

⑥ 수시로 목표 달성 여부 등을 점검하고, 반드시 사후평가를 거쳐야 한다. 안전보건 목표와 경영방침은 사후 평가 결과에 따른 피드백과 상시적 중간점검 등의 절차를 통해 실질적인 목표 달성을 통해 재해예방에 대한 개선의지를 표명한 것으로 볼 수 있다.

2. 안전보건 업무 총괄·관리 전담조직 설치

중대재해처벌법 시행령 제4조(안전보건관리체계의 구축 및 이행조치)

제4조제1항제1호에 따른 조치의 구체적인 사항은 다음 각 호와 같다.

2. 「산업안전보건법」제17조부터 제19조까지 및 제22조에 따라 두어야 하는 인력이 총 3명 이상이고 다음 각 목의 어느 하나에 해당하는 사업 또는 사업장인 경우에

> 는 안전보건에 관한 업무를 총괄·관리하는 전담 조직을 둘 것. 이 경우 나목에 해당하지 않던 건설사업자가 나목에 해당하게 된 경우에는 공시한 연도의 다음 연도 1월 1일까지 해당 조직을 두어야 한다.
> 가. 상시근로자 수가 500명 이상인 사업 또는 사업장
> 나. 「건설산업기본법」제8조 및 법 시행령 별표 1에 따른 토목건축공사업에 대해 같은같은 법 제23조에 따라 평가하여 공시된 시공능력의 순위가 상위 200위 이내인 건설사업자

「중대재해처벌법 시행령」 제4조 제2호에 의하면, 「산업안전보건법」 제17조부터 제19조까지 및 제22조에 따라 두어야 하는 인력이 총 3명 이상이고 다음 각 목의 어느 하나에 해당하는 사업 또는 사업장인 경우에는 안전·보건에 관한 업무를 총괄·관리하는 전담조직을 둘 것. 이 경우 나목에 해당하지 않던 건설사업자가 나목에 해당하게 된 경우에는 공시한 연도의 다음 연도 1월 1일까지 해당 조직을 두어야 한다.

또한, 상시근로자 수가 500명 이상인 사업 또는 사업장, 「건설산업기본법」 제8조 및 같은 법 시행령 별표 1에 따른 토목건축공사업에 대해 같은 법 제23조에 따라 평가하여 공시된 시공능력의 순위가 상위 200위 이내인 건설사업자에 한해 전담조직을 두도록 규정하고 있다.

여기서 안전·보건에 관한 업무를 총괄·관리한다는 의미는, 중대재해처벌법 및 그 시행령과 기타 안전·보건 관계 법령에 따른 유해·위험 방지 정책의 수립이나 전문인력 배치, 예산의 편성 및 집행관리 등 사업 또는 사업장의 안전 및 보건 확보의무의 이행을 총괄·관리하는 것을 말한다고 할 수 있다.[159]

전담조직의 구성원은 2명 이상으로 하되 안전·보건에 관한 업무를 총괄하

159 고용노동부, 「중대재해처벌법 해설- 중대산업재해 관련」, 2021. 11. 17, 48면.

고 관리하는 조직의 인원 및 자격 등 구성에 관하여는 세부적으로 규정하고 있지 않으므로 사업 또는 사업장의 특성이나 규모 등을 고려하여 합리적인 인원으로 조직할 필요가 있다. 다만, 전담조직은 어느 특정한 사업장만의 안전보건이 아니라 전체 사업 또는 사업장을 총괄하고 관리하는 것으로 안전보건관리책임자 등이 안전보건관리를 제대로 하고 있는지 확인하고 총괄하여 지원하고 관리하는 역할을 수행한다.

한편, 사업장이 여러 개의 경우 산업안전보건법에 따라 각 사업장에 두어야 하는 안전관리자 등과 본법상 전담 조직 구성원은 그 의무와 역할이 다르므로 전담 조직은 안전관리자 등과는 별도의 인력으로 구성해야 한다.[160]

산업안전보건법 제17조(안전관리자) 및 시행령 제16조(안전관리자의 선임 등)에 따른 별표3의 사업의 종류에 따른 안전관리자 수는 다음과 같다.

| 표 10 | 사업의 종류에 따른 안전관리자 수(별표3)

사업의 종류	상시근로자 수	안전관리자 수
1. 토사석 광업 2. 식료품 제조업, 음료 제조업 3. 섬유제품 제조업; 의복 제외	50명 이상 500명 미만	1명 이상
4. 목재 및 나무제품 제조업;가구 제외 5. 펄프, 종이 및 종이제품 제조업 6. 코크스, 연탄 및 석유정제품제조업 7. 화학물질 및 화학제품 제조업; 의약품 제외 8. 의료용 물질 및 의약품 제조업 9. 고무 및 플라스틱제품 제조업 10. 비금속 광물제품 제조업 11. 1차 금속 제조업 12. 금속가공제품 제조업; 기계 및 가구 제외	500명 이상	2인 이상

160 고용노동부, 중대재해해설법령 FAQ-중대산업재해 부문, 2022, 26면.

사업의 종류	상시근로자 수	안전관리자 수
13. 전자부품, 컴퓨터, 영상, 음향 및 통신장비 제조업 14. 의료, 정밀, 광학기기 및 시계 제조업 15. 전기장비 제조업 16. 기타 기계 및 장비 제조업 17. 자동차 및 트레일러 제조업 18. 기타 운송장비 제조업 19. 가구 제조업 20. 기타 제품 제조업 21. 산업용 기계 및 장비 수리업 22. 서적, 잡지 및 기타 인쇄물출판업 23. 폐기물 수집, 운반, 처리 및원료 재생업 24. 환경 정화 및 복원업 25. 자동차 종합 수리업, 자동차 전문 수리업 26. 발전업 27. 운수 및 창고업	500명 이상	2인 이상
28. 농업, 임업 및 어업 29. 제2호부터 제21호까지의사업을 제외한 제조업 30. 전기, 가스, 증기 및 공기조절 공급업 (발전업은 제외한다) 31. 수도, 하수 및 폐기물 처리,원료 재생업(제23호 및 제24호에 해당하는 사업은 제외한다) 32. 도매 및 소매업 33. 숙박 및 음식점업 34. 영상·오디오 기록물 제작및 배급업 35. 라디오 방송업 및 텔레비전 방송업 36. 우편 및 통신업 37. 부동산업 38. 임대업; 부동산 제외 39. 연구개발업 40. 사진처리업 41. 사업시설 관리 및 조경 서비스업	상시근로자 1천 명 이상	2인 이상

사업의 종류	상시근로자 수	안전관리자 수
42. 청소년 수련시설 운영업 43. 보건업 44. 예술, 스포츠 및 여가 관련서비스업 45. 개인 및 소비용품수리업 (제25호에 해당하는 사업은제외한다) 46. 기타 개인 서비스업 47. 공공행정(청소, 시설관리,조리 등 현업업무에 종사하는 사람으로서 고용노동부장관이 정하여 고시하는 사람으로 한정한다) 48. 교육서비스업 중 초등·중등·고등 교육기관, 특수학교·외국인학교 및 대안학교(청소, 시설관리, 조리 등 현업업무에 종사하는 사람으로서 고용노동부장관이 정하여고시하는 사람으로 한정한다)	상시근로자 1천 명 이상	2인 이상

건설업의 경우, 공사금액에 따라 사업장에 두어야 하는 안전관리자 수를 달리 규정하고 있다. 공사금액별로 50억원 이상 800억원 미만의 경우 1명 이상, 800억원 이상 1,500억원 미만의 경우 2명 이상의 안전관리자를 두어야 하는 등 공사금액이 증가할수록 사업장의 안전관리자의 수가 증가한다.

| 표 11 | 건설업의 공사금액에 따른 안전관리자 수(별표3)

사업의 종류	공사금액	안전관리자 수
49. 건설업	공사금액 50억원 이상 (관계수급인은 100억원 이상) 120억원 미만(건설산업기본법 시행령 별표1 제1호 가목의 토목공사업의 경우에는 150억원 미만)	1명 이상

사업의 종류	공사금액	안전관리자 수
49. 건설업	공사금액 800억원 이상 1,500억원 미만	2명 이상. 다만, 전체 공사기간을 100으로 할 때 공사시작에서 15에 해당하는 기간과 공사 종료전의 15에 해당하는 기간(이하 "전체공사기간중 전·후 15에 해당하는 기간"이라 한다) 동안은 1명 이상으로 한다.
	공사금액 1,500억원 이상 2,200억원 미만	3명 이상. 다만, 전체 공사기간중 전·후 15에 해당하는 기간은 2명 이상으로 한다.
	공사금액 2,200억원 이상 3천억원 미만	4명 이상. 단, 전체 공사기간중 전·후 15에 해당하는 기간은 2명 이상으로 한다.
	공사금액 3천억원 이상 3,900억원 미만	5명 이상. 단,전체 공사기간중 전·후 15에 해당 기간은 3명 이상으로 한다.
	공사금액 3,900억원 이상 4,900억원 미만	6명 이상. 단,전체 공사기간중 전·후 15에 해당하는 기간은 3명 이상으로 한다.
	공사금액 4,900억원 이상 6천억원 미만	7명 이상. 단, 전체 공사기간중 전·후 15에 해당 기간은 4명 이상으로 한다.
	공사금액 6천억원 이상 7,200억원 미만	8명 이상. 단,전체 공사기간중 전·후 15에 해당 기간은 4명 이상으로 한다.
	공사금액 7,200억원 이상 8,500억원 미만	9명 이상. 단, 전체 공사기간중 전·후 15에 해당 기간은 5명 이상으로 한다.
	공사금액 8,500억원 이상 1조원 미만	10명 이상. 단, 전체 공사기간중 전·후15에 해당 기간은 5명 이상으로 한다.
	1조원 이상	11명 이상[매 2천억원(2조원 이상부터는 매3천억원)마다 1명씩 추가한다]. 다만, 전체공사기간중 전·후 15에 해당하는 기간은 선임 대상 안전관리자 수의 2분의 1(소수점이하는 올림한다) 이상으로 한다.

한편, 사업장에 두어야 하는 보건관리자의 수는 산업안전보건법 시행령 별표5에서 규정하고 있으며, 보건관리자는 안전보건관리책임자의 업무 중 보건에 관한 기술적인 사항에 관하여 사업주 또는 경영책임자등을 보좌하고 관리감독자에게 지도·조언하는 역할을 수행한다. 사업의 종류에 따른 보건관리자 수는 다음과 같다.

| 표 12 | 사업의 종류에 따른 보건관리자 수(별표5)

<table>
<tr><th>사업의 종류</th><th>상시근로자 수</th><th>보건관리자 수</th></tr>
<tr><td>1. 광업(광업 지원 서비스업은제외한다)
2. 섬유제품 염색, 정리 및 마무리 가공업
3. 모피제품 제조업</td><td>상시근로자
50명 이상
500명 미만</td><td>1명 이상</td></tr>
<tr><td>4. 그 외 기타 의복액세서리 제조업
(모피 액세서리에 한정한다)
5. 모피 및 가죽 제조업(원피가공 및 가죽 제조업은 제외한다)
6. 신발 및 신발부분품 제조업
7. 코크스, 연탄 및 석유정제품 제조업
8. 화학물질 및 화학제품 제조업; 의약품 제외
9. 의료용 물질 및 의약품 제조업
10. 고무 및 플라스틱제품 제조업
11. 비금속 광물제품 제조업
12. 1차 금속 제조업
13. 금속가공제품 제조업; 기계 및 가구 제외
14. 기타 기계 및 장비 제조업
15. 전자부품, 컴퓨터, 영상, 음향 및 통신장비 제조업
16. 전기장비 제조업
17. 자동차 및 트레일러 제조업</td><td>상시근로자
500명 이상</td><td>2인 이상</td></tr>
</table>

사업의 종류	상시근로자 수	보건관리자 수
18. 기타 운송장비 제조업 19. 가구 제조업 20. 해체, 선별 및 원료 재생업 21. 자동차 종합 수리업, 자동차전문 수리업 22. 제88조 각 호의 어느 하나에 해당하는 유해물질을 제조하는 사업과 그 유해물질을 사용하는 사업 중 고용노동부장관이 특히 보건관리를 할 필요가 있다고 인정하여 고시하는 사업	상시근로자 2천명 이상	2인 이상
23. 제2호부터 제22호까지의 사업을 제외한 제조업	상시근로자 50명 이상 1천명 미만	1인 이상
	상시 근로자 5천명 이상	2인 이상
24. 농업, 임업 및 어업 25. 전기, 가스, 증기 및 공기조절공급업 26. 수도, 하수 및 폐기물 처리, 원료 재생업 (제20호에 해당하는 사업은 제외한다) 27. 운수 및 창고업 28. 도매 및 소매업 29. 숙박 및 음식점업 30. 서적, 잡지 및 기타 인쇄물 출판업 31. 라디오 방송업 및 텔레비전 방송업 32. 우편 및 통신업 33. 부동산업 34. 연구개발업 35. 사진 처리업 36. 사업시설 관리 및 조경 서비스업 37. 공공행정(청소, 시설관리, 조리 등 현업 업무에 종사하는 사람으로서 고용노동부장관이정하여 고시하는 사람으로 한정한다)	상시 근로자 5천명 이상	2인 이상

사업의 종류	상시근로자 수	보건관리자 수
38. 교육서비스업 중 초등·중등·고등 교육기관, 특수학교·외국인학교 및 대안학교(청소, 시설관리, 조리 등 현업 업무에종사하는 사람으로서 고용노동부장관이 정하여 고시하는 사람으로 한정한다) 39. 청소년 수련시설 운영업 40. 보건업 41. 골프장 운영업 42. 개인 및 소비용품 수리업(제21호에 해당하는 사업은 제외한다) 43. 세탁업	상시 근로자 5천명이상	2인 이상
44. 건설업	공사금액 800억원 이상 (건설산업기본법 시행령 별표 1의 종합공사를 시공하는 업종의 건설업종란 제1호에 따른 토목공사업에 속하는 공사의 경우에는 1천억 이상) 또는 상시 근로자 600명 이상	1인 이상 *공사금액 800억원 (건설산업기본법 시행령 별표1의 종합공사를 시공하는 업종의 건설업종란 제1호에 따른 토목공사업은 1천억원)을기준으로 1,400억원이 증가할 때마다 또는 상시 근로자 600명을 기준으로 600명이 추가될 때마다 1명씩 추가한다

3. 유해·위험요인 확인·개선 절차 마련 및 점검조치

중대재해처벌법 시행령 제4조(안전보건관리체계의 구축 및 이행조치)

제4조제1항제1호에 따른 조치의 구체적인 사항은 다음 각 호와 같다.

3. 사업 또는 사업장의 특성에 따른 유해·위험요인을 확인하여 개선하는 업무절차를 마련하고, 해당 업무절차에 따라 유해·위험요인의 확인 및 개선이 이루어지는지를 반기 1회 이상 점검한 후 필요한 조치를 할 것. 다만, 산업안전보건법제36조에 따른 위험성평가를 하는 절차를 마련하고, 그 절차에 따라 위험성 평가를 직접 실시하거나 실시하도록 하여 실시 결과를 보고받은 경우에는 해당 업무절차에 따라 유해·위험요인의 확인 및 개선에 대한 점검을 한 것으로 본다.

중대재해처벌법 시행령 제4조 안전보건관리체계의 구축 및 이행 조치 규정에 의하면, 제3호에 사업장 특성에 따른 유해·위험 개선 절차를 마련하고 확인·개선이 이루어지는지 반기 1회 이상 점검하고, 「산업안전보건법」 제36조에 의해 위험성 평가를 실시하고 개선사항에 대한 점검을 하도록 명시되어 있다.

사업 또는 사업장의 특성에 맞게 유해·위험 요인의 확인 및 개선, 대책의 수립·이행까지 이르는 절차의 마련과 자유로운 분위기 속에서 사업장의 유해·위험요인을 발굴하여 신고할 수 있는 창구를 만들고 종사자의 의견을 청취하고 확인하는 체계적인 절차를 마련하여야 한다. 이는 사업장 내 또는 시설물, 기계·기구, 설비 등의 유해·위험요인과 화재·폭발·누출의 위험이 있는 화학물질 등의 명칭, 유해·위험성 정보, 번호 등의 확인절차 등 지속적으로 개선하여야 한다.

사업주 또는 경영책임자등은 유해·위험요인을 제거·대체·통제 등 개선조치가 이루어지는지 여부를 사업장마다 반드시 반기 1회 이상 실시하여야 하는데「산업안전보건법」제36조에 따른 위험성평가제도를 도입하고 해당 절차에 따라 위험성평가를 실시하여 그 결과를 보고받은 경우에는 점검을 한 것으로 볼 수 있다.[161] 다만, 사업장이 여러 곳인 경우에 일부사업장에 대해서만 위험성평가를 실시한 경우에는 모든 사업장에 대한 유해·위험요인의 확인 및 개선에 대한 점검을 한 것이라고 볼 수 없기 때문에 유의해야 한다.

산업안전보건법에서는 위험성평가 실시 시기[162]는 정기평가의 경우 최초평가 후 매년 실시하도록 규정하고 있으나, 중대재해처벌법은 동법 시행령 제4조 제3호에 의거 사업장마다 유해·위험요인을 확인하여 개선하는 업무절차 마련일로부터 반기 1회 이상 실시하도록 규정하고 있다.

4. 안전보건 인력·시설·장비 예산편성 및 용도별 집행

중대재해처벌법 시행령 제4조(안전보건관리체계의 구축 및 이행조치)

제4조제1항제1호에 따른 조치의 구체적인 사항은 다음 각 호와 같다.

4. 다음 각 목의 사항을 이행하는 데 필요한 예산을 편성하고 그 편성된 용도에 맞게 집행하도록 할 것
   가. 재해 예방을 위해 필요한 안전·보건에 관한 인력, 시설 및 장비의 구비
   나. 제3호에서 정한 유해·위험요인의 개선
   다. 그 밖에 안전보건관리체계 구축 등을 위해 필요한 사항으로서 고용노동부장관이 정하여 고시하는 사항

161 정현희, 앞의 논문, 69면.

162 「사업장 위험성평가에 관한 지침」 제15조 위험성평가의 실시 시기.

중대재해처벌법 시행령 제4조 제4호에 의하면, 사업주 또는 경영책임자등은 ① 재해예방을 위해 안전·보건에 필요한 인력, 시설 및 장비의 구비와 유해·위험요인의 개선 등에 필요한 예산을 편성하고 ② 편성된 용도에 맞게 집행하도록 하여야 한다고 규정하고 있다. 예산편성은 사업 또는 사업장의 재정상 여건에 맞춰 제거하거나 대체, 통제 등 합리적인 실행가능한 수준으로 개선하는데 필요한 예산을 편성하고 인력, 시설, 장비는 종사자 등의 재해예방을 위해 안전 및 보건상 관계 법령에서 정한 것을 말한다. 재해예방에 필요한 인력이란 안전관리자, 보건관리자, 안전보건관리담당자, 산업보건의 등 전문인력 등을 의미한다.

건설업의 경우, 「산업안전보건법」 제72조,[163] 건설업산업안전보건관리비 계상 및 사용기준[164]에 따른 '산업안전보건관리비계상 기준'이 재해예방을 위해 필요한 인력, 시설 및 장비의 구입에 필요한 예산의 기준이다. 편성된 예산은 제3자가 봐도 명확하게 예산의 항목과 배정된 예산액을 확인 가능해야 하고, 배정된 예산이 유해·위험요인의 제거나 감소에 실질적으로 충분한 정도가 되어야 한다.

---

163 「산업안전보건법」 제72조(건설공사 등의 산업안전관리비계상 등)

① 건설공사발주자가 도급계약을 체결하거나 건설공사의 시공을 주도하여 총괄·관리하는 자(건설공사발주자로부터 건설공사를 최초로 도급받은 수급인은 제외한다)가 건설공사 사업 계획을 수립할 때에는 고용노동부장관이 정하여 고시하는 바에 따라 산업재해 예방을 위하여 사용하는 비용(이하 "산업안전보건관리비"라 한다)을 도급금액 또는 사업비에 계산하여야 한다.

164 고용노동부고시 제2020-63호

③ 건설공사도급인은 산업안전보건관리비를 제2항에서 정하는 바에 따라 사용하고 고용노동부령으로 정하는 바에 따라 그 사용명세서를 작성하여 보존하여야 한다.

④ 선박의 건조 또는 수리를 최초로 도급받은 수급인은 사업계획을 수립할 때에는 고용노동부장관이 정하여 고시하는 바에 따라 산업안전보건관리비를 사업비에 계상하여야 한다.

⑤ 건설공사도급인 또는 제4항에 따른 선박의 건조 또는 수리를 최초로 도급받은 수급인은 산업안전보건관리비를 산업재해예방 외의 목적으로 사용해서는 아니된다.

5. 안전보건관리책임자 등의 업무수행 평가기준 마련

중대재해처벌법 시행령 제4조(안전보건관리체계의 구축 및 이행조치)

제4조제1항제1호에 따른 조치의 구체적인 사항은 다음 각 호와 같다.

5. 「산업안전보건법」 제15조, 제16조 및 제62조에 따른 안전보건관리책임자, 관리감독자 및 안전보건총괄책임자(이하 이 조에서 "안전보건관리책임자등"이라 한다)가 같은 조에서 규정한 각각의 업무를 각 사업장에서 충실히 수행할 수 있도록 다음 각 목의 조치를 할 것
   가. 안전보건관리책임자등에게 해당 업무 수행에 필요한 권한과 예산을 줄 것
   나. 안전보건관리책임자등이 해당 업무를 충실하게 수행하는지를 평가하는 기준을 마련하고, 그 기준에 따라 반기 1회 이상 평가·관리할 것

중대재해처벌법 시행령 제4조 제5호에 의하면,「산업안전보건법」제15조, 제16조, 제62조에 따른 안전보건관리책임자, 관리감독자, 안전보건총괄책임자(이하 "안전보건관리책임자등")가 같은 조에서 규정한 각각의 업무를 각 사업장에서 수행하도록 조치규정을 두고 있다. 사업주 또는 경영책임자등은 안전보건관리책임자가 사업장에서 위 업무를 수행하고 안전관리자와 보건관리자를 지휘·감독하는데 필요한 권한과 예산을 주어야 한다.[165] 또한, 안전보건관리책임자, 관리감독자, 안전보건총괄책임자 등 각 안전보건관리의 주체에 따라 그 역할과 업무가 다음의 표와 같이 규정되어 있다.

165 산업안전보건법상 사업주는 안전보건관리책임자가 「산업안전보건법」 제15조 제1항에 따른 업무를 원활하게 수행할 수 있도록 권한·시설·장비·예산, 그 밖에 필요한 지원을 해야 한다(산업안전보건법 시행령 제14조 제2항).

| 표 13 | 안전보건 관리주체와 역할

안전보건 관리주체	역 할	비 고
안전보건관리책임자 (제15조)	사업장 실질적 총괄관리	사업의 종류 및 사업장의 상시근로자 수 기준 (시행령 제14조 별표 2)
관리감독자 (제16조)	생산 및 제조 관련되는 업무와 그 소속 직원의 지휘·감독	관리감독자의 업무의 세부규정 (시행령 제15조)
안전보건총괄책임자 (제62조)	도급인 및 관계수급인 근로자의 산업재해를 예방하기 위한 업무를 총괄하여 관리	상시근로자 100인 이상 또는 총공사금액 20억원 이상 건설업 (시행령 제52조)

안전보건관리책임자등이 해당 업무를 충실하게 수행하는지를 평가하는 기준을 마련하고, 그 평가기준에 따라 반기 1회 이상 평가·관리하도록 규정하고 있다. 다만, 업무 수행에 관한 평가시에 병행 평가도 가능하며, 산업안전보건법에 따른 업무 수행에 관련한 평가만 해야 하는 것은 아니다.

또한, 안전보건관리책임자등의 산업안전보건법에 따른 업무수행에 있어 평가 결과가 현저하게 낮은 경우는 다른 업무 수행 능력이 뛰어난 경우라도 평가 결과에 따라 적절하게 상응한 조치를 취해야 한다.

6. 안전관리책임자 등 전담인력 적정배치

중대재해처벌법 시행령 제4조(안전보건관리체계의 구축 및 이행조치)

제4조제1항제1호에 따른 조치의 구체적인 사항은 다음 각 호와 같다.

6. 「산업안전보건법」 제17조부터 제19조까지 및 제22조에 따라 정해진 수 이상의 안전관리자, 보건관리자, 안전보건관리담당자 및 산업보건의를 배치할 것. 다만, 다른 법령에서 해당 인력의 배치에 대해 달리 정하고 있는 경우에는 그에 따르고, 배치해야 할 인력이 다른 업무를 겸직하는 경우에는 고용노동부장관이 정하여 고시하는 기준에 따라 안전·보건에 관한 업무 수행시간을 보장해야 한다.

「중대재해처벌법」 제4조 제6호에 의하면, 「산업안전보건법」 제17조부터 제19조까지 및 제22조에 따라 정해진 수 이상의 안전관리자, 보건관리자, 안전보건관리담당자 및 산업보건의를 배치하고, 배치해야 할 인력이 다른 업무를 겸직하는 경우에는 고용노동부장관이 정하여 고시하는 기준에 따라 안전·보건에 관한 업무 수행시간을 보장해야 하는 것으로 규정하고 있으며, 전문인력과 배치기준은 다음과 같다.

| 표 14 | 안전·보건 전문인력과 배치기준

안전·보건 전문인력	역 할	배치기준
안전관리자 (제17조)	안전·보건에 관한 기술적인 사항에 관해 사업주 또는 안전보건관리책임자를 보좌 및 관리·감독자에게 지도·조언 업무 수행	사업의 종류·규모, 안전보건관리자의 수 (시행령 제16조, 별표 3)
보건관리자 (제18조)		사업의 종류·규모 및 보건관리자의 수 (시행령 제20조, 별표 5)
안전·보건관리 담당자 (제19조)	안전 및 보건에 관해 사업주 보좌 및 관리감독자 에게 지도·조언	제조업·임업 등 상시근로자 20명 이상 50명 미만인 사업장에 1명 이상 선임 (시행령 24조)
산업보건의 (제22조)	근로자의 건강관리나 그 밖에 보건관리자의 업무를 지도	보건관리자를 두어야 하는 사업으로서 상시근로자 50인 이상 사업장 (시행령 제29조)

위와 같이 산업안전보건법상 전문인력 등의 지정, 전담업무 부과의무를 위반시 500만원의 과태료를 부과하고 있으며, 위 각 전문인력을 산업의 종류, 업종, 규모별로 최소기준으로 배치한다.

산업안전보건법에서 처벌 대상으로 삼지 않은 배치의무 규정을 중대재해처벌법에 다시 규정함으로써 전문인력 배치의무 위반에 따른 사망사고에 대한 처벌을 신설하는 효과가 있다. 다른 법령에서 달리 정하고 있는 경우 해당 법령을 따르는 것으로 규정되어 있어 「기업 활동 규제완화에 관한 특별조치법」 제28조(기업의 자율 고용), 제30조(중소기업자등에 대한 안전관리자 고용의무의 완화)의 규정에 따라 안전관리자 또는 보건관리자의 배치의무를 면제하거나 안전관리자 또는 보건관리자를 채용한 것으로 간주되면 시행령 제4조 제5호에 따른 전문인력 배치를 이행한 것으로 본다.

다만, 겸직이 가능한 경우는 상시근로자 300인 미만 사업장, 120억원 미만의 건설사업장(토목공사업은 150억 미만)의 경우 안전관리자 및 보건관리자는 다른 업무와 겸직이 가능하고, 안전보건관리담당자는 시행령 제25조에 따라 업무에 지장이 없는 범위에서 타업무를 겸할 수 있다. 겸직의 경우 고용노동부 고시에 따라 일정 기준 이상의 시간을 안전 및 보건 업무를 수행하도록 보장해야 한다.[166]

7. 종사자 의견청취 절차 마련, 개선방안 이행

중대재해처벌법 시행령 제4조(안전보건관리체계의 구축 및 이행조치)

제4조제1항제1호에 따른 조치의 구체적인 사항은 다음 각 호와 같다.

7. 사업 또는 사업장의 안전·보건에 관한 사항에 대해 종사자의 의견을 듣는 절차를 마련하고, 그 절차에 따라 의견을 들어 재해 예방에 필요하다고 인정하는 경우에는 그에 대한 개선방안을 마련하여 이행하는지를 반기 1회 이상 점검한 후 필요한 조치를 할 것. 다만, 「산업안전보건법」 제24조에 따른 산업안전보건위원회 및 같은 법 제64조·제75조에 따른 안전 및 보건에 관한 협의체에서 사업 또는 사업장의 안전·보건에 관하여 논의하거나 심의·의결한 경우에는 해당 종사자의 의견

166 고용노동부의 안전·보건에 관한 업무 수행시간의 기준 고시(제2022-14호 제3조): 안전관리자 등 각각의 안전·보건에 관한 업무 수행을 위한 최소시간은 연간 585시간(재해위험이 높은 업종은 702시간) 이상이 되도록 하여야 하고, 위 최소시간에서 상시 근로자가 100명 이상 200명 미만인 사업장의 경우에는 100시간을, 200명 이상 300명 미만인 사업장의 경우에는 200시간을 추가하여야 한다.

을 들은 것으로 본다.

중대재해처벌법 시행령」 제4조 제7호에 의하면, 사업 또는 사업장 종사자의 의견을 듣는 절차를 마련하여 의견을 듣고 재해예방에 대한 개선방안을 마련하여 반기 1회 이상 점검하고 필요한 조치를 해야 한다고 규정하고 있다.

사업주 또는 경영책임자등은 직접 고용한 근로자 뿐 아니라 수급인 사업주 소속 근로자, 특수형태근로종사자, 1인 자영업자 등 노무를 제공하는 종사자에게 자유롭게 안전·보건에 관한 의견을 개진하고, 유해·위험요인 등의 의견을 듣는 절차를 마련해야 한다. 그 방법과 절차는 건의함이나 사내 온라인 시스템 등을 활용할 수 있고, 사업장 단위 또는 팀 단위로 주기적인 미팅이나 간담회 등을 통해 다양한 의견수렴 절차를 다양하게 마련할 수 있다.

종사자의 의견은 안전·보건 확보를 위한 것으로 제시되는 의견이 기업의 경영상 비밀을 해할 우려가 있는 경우나 비합리적으로 과도한 예산을 요구하는 경우, 특정업체의 기계, 기구, 장비 등의 구입을 요구하는 경우, 안전·보건 목적이 아닌 근로조건의 변경을 목적으로 하는 경우 등은 청취된 의견에 대한 개선 방안이 마련되지 않아도 법 위반은 아니라고 할 것이다.[167]

시행령 제4조 제7호에 「산업안전보건법」 제24조에 따른 산업안전보건위원회 및 같은 법 제64조·제75조에 따른 안전·보건에 관한 협의체에서 사업 또는 사업장의 안전·보건에 관하여 논의하거나 심의·의결한 경우에는 해당 종사자의 의견을 들은 것으로 간주한다. 위 협의체는 산업안전보건위원회,[168] 도급인의 안

167 대검찰청, 앞의 책, 199면.

168 「산업안전보건법」 제24조(산업안전보건위원회) ① 사업주는 사업장의 안전 및 보건에 관한 중요사항을 심의·의결하기 위하여 사업장에 근로자위원과 사용자위원이 같은 수로 구성되는 산업안전보건위원회를 구성·운영하여야 한다.

⑥ 사업주는 산업안전보건위원회의 위원에게 직무 수행과 관련한 사유로 불리한 처우를 해서는 아니된다.

⑦ 산업안전보건위원회를 구성하여야 할 사업의 종류 및 사업장의 상시근로자 수, 산업안전보건

전 및 보건에 관한 협의체,[169] 건설공사의 안전·보건에 관한 협의체[170]를 말한다.

다만, 단서를 통해 자사 근로자만을 포괄하는 산업안전보건위원회(산업안전보건법 제24조)나 도급인 사업주와 수급인 사업주(하수급인 사업주는 제외한다)만으로 구성되는 안전보건협의체(산업안전보건법 제64조)로 갈음할 수 있다고 규정한 것은 상호 간의 정합성 측면에서 문제가 있다는 비판이 있다.[171]

| 표 15 | 산업안전보건위원회를 구성해야 할 사업의 종류 및 규모[172]

사업의 종류	규 모
1. 토사석 광업 2. 목재 및 나무제품 제조업: 가구업 외 3. 화학물질 및 화학제품 제조업: 의약품은 제외 (세제, 화장품, 광택제, 화학섬유 제조업 제외) 4. 비금속 광물제품 제조업 5. 1차 금속 제조업	상시근로자 50명 이상
6. 금속가공제품 제조업: 기계 및 가구 제외 7. 자동차 및 트레일러 제조업 8. 기타 기계 및 장비 제조업 (사무용 기계 및 장비 제조업은 제외한다) 9. 기타 운송장비 제조업(전투용 차량 제조업 제외)	

위원회의 구성·운영 및 의결되지 아니한 경우의 처리방법, 그 밖에 필요한 사항은 대통령령으로 정한다.

169 「산업안전보건법」 제64조(도급에 따른 산업재해 예방조치) ① 도급인은 관계수급인 근로자가 도급인의 사업장엣거 작업을 하는 경우 다음 각 호의 사항을 이행하여야 한다.
1. 도급인과 수급인을 구성원으로 하는 안전 및 보건에 관한 협의체의 구성 및 운영.

170 「산업안전보건법」 제75조(안전 및 보건에 관한 협의체 등의 구성·운영에 관한 특례)
① 대통령령으로 정하는 규모의 건설공사의 건설공사도급인은 해당 건설공사 현장에 근로자위원과사용자위원이 같은 수로 구성되는 안전 및 보건에 관한 협의체(이하 "노사협의체"라 한다)를 대통령령으로 정하는 바에 따라 구성·운영할 수 있다.

171 정진우, 앞의 책, 186면.

172 「산업안전보건법 시행령」 제34조, 별표 9.

사업의 종류	규 모
10. 농업 11. 어업 12. 소프트웨어 개발 및 공급업 13. 컴퓨터 프로그래밍, 시스템 통합 및 관리업 14. 정보서비스업 15. 금융 및 보험업 16. 임대업: 부동산 제외 17. 전문, 과학 및 기술 서비스업(연구개발업은 제외한다) 18. 사업지원 서비스업 19. 사회복지 서비스업	상시근로자 300명 이상
20. 건설업	공사금액 120억 이상 건설산업기본법 시행령 별표 1에 따른 토목공사업에 해당하는 공사의 경우에는 150억 이상
21. 제1호부터 제20호까지의 사업을 제외한 사업	상시근로자 100명 이상

8. 중대산업재해 등 위험대비 매뉴얼 마련 및 점검

중대재해처벌법 시행령 제4조(안전보건관리체계의 구축 및 이행조치)

제4조제1항제1호에 따른 조치의 구체적인 사항은 다음 각 호와 같다.

8. 사업 또는 사업장에 중대산업재해가 발생하거나 발생할 급박한 위험이 있을 경우를 대비하여 다음 각 목의 조치에 관한 매뉴얼을 마련하고, 해당 매뉴얼에 따라 조치하는 지를 반기 1회 이상 점검할 것
   가. 작업 중지, 근로자 대피, 위험요인 제거 등 대응조치
   나. 중대산업재해를 입은 사람에 대한 구호조치
   다. 추가 피해방지를 위한 조치

중대재해처벌법 시행령 제4조 제8호에 의하면, 사업 또는 사업장에 중대산업재해 등 급박한 위험의 경우를 대비하여 작업의 중지나 근로자 대피, 위험요인의 제거와 대응조치, 중대산업재해를 입은 근로자에 대한 긴급한 구호조치, 추가 피해방지 조치에 관한 매뉴얼을 마련하고 그 조치이행 여부를 반기 1회 이상 점검할 것을 규정하고 있다.

매뉴얼은 「산업안전보건법」 제52조에 따른 근로자의 급박한 위험 상황에 대한 작업중지, 근로자 대피, 위험요인의 제거 순으로 행동할 수 있도록 마련하여야 하고, 위험요인을 제거한 이후 추가피해가 초래되지 않는 것을 확인한 경우에만 작업이 진행되도록 그 절차를 마련하여야 한다. 중대산업재해가 발생한 경우에 따른 대응조치로 「산업안전보건법」 제54조 제1항에 따라 즉시 해당 작업을 중지시키고 근로자를 작업장소에서 대피시켜야 하며, 지체없이 발생개요와 피해상황 조치 및 전망 등을 지방고용노동관서에 보고하도록 하여야 한다.

도급인은 「산업안전보건법」 제64조 제1항 제5호에 따라 작업장소에서 발파작업을 하는 경우, 작업 장소에서 화재·폭발, 토사·구축물 등의 붕괴 또는 지진 등이 발생한 경우를 대비한 긴급 경보체계 운영과 대피방법 등에 관한 정기적인 훈련을 실시하여야 하며, 이는 중대산업재해 발생의 급박한 상황의 경우를 대비한 것으로 매뉴얼에 위 내용을 포함하여야 한다.

중대산업재해를 입은 사람에 대한 구호조치로 119 등 긴급 상황시의 연락체계와 함께 기본적인 응급조치 방안을 포함하여야 하지만 건축물의 붕괴 등으로 인한 추가 피해가 예상되는 경우에는 직접적인 구호조치 이행은 예외로 할 수 있다. 중대재해가 발생한 사업장 외에도 동종·유사 작업이 이루어지고 있는 사업장에 대해서 동일한 중대재해로 추가 피해가 발생하지 않도록 하고, 현장 출입통제와 함께 유사작업이 이루어지는 사업 또는 사업장 등의 종사자에게 사고발생 사항의 공유와 원인분석, 재발 방지 대책마련 등 후속 조치를 취해야 한다.

9. 도급·용역 등 안전보건 확보 기준·절차 마련과 점검

중대재해처벌법 시행령 제4조(안전보건관리체계의 구축 및 이행조치)

제4조제1항제1호에 따른 조치의 구체적인 사항은 다음 각 호와 같다.

9. 제3자에게 업무의 도급, 용역, 위탁 등을 하는 경우에는 종사자의 안전·보건을 확보하기 위해 다음 각 목의 기준과 절차를 마련하고, 그 기준과 절차에 따라 도급, 용역, 위탁 등이 이루어지는지를 반기 1회 이상 점검할 것
   가. 도급, 용역, 위탁 등을 받는 자의 산업재해 예방을 위한 조치 능력과 기술에 관한 평가기준·절차
   나. 도급, 용역, 위탁 등을 받는 자의 안전·보건을 위한 관리비용에 관한 기준
   다. 건설업 및 조선업의 경우 도급, 용역, 위탁 등을 받는 자의 안전·보건을 위한 공사기간 또는 건조기간에 관한 기준

「중대재해처벌법 시행령」 제4조 제9호에 의하면, 제3자에게 도급, 용역, 위탁 등의 경우 종사자의 안전·보건 확보를 위해 기준과 절차를 마련하고, 그 기준과 절차에 다라 도급, 용역, 위탁 등이 이루어지는지를 반기 1회 이상 점검하도록 규정하고 있다. 중대재해처벌법의 종사자는 근로자 자신 뿐만 아니라 사업 또는 사업장에서의 모든 단계의 수급인 종사자까지 포함하고 있다. 특히 위험성이 높은 작업에서 수급인의 경우 안전보건조치 등을 고려하여 수급인을 선정할 때 기술과 가격 뿐만 아니라 안전보건에 관한 역량을 평가기준에 반영하여 안전하고 우수한 업체가 선정될 수 있도록 하여야 한다.

동령 제4조 제9호에 따른 관계수급인을 관리시 수급인의 안전보건에 관한

업무가 종사자 보호를 위해 제대로 조직되고 운영되는지 평가하여야 한다. 도급인은 관계수급인이 근로자에게 충분한 예산과 인력의 투입으로 그들의 근로자와 종사자의 안전보건 관리를 제대로 하는지 감독하라는 취지로 보인다.

동령 제4조 제9호에서 산업재해 예방을 위한 조치능력과 기술에 관한 평가기준 및 절차를 요구하고 있는데, 이는 안전보건법상 적격 수급인 선정의무를 도급, 용역, 위탁 등의 과정에서의 업체 선정기준[173]을 구체화한 것으로 볼 수 있다. 즉, 도급, 용역, 위탁 업체를 선정할 때 안전보건 수준을 평가하여 적정한 기준에 미달하는 경우에는 계약을 하지 않도록 하는 것이 필요하다. 다만, 해당 사업 또는 사업장의 현실을 고려하여 안전에 관한 평가기준을 낙찰결정 과정에서 충분히 반영하여 안전역량을 판단하기 위한 기준이 단지 형식적인 요식행위가 않도록 해야 한다는 취지로 볼 수 있다.

또한, 경영책임자등이 해당 사업의 특성, 규모 등을 고려하여 수급인과 전체 종사자의 안전·보건 확보에 필요한 안전보건 관리비용에 관한 기준을 마련하도록 규정하고 있다. 안전보건 관리비용은 수급인이 사용하는 시설이나 설비, 장비 등에 대한 안전 및 보건조치에 필요한 각종 비용과 종사자에게 필요한 개인 안전장구 등 안전보건 확보를 위한 비용으로 정하되 항목별로 구체적이고 세부적인 기준을 마련하여 지출해야 한다.

동법 시행령 제4조 제9호 다목에서 정한 '공사기간 또는 건조기간'은 수급인 종사자의 산업재해 예방을 위해 안전하게 작업할 수 있는 작업기간을 고려한 것으로써 건설업이나 조선업의 경우 비용절감을 목적으로 공사기간, 건조기간을 정하여서는 안되고 기후 상황, 중대재해가 발생할 급박한 상황 등 돌발 사태 등을 충분히 고려하여야 하며, 과도하게 짧은 기간을 제시한 업체는 선정을 피하는 항목의 기준도 포함하여야 한다.

---

173 「산업안전보건법」 제61조(적격 수급인 선정 의무) 사업주는 산업재해 예방을 위한 조치를 할 수 있는 능력을 갖춘 사업주에게 도급하여야 한다.

Ⅲ. 관계법령에 따른 의무이행 조치

1. 재발방지 대책수립 및 이행조치

중대재해처벌법 제4조(사업주와 경영책임자등의 안전 및 보건 확보의무)

① 사업주 또는 경영책임자등은 사업주나 법인 또는 기관이 실질적으로 지배·운영·관리하는 사업 또는 사업장에서 종사자의 안전·보건상 유해 또는 위험을 방지하기 위하여 그 사업 또는 사업장의 특성 및 규모 등을 고려하여 다음 각 호에 따른 조치를 하여야 한다.

2. 재해 발생 시 재발방지 대책의 수립 및 그 이행에 관한 조치

중재대해처벌법」 제4조 제1항 제2호에 따라 재해발생시 먼저 발생한 재해의 원인을 신속하게 조사하고 분석하고 재발방지 대책 수립 및 그 이행에 관한 조치를 하여야 한다. 다만, 법제4조 제1항 제2호의 이행 조치를 구체적으로 규정하지 않고 있다.

사고조사는 해당 전문가와 관련 작업자, 필요시 안전보건관리 전문기관을 통할 수 있고, 반드시 현장의 물적 증거가 유실되거나 손상되지 않게 보존하여야 한다. 재해가 발생하면 재발방지 대책을 수립하고, 그 결과를 반드시 보고받아야 하며, 사고사례를 전 직원과 공유하여 재발하지 않도록 조치하는 것이 필요하다.

재해조사보고서는 소속, 성명, 사고일시와 장소, 사고유형, 사고 원인과 개요, 피해규모, 비상조치 내용, 유사 사고 재발방지 대책 등을 포함하여야 한다.

관계수급인 근로자 재해시 중대대해처벌법은 실질적으로 지배·운영·관리하는 사업장에 대해 의무이행을 해야 하는 반면, 산업안전보건법은 이 의무

를 관계수급인 등이 이행해야 하는 것으로 규정하고 있다.[174]

2. 중앙행정기관 및 지자체 개선사항 이행

중대재해처벌법 제4조(사업주와 경영책임자등의 안전 및 보건 확보의무)

①사업주 또는 경영책임자등은 사업주나 법인 또는 기관이 실질적으로 지배·운영·관리하는 사업 또는 사업장에서 종사자의 안전·보건상 유해 또는 위험을 방지하기 위하여 그 사업 또는 사업장의 특성 및 규모 등을 고려하여 다음 각 호에 따른 조치를 하여야 한다.

3. 중앙행정기관·지방자치단체가 관계 법령에 따라 개선, 시정 등을 명한 사항의 이행에 관한 조치

「중재대해처벌법」 제4조 제1항 제3호에 중앙행정기관·지방자치단체가 관계 법령에 따라 개선, 시정 등을 명한 사항을 이행 조치하도록 규정하고 있다. 이 조문의 취지는 기관에서 명한 안전·보건에 관한 개선과 시정명령에 관련된 사항으로 법 위반 시점에서 최대한 빨리 위반 사항을 해소하기 위한 조문이다. 실행방법으로 각 사업장에서 종사자의 안전·보건상 유해 또는 위험을 방지하기 위하여 관계 법령에 따라 개선 또는 시정을 명했다면 사업주 등에게 보고하는 절차를 마련하여야 한다.

또한, 중앙행정기관 등이 지적한 사항은 본사차원에서 신속히 이행하도록 하고, 지방노동관서 감독, 안전보건공단의 패트롤 점검에서 시정을 요구하거나 지적한 내용은 반드시 시정하고 재발되지 않도록 조치해야 한다.[175] 이

174 정진우, 앞의 책, 171면.
175 최명기·정유철, 앞의 책, 311면.

에 대해 사업주 등은 개선 또는 시정을 명한 사항에 대해서는 지속적으로 이행 여부를 확인하고 점검하여야 한다.

3. 안전·보건 관계법령에 따른 관리상 조치

중대재해처벌법 시행령 제5조(안전·보건 관계 법령에 따른 의무이행에 필요한 관리상의 조치)

② 법 제4조제1항제4호에 따른 조치에 관한 구체적인 사항은 다음 각 호와 같다.

1. 안전·보건 관계 법령에 따른 의무를 이행했는지를 반기 1회 이상 점검(해당 안전·보건 관계 법령에 따라 중앙행정기관의 장이 지정한 기관 등에 위탁하여 점검하는 경우를 포함한다. 이하 이 호에서 같다)하고, 직접 점검하지 않은 경우에는 점검이 끝난 후 지체 없이 점검 결과를 보고받을 것
2. 제1호에 따른 점검 또는 보고 결과 안전·보건 관계 법령에 따른 의무가 이행되지 않은 사실이 확인되는 경우에는 인력을 배치하거나 예산을 추가로 편성·집행하도록 하는 등 해당 의무 이행에 필요한 조치를 할 것

「중재대해처벌법 시행령」 제5조 제2항 제1호 및 제2호의 안전·보건관계법령에 따른 의무이행 규정은 동법 제4조 제1항 제4호에 따른 조치에 관한 구체적인 사항에 근거하고 있다. 구체적으로 사업장의 안전·보건 관계법령상 의무이행 과정을 점검하고 평가하는 조직과 절차를 마련하고, 그 이행 여부를 점검하고 결과를 보고받도록 규정하고 있다.

사업주 또는 경영책임자등은 점검의 지시에 대해 이에 대한 점검 또는 보고가 이행되지 않은 경우에는 의무이행으로 볼 수 없으며, 점검 또는 점검보고의 결과 안전·보건관계법령에 따른 의무의 미이행시 인력의 배치, 예산 추가편성 및 집행 등 해당 의무 이행에 필요한 조치를 하여야 하고, 이의 미이행에 따른 최종 책임은 사업주 또는 경영책임자등에게 귀속된다.

4.안전보건 법령상 의무교육 실시 점검 및 조치

중대재해처벌법 시행령 제5조(안전·보건 관계 법령에 따른 의무이행에 필요한 관리상의 조치)

② 법 제4조제1항제4호에 따른 조치에 관한 구체적인 사항은 다음 각 호와 같다.

3. 안전·보건 관계 법령에 따라 의무적으로 실시해야 하는 유해·위험한 작업에 관한 안전·보건에 관한 교육이 실시되었는지를 반기 1회 이상 점검하고, 직접 점검하지 않은 경우에는 점검이 끝난 후 지체 없이 점검 결과를 보고받을 것
4. 제3호에 따른 점검 또는 보고 결과 실시되지 않은 교육에 대해서는 지체 없이 그 이행의 지시, 예산의 확보 등 교육 실시에 필요한 조치를 할 것

「중재대해처벌법」 제4조 제1항 제4호에 따른 조치에 관한 구체적인 사항에 근거하여 동법 시행령 제5조 제2항 제3호에 규정한 조치사항으로 유해·위험한 작업에 대한 안전·보건 교육이 실시되었는지 반기 1회 이상 점검하고, 점검 결과를 보고받아야 하고, 동령 제2항 제4호에 의해 실시되지 않은 교육에 대해 지체없이 지시하고 예산을 확보하는 등의 조치를 하도록 규정하고 있다.

본 조문은 도급, 용역, 위탁의 경우 유해하거나 위험한 작업을 실시하는 근로자들에 대해 교육을 실시하고 이에 대한 확인 조치를 하도록 하는데 그 취지가 있다. 안전보건교육은 사업장 내의 위험요인의 통제·제거 방법을 종사자에게 알리고 수급인 등 제3자인 경우에도 교육 의무가 있는 범위까지 교육을 실시하도록 조치하여야 한다. 이를 위한 실행방법으로는 매년 유해·위험 작업에 대하여 안전보건 교육계획을 수립하고 안전보건교육 예산을 반영하여야 각 위험요인과 이에 대한 제거·대체·통제하는 방법에 대한 안전보건교육을 실시하여야 한다.

또한, 산업안전보건법 외 법령상 의무교육의 실시와 교육 미이수자는 작업에서 배제한 후 교육실시 조치하고, 교육실시 여부를 반기 1회 이상 점검하고 점검하지 않았다면 점검 결과를 보고받아야 한다.

Ⅳ. 기타 관계된 법적 책임

1. 행정적 책임

중대재해처벌법상 행정책임은 법률적 규범에 따라 행동해야 하는 규범을 의미하는 것으로 산업안전보건법상 행정책임의 특별법적 제재처분의 성격을 가진다고 볼 수 있다. 중대재해 발생시 산업안전보건법은 주로 공장장, 현장소장 등 안전보건관리책임자 등을 처벌하는 대신 중대재해처벌법은 사업주 또는 경영책임자등의 형사처벌을 강화하는 만큼 행정적 책임은 기존 산업안전보건법상의 기준과 다를 바 없어 보인다.

산업안전보건법 위반에 따른 제재는 징역형, 행정처분, 벌금형, 과태료[176] 등을 들 수 있는데, 행정처분, 벌금형은 행정형벌로, 과태료[177]는 행정질서벌로 구분하기도 한다. 과징금은 사업주에 대한 시정조치에 응하지 않을 때 부과되는 현장중지명령, 사업정지, 면허정지 및 박탈 등에 갈음하여 부과되는 경우로서 형식상 행정벌에 속하지 않는다는 점에서 행정형벌인 벌금과 다르며, 행정질서법인 과태료와도 구별된다. 과태료는 국가 또는 지방자치단체

176 「산업안전보건법」 제12장 벌칙 참조.

177 김일수 외, 「형법총론」, 박영사, 2018, 443면.
과태료는 형법상 형벌이 아니므로 고의를 요하지 않는다. 다만, 「질서위반규제법」 제7조에 의하면, "고의 또는 과실이 없는 질서위반행위는 과태료를 부과하지 아니한다."고 되어 있어 산업안전보건법 위반으로 과태료를 부과하기 위해서는 고의까지는 아니어도 과실은 있어야 한다.

가 일정한 법위반에 대해 부과하는 금전벌로써 산업안전보건법상 사업주가 과태료 부과 대상이 되며, 사업주의 의무위반에 따라 5천만원, 1천만원, 5백만원, 3백만원 이하 등 위반 정도에 따라 다양한 과태료가 부과될 수 있다.

| 표 16 | 중대재해처벌법 시행령 제7조 과태료 부과 개별기준(별표4)

위반행위	근거 법조문	과태료		
		1차 위반	2차 위반	3차이상 위반
법 제8조 제1항을 위반하여 경영책임자등이 정당한 이유없이 안전보건교육의 미이행	법 제8조 제2항	1천만원	3천만원	5천만원

이행강제금은 행정상의 작위 및 부작위 의무 불이행시 의무이행을 강제하기 위한 금전벌로써 산업안전보건법의 경우, ① 사업주 외에 설비를 설계, 제조, 수입하는 자와 원재료 등을 제조하거나 수입하는 자, ② 건설물을 설계, 건설하는 자에 대해서도 인정되며, ③ 도급사업의 경우 수급인이 사용하는 근로자에 대해서도 인정되는데 미이행시 고용노동부장관의 계고, 이행강제금 부과, 강제징수 절차 등이 진행되며, 불복시 행정소송을 제기할 수 있다.

이에 반해 「중대재해처벌법」 제8조에 중대산업재해가 발생한 법인 또는 기관의 경영책임자등은 대통령령으로 정하는 바에 따라 안전보건교육을 이수하도록 규정하고 있으며, 이를 위반한 경우 5천만원 이하의 과태료를 부과하고 있다.

또한, 동법 시행령 제7조에서 법 제8조 제2항(안전보건교육의 수강)에 따른 과태료 부과기준(별표 4)[178]을 정하고 있는데, 위반 횟수에 따라 최근 1년간 위반행위에 따라 과태료를 부과처분하고 있고, 1차 위반시 1천만원, 2차 위반시 3천만원, 3차 위반시 5천만원의 개별 과태료가 부과되지만 상시근로자

178 「중대재해처벌법」 제7조(과태료의 부과기준) 법 제8조 제2항에 따른 과태료의 부과기준은 별표 4와 같다.

수가 50명 미만이 사업 또는 사업장이거나 공사금액이 50억원 미만인 건설공사의 경우 2분의 1로 감경하도록 정하고 있다.

이 외에 중대재해처벌법에서는 별도의 행정제재 규정을 정하지 않고 있으며, 산업안전보건법에 비해 형사처벌을 중심으로 강화하여 정하고 있을 뿐이다.

2. 민사적 책임

산업안전보건법상 건설공사도급인이 책임있는 사유로 이를 위반하면, 근로자는 채무불이행에 따른 손해배상을 청구할 수 있다.[179] 「민법」 제750조에 의한 고의 또는 중대한 과실로 인한 위법행위에 의한 불법행위책임, 「민법」 제756조에 의한 사용자의 배상책임[180], 「민법」 제758조 제1항에 의한 공작물의 설치보존의 하자로 인한 책임 등을 근거로 손해배상을 청구할 수 있다.

이에 반해 「중대재해처벌법」 제15조에 손해배상에 대한 책임규정을 담고 있는데, 사업주 또는 경영책임자등이 고의 또는 중대한 과실로 안전·보건 확보의무를 위반하여 중대재해로 손해를 입은 사람에게 손해액의 5배 한도 내에서 배상책임을 지도록 규정하고 있다.[181] 다만, 법원은 배상액을 정할 때 고의 또는 과실의 정도, 법에서 정한 의무위반의 종류 및 내용과 피해의 규모, 사업주나 법인이 취득한 경제적 이익, 의무위반행위의 기간과 횟수, 사업주 또는 법인의 재산상태와 피해구제 및 재발방지 노력의 정도 등을 고려해야

179 임종률, 앞의 책, 351면.

180 「민법」 제756조(사용자의 배상책임) ① 타인을 사용하여 어느 사무에 종사하게 한 자는 피용자가 그 사무집행에 관하여 제삼자에게 가한 손해를 배상할 책임이 있다. 그러나 사용자의 선임 및 그 사무감독에 상당한 주의를 한 때 또는 상당한 주의를 하여도 손해가 있을 경우에는 그러하지 아니하다.

181 「중대재해처벌법」 제15조 ②항에 배상액을 정할 때 고려사항을 규정하고 있다.

한다고 규정하고 있다.

이들 규정은 손해배상책임을 규정한 것으로서 귀책사유로 '고의 또는 과실'을 요하는 일반 손해배상과는 달리 '고의 또는 중대한 과실'을 요구하고 있으며, 손해액의 '5배'를 상한으로 하고 있다. 다만, 민사벌칙금제도 등을 통한 징벌적 손해배상을 인정하고 있는 영미법 국가에서는 인적재해 영역으로 특정하여 형사처벌과 병과하여 징벌적 손해배상을 부과하는 경우는 찾아볼 수 없어, 우리나라는 과연 법원에서 징벌적 손해배상책임을 얼마나 인정할지[182]는 판례의 축적을 통해 들여다봐야 할 대목이다.

V. 소결

중대재해처벌법은 '안전보건관리체계'의 구축을 통해 사업 또는 사업장의 유해·위험요인을 파악하고 이에 대한 조치의무를 이행하는 것이 사업주 또는 경영책임자등의 책임이다. 동법 시행령 제4조에서 규정한 안전보건관리체계 구축 및 구체적인 의무이행 사항 제1호~제9호와 동법 시행령 제5조에서 정한 제1호~제4호를 구체적으로 명시하고 있다.

의무이행에 대한 부작위로 중대산업재해 발생시 행정적, 형사적, 민사적 책임 등으로 규율되는 바, 현장관리자와 안전보건책임자 등은 산업안전보건법상의 행정적·형사적·민사적 책임을, 사업주 또는 경영책임자등은 산안법의 특별법적 성격인 중대재해처벌법상의 행정적·형사적·민사적 책임이 직접적으로 주어진다.

---

182 정진우, 앞의 책, 290~291면 참고.

제4절 기타 법률 관계와 책임

Ⅰ. 개설

산업안전보건법 제2조제4호에서 '사업주'란 근로자를 사용하여 사업을 하는 자를 말한다고 정의하고 있다. 제38조 및 제39조에 사업주에게 구체적인 안전조치 및 보건조치를 취하도록 규정하고 있으며, 이를 위반할 경우 5년 이하의 징역 또는 5천만원 이하의 벌금에 처하고(68조), 이를 위반하여 근로자를 사망에 이르게 한 자는 7년 이하의 징역 또는 1억 원 이하의 벌금에 처하도록 규정하고 있다(제167조).

산업안전보건법은 안전보건관리체제를 구축하고 안전조치, 보건조치 등 사업장별로 '안전보건관리체제'를 구축하고 관련된 구체적 조치를 이행하도록 하면서 위반시 책임을 안전보건관리(총괄)책임자에게 부과하고 있다. 이에 비해 중대재해처벌법은 산업안전보건법의 세부적인 안전 및 보건조치 등 세부적인 이행이 이루어지도록 '안전보건관리체계' 시스템을 구축하고 이를 확인·점검하는 의무를 경영책임자에게 부과하고 있다. 즉, 산업안전보건법에서 규정한 '체제'는 사업장의 안전보건관리에 관여하는 조직의 구성과 역할을 규정할 때 사용하는 용어이고, '체계'는 조직 구성과 역할을 넘어서 사업장의 안전보건 전반의 운영 또는 경영을 정할 때 사용하는 용어라고 할 수 있다.[183]

중대재해처벌법의 기본원리는 산업안전보건법에서 파생돼온 것이고, 산업안전보건법은 근로기준법의 일부로 되어 있다가 독립한 법률로서 기본적

---

183 전형배, 앞의 논문, 279면.

인 법률관계는 근로기준법에서 가져온 것으로[184] 보지만, 산업안전보건법과 중대재해처벌법은 중대재해의 개념과 의무내용, 책임주체, 보호대상, 법적용 범위, 처벌 등에서 차이점이 나타난다.

이와 같이 산업안전보건법에서는 사업장별로 '안전보건관리체제'를 구축하도록 정하고 있음에 비해, 중대재해처벌법에서는 경영책임자가 사업에 대해 '안전보건관리체계'를 마련하도록 하고 있다.

이하에서는 중대재해처벌법과 산업안전보건법의 각 내용을 비교하여 살펴보고, 중층적 도급관계의 건설공사 사업장의 의무주체에 대한 관계와 책임을 살펴본다.

Ⅱ. 안전보건관리'체제'와 안전보건관리'체계'의 관계

산업안전보건법은 제1장에서 총칙을 다룬 후 제2장에서 '안전보건관리체제 등'이라고 하고, 이하에서 제14조(이사회 보고 및 승인 등), 제15조(안전보건관리책임자), 제16조(관리감독자), 제17조(안전관리자), 제18조(보건관리자), 제19조(안전보건관리담당자), 제20조(안전관리자 등의 지도·조언), 제21조(안전관리전문기관 등), 제22조(산업보건의), 제23조(명예산업안전감독관), 제24조(산업안전보건위원회)를 규정하고 있다.

동법 시행령 제2장 '안전보건관리체제 등'을 통해 이하에서 각 안전책임자의 자격과 선임, 업무 등을 정하고 있다. 특히 동법 제14조 및 동법 시행령 제13조에 의해 상시근로자 500명 이상을 사용하는 회사 또는 건설산업기본법상 시공능력평가 순위 상위 1천위 이내의 종합건설회사는 안전 및 보건에 관

184 이승준, 앞의 논문, 126면.

한 경영방침과 조직 구성, 인원 및 역할, 예산 및 시설 현황, 활동실적과 활동계획 등을 수립하여 매년 이사회에 보고하여야 한다.

다만, 건설업을 제외한 상시근로자 300명 미만의 사업장에 대해서는 안전관리자, 보건관리자 등의 업무를 안전관리 전문기관에 위탁(동법 제17조 제4항, 동법 시행령 제19조, 동법 제18조 제4항, 동법 제23조) 할 수 있도록 규정하고 있다.

결론적으로, 산업안전보건법상 안전보건관리체제는 안전 관련 책임자의 역할과 책임규정을 통해 안전보건 의무를 이행하게 함으로써 산업재해를 예방하려는 인적 역할 체제라고 볼 수 있다.

반면, 「중대재해처벌법」 제4조 제1항 제1호에서 "재해예방에 필요한 인력 및 예산 등 안전보건관리체계의 구축 및 그 이행에 관한 조치"라고 규정하고 있고, 동법 시행령 제4조 제1호에서 제9호까지의 규정을 통해 이를 구체화하고 있다. 즉, 「산업안전보건법」 제14조 및 동법 시행령 제13조 제1항에서는 안전 및 보건에 관한 경영방침을 설정하라고 규정한 반면, 중대재해처벌법 시행령 제4조 제1호에는 "사업 또는 사업장의 안전·보건에 관한 목표와 경영방침을 설정할 것"이라고 하여 '목표'를 추가하여 규정하고 있다. 제2호에 "안전·보건에 관한 업무를 총괄·관리하는 전담조직을 둘 것"을 정하고 있는데, 이 규정은 산업안전보건법에는 포함되지 않는 규정으로서 안전·보건 관리를 위해 체계적으로 경영책임자를 보좌하도록 정한 체계의 한 부분이라고 볼 수 있다.

또한, 제3호에서는 유해·위험요인을 확인하여 개선하는 업무절차를 마련하고, 해당 업무절차가 잘 이루어지는 지를 반기 1회 이상 점검하고 필요한 조치를 할 것을 규정하고 있다. 제4호에서는 안전 및 보건에 관한 인력과 시설 및 장비의 구비, 유해·위험요인의 개선 등을 규정하고 있다. 제5호에서는 안전보건관리책임자, 관리감독자, 안전보건총괄책임자 등이 업무수행에 필요한 권한과 예산, 이들의 평가기준 마련과 반기1회 평가·관리의 규정을 정하고 있어 사실상 산업안전보건법상 안전보건관리체제 운용에 필요한 예산 및 평가·관리를 구체화하고 있다.

제6호에서는 안전관리자, 보건관리자, 안전보건관리담당자 및 산업보건의 배치규정을 담고 있는데, 산업안전보건법상 안전보건관리체제 구축의무와 동일하지만, 배치인력의 겸직[185]에 관해 노동부장관이 정하여 고시하는 기준[186]에 따라 안전보건에 관한 업무 수행기간을 보장하도록 한 점에서 차이가 있다. 제7호에서 안전·보건에 관한 종사자의 의견을 듣는 절차를 마련하고 필요한 경우 개선방안을 마련하여 이행하는지를 반기 1회 이상 점검한 후 필요한 조치를 취하도록 정하고 있는데 반해, 산업안전보건법상에서는 규정되어 있지 않은 규정이다.

제8호에서 중대산업재해 발생 또는 급박한 위험에 대비하여 매뉴얼을 마련하고, 매뉴얼에 따른 조치를 반기 1회 이상 점검하도록 규정하고 있는데, 이는 산업안전보건법상의 작업중지 및 대피조치를 위한 업무절차 마련 및 점검 규정의 추가적인 조치규정이라고 볼 수 있다. 제9호에서 도급, 용역, 위탁의 경우 안전·보건을 위한 기준과 절차를 마련하고 반기 1회 이상 점검하도록 규정한 것은 산업안전보건법상의 적격수급인 선정 의무(제61조)와 총 공사금액 2천 만원 이상인 건설공사에 대해서만 산업안전관리비를 계상하도록 하였던 것(제72조)을 더욱 구체화하여 안전 및 보건을 위한 관리비용을 계상하는 기준을 세우도록 확대한[187] 것이라고 볼 수 있다.

---

185 상시근로자 300명 이상, 공사금액 120억 원 이상인 사업장의 경우 안전관리자는 안전관리 업무만 전담하여야 하므로(「산업안전보건법」 제17조 제3항, 동법 시행령 제16조 제2항), 상시근로자 300명 미만의 사업장에 해당하는 규정이다.

186 안전·보건에 관한 업무 수행기간의 기준 고시(고용노동부고시 제2022-14호, 2022. 1. 27. 시행)에 따라 연간 최소 585시간 이상을 보장하여야 하고, 재해위험이 높은 업종 해당 여부, 상시근로자 수에 따라 시간이 추가된다.

187 오대영, “중대재해처벌법의 적용상 쟁점에 관한 소고 - 중대산업재해를 중심으로”, 법조 제71권

이상의 내용을 통해서 중대재해처벌법의 안전보건관리체계는 산업안전보건법의 안전보건관리체제를 구체적으로 지원, 평가, 관리하는 조직과 기준을 설정하고 이에 따른 경영책임자의 의무이행 사항을 구체적으로 규정하고 있다. 안전보건관리체제에서 사업장 단위로 위험성평가와 종사자 의견청취, 작업중지, 근로자 대피 등 대응조치, 구호조치가 수행될 수 있는 업무절차를 마련하는데 반해, 안전보건관리체계는 산업안전보건법상의 구체적이고 개별적인 안전 및 보건 조치들이 실질적으로 이행하고 관리될 수 있도록 인력, 예산을 갖추어 전사적인 안전보건관리체계를 구축[188]하는 것이다.

III. 중대재해처벌법과 산업안전보건법상 책임

중대재해처벌법은 중대재해를 예방하고 시민과 종사자의 생명과 신체를 보호하기 위해 사업주 또는 경영책임자등에게 안전보건 확보의무를 부과하고 이에 대한 부작위로 형사처벌하도록 규정하고 있다.

중대재해처벌법은 개별 사업장 단위의 세부적이고 구체적인 안전보건 조치의무가 아닌, 하나의 사업을 단위로 하여 사업주에 대한 안전보건 확보의무를 부과하는 법이라는 측면에서 산업안전보건법과 다르다. 즉, 산업안전보건법이 사업주의 사업장에 대한 구체적인 안전·보건에 관한 기준 및 그에 따른 조치의무, 사업장의 산업재해 예방 책임자 등을 규정한 반면, 중대재해처벌법은 기존의 산업안전보건법과는 다른 사업주 또는 경영책임자등에게 중대산업재해에 대한 안전·보건 관계법령에 따른 의무이행에 필요한 '관리

제4호(통권 제754호), 법조협회, 2022. 8. 28, 223~334면 참조.

188 오대영, 위의 논문, 335면 참조.

상의 조치 규정'과 구체적인 내용은 시행령으로 위임하고 있다.

여기에서 '관리상의 조치'의 대상이 되는 '안전·보건 관계법령에 따른 의무'는 산업안전보건법상으로는 어떠한 지위와 의무를 지니는지가 쟁점이 될 수 있다. 앞서 건설공사 각 이해관계자의 법적책임을 통해 논의하였듯이 중대재해처벌법상으로 '사업주 또는 경영책임자등' 이라는 명확한 책임주체가 산업안전보건법상 '건설공사발주자', '도급인', '수급인 및 하수급인' 등의 정의에 따라 어떻게 책임과 구성요건이 적용되는지 살펴볼 필요가 있다.

이 문제에 대해 중대재해처벌법상으로는 별다른 예외 규정을 두고 있지 않고 있긴 하지만, 그 기준에 대해서 대검찰청은 "시설, 장비, 장소 등에 대해서 실질적으로 지배·운영·관리하였다고 볼만한 사정이 없는 한, 해당 건설공사 현장의 종사자에 대해 도급인으로서 「중대재해처벌법」 제4조 또는 제5조에 따른 책임을 부담하지 않는 경우가 일반적"이라고 했다.[189]

또한, 산업안전보건법상 사업주는 "근로자와 실질적 고용관계"에 있는 사람이어야 하는 반면, 중대재해처벌법은 실질적 고용관계에 한정하지 않고, 법 제2조 제8호의 사업주 정의 규정에 의해 "타인으로부터 노무를 제공받아 자신의 사업을 하고 있다고 인정되는 사람"으로 규정하고 있다.[190]

다만, 산업안전보건법의 전면개정안이 2020. 1. 16. 시행되면서 도급인의 근로자와 관계수급인 근로자의 산업재해를 예방하기 위한 안전·보건 조치의무를 폭넓게 인정하고 있다.

산업안전보건법과 중대재해처벌법의 구성요건을 비교하면 다음의 표와 같다.

189 대검찰청, 앞의 책, 94면.

190 대검찰청, 앞의 책, 113면.

| 표 17 | 산업안전보건법과 중대재해처벌법의 비교

산업안전보건법	중대재해처벌법
• 건설공사 '인적' 지배력: 근로자와 실질고용관계	• '물적·장소적·경영적 지배력
• 건설공사발주자와 도급인의 구별 (제2조 10호), 시공주도에 따른 지위 여부	• 실질적으로 지배·운영·관리하는 사업 또는 사업장(제4조) • 사업장의 일부인 '시설, 장비, 장소' 등에 대한 실질적 지배·운영·관리 책임(제5조) • 산업안전보건법상 건설공사발주자도 사내 도급시 중대재해처벌법의 실질적 지배·운영에 따른 책임여지
• 건설공사발주자의 의무 (제67조, 제70조, 제72조) • 도급인의 안전·보건 조치의무 등(제63조, 제64조)	• 경영책임자등의 의무 (제4조, 제5조 및 시행령 제4조, 제5조)

결론적으로, 중대재해처벌법은 사업주 또는 경영책임자의 처벌 강화를 통해 산업안전 분야에서 안전경영 시스템을 통해 사회안전망체계를 구축하는 효과를 가질 것으로 보이는 반면, 산업안전보건법은 중대재해처벌법과 달리 세부적인 산업재해 예방기준과 안전보건 관련 책임자의 역할을 제시하고 있다는 측면에서 원칙적으로 목적과 제재가 다른 상호보완적 법률관계를 보이고 있다.

Ⅳ. 형법상 업무상과실치사상죄와의 관계

중대재해처벌법 위반죄, 산업안전보건법 위반죄, 형법상 업무상과실치사상죄는 각각 보호법익(Legally Protected Interest)과 구성요건(Elements of a

Crime)상 차이가 있지만, 법원은 죄수관계에서 상해 혹은 사망의 결과 발생한 경우에 상상적 경합으로 처벌하고 있다.

중대재해처벌법은 법률상 안전보건 확보의무 위반으로 상해 또는 상해의 결과에 대하여 처벌대상으로 삼고 있어 안전보건 조치의무 위반행위에 대한 벌칙 규정 외에 사망 혹은 상해의 결과에 대한 처벌규정을 별도로 두지 않은 산업안전보건법과 기타 개별 법률과는 차이가 있다. 이처럼 중대재해처벌법은 법률상 안전 및 보건 확보의무의 위반으로 인해 중대재해라는 결과 발생에 대한 행위를 처벌함에 있어 형법에 대하여 특별법의 지위에 있다고 볼 수 있는 것이다. 이는 중대재해처벌법 위반죄가 성립되는 경우에 형법상 업무상과실치사상죄는 별도로 성립하지 않는다고 보는 것이 타당하다.

한편 중대재해처벌법상 안전보건 관리체계의 구축 및 안전보건 의무이행의 위반이 인정되는 경우 해당 업무와 관련하여 일반적인 주의의무 위반이 인정된다면 중대재해처벌법 위반죄는 성립하지 않더라도 업무상과실치사상죄는 성립할 수 있는 것이다. 다만, 안전보건 확보의무는 직접적·구체적인 작위의무가 아니라 관리상의 의무에 해당하며, 중대재해처벌법 위반죄의 구성요건에 해당하지 않는 행위를 형법으로 규율하는 것은 법률에 대한 행위자의 신뢰를 배반하여 과도한 처벌로 문제될 수 있으므로 이러한 경우의 업무상과실치사상죄 인정은 매우 엄격하게 판단하여야 할 것이다.

제5절 해외 입법례와 비교법적 고찰

Ⅰ. 미국의 산업안전보건법(OSHA)

우리나라의 산업안전보건법과 중대재해처벌법과 같이 안전보건을 다루는 법규인 미국의 산업안전보건법(Occupational Safty and Health Act, OSHA, 이하 '산업안전보건법'라고 한다)이다. 미국의 산업안전보건법은 산업재해와 직업병 예방을 위한 기준, 연구, 교육의 3가지 핵심과제를 해결하기 위하여 제정되었고, 이는 총칙 조항, 안전보건기준 관련 조항, 안전보건 집행수단과 관련한 조항, 주(State)의 안전보건을 위한 활동 내용, 연구 및 통계 관련 조항, 사업주와 근로자 및 안전보건 관계자 등에 대한 교육에 관한 조항 등으로 구성되어 있다.

미국 산업안전보건법에 의거한 2023년 규정별 위반 건수를 보자면, 주로 건설업 분야에서의 위반 사항이 주류를 이루는데 추락방호 7,271건(1,291건 증가), 위험물질 정보공유 위반 3,213건(531건 증가), 사다리 사용 위반 2,978건(507건 증가), 비계 위반 2,859건(574건 증가), 작업용 차량 및 기계사용 위반 2,561건(639건 증가) 등으로 나타났다.

미국 산업안전보건법에서 사업주란, 노동자를 사용하여 사업에 종사하는 자를 의미한다(제3조). 사업주는 사망 또는 심각한 신체적 손상을 야기하거나 야기할 수 있는 유해요인이 없는 작업 또는 작업장소를 노동자에게 제공하여야 하며[191] 법에 정한 산업안전보건기준을 준수할 의무를 갖는다(제5조). 다만, 동법에서 근로관계를 중심으로 사업주와 노동자 사이의 권리와 의무

191 '일반의무 조항(General Duty Clause)' 이라고 한다.

를 규정하고 있기 때문에 하청업체 노동자 보호에 대한 직접적인 규정은 따로 두고 있지 않다.[192]

건설사업장의 사업주는 직원들을 포함하여 구내에 출입하는 모든 사람들의 안전 및 보건관리에 대한 법적책임이 있고, 이는 사업장에서 일어날 수 있는 각종 위험에 대해 통제해야 한다는 것을 의미한다. 또한, 사업장에서의 사고로 인한 부상, 업무 관련 질병을 예방하도록 규정하고 있다.[193] 우리나라의 중대재해처벌법 규정과 같이 안전보건 의무이행의 단지 부작위에 의한 중대사고 발생을 전제로 처벌하는데 반해 미국의 산업안전보건법에서는 사업주의 일반의무조항의 미준수시 벌칙이 수반되는 강제조항이라는 점에서 구별되며 질적으로도 차이가 있다.

도급인에 있어 행정적 책임을 질 때에는 중대재해의 원인이 고의로 간과되고 있다고 판단되면 자격박탈이나 지명정지 가능성도 있다. 다만, 사망재해가 발생하더라도 즉시 지명정지가 되는 일은 없으며, 재해 원인을 밝히고 책임소재를 명확하게 우선적으로 밝히도록 되어 있기 때문이다.

미국에서는 공동사용자 원리[194]를 이용하여 복수의 민사적 책임을 적용하기도 한다. 산업안전보건법상 위반행위에 대한 규율은 '민사벌칙금제도'를 통하여 규정되어 있다. 민사벌칙금제도는 현재 위반행위를 범하는 사업주에 대하여 뿐만 아니라 보다 구체적으로는 같은 기준 또는 규정을 침해할 가능성이 있는 다른 사업주들에 대하여 자발적으로 위반행위를 시정하도록 하고 이에 따른 인센티브를 제공할 것을 주된 목적으로 삼는다. 범칙금의 액수는

---

192 정진우, "미국 산업안전보건법에서의 도급규제의 법리 전개" 노동법논총 제56집, 2022, 186면.

193 「산업안전보건법」, OSH Act 제5조 제(a)(1)항: 모든 사업주는 그가 고용하는 근로자들에 대하여 사망 또는 중대한 신체적 위해를 초래하고 있거나 초래할 개연성이 있는 인식된 유해위험이 없는 고용 및 고용장소를 근로자 각자에 대하여 제공하여야 한다.

194 공동사용자 원리는 한 근로자의 핵심적 고용조건에 대해 복수의 사용자 모두를 법상 사용자로 간주하여 노동관계법상 책임을 부과하는 원리이다.

위반행위에 대한 효과적인 억제에 이바지하기에 충분하여야 한다는 의도를 분명히 하고 있다.[195]

특히, 건설업이나 제조업의 경우 원·하도급 관계와 하청관계가 있지만 원·하도급 책임에 관한 법률상의 규정은 없고, 다만 당사자 간의 계약에 근거할 뿐이다. 따라서 인명사고에 대한 형사책임은 원도급인지 하도급인지는 관계가 없고, 재해 원인의 발생원에 대해서 제재가 부과되지만「산업안전보건법」제17조에 근거하여 매우 세밀하게 벌금에 대한 액수도 세부적으로 규정되어 있다. 벌금은 기본적으로 사업주가 위반사항을 시정하도록 하기 위한 압력의 형태로 부과하는 것으로 벌금이 낮은 경우 사업주들이 벌금을 비용으로 간주할 우려가 있으므로 그 비용을 초과토록 한다는 것이 안전보건 벌금의 기본 취지로 하고 있으며[196], 위반의 종류는 5종류로 규정되어 있다.[197]

① 중대한 위반: 사망이나 심각한 신체 상해 위반을 말하며, 위반의 경중에 따라 $1,500~$7,000의 벌금이 부과된다.

② 경미한 위반: 안전보건 관련 업무상 직접적인 연관성은 있지만, 경미한 상해로 $1,000까지 벌금을 부과하고 있다.

③ 고의적 위반: 사업주가 위험한 상황의 존재를 인지하고 그 상황이 산업안전보건법 기준에 위반된다는 사실도 알면서 그것을 제거하기 위한 합리적인 노력을 기울이지 않아 의도적 위반으로 해석될 수 있는 위반은 $5,000~$7,000까지 벌금을 부과할 수 있게 규정하고 있다.

---

195 서준호, "산업안전보건법상 건설공사 도급인의 책임에 관한 연구", 동아대학교 대학원 국제법 무학과(박사학위청구논문), 2020, 94면.

196 조흠학, 앞의 논문, 110면.

197 미국노동부, 산업안전보건청
OSHA inspections(http://www.osha.gov/Publications/osha2098.html), 최종검색 2024. 3. 28.

④ 반복되는 위반: 유사한 위반이 반복될 경우, 원래의 소환장이 마지막으로 부여한 명령이 될 때에는 3년 이내에 벌금이 $7,000까지 벌금을 부과하고 있다. 반복적 계산은 사업장 규모에 따라 첫 벌금에 2, 5, 10을 곱하는 방법을 취하고 있다.

⑤ 개선 실패 및 기타 위반: 이전의 위반에 대하여 개선하지 못하였을 경우에 민사 사건으로 분류되어 당초에 개선하기로 한 날로부터 계속되는 위반일까지 일별로 $7,000에 이르는 벌금을 부과하며, 기록이나 보고 등의 위반시 $10,000의 벌금을 부과하거나 최고 6개월까지의 징역을 부과받을 수 있다. 또한, 감독관에게 저항하거나 협박을 하는 등 업무를 방해하는 경우에는 형사상 위반으로 $5,000의 벌금 또는 최소 3년 이하의 징역에 처하도록 규정하고 있다.

이처럼 미국은 현실적인 대처로 중점을 두어 법인의 활동에 대한 법적 규제의 정책적 필요성을 고려하여 벌금부과 중심의 법인처벌이 형사정책적으로 유용하다고 판단하였다.[198] 우리나라와 같이 사업주만을 대상으로 처벌하는 중대재해처벌법 같은 별도의 형사처벌법을 두고 있지는 않고 있다.

Ⅱ. 일본의 노동안전위생법(労働安全衛生法)

일본은 1972년 산업안전·보건에 관한 기준을 정한 「노동안전위생법」을 제정하여 '사업주'를 근로자의 안전 확보를 위한 의무주체로서 명시하고, 사업장에 안전보건관리체계의 구축을 의무화 하고, 산업안전과 재해예방을 위한 구체적인 기술내용은 '노동안전보건시행령'에 규정하였다. 이후 2006년 개정하여 업무의 도급과 아웃소싱의 증대와 근로형태의 다양화 등 근로자의

---

198 이기헌 외, "유해위험작업에 대한 재하도급 제한 방안에 관한 연구", 산업안전연구원, 2016, 26면.

업무환경 변화로 인한 안전보건관리체제를 강구해야 한다는 필요성을 인정하여 주로 제조업에서의 중층적 도급구조에서 원도급 사업주의 책임에 관한 지침을 제정함으로써 도급사업주와 수급사업주의 안전·보건상의 의무를 구체화하게 되었다.

일본의 노동안전위생법은 근로자의 안전 확보를 위한 행정단속법(공법)의 성격을 가지고 있지만, 근로계약을 직접 규율하지는 않는다. 다만, 「노동기준법」 제15조의 근로조건의 명시사항 및 동법 제89조의 취업규칙의 기재사항에서 근로자의 안전·보건에 관한 사항은 당연히 노동안전위생법이 그 해석의 기준이 되고 있다.[199]

「노동안전위생법」 제3조 제1항에 의하면, "사업주는 단지 이 법률에서 정하는 산업재해방지를 위한 최저기준을 준수할 뿐만 아니라, 쾌적한 직장환경의 실현과 근로조건의 개선을 통하여 직장에서 근로자의 안전과 건강을 확보하여야 한다. 또한, 사업주는 국가가 실시하는 산업재해 방지에 관한 시책에 협력하여야 한다."고 규정하고 있다.

또한, 법 제28조의2 제1항은 "안전관리를 위해 사업주는 건설물, 설비, 원재료, 가스, 증기, 분진 등에 의하거나, 또는 작업행동 그 밖의 업무에 기인하는 위험 또는 유해성 등을 조사하고 그 결과에 따른 조치를 강구하는 외에 근로자의 위험 또는 건강장해를 방지하는데 필요한 조치를 세우도록 노력하여야 한다"고 규정하고 있다. 특히, 법 제29조의 2항에 의하면, 건설업의 원사업주에 의한 작업장소의 안전확보조치로서 건설업에 속하는 사업의 원사업주는 토사 등이 붕괴될 염려가 있는 장소, 기계 등이 넘어질 염려가 있는 장소, 그 밖의 후생노동성령에서 정하는 장소에서 관계수급인의 근로자가 해당 사업의 업무를 작업할 때에는 해당 관계수급인이 마련하여야 할 해당 장

199 서준호, 앞의 논문, 46면.

소와 관련된 위험의 방지조치를 적정하게 연구하도록 기술상의 지도, 그 밖의 필요한 조치를 마련하여야 한다고 명시하고 있다.[200]

사업주로 한 장소에서 수행하는 사업의 일부를 수급인에게 도급한 자 중, 그 근로자나 수급인의 근로자가 해당 장소에서 작업을 수행할 때에는 이들 근로자의 작업이 동일한 장소에서 수행되는 것에 의하여 발생하는 노동재해를 방지하기 위하여 총괄안전위생책임자를 선임하도록 규정하고 있다. 이러한 규정은 건설업, 조선업 등과 같은 분야에서는 수차에 걸친 도급계약에 의하여 동일 장소에서 다수의 수급인이 혼재하여 작업을 수행하는 경우가 많고, 이와 같이 동일한 장소에서 작업하는 다수의 수급인 상호간에 작업 수행에 관한 연락조정의 불충분 등의 원인으로 발생하는 산업재해의 방지를 위하여, 협의조직의 설치 및 운영, 작업 간의 연락조정, 관계수급인이 수행하는 안전보건교육에 대한 지도 및 원조 등의 조치를 마련하여야 한다고 규정한 것이다.[201]

법 제30조의 3[202]은 수차의 도급계약 등의 구호조치 등에 관한 규정인데,

---

200 서준호, 앞의 논문, 48면.

201 서준호, 앞의 논문, 50면.

202 「노동안전위생법」 제30조의 3(수차의 도급계약에 의한 경우 등의 구호조치 등)

① 제25조의2 제1항에서 규정하는 일이 수차의 도급계약에 의해 이루어지는 경우(제4항의 경우를 제외한다)에는, 원사업주는 해당 장소에서 해당 업무의 작업에 종사하는 모든 근로자에 관하여 동조 제1항 각호의 조치를 마련하여야 한다. 이 경우에는 해당 원사업주 및 해당 원사업주 이외의 사업주에 대해서는 동항의 규정은 적용하지 않는다.

② 제30조 제2항의 규정은, 제25조의2 제1항에서 규정하는 업무의 발주자에 대하여 준용한다. 이 경우에 제30조 제2항 중 '특정원사업주'는 '원사업주'로, '특정사업의 업무를 2 이상'은 '업무를 2 이상'으로, '전항에서 규정하는 조치'는 '제25조의2 제1항 각호의 조치'로, '특정사업의 업무의 전부'는 '업무의 전부'로 한다.

③ 전항에서 준용하는 제30조 제2항의 규정에 의한 지명이 되지 않은 때는, 동항의 지명은 노동기준감독서장이 한다.

④ 제2항에서 준용하는 제30조 제2항 또는 전항의 규정에 의한 지명이 된 때에는, 그 지명된 사업주는 해당 장소에서 해당 업무의 작업에 종사하는 모든 근로자에 관하여 제25조의2 제1항 각호의 조치를 마련하여야 한다. 이 경우에는 해당 지명된 사업주 및 해당 지명된 사업주 이외의 사업주에 대해서는 동항의 규정은 적용하지 않는다.

법 제25조의2 제1항에서 규정하는 업무가 여러 단계의 도급계약에 의해 수행되는 경우에는 원사업주가 구호에 관하여 사전조치 등을 마련하여야 한다. 또한, 법 제25조의2 제1항에서 규정하는 업무가 여러 단계의 도급계약으로, 원사업주의 근로자와 관계수급인의 근로자 등이 공동으로 작업을 하는 경우에는 관계수급인각자에게 구호에 관한 사전조치 요구는 비현실적이고 효과적인 방법이 아니므로 원사업주에게 사전조치를 취하게 하는 것이다. 그러나 그것이 근로자에 대한 관계수급인 등의 사업주에게 사업주로서의 개별적인 안전배려의무를 면제하는 것은 아니다.

일본은 「노동안전위생법」 제1조에 규정했듯이 안전보건관리에 있어 사업주가 사업장의 구체적인 상황을 고려하여 자주적인 활동으로 책임을 부과하고 있다. 2006년 노동안전위생법 개정 당시 제조업에서 원사업주의 책임으로 관계 도급인과의 작업에 따른 연락 및 조정, 그 밖의 필요한 조치를 취할 의무를 명문화하였고, 원사업주와 관계수급인 사이에 필요한 정보 공유를 위한 '협의회'를 설치하여 정기적으로 '협의회'를 개최하도록 의무화하였다. '협의회'에서 협의한 결과는 근로자에게 주지시키도록 하고 있고, 이러한 비공식 '협의회'를 통하여 사업주에게 자주적인 활동으로 안전관리를 촉진하는 체제가 되고 있다.[203]

노동안전위생법을 위반하였을 경우에 실제로 처벌하는 수위는 낮은 편이다. 다만, 노동안전위생법을 위반한 사실을 은폐·허위로 보고할 때에는 이를 공표하여 사회적 신용도를 훼손하는 방법으로 그 실효성을 확보하고 있다. 실제로 산업재해의 발생을 허위·은폐하였을 때에는 법 제120조 제5호에 의

⑤ 제25조의2 제2항의 규정은 제1항에서 규정하는 원사업주 및 전항의 지명된 사업주에 대하여 준용한다. 이 경우에는 해당 원사업주 및 해당 지명된 사업주, 해당 원사업주 및 해당 지명된 사업주 이외의 사업주에 대해서는 동조 제2항의 규정은 적용하지 않는다.

203 서준호, 앞의 논문, 60면.

거 50만엔 이하의 벌금에 처한다.[204]

이상과 같이 일본의 노동안전위생법은 몇 가지 특징으로 정리할 수 있다.

첫째, 노동안전위생법은 우리의 중대재해처벌법에 비해서 사업주의 책임을 보다 구체화하고 있고, 하도급 등의 고용관계에서 원도급자가 안전보건총괄책임자를 선임하도록 의무화하여 책임 소재를 명확히 하고 있다.

둘째, 산업재해의 발생시 '사업주' 책임으로 의무주체를 명확히 명문화하고 있어 산업재해 방지를 위하여 법에서 정한 최소기준을 준수하여야 하고, 쾌적한 업무환경을 유지하고 근로조건을 개선하여 항상 근로자의 안전과 건강을 확보하도록 하고 있다.

셋째, 사업주의 자주적인 활동과 책임을 부여하고 있으며, 원사업주와 관계수급인 간에 필요한 각종 정보를 공유하기 위한 '협의회'를 설치하도록 하여 정기적으로 '협의회'를 개최하도록 의무화하여 안전관리를 촉진하는 체제를 형성하도록 규정하고 있다.

III. 영국의 법인과실치사법(CMCHA)과 CDM제도

2021. 1. 26. 중대재해처벌법이 제정되는 과정에서 영국의 법인과실치사법(CMCHA, Corporate Manslaughter and Corporate Homicide Act[205]의 입법례를 상당부분 참고하였고, 이는 기업처벌의 요건을 마련하거나 처벌 수위를 높이는데서 비롯되었다. 영국의 직장안전보건법(HSWA, Health and Safty at Work etc Act)은 유럽연합의'

204 서준호, 앞의 논문, 61면.

205 법인과실치사법(Corporate Manslaughter and Corporate Homicide Act 2007)은 '기업과실치사법' 또는 '기업살인법' 등으로 번역하여 호칭되고 있으나, 본 책에서는 '법인과실치사법'으로 호칭하기로 한다.

직장안전에 관한 기본지침'의 원칙을 담아 개정되었으며, CDM(Construction Design & Management Regulation)은 영국 직장안전보건법(HSWA)의 하위법령으로서 '건설업 개별지침'의 원칙을 담아 1994년 제정되었다. [206]

영국에서는 위험관리시스템의 실패로 인하여 재해사망을 초래한 해당 기업에 대하여 중과실치사죄를 적용하여 처벌하기 위한 새로운 입법이 요구되기 시작하였다. 특히 1987년 도버해협에서 출항한 '헤럴드 오브 엔터프라이즈(MS Herald of Free Enterprise)호'가 선수문을 닫지 않고 출항하였던 바람에 침몰하여 190여명이 사망하는 사건은 영국사회에 큰 충격을 줬고, 이로 인해 법인과실치사법이 제정되었다.

영국의 산업안전보건청(HSE: Health and Safety Executive)[207]이 공표한 2022/2023년 산업재해 보고서[208]에 따르면 사고사망자 123명(RIDDR[209]), 상해사고 피해자 60만명(Labour Force Survey[210])이 발생하였다. HSE는 사전적 예방 캠페인과 조사 감독 등이 두드러지는 특징이 있다. 이를 통해 230건 이상의 중대재해 및 5,500건 이상의 비사망 사고 조사가 진행되고 이러한 활동

---

206 최수영, "CDM 제도로 본 영국 건설사업의 협력적 안전관리체계", 건설정책저널, 2020, 32면 참조.

207 영국의 산업안전보건청(HSE)은 직장 건강 및 안전에 대한 노동부 산하 독립된 국가 규제기관으로서 "HSE가 앞장서지만 혼자 행동하지는 않는다"는 규율을 가지고 있다. 관련한 모든 사람 즉, 고용주, 노동조합, 기관, 학계, 협회 등 많은 단체와 기관들과 같은 역할을 한다. 만약 HSE가 일을 바로 잡도록 도와준다면 그들의 시간을 지불해야 하는데, 이를 감독(중재)비용(FFI, Fee for Intervention)이라고 한다.
HSE 2022-2032 5대 전략목표: ① 정신건강 및 스트레스에 중점을 둔 업무상 질병 감축, ② 사람들이 생활하고 일하는 일상환경에서 안전함을 느낄 수 있도록 신뢰성 향상, ③ 중대산업사고 예방 및 넷제로(Net Zero) 달성을 위한 산업의 안전한 혁신지원, ④ 영국이 가장 일하기 안전한 국가 중 하나라는 기록 유지, ⑤ HSE가 일하기 좋은 곳이 되도록 보장, 우수한 인재유지 및 보유.

208 HSE, HSE Anual Report and Accounts 2022 to 2023, 10면 / 안전보건공단, 국제 산업안전보건동향, 2023. 10, 3면.

209 RIDDS; The Reporting of Injuries, Diseases and Dangerous Occurrences Regulations 2022.

210 Estimates Based on Self-reports from the Labour Force Survey.

목표치인 80%를 상회하여 12개월 이내 사망조사의 86%를 완료하는 활동과 함께 고위험 작업 기획감독을 포함하여 16,800건 이상의 재해예방 감독을 실시하였다.[211]

건설분야에서는 분진(석면 포함), 근골격계 문제, 스트레스 등 질환의 주 원인에 중점을 둔 주요 보건캠페인을 통해 2,348건의 감독을 실시하였다고 보고되고 있다. 특히, 산업안전보건청(HSE)의 2022-2023 5대 전략목표의 네 번째 목표가 "영국이 가장 일하기 안전한 국가 중 하나라는 기록 유지"는 '법인과실치사법'이라는 강력한 입법에도 불구하고 노무자들의 안전보건을 위한 사전적 노력과 캠페인에 얼마나 공을 들이는가를 고스란히 반영하고 있는 대목이라 할 수 있다.

영국의 산업안전보건청(HSE)의 연간보고서를 통해 업무상 질병 주요 원인인 폐질환, 근골격계 질환, 업무상 스트레스를 줄이기 위한 사전적 노력과 성과는 공동연구, 캠페인, 현장방문 등의 다각적인 접근과 개입을 통해 2022/2023년 목표의 상당부분 달성한 것으로 보인다. 다만, 업무상 질병 평가전략 수립의 경우 단기간의 가시적인 성과보다는 장기적인 관점에서 진행중인 것을 볼 수 있다.

이러한 영국의 법인과실치사법이 우리나라의 중대재해처벌법에 비해 주요한 차이점이 있다.

첫째, 영국의 법인과실치사법은 그 구성요건상 조직체의 활동이 관리·조직되는 방법에 현저히 문제가 있는 경우와 같은 조직체의 조직문화에 초점을 맞추어 기존의 산업안전보건법 체제와는 다른 범죄구성요건을 규정하고 있는데 반해, 우리의 중대재해처벌법은 범죄구성요건에 있어 산업안전보건

211 HSE, 앞의 동향, 5면.

법과 동일하거나 매우 유사하다. 둘째, 영국의 법인과실치사법은 경영진 개인이 아니라 법인을 처벌하고 있는 반면에, 우리의 중대재해처벌법은 사업주 또는 경영책임자 개인을 처벌 대상으로 하고 양벌규정을 통해 법인을 처벌하고 있다. 셋째, 영국의 법인과실치사법은 기존의 직장안전보건법 등 사업장 안전보건관계법의 구성요건과 비교하여 가중적인 요소를 규정하고 있는 반면, 우리의 중대재해처벌법은 산업안전보건법 등 기존의 사업장 안전보건관계법의 결과적 가중범이나 형법상 업무상과실치사죄 등은 전혀 정비하지 않은 차이가 있다.

넷째, 중대산업재해의 보호대상에 있어 영국의 법인치사과실법은 직장안전보건법에서 더 확대되지 않은 반면, 우리의 중대재해처벌법은 기존 산업안전보건법보다 훨씬 강한 처벌을 규정하고 있음에도 보호 대상은 오히려 대폭 확대되었다.

다섯째, 가중처벌의 대상에 있어 영국의 법인과실치사법은 사망재해 발생만으로만 규정한데 반해서 우리의 중대재해처벌법은 사망재해 외에 부상, 질병 발생까지도 포함하고 있다. 여섯째, 영국의 법인과실치사법은 하한형을 규정하고 있지 않는 반면, 우리의 중대재해처벌법은 하한형을 규정하고 있다. 일곱째, 범죄구성요건에 있어서 영국의 법인과실치사법은 중한 결과에 사망재해만 포함하고 있고, 실제 처벌된 법인은 연간 약 2.5개에 불과한 반면, 우리의 중대재해처벌법은 중한 결과에 사망재해가 아닌 부상과 질병재해까지 포함하고 있어 실제 경영책임자 처벌에 있어 연간 50명을 상회할 가능성이 있다. 여덟째, 영국의 법인과실치사법은 징벌적 손해배상을 규정하고 있지 않은 반면, 중대재해처벌법은 형사처벌과 징벌적 손해배상을 병행하여 책임을 지운다. 아홉째, 법적용에 있어서 영국의 법인과실치사법은 모든 규모의 조직에 대해 적용되는 반면, 중대재해처벌법은 중대재해 발생이 빈번한 5인 미만 소규모 기업에 대해서는 제외하고 있다. 열째, 영국은 오랜 기간 국회를 중심으로 정부, 전문가, 노사단체, 시민단체 등의 충분한 기간의 논의와 협의를 거쳐 제정된 반면, 우리의 중대재해처벌법은 아주 짧은 단기간에 사회적 당사자들간의 충분한 논의와 전문가의 참여와 합의과정 없이 급하게 제정되었다.[212]

영국 건설업의 산업안전보건체계를 보자면, 사업자들은 직장안전보건법상의 일반의무 이외에도 건설업에 대하여 구체화된 추가의무를 이행하여야 한다.[213]

건설(설계 및 경영)명령 제8조는 건설업의 안전보건에 대하여 관여자의 일반의무를 두고 있다. 즉, 건설공사를 수행하는 설계자, 도급인(발주자, Client), 노무제공자(Workers) 및 대표 설계자(Principal Designer), 대표 도급인(Principal Contractor) 등은 공사로 인하여 영향을 받는 자의 안전보건 보장을 위하여 필요한 지식과 기술, 경험을 가져야 한다. 설계자나 도급인을 선임할 권한이 있는 자에게도 그러한 지식 등을 보유한 자를 선임할 의무를 가진다. 의무부담자는 각자의 의무가 이행될 수 있도록 상호 협력할 의무도 가진다.[214]

또한, 영국의 CDM 제도[215]는 건설공사의 안전과 관련되는 모든 사람들에게 책임을 부여하고 있다. 건설업 분야에 있어서 건설공사를 기획하고 발주

---

212 정진우, 앞의 책, 93~95면 참조.

213 권혁·이승길, 「도급의 유형과 산업안전보건 책임의 한계」, 안전보건공단, 한국산업안전보건연구원, 2016, 75면.

214 권혁 외, 앞의 책, 76면.

215 CDM제도(Construction Design and Management Regulation): 영국의 제도로서 건설공사 안전에 관계되는 모든 사람들에게 각각의 책임을 부여하고 있는 제도로서, 영국에서 500인/일 또는 예정 공사기간이 30일 이상이거나 20인 이상 근로자가 종사하며, 협력업체가 있는 모든 현장에 도입하여 적용하고 있다. 이 제도는 건설공사의 계획, 설계, 시공 등 공사 전반에 걸친 일관된 안전 확보를 목적으로 발주자, 안전감독자, 설계자, 원도급자, 하도급자가 공사 각 단계에서 협력하여 안전성을 검토하고, 각각의 안전 확보를 위한 의무사항을 부여한다.

하는 발주자는 현장에 적절한 시간과 자원을 배분하여 관리하여야 하며, 공사시행에 있어 적절한 조치를 취할 의무를 가지며(건설 명령 제4조), 공사로 인해 영향을 받는 자들의 안전 및 보건에 관한 위험이 발생하지 않도록 공사를 시행할 의무가 있다. 또한, 명령의 부칙2에서 규정하는 보건 및 위생에 관련된 시설을 설치·유지하여야 할 의무 등도 포함하고 있다.

이러한 조치들은 공사기간 중에 계속하여 유지·보수하여야 한다.[216] 영국의 법인과실치사법도 관계수급인에 대한 안전보건 확보의무는 인정하고 있으나, 직장안전보건법 등 기존 법에서 명시하고 있는 의무를 그대로 준용하여 기업과실치사법으로 인하여 도급인의 의무가 추가되거나 확대되지는 않는다.[217]

정리하자면, 영국의 법인과실치사법은 법인 경영진의 의사결정이 조직관리 및 구성에 중대한 문제를 야기하고, 이로 인해 실무진의 과실이나 사업장의 관리소홀로 이어져 사망사고가 발생하는 인과관계가 있어야 처벌이 가능하며, 양형도 기준에 따라 법인의 매출액과 과실 정도에 따라 달리 결정된다.

IV. 독일의 산업안전보건보호법(Arbeitsschutzgesetz)

독일 「민법」 제618조에서의 안전배려의무는 산업안전과 관련한 사법상 배려의무이다. 우리나라의 중대재해처벌법과 같은 사실상 형사법적 처벌의 법규는 제정되어 있지 않으나, 근로자의 안전보건에 관하여 통합적이진 않지만 국가와 주정부에 의해 다양한 별도의 법과 규칙을 두고 있다.

다만, 우리나라 산업안전보건법과 같은 공법상 근로자의 안전과 건

216 권혁 외, 앞의 책, 79면,

217 정현희, 앞의 책, 79면,

강을 확보한다는 측면에서 연방·주 정부의 「산업안전보건보호법」(Arbeitsschutzgesetz)'[218]과 재해예방규칙(UVV)[219]을 두고 있다.

독일은 노동법·사회법, 공법·사법의 다양한 법체계로 분산된 다중적이고 복합적인 구조를 가지고 있으며,[220] 기본적인 규정만이 통합되어 있을 뿐이고 '국가에 의한 「산업안전보건법」(staatliches Arbeitsschutzrecht)' 및 '재해보험조합을 통한 자치적인 「산업안전보건법」(autonomes Arbeitsschutzrecht) 체계'라는 이원적 체계를 통해 자율적 안전보건을 도모하고 있다.[221] 국가기관은 노동보호법에 기초해 정책의 수립과 사업장 감독 업무를 수행하고, 직종조합 주체가 재해예방규칙(UVV)의 준수 여부에 대하여 자문과 감독을 실시한다.

독일의 도급관계에서의 산업안전보건보호법상 안전보건 확보의무의 주체는 원칙적으로 '사용자'이다. 이에 하청사업주는 사내하도급 근로자의 산업안전보건과 관련해 독자적인 사용자 책임이 있다. 하지만 사내하도급 근로자가 근로를 제공하는 사업장이 원청사업주의 사업장인 경우가 대부분이고, 독자적으로 안전과 관련된 작업환경, 시설 등을 개선할 여지가 거의 없지만, '사용자 간의 협력의무'를 두고 있다.[222]

독일의 건설발주자는 「산업안전보건보호법」 제8조 제1항에 규정된 사용자 간의 '협력의무'를 통해 사업주 상호간, 근로자에 대한 위험정보의 제공, 적절한 보호조치의 조정의무가 있다. '협력의무'는 동법에서 구체적으로 정

---

218 Arbeitsschutzgesetz: Gesetz Über die Durchführung von Maβnahmen des Arbeitsschutzes zur Verbesserung der Sicherheit und des Gesundheitssutzes der Beschaftigten beider Arbeit)의 약어, 독일의 '산업안전보건보호법'으로서 우리나라에는 '노동보호법'으로도 소개가 되었으며, 우리의 '산업안전보건법'에 해당한다.

219 UVV; Unfallverhütungsvorschriften의 약어로서 '재해예방규칙'이다.

220 정진우, "산업안전보건법 국제비교: 독일, 미국, 영국, 일본, EU", 한국학술정보, 2013, 30면.

221 박찬임 외 7인, 「사내하도급과 산업안전-제조업을 중심으로」, 한국노동연구원, 2015, 65면.

222 서진두·이승길, "중대재해처벌법상 도급관계에서 안전보건 확보의무 이행주체에 관한 소고", 사회법연구 제48호, 2024, 267면.

하고 있는데, 「건설현장령」 제3조 1항 1문 규정에 의하여 여러 사용자의 취업자가 하나의 건설현장에서 업무를 수행할 때에는 1명이나 그 이상 복수로 산업안전보건의 '코디네이터(Koordinator)'를 선임하여야 한다. 코디네이터는 건축물의 규모와는 상관없이 선임하여야 하며, 코디네이터의 선임은 계획단계 및 수행단계에서도 선임하도록 되어 있다. 코디네이터가 선임되었다고 하더라도 건축주 또는 그 위임받은 제3자의 책임은 면제되지 않으며(건설현장령 제3조 제1a항), 결국 건축주는 코디네이터의 선임과는 별도로 건설현장령에 따라 의무이행에 대한 책임이 항상 존재한다고 본다.[223]

따라서 코디네이터는 동법 제4조에 의거 산업안전보건보호 조치의 8대 일반원칙[224]을 준수하면서 「건설현장령」 제3조 제2항 제1호에 의거 동시 또는 순차로 수행할 작업을 분류하여 작업시간을 조정하는 역할을 한다.

동법 제8조 제2항에 하나의 사업장 내에 다른 사용자의 노무자가 업무를 실시하는 경우 위험과 관련한 적정한 교육 및 지시에 대한 확인의무가 규정되어 있다. 다만, 사용자 간에 협력정도와 다양한 형태는 사업주의 판단에 따라 달

---

223 서준호, 앞의 논문, 43면.

224 「산업안전보건보호법」 제4조(일반 원칙) 사용자는 산업안전보건의 조치시 다음과 같은 일반적 원칙에 의해 행해야 한다.

1. 생명, 건강에 대한 위험을 최대한 예방하고 가능하면 현존하는 위험이 최소화되도록 근로형태를 조직해야 한다.
2. 위험은 그 근원을 없애야 한다.
3. 산업안전보건조치시 기술, 노동의학, 위생 및 그 밖의 노동학술상 확립된 이론이 고려되어야 한다.
4. 산업안전보건조치는 기술, 근로체계, 그 밖의 근로조건, 사회적 관계, 작업장에 대한 환경의 영향을 적절히 연관시킬 목적으로 계획되어야 한다.
5. 개인을 위한 보호조치는 다른 조치보다 우위에 있다.
6. 특별한 보호가 필요한 노무집단은 특수한 위험을 고려해야 한다.
7. 노무자에게는 적절한 지시가 있어야 한다.
8. 직간접적으로 성별에 따른 효과를 미치는 규정은 생물학적 사유로 부득이 필요한 경우에 한하여 허용된다.

라질 수 있다.[225] 여기서 '협력'은 협력체계의 구성과 위험성 평가의 실시 등 구체적인 조치이며, 동법 제8조 제2항 규정에 의거하여 하청사업주의 모든 인력에 대한 적절한 교육과 지시 및 전달은 원청사업주가 확인해야 한다.

독일의 「산업안전보건보호법」 제25조는 고의 또는 과실로 안전보건상 의무위반을 한 경우 형벌이 아닌 과태료를 부과하도록 규정하면서, 제26조에서 일정한 구성요건을 충족한 경우에만 형벌을 부과하도록 규정하고 있다. 구체적인 구성요건을 보면, 안전보건상 의무 위반 행위를 의식적으로 반복한 자 또는 고의로 위 의무 위반 행위를 함으로써 근로자의 생명 또는 건강을 위태롭게 한 자를 처벌하도록 규정하면서 최대 1년의 자유형 또는 벌금형에 처하도록 규정하고 있다.[226]

우리나라와 달리 독일의 형사처벌은 과태료 처분에 해당하는 행위를 전제로 하여 이러한 정도를 넘어서는 고의행위에 대해서만 처벌하고 있으므로 실제로 이를 처벌한 사례는 거의 발견되지 않는다.[227] 또한 독일은 법인의 처벌과 관련하여 양벌규정이 없고, 법인의 경우 형법이론에 근거하여 형사처벌은 할 수 없으며, 다만 질서위반법으로 규율하고 있을 뿐이다.

독일의 산업안전보건보호법에서는 도급사업 관계에서 원·하청사업주 간 독립적인 의무와 상호 간의 협력의무를 강조하고 있으며, 발주자의 책임과 근로자에 대한 적절한 교육과 지시의 여부를 중요하게 다루고 있다. 안전보건을 위한 현장별 코디네이터의 선임을 통한 조율의 역할과 협력을 통한 체계의 구성, 위험성 평가 실시 등 보다 구체적인 규정을 통해 역할과 책임을 부여하고 있다.

---

225 김기선, "사내하도급과 산업안전보건 거버넌스", 강원법학 제48권, 강원대학교 비교법학연구소, 2016. 6, 44면.

226 대검찰청, 앞의 책, 28면 / 권혁, "중대재해 처벌 등에 관한 법률의 이론과 실무", 2021, 참조.

227 박희영, "독일의 산업안전보건 관련 법률의 처벌규정", 한국산업안전보건공단 제21집 제1호, 32면.

V. 시사점

이상과 같이 해외 안전보건 관련 입법사례에서 보듯이 미국의 「산업안전보건법」(OSHA)은 사업주의 일반의무 조항의 미준수시 벌칙이 수반되는 강제조항이라는 점에서 우리의 중대재해처벌법과는 구별되고 있다. 또한, 위반행위에 대해서는 민사벌칙금제도를 통하여 위반의 경중에 따라 $1,500에서 $10,000에 이르는 벌금을 부과하거나 기록이나 보고 등을 위반한 경우 6개월의 징역을 부과받을 수 있다. 특히, 감독관을 향한 저항·협박이나 업무방해의 경우 형사상 위반이 되어 $5,000의 벌금이나 최소 3년의 징역에도 처하도록 규정하고 있다. 위반행위에 대해 시정하면 인센티브 제공을 목적으로 삼는다. 건설업의 경우는 원·하도급 관계와 하청관계가 있지만 원·하도급 책임에 관해서 법률상의 규정은 없고, 당사자간의 계약에 근거하여 책임이 있을 뿐이다.

일본의 경우는 「노동안전위생법」을 통해 근로자의 안전보건 확보의 의무주체를 사업주로 명시하고 있어 행정단속법의 성격은 있지만 근로계약을 직접 규율하지는 않고 있다. 다만, 원사업주와 관계수급인 사이에 필요한 정보 공유를 위한 '협의회'를 설치하여 개최하도록 의무화하여 자주적인 활동으로 안전관리를 촉진하고 있다. 노동안전위생법 위반시 처벌수위는 낮지만 은폐나 허위보고시에는 이를 공표하여 신용도와 명예를 훼손하는 방법으로 실효성을 거두고 있으며, 산업재해 발생시 의무주체가 명확히 사업주 책임으로 명문화되어 있어 안전보건 근로환경을 확보하고 있는 면은 우리나라와 동일하다.

영국의 「법인과실치사법」은 우리의 중대재해처벌법 제정에 큰 영향을 주었던 사례로서 전략목표 중 "가장 일하기 안전한 국가 중 하나라는 기록 유지" 목표를 가지고 있다. 그럼에도 불구하고 법인과실치사법이 우리와 다른 점은 사망재해 발생에 한해 적용하는데 처벌도 경영진 개인이 아니라 법인을 처벌

대상으로 삼고 있다는 점이다. 이를 관장하는 영국의 산업안전보건청(HSE)은 조직체의 활동이 관리·조직되는 방법과 조직문화에 초점을 맞춰 장기적인 목표 아래 공동연구, 캠페인, 현장방문 등 구체적인 활동전략을 실천하고 있음을 알 수 있다. 건설분야에 있어서 도급인이 관계수급인에 대한 안전보건 확보의무는 인정하고 있으나 기존 산업안전보건법 기반에서 법인과실치사법 제정으로 인한 도급인의 의무가 추가되거나 확대되지는 않음을 알 수 있다.

독일의 경우는 우리의 중대재해처벌법과 같은 형사처벌 법규는 제정되어 있지 않으며, 국가의 「산업안전보건법」과 연방·주정부의 「산업안전보건보호법」과 「재해예방규칙(UVV)」에 기반하고 있다. 독일의 건설발주자는 협력의무를 통해 근로자의 적절한 보호조치 의무를 규정하고 있으며, 현장엔 규모에 관계없이 산업안전보건의 코디네이터를 선임하도록 하여 현장조율과 협력을 통한 안전체계 구성, 위험성 평가 실시 등 구체적인 역할과 책임을 부여하고 있다. 산업안전보건보호법 자체의 의무위반에 대한 과태료 규정은 없으며, 사업주가 법인인 경우에는 독일 형법에서 법인의 형사책임을 부정하고 있기 때문에 건설현장의 산업재해에 있어 형사처벌은 과태료 처분이 행해질 뿐이며, 다만 고의 행위에 대해서만 처벌하지만 처벌사례는 거의 발견되지 않는다.

이와 같이 해외 선진국 사례와 같이 영국, 미국, 독일의 경우 고의에 의한 범죄에 대해서만 처벌하고 있으나 실제 경영책임자를 처벌한 사례는 거의 발견되지 않는다. 계약 주체간의 책임을 중시하고 기본적으로 사용자 책임이 우선하여 형사적 처벌보다는 행정질서벌인 과태료나 행정형벌인 벌금을 강력하게 부과하여 법인을 타격하고 있다. 일본의 경우도 고의가 아니고서는 법위반시 처벌보다는 사고에 대한 공표 등을 통해 신용도와 명예를 떨어뜨려 사업경영에서의 불리한 제재를 가하고 있어 우리나라처럼 형법의 자유형 처벌로 경영책임자를 기소하는 사례는 보기 드물다. 특히, 중소기업의 경우 사업주 또는 경영책임자의 영향력이 절대적이라 혹시 형사적 처벌로 인한 사업주 부재와 연쇄적으로 고용인과 관계수급인들의 일터가 흔들일 것이 자명하다. 따라서 기업경영을 해치지 않으면서도 처벌효과를 통해 입법목적을 가져올 수 있는 대안적 성찰이 필요한 이유이다.

제4장

중대재해처벌법 적용 현황과 판결 사례

제1절 중대재해처벌법 적용 현황과 쟁점

Ⅰ. 개설

중대재해처벌법은 적용에 있어 중대산업재해에 이르게 한 '사업주 또는 경영책임자'라는 신분범을 수범자로 하고 있다. 다만, 경영책임자의 지위의 특정에 있어 「중대재해처벌법」 제2조 제9호에 "사업을 대표하고 사업을 총괄하는 권한과 책임이 있는 사람"이라는 확장된 개념을 쓰고 있다. 대표이사가 있기는 하지만 실제 회사의 통제권을 행사하고 권한을 가진 사람이 누구인지 찾아가는 구조이다.

건설공사의 최근 법원 판결을 통해 드러난 법적용과 처벌에 있어 의무위반 유형과 양향요인, 처벌의 쟁점 등을 통해 합리적으로 제기되는 법리적 문제점을 도출하는 것은 입법취지와 법익실현을 위해 해소해야 할 중요한 과제이다.

Ⅱ. 중대산업재해 사고유형과 업종별 현황

「중대재해처벌법 시행령」 제4조에서 안전보건관리체계의 구축 및 이행조치의 구체적인 사항 1~9호까지를 규정하고 있고, 동법 제4조 제1항 제4호에 따른 조치에 관한 구체적인 사항을 동법 시행령 제5조(안전·보건 관계 법령에 따른 의무이행에 필요한 관리상의 조치)의 1~4호로 규정하고 있다. 다만, 중대재해처벌법은 산업안전보건법 등 행정형법과 달리 기본행위에 해당하는 '안전보건 확보의무 위반'에 대한 기본행위를 한 것만으로는 처벌할 수 없지만,[228] 의무이행의 부작위에 의한 중한 결과 발생의 인과관계가 성립될 때 처벌할 수 있다.

다음은 중대재해처벌법 위반에 따른 재해 현황과 법원 판결 현황이다.

| 표 18 | 중대재해처벌법 위반 재해현황과 판결

판결번호	피고	재해현황	법원 판결
1	㈜온유파트너스 건설업	추락	의정부지방법원 고양지원 2023.04.06. 선고 2022고단3254 판결
2	한국제강 제조업	맞음	창원지방법원 마산지원 2023.04.26. 선고 2022고합95 판결
3	㈜시너지건설 건설업	맞음	인천지방법원 2023.06.23. 선고 2023고단651 판결
4	만덕건설 건설업	끼임	창원지방법원 마산지원 2023.08.25. 선고 2023고합8 판결
5	건륭건설(주) 건설업	맞음	의정부지법 고양지원 2023.10.06. 선고 2022고단3255 판결
6	국제경보산업 공동주택관리업	추락	서울북부지방법원 2023.10.12. 선고 2023고단2537 판결
7	제동종합건설(주) 건설업	깔림	제주지방법원 2023.10.18. 선고 2023고단146 판결
8	두성산업(주) 제조업	독성감염	창원지방법원 2023.11.03. 선고 2022고단1429 판결
9	정안철강 제조업	넘어짐	대구지방법원 서부지원 2023.11.09. 선고 2023고단1746 판결
10	홍성건설 건설업	깔림	대구지방법원 서부지원 2023.11.17. 선고 2023고단593 판결
11	㈜제효 건설업	추락	서울중앙지방법원 2023.11.21. 선고 2023고단3237 판결
12	성무종합건설 건설업	끼임	부산지방법원 2023.12.21. 선고 2023고단1616 판결

228 정진우, 앞의 책, 52면.

판결번호	피고	재해현황	법원 판결
13	삼성포장 제조업	끼임	대구지방법원 2024.01.16. 선고 2023고단3905 판결
14	㈜LDS산업개발 건설업	추락	대구지방법원 서부지원 2024.02.07. 선고 2022고단2940 판결
15	엠텍 제조업	끼임	울산지방법원 2024.04.04. 선고 2022고단4497 판결
16	성지종합건설 건설업	감전	수원지방법원 안산지원 2024.04.24. 선고 2023고단3139 판결
17	상운건설 건설업	추락	창원지방법원 마산지원 2024.05.02. 선고 2024고단89 판결
18	영광(주) 제조업	맞음	울산지방법원 2024.07.04. 선고 2023고단5014 판결
19	태성종합건설 건설업	추락	춘천지방법원 2024.08.08. 선고 2022고단1445 판결
20	삼강S&C 건설업	추락	창원지방법원 통영지원 2024.08.21. 선고 2023고단95, 2023고단1448(병합) 판결
21	상현종합건설(주) 건설업	추락	전주지방법원 2024.08.21. 선고 2024고단867 판결
22	광인산업 공동주택관리업	추락	의정부지방법원 2024.08.27. 선고 2024고단4 판결
23	㈜우진플라임 제조업	끼임	청주지방법원 2024.09.10. 선고 2023고단1464 판결
24	한영피엔에스 제조업	치임	광주지방법원 2024.09.26. 선고 2024고단1482 판결
25	에스와이(주) 제조업	끼임	대전지방법원 천안지원 2024.10.07. 선고 2024고단1530 판결
26	지디종합건설(주) 건설업	끼임 (*무죄)	대구지방법원 영덕지원 2024.10.16. 판결 2023고단226 판결

판결번호	피고	재해현황	법원 판결
27	신일정공(주) 제조업	깔림	수원지방법원 평택지원 2024.10.16. 선고 2024고단220 판결
28	바론건설㈜ 건설업	끼임	수원지방법원 평택지원 2024.10.16. 선고 2024고단220 판결 수원지방법원(2심) 2024노6908 판결
29	㈜한원건설그룹 건설업	깔림	서울서부지방법원 2024.10.30. 선고 2024고단1038 판결
30	㈜뉴보텍 폐기물종합재활용업	폭발	춘천지방법원 원주지원 2024.11.20. 선고 2024고단770 판결
31	㈜대일개발 폐기물처리업	폭발	수원지방법원 안산지원 2024.11.27. 선고 2024고단2772 판결
32	평화오일씰공업 제조업	맞음 (*무죄)	대구지방법원 서부지원 2024.12.19. 선고 2023고단510 판결
33	(전자제품 제조) 전자부품제조업	맞음	광주지방법원 2025.01.07. 선고 2023고단5641 판결
34	신성산업 제조업	끼임	울산지방법원 2025.01.09. 선고 2023고단1687 판결
35	SPL(주) 식품제조업	끼임	수원지방법원 평택지원 2025.01.21. 선고 2023고단1983 판결
36	SK멀티유틸리티 화력발전(건설공사)	맞음 (*무죄)	울산지방법원 2025.02.13. 선고 2024고단205 판결
37	(주식회사E) 건설업	맞음	대전지방법원 천안지원 2025.02.14. 선고 2024고단1454 판결
38	환영철강공업(주) 제강압연업(제조)	맞음	대전지방법원 서산지원 2025.02.18. 선고 2024고단736 판결
39	㈜한화오션 건설업	맞음 (*무죄)	창원지방법원 통영지원 2025.02.19. 선고 2024고단484 판결
40	일광폴리머 제조업(금속표면처리)	맞음	대전지방법원 홍성지원 2025.02.28. 선고 2024고단10 판결

판결번호	피고	재해현황	법원 판결
41	(A건설사) 건설업	추락	창원지방법원 마산지원 2025.04.02. 선고 2024고단587 판결
42	(조경공사A사) 건설업	깔림	대구지방법원 포항지원 2025.04.17. 선고 2025고단157 판결
43	(A건설사) 건설업	추락	부산지방법원 동부지원 2025.04.23. 선고 2024고단26 판결
44	(축산회사) 축산업(시설공사)	추락	대구지방법원 포항지원 2025.05.14. 선고 2024고단1068 판결
45	㈜삼화건설 건설업	깔림 (*무죄)	전주지방법원 군산지원 2025.05.16. 선고 2023고단1699 판결
46	(섬유가공사) 염색가공업(서비스)	끼임	대구지방법원 서부지원 2025.06.04. 선고 2024고단2750 판결
47	(포천공장) 제조업	끼임	대구지방법원 2025.06.12. 선고 2025고단461 판결
48	(건설법인A) 건설업	열사병	대전지방법원 2025.06.13. 선고 2024고단2464 판결
49	(주식회사B) 물류창고업(서비스)	끼임	대구지방법원 2025.06.26. 선고 2025고단1394 판결
50	(H주식회사) 건설업	깔림	서울중앙지방법원 2025.07.09. 선고 2024고단5503, 2025고단1975(병합) 판결
51	(철강제조D사) 철강제조업	감전	수원지방법원 평택지원 2025.07.16. 선고 2024고단45 판결
52	(파이프제조B사) 제조업	깔림	의정부지방법원 2025.07.16. 선고 2025고단187 판결
53	(도장전문 D사) 건설업	추락	춘천지방법원 원주지원 2025.07.22. 선고 2025고단287 판결

* 2025.7.31. 기준, 중대재해처벌법으로 기소된 사건의 법원판결 순서에 의한 53건.

* 판결문상 피고 비실명 처리한 경우 괄호( )로 임의 표기함.

2022. 1. 27. 시행 이후 중대산업재해로 인해 기소된 사건의 법원 판결을 통해 사고유형과 업종별 현황을 분석하는 것은 재해예방과 입법정책 방향을 정하기 위해 중요한 의미를 갖는다. 중대재해처벌법상 법원 판결 53건(1~53호)의 중대재해 사고유형을 분석해보면, 추락사고 13건(24.5%), 물체에 맞음 11건(20.7%), 끼임사고 13건(24.5%), 깔림사고 8건(15.1%), 감전사고 2건(3.8%), 폭발사고 2건(3.8%), 치임사고 1건(1.9%), 넘어짐 사고 1건(1.9%), 열사병 1건(1.9%), 독성감염 1건(1.9%)으로 나타났다.

| 표 19 | 중대재해 사고유형별 분석

2024. 7. 31 기준

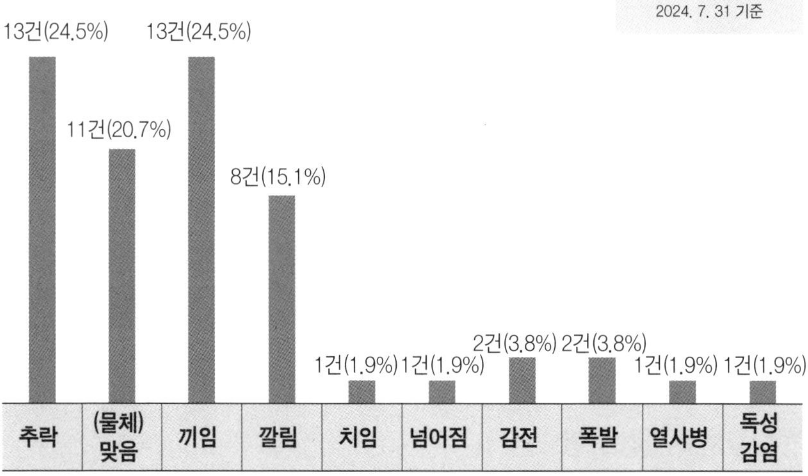

한편, 중대재해처벌법 위반 법원 판결에 따른 중대재해 유형을 업종별로 분석하면, 건설업에서 28건이 발생하여 전체사고의 52.8%를 차지했고, 제조업에서 19건으로 전체의 36%, 그리고, 서비스업 2건(3.7%)과 공동주택관리업 2건(3.7%), 폐기물재활용업에서 2건(3.7%)을 각각 차지하여 건설업과 제조업에서 전체의 88.8%를 차지함에 따라 타업종에 비해 위험도가 상당히 높

다는 것이 재확인되었다.

중대재해처벌법 위반 법원 판결로 본 업종별 현황을 분석하면 다음과 같다.

| 표 20 | 법원판결 업종별 현황

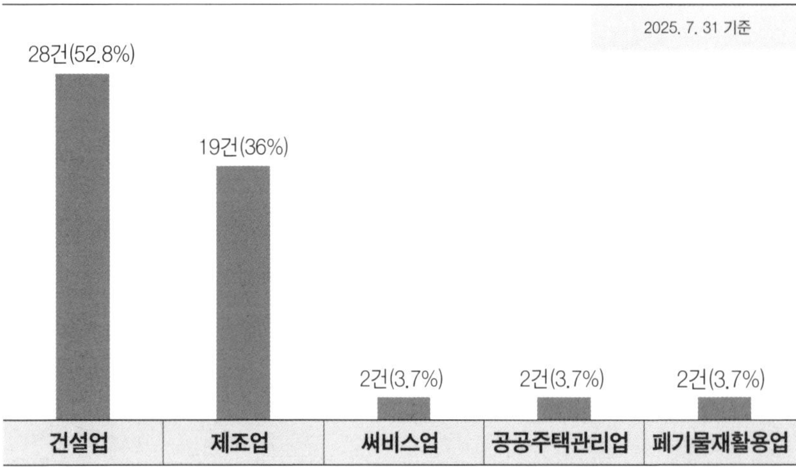

Ⅲ. 중대재해처벌법 수사와 법원 판결

1. 수사와 판결 양형요인

법 시행 이후 2025. 7. 31. 현재까지 중대산업재해로 인한 중대재해처벌법 위반사건으로 총 1,252건 가운데 73%에 달하는 917건이 여전히 수사중인 것으로 나타났다. 수사하여 276건을 송치였고, 186건을 내사종결 처리하였다. 이 중 121건을 기소하였고, 28건 불기소하였다.[229]

229 이동영, 「중대재해 처벌 등에 관한 법률의 입법영향분석- 중대산업재해 관련 규정(제3조~제7조)을

산업재해사고가 발생시 중대재해처벌법 및 산업안전보건법 위반 혐의는 노동부의 근로감독관이 특별사법경찰관으로서 수사하고, 업무상과실치사상 혐의는 경찰이 각각 수사하여 기소 여부는 최종 검찰이 판단한다.

2022~2023년 노동청 수사단계에서 6개월을 초과한 사건처리 비율은 중대재해처벌법 위반 사건이 50%로 다른 형법 또는 특별법 범죄가 10.3~14.6%, 노동 관련 범죄가 9~35.5%에 그치는 것에 비하면 현저히 높은 것으로 나타났다.

건설공사의 경우 발주자, 도급인, 관계수급인 등의 공종별 여러 단계의 도급관계를 통해 현장이 진행되는데 사업주 또는 경영책임자등은 중대재해처벌법과 산업안전보건법 등에 의해 안전보건상 유해·위험을 방지하고 산업재해를 예방하기 위한 조치를 각각 취하여야 한다.

중대재해처벌법 시행 이후 중대산업재해 발생으로 기소된 사건 중 법원 판결 53건을 분석하여 판결 양형 사유를 분석해보면 다음과 같다.

① 피해자의 사망이라는 돌이킬 수 없는 중대한 결과가 발생한 점, ② 중대재해처벌법이 제정되었음에도 피고인이 안전보건 의무위반 행위를 한 점, ③ 피고인들이 의무이행의 일부만을 이행하였더라도 중대재해 가능성이 큰 것으로 보이는 점, ④ 빈번한 산업재해에 대하여 사업주에게 무거운 사회적 경제적 책임을 물어야 한다는 상당한 수준의 합의가 이루어진 점, ⑤ 반복되는 중대재해를 예방하기 위해 엄중한 책임을 물을 필요가 있는 점, ⑥ 산업재해 등에 대한 동종 전과가 있는 점 등이 판결의 양형요인으로 작용되는 점이다.

또한, 법원 판결 양형에 유리하게 작용되는 사유는 ① 안전보건 관리체계의 구축 및 의무이행을 이행하고 중대재해 사고를 예방하기 위한 적절한 조

중심으로」, 국회입법조사처, 2025, 66쪽 참조 재구성.

치를 취하여 왔던 점, ② 피해자의 사망이라는 중한 결과가 있었지만 피해자의 과실이나 건강상태에도 이상이 있어 피고인들에게 모든 책임을 돌리기 가혹한 측면이 있는 점, ③ 피고인들이 피해자 유가족들에게 진정어린 사과와 함께 유가족들에게 합의금을 지급하였고, ④ 유가족들이 피해자의 처벌을 원치 않고 있다는 점, ⑤ 피고인들이 범행을 인정하고 자백한 점, ⑥ 과실범으로서 초범이거나 벌금형 외에 범죄전력이 없는 점, ⑦ 본 건 이전에는 중대재해가 발생한 사실이 없는 점 등은 양형에 유리한 점으로 작용된 사유이다.

2. 최근 기소 처분 사례

가. 양주시 공동주택 근로자 재해사건

이 사건은 검찰의 직접 수사로 인하여 입건한 유일한 중대재해 사건이다. 의정부지검(형사4부)은 경기도 양주시 소재 아파트관리사무소에 근무하는 피해 근로자가 2022. 7. 4. 배관 점검 작업 중 사다리에서 떨어져 사망한 사건에 대해 직접 보완수사를 통해 공동주택관리회사 광인산업 대표이사, 관리소장 등을 중대재해처벌법 및 산업안전보건법 위반, 업무상과실치사 등의 협의로 기소하였다.

단순 추락 사망사건으로 송치되었지만, 검찰조사 단계에서 관리소장이 피해 근로자의 안전모 미착용 사실을 은폐하기 위해 안전모를 가져와 피해자의 혈흔을 묻혀 사고현장에 놓는 등 조작하여 산업재해를 은폐한 사실을 검찰이 추가로 규명하여 직접 입건하였던 사건이다.

중대재해처벌법에 의한 법원 판결 제22호인 이 사건에 대해 법원은 2024. 8. 27. 아파트관리소장에게 안전모 증거조작 등 협의로 징역 10개월의 실형, 사업주에게 징역 8개월에 집행유예 2년, 법인에는 벌금 5천만 원을 선고하였다.

이 사건으로 인해 향후 검찰은 단순 산재사망 사건으로 송치된 사건에 대해서도 충실한 보완 수사를 통해 사업장 내 안전보건 확보의무 이행여부를 면밀히 조사할 것으로 보인다.

나. 폐기물 저장탱크 배관용접 폭발사고

이 사건은 소액공사지만 상시근로자 수 기준으로 중대재해처벌법을 적용한 첫 사례이다.

2022. 3. 29. 경기도 안산시 소재 산업폐기물 처리업체 원청사 대일개발(이하 '처리업체'라고 한다)이 하청업체를 통해 폐기물 저장탱크 상부에서 수직배관과 수평배관을 연결하는 용접작업 중 용접기의 불꽃과 저장탱크 내 인화성 유증기가 반응하여 폭발하면서 하청근로자 2명이 다발성 골절과 심폐정지로 사망한 사건이다.

2023. 9. 5. 수원지검 안산지청이 처리업체 대표자를 중대재해처벌법 위반으로, 하청업체 대표 등을 산업안전보건법 및 위험물안전관리법 위반 등으로 불구속 기소하였고, 법원은 원청사 대표에게 위험성평가 미실시 등 중대재해처벌법 위반으로 징역 10개월에 집행유예 1년, 법인에 벌금 8천만 원을 각각 선고하였다. 본 사건은 공사금액이 소액이어도 원청의 상시근로자 수가 50인 이상인 관계로 중대재해처벌법을 적용한 첫 사례로 꼽힌다.

다. 철강제조 사업장 핸드그라인더 감전사 사고

2022. 7. 5.경 안성시에 있는 철강재 제조업을 하는 동일제강 주식회사(이하 '원청사' 라고 한다)의 사업장 내에서 신선기 등 설비를 무상 임대해 철강선 등 제조업을 영위하는 하청사 F는 원청사로부터 철강선 원자재를 이용해

가공하는 일을 도급받았다. 위 신선작업은 원자재를 투입하여 인발작업 후 철강선을 감아서 포장하는 공정인데, 이를 위해 원자재 다발 연결을 위해 용접기로 강선 끝을 용접하고 150볼트가 넘는 핸드그라인더로 연마를 해야 했다. 그러나 피해자는 고압볼트의 콘센트 리드선의 접지 및 누전차단기 등의 미설치 상태로 작업하다가 핸드그라인더에서 발생한 누전으로 인한 감전사고로 사망하기에 이르렀다.

2025. 7. 16. 수원지방법원 평택지원은 원청사 대표 및 하청사 대표에게 중대재해처벌법 위반 및 산업재해치사죄 등의 협의로 각각 징역 1년에 집행유예 2년, 원청법인에는 벌금 1억원을 선고하였다.

3. 불기소 처분 주요 사례

가. 대흥알앤티 급성중독 재해 사건

자동차 부품 제조업체 대흥알앤티의 근로자 13명이 2022. 2. 독성물질에 급성 중독되는 사고로서 집단 직업성 질병에 의한 두 번째 중대재해 사고가 발생했다.

고용노동부는 2022. 6. 17. 급성중독에 의한 중대재해처벌법 및 산업안전보건법 위반으로 보고 검찰에 송치했지만, 창원지검은 2022. 6. 27. 법인 대표는 불기소 처분하고 보건조치 미이행으로 인한 산업안전보건법 위반 협의만 적용하여 중대재해처벌법 위반 혐의는 피해갔다.

검찰의 불기소 이유를 보면, 대흥알앤티의 대표가 안전·보건에 관한 종사자의 의견을 청취하고 유해·위험요인 확인·개선 절차를 마련하는 등 안전보건관리체계를 구축했다고 판단했다. 이의 구체적인 내용은 유해·위험요인 확인 및 개선에 관한 업무절차를 마련하고, 정기 회의록을 근거로 종사자의 의견을 청취해왔으며, 국소배기장치 개선 등 17개 항목의 작업환경 개선 및 재해예방에 대한 예산을 편성하고 집행한 사실을 인정했다.

한편, 중대재해 법원판결 제8호인 두성산업 재해의 경우, 동일한 직업성 질병 사례이지만 국소배기장치를 설치하지 않는 등 안전보건관리체계를 구축하지 않았기 때문에 중대재해처벌법 위반 등의 혐의로 법인대표에게 징역 1년에 집행유예 3년, 사회봉사 320시간을 선고한 바 있다.

나. 하이엠솔루텍 실외기 점검 추락사고

2022. 4. 13. 실외기 점검 중 추락사한 사건 회사 하이엠솔루텍은 LG전자의 시스템에어컨과 공조시스템의 유지보수 및 서비스 업무를 수행하는 자회사이다. 사건은 하이엠솔루텍 직원이 서울 송파구의 한 상가 5층 외벽에 설치된 실외기를 점검하던 중 추락해 발생한 사망사고이다. 이사고에 대해 고용노동부는 하이엠솔루텍 사업주가 안전보건 조치의무를 위반했다고 보고 기소의견으로 검찰에 송치했다. 이에 서울동부지검은 2023. 8. 17. 하이엠솔루텍에 대해 사업주가 안전보건 조치의무를 위반하여 중대재해가 발생했다는 고용노동부의 판단을 뒤집고 사고 원인을 해당 수리기사의 과실로 결론내렸다.

검찰이 이같이 판단 이유는 높이 3.5M 이상 건물은 사다리차를 이용해 수리하는 게 원칙인데, 당시 직원 B가 사다리차를 부르거나 안전고리 등을 걸지 않은 채 점검작업을 하다가 미끄러져 추락한 것으로 자기과실이 인정되었기 때문이다. 또한, 법인에는 산업안전보건법령상 의무위반이 없으므로 이를 매개로 한 중대재해처벌법상 안전보건 확보의무 위반과 직원 B의 사망 사이의 인과관계를 인정하기 어렵다고 봐 처벌을 피해갔다.

다. 정유업체 에쓰오일 폭발사고

2022. 5. 19. 정유업체 에스오일의 울산공장 알킬레이트 추출 공정 관련 밸브 정비작업 과정에서 폭발사고가 발생하여 협력업체 근로자 1명이 숨지고 원·하청 직원 9명이 다치는 사고가 발생했다. 밸브 정비작업에서 공장의 사전 위험성평가가 매뉴얼대로 실시되지 않았으며, 밸브 개방 과정에서 화학물질인 부탄(C4) 누출 우려가 있음에도 이를 대비한 덮개판 설치 등 안전조치가 제대로 이행되지 않은 것이 사고 원인으로 지적되었다.

울산지검은 본 사건에 대해 대표이사는 대주주인 외국기업이 선임한 외국인으로서 실질적이고 최종적인 최고안전업무책임자(CSO)에게 전부 위임하여 명목상의 대표이사를 중대재해처벌법상 실질적인 경영책임자로 보기 어렵다고 판단하여 2023. 8. 17. 사업주 또는 경영책임자등의 중대재해처벌법 위반에 대해 무혐의로 불기소 처분하였다.

또한, 최고안전업무책임자(CSO)에 대해서 경영책임자에 해당한다고 보았으나 위험성평가 절차와 위험에 대비한 매뉴얼을 마련하였고, 6개월마다 점검하는 반기점검 의무이행 등 안전보건확보의무를 모두 이행해 법적 위반 혐의가 없다고 판단하였다.

라. 현대자동차 트럭 캡 끼임 사고

2022. 3. 31. 현대자동차 전주공장에서 대형 트럭 품질 검수 중 캡(트럭 운전석 차체)이 떨어지면서 캡과 프레임 사이에 끼어 노동자가 사망한 사고이다.

이 사고에 대해 고용노동부가 중대재해처벌법 위반 여부를 조사했으나, 전주지방검찰청은 중대재해처벌법상 안전보건 확보의무를 이행하였고, 사고 작업이 피해자의 이례적인 작업행동 및 방식으로 진행된 사고로 경영책임자에게 사고의 예견 가능성을 인정하기 어렵고, 유해·위험요인 확인 및 개선절차 의무 위반에 대한 경영책임자의 고의가 인정되기 어렵다고 판단하여 2023. 11. 무혐의로 처분하였다.

검찰의 불기소 처분 사유를 보면, 피해자의 소속은 품질관리부인데 유압실린더에 문제발생시 수리업무 담당 파트가 있음에도 피해자 본인이 임의로 수리를 하다가 발생한 것을 이례적인 사고로 보고 현장의 안전보건관리책임자에게 예견가능성이 있다고 보기 어렵고, 경영책임자에게도 의무불이행으로 인한 원인과 사망 사이에 고의성을 인정하기 어렵다는 이유로 판단하였다.

4. 최근 법원 판결 현황

2025. 7. 31. 기준으로 중대재해처벌법 위반에 의해 기소된 법원 판결 중 무죄 판결을 받은 사건은 총 5건인데, 이 중 건설공사의 경우 50억원 미만의 경우 법시행 유예기간 중 발생되어 대표자가 중대재해처벌법 무죄 판결을 받은 사건이 2건, 실질적인 법리 다툼에 의해 무죄 판결을 받은 사건이 3건이다.

| 표 21 | 중대재해처벌법 처벌현황[230]

판결(호)	피고	판결번호	처벌현황
1	㈜온유파트너스 건설업	의정부지방법원 고양지원 2023.04.06. 선고 2022고단 3254 판결	• 원청대표 징역1년6월, 집행유예3년 • 원청법인 벌금3천만원 • 하청법인 벌금1천만원

230 김진권, "중대재해처벌법상 건설공사 경영책임자등의 책임에 관한 연구", 광운대학교 대학원 박사학위 논문, 2024, 150면 이하 추가 재구성.

판결(호)	피고	판결번호	처벌현황
2	한국제강 제조업	창원지방법원 마산지원 2023.04.26. 선고 2022 고합95 판결	• 원청대표 징역1년(법정구속) • 원청법인 벌금1억원 • 하청대표 징역6월, 집행유예2년
3	㈜시너지건설 건설업	인천지방법원 2023.06.23. 선고 2023 고단651 판결	• 원청대표 징역1년, 집행유예3년 • 원청법인 벌금5천만원 • 하청법인 벌금7백만원
4	만덕건설 건설업	창원지방법원 마산지원 2023.08.25. 선고 2023 고합8 판결	• 원청대표 징역1년, 집행유예2년 • 원청법인 벌금5천만원 • 하청법인 벌금1천만원
5	건륭건설(주) 건설업	의정부지법 고양지원 2023.10.06. 선고 2022 고단3255 판결	• 원청대표 징역1년6월, 집행유예3년 • 원청법인 벌금2천만원 • 하청법인 벌금1천5백만원
6	국제경보산업 공동주택 관리업	서울북부지방법원 2023.10.12. 선고 2023 고단2537 판결	• 대표 징역8월, 집행유예2년 • 관리소장 징역8월, 집행유예2년 • 법인 벌금3천만원 • 아파트입주자대표회의 불기소
7	제동종합건설㈜ 건설업	제주지방법원 2023.10.18. 선고 2023 고단146 판결	• 원청대표 징역1년2월, 집행유예3년 • 원청현장소장 금고1년, 집행유예3년 • 원청법인 벌금8천만원 • 원청현장감독자(건축이사)·안전관리자(실장), 공사감리자(건축사사무소 대표) 금고8개월, 집행유예2년
8	두성산업(주) 제조업	창원지방법원 023.11.03. 선고 2022고단1429 판결	• 대표 징역1년, 집행유예3년 • 법인 벌금2천만원
9	정안철강 제조업	대구지방법원 서부지원 2023.11.09. 선고 2023 고단1746 판결	• 대표 징역1년, 집행유예2년 • 법인 벌금7천만원

판결(호)	피고	판결번호	처벌현황
10	홍성건설 건설업	대구지방법원 서부지원 2023.11.17. 선고 2023고단593 판결	• 원청대표 징역1년, 집행유예2년 • 원청법인 벌금8천만원 • 하청대표 징역8월, 집행유예1년 • 하청법인 벌금8백만원
11	㈜제효 건설업	서울중앙지방법원 2023.11.21. 선고 2023고단3237 판결	• 대표 징역1년, 집행유예2년 • 법인 벌금5천만원
12	성무종합건설 건설업	부산지방법원 2023.12.21. 선고 2023고단1616 판결	• 원청대표 징역6개월, 집행유예1년 • 원청법인 벌금5천만원 • 하청법인 벌금5백만원
13	삼성포장 제조업	대구지방법원 2024.01.16. 선고 2023고단3905 판결	• 대표 징역1년2월, 집행유예2년 • 법인 벌금8천만원
14	㈜엘디에스 산업개발 건설업	대구지방법원 서부지원 2024.02.07. 선고 2022고단2940 판결	• 원청대표 징역1년2월, 집행유예2년 • 원청법인 벌금8천만원 • 하청법인 벌금1천5백만원 • 하청현장소장 징역6월, 집행유예2년
15	엠텍 제조업	울산지방법원 2024.04.04. 선고 2022고단4497 판결	• 대표 징역2년 • 법인 벌금1억5천만원 • 총괄이사 금고1년6월
16	성지종합건설 건설업	울산지방법원 2024.04.04. 선고 2022고단4497 판결	• 대표 징역1년, 집행유예 2년 • 법인 벌금 8천만원 • 현장소장 징역1년, 집행유예 2년 • 안전관리자 금고8개월, 집행유예 1년
17	상운건설 건설업	창원지방법원 마산지원 2024.05.02. 선고 2024고단89 판결	• 대표 징역1년, 집행유예 2년 • 법원 벌금 8천만원 • 현장소장 징역10개월, 집행유예2년

판결(호)	피고	판결번호	처벌현황
18	영광(주) 제조업	울산지방법원 2024.07.04. 선고 2023 고단5014 판결	• 원청대표 징역1년6개월, 집행유예2년 • 법인 벌금 5천만원
19	태성종합건설 건설업	춘천지방법원 2024.08.08. 선고 2022 고단1445 판결	• 대표 징역1년, 집행유예2년 • 법인 벌금 5천만원 • 현장소장 징역10개월, 집행유예2년
20	삼강S&C 건설업	창원지방법원 통영지 원 2024.08.21. 선고 2023고단95, 2023고단 1448(병합) 판결	• 원청대표 징역2년 • 법인 벌금20억
21	상현종합건설(주) 건설업	전주지방법원 2024.08.21. 선고 2024 고단867 판결	• 대표 징역1년, 집행유예2년 • 법인 벌금 8천만원
22	광인산업 공동주택관리업	의정부지방법원 2024.08.27. 선고 2024 고단4 판결	• 대표자 징역8개월, 집행유예 2년 • 현장소장(관리소장) 징역10월(법정구속) • 법인 벌금 5천만원
23	㈜우진플라임 제조업	청주지방법원 2024.09.10.선고 2023 고단1464 판결	• 원청대표 벌금 3천만원 • 법인 벌금 1억원 • 안전보건총괄책임자(공장장) 징역6개월, 집행유예 2년 • 원청안전관리자 금고6월, 집행유예2년 • 하청대표 징역10개월, 집행유예2년
24	한영피엔에스 제조업	광주지방법원 2024.09.26. 선고 2024 고단1482 판결	• 대표 벌금 5천만원 • 법인 벌금 5천만원 • 팀장 벌금 3천만원 • 지게차 무면허 근로자 벌금2천만원

판결(호)	피고	판결번호	처벌현황
25	에스와이(주) 제조업	대전지방법원 천안지원 2024.10.07. 선고 2024고단1530 판결	• 대표 징역1년, 집행유예2년 • 법인 벌금8천만원 • 공장장 금고10개월, 집행유예2년 • 생산파트장 금고6개월, 집행유예2년 • 라인장 금고6개월, 집행융예2년
26	지디종합건설(주) 건설업	대구지방법원 영덕지원 2024.10.16. 판결 2023고단226 판결	* 대표 무죄
27	신일정공(주) 제조업	수원지방법원 평택지원 2024.10.16. 선고 2024고단220 판결	• 원청대표 징역9개월, 집행유예1년 • 법인 벌금 8천만원 • 안전관리자 금고2개월, 집행유예1년 • 하청대표 징역3개월, 집행유예1년
28	바론건설㈜ 건설업	수원지방법원 평택지원 2024.10.16. 선고 2024고단220 판결 수원지방법원(2심) 2024노6908 판결	• 원청대표 징역2년, 집행유예3년 • 원청안전관리자 금고1년, 집행유예2년 • 원청법인 벌금 2억원 • 건축사감리 금고1년6월, 집행유예3년
29	㈜한원건설그룹 건설업	서울서부지방법원 2024.10.30. 선고 2024고단1038 판결	• 대표 징역1년6개월, 집행유예2년 • 법인 벌금 1.5억원 • 현장소장 징역6개월, 집행유예2년
30	㈜뉴보텍 폐기물종합재활용업	춘천지방법원 원주지원 2024.11.20. 선고 2024고단770 판결	• 대표 징역1년, 집행유예2년 • 법인 벌금5천만원 • 사장 벌금 1천만원 • 공장장 벌금5백만원
31	㈜대일개발 폐기물처리업	수원지방법원 안산지원 2024.11.27. 선고 2024고단2772 판결	• 원청대표 징역10개월, 집행유예1년 • 법인 벌금8천만원 • 원청관리감독자 금고6개월, 집행유예1년 • 원청위험물관리자 벌금100만원 • 하청부사장 징역6개월, 집행유예1년 • 하청현장관리부장 금고4월, 집행유예1년 • 하청법인 벌금500만원

판결(호)	피고	판결번호	처벌현황
32	평화오일씰공업 제조업	대구지방법원 서부지원 2024.12.19. 선고 2023 고단510 판결	* 원청대표 무죄
33	(전자제품 제조) 전자부품가공 조립업 (제조업)	광주지방법원 2025.01.07. 선고 2023 고단5641 판결	• 대표 징역8개월, 집행유예2년 • 법인 벌금1천만원 • 총괄사장 징역10개월, 집행유예2년 • 관리감독자 징역5개월, 집행유예2년
34	신성산업 제조업	울산지방법원 2025.01.09. 선고 2023 고단1687 판결	• 대표 징역1년6개월 • 법인 벌금1억원
35	SPL(주) 식품제조업	수원지방법원 평택지원 2025.01.21. 선고 2023 고단1983 판결	• 대표 징역1년, 집행유예2년 • 법인 벌금1억원 • 공장장 등 관계자3명 금고4~6월, 집행유예2년
36	SK멀티유틸리티 화력발전 (건설)	울산지방법원 2025.02.13. 선고 2024 고단205 판결	* 원청대표 무죄
37	(주식회사E) 건설업	대전지방법원 천안지원 2025.02.14. 선고 2024 고단1454 판결	• 대표 징역1년, 집행유예2년 • 법인 벌금1억원
38	환영철강공업(주) 제강압연업	대전지방법원 서산지원 2025.02.18. 선고 2024 고단736 판결	• 대표 징역1년, 집행유예2년 • 법인 벌금8천만원
39	㈜한화오션 건설업	창원지방법원 통영지원 2025.02.19. 선고 2024 고단484 판결	* 원청대표 무죄
40	일광폴리머 제조업 (금속표면처리)	대전지방법원 홍성지원 2025.02.28. 선고 2024 고단10 판결	• 대표 징역1년, 집행유예2년, 사회봉사80시간 • 법인 벌금1억원

판결(호)	피고	판결번호	처벌현황
41	(A건설사) 건설업	창원지방법원 마산지원 2025.04.02. 선고 2024 고단587 판결	• 원청대표 징역1년, 집행유예2년, 사회봉사80시간 • 법인 벌금1억원
42	(조경공사A사) 건설업	대구지방법원 포항지원 2025.04.17.선고 2025 고단157 판결	• 대표 징역10개월, 집행유예2년 • 법인 벌금3천만원
43	(A건설사) 건설업	부산지방법원 동부지원 2025.04.23. 선고 2024 고단26 판결	• 원청대표 징역1년6개월, 집행유예3년, 사회봉사120시간 • 법인 벌금1억원
44	(축산회사) 축산업 (시설공사)	대구지방법원 포항지원 2025.05.14. 선고 2024 고단1068 판결	• 원청대표 징역1년, 집행유예2년, 사회봉사80시간 • 법인 벌금3천만원
45	㈜삼화건설 건설업	전주지방법원 군산지원 2025.05.16. 선고 2023 고단1699 판결	* 원청대표 무죄
46	(섬유가공사) 염색가공 (서비스업)	대구지방법원 서부지원 2025.06.04. 선고 2024 고단2750 판결	• 대표 징역1년, 집행유예2년 • 법인 벌금3천만원
47	(포천공장) 제조업	대구지방법원 2025.06.12. 선고 2025 고단461 판결	• 대표 징역1년6개월, 집행유예2년 • 법인 벌금5천만원
48	(건설법인A) 건설업	대전지방법원 2025.06.13. 선고 2024 고단2464 판결	• 원청대표 징역1년, 집행유예2년 • 법인 벌금8천만원
49	(주식회사B) 물류창고업 (서비스)	대구지방법원 2025.06.26. 선고 2025 고단1394 판결	• 대표 징역1년, 집행유예2년 • 법인 벌금1억5천만원

판결(호)	피고	판결번호	처벌현황
50	(H주식회사) 건설업	서울중앙지방법원 2025.07.09. 선고 2024 고단5503, 2025고단 1975(병합) 판결	• 원청대표 벌금2천만원 • 법인 벌금4천만원 • 고용대표 징역1년, 집행유예2년, 예방강의 수강40시간 • 고용법인 벌금5천만원
51	(철강제조D사) 철강제조업	수원지방법원 평택지원 2025.07.16. 선고 2024 고단45 판결	• 대표 징역1년, 집행유예2년 • 법인 벌금1억원 • 공장장 징역10개월, 집행유예2년 • 하청대표 징역10개월, 집행유예2년
52	(파이프제조B사) 제조업	의정부지방법원 2025.07.16. 선고 2025 고단187 판결	• 대표 징역10개월, 집행유예 2년 • 법인 벌금5천만원 • 공장장 벌금2백만원
53	(도장전문 D사) 건설업	춘천지방법원 원주지원 2025.07.22. 선고 2025 고단287 판결	• 대표 징역6개월, 집행유예1년 • 현장소장 징역8개월, 집행유예1년 • 현장팀장 금고6개월, 집행유예1년 • 법인 벌금2천만원

* 2025. 7. 31. 기준, 중대재해처벌법으로 기소된 사건의 법원판결 순서에 의한 53건(1호~53호).

5. 판결상 주요 의무위반 유형

중대재해처벌법 제4조(안전보건관리체계의 구축 및 이행 조치) 제1항 제1호에 따른 조치의 구체적인 의무 위반을 동법 시행령 제4조 및 제5조 제2항에 구체적으로 명시하고 있는데, 이에 따라 법원 판결 53건을 의무위반 유형별로 분석하면 다음과 같다.

| 표 22 | 안전보건 확보의무 유형별 위반 건수 [231]

법령		안전보건 확보의무 유형	위반건수	비율
시행령 제4조	제1호	안전보건 목표와 경영방침 설정	15	28.30%
	제2호	안전보건 업무 총괄·관리 전담조직 설치	4	7.5%
시행령 제4조	제3호	유해·위험요인 확인·개선절차 마련 및 점검조치	45	84.90%
	제4호	안전보건 인력·시설·장비 예산 편성, 용도에 맞게 집행	16	30.18%
	제5호	안전보건관리책임자 등의 업무수행 평가기준 마련	36	67.92%
	제6호	안전관리책임자자 등 전담인력 적정 배치	2	3.77%
	제7호	종사자 의견청취 절차마련 개선방안 이행	19	35.84%
	제8호	중대산업재해 등 위험대비 매뉴얼 마련 및 점검	14	26.41%
	제9호	도급·용역 등 안전보건 확보 기준·절차 마련과 점검	14	26.41%
시행령 제5조	제2항 제1조	안전·보건 법령 의무이행의 관리상의 조치	9	16.98%
	제2항 제2조	안전·보건 관계 법령 교육	5	9.43%
법제4조	제2호	재발방지 대책 수립 및 이행조치	2	3.77%

* 2025. 7. 31. 기준

제1호(안전보건에 관한 목표와 경영방침 설정) 위반이 15건(28.30%), 제2호(안전보건 업무 총괄·관리 전담조직 설치) 위반이 4건(7.5%), 제3호(유해·위험요인 확인·개선 절차 마련 및 점검조치) 위반이 45건(84.90%), 제4호(안전보건 인력·시설·장비 예산 편성 및 용도별 집행) 위반이 16건(30.18%), 제5호(안전보건관리책임자 등의 업무수행 평기기준 마련)

231 김진권, "중대재해처벌법 수사 및 법원 판결 분석과 개선방안", 법학연구(제33권 제4호), 경상국립대학교, 2025. 10, 149면.
*법원 판결 53건 기준, 안전보건 확보의무 유형별 위반 비율의 계산: 법령별 위반 건수를 53으로(법원 판결 순서에 의한 53건 기준) 나눈 백분율임. 하나의 사건에 대해 위반조항이 2개 이상 중복된 경우가 있어 법원 판결 건수와 의무위반 건수가 일치하지 않음.

위반이 36건(67.92%), 제6호(안전관리책임자 등 전담인력 적정배치) 위반은 2건(3.77%), 제7호(종사자 의견청취 절차 마련, 개선방안 이행)의 위반이 19건(35.84%), 제8호(중대산업재해 등 위험대비 매뉴얼 마련 및 점검) 14건(26.41%), 제9호(도급, 용역 등 안전보건 확보기준·절차 마련과 점검) 위반이 14건(26.41%)으로 나타났다.

동법 시행령 제5조(안전보건 관계법령에 따른 의무이행) 제2항 제1호(안전·보건 관계법령 의무이행 여부 점검 및 보고) 위반이 9건(16.98%), 제3호(안전보건 관계법령에 따른 교육실시 및 점검결과 보고) 위반이 5건(9.43%)로 나타났다.

또한, 법제4조 제2호(재해 발생 시 재발방지 대책의 수립 및 그 이행에 관한 조치) 위반은 2건(3.77%)으로 나타났다. 다만, 법제4조 제2항의 구체적인 조치사항에 대하여는 규정하고 있지 않고 있다.

이와 같이 제3호(유해·위험요인 확인·개선 절차 마련 및 점검조치) 위반이 84.90%, 제5호(안전보건관리책임자 등의 업무수행 평가기준 마련) 위반이 67.92%로 높게 나타났고, 그 다음이 제7호(종사자 의견청취 절차 마련, 개선방안 이행) 위반이 35.84% 순으로 높게 나타났다.

여기서 특이한 점은 중대재해처벌법 시행령 제4조의 제1~9호 안전보건 확보의무 기준으로 위반 유형이 전술한 바와 같이 나타났고, 동법 제5조(안전·보건 관계 법령에 따른 의무이행에 필요한 관리상의 조치) 위반이 14건으로 나타났다는 점이다.

중대재해처벌법 위반으로 기소되어 법원 재판이 진행되었거나 진행중인 사건의 판결문을 분석해보면 중대재해처벌법 시행령 제4조의 제1호~제9호의 의무위반과 동법시행령 제3호 위반이 재판상 주요쟁점으로 드러났으며, 의무이행 위반유형이 주요 양형요인으로 작용되었음을 알 수 있다.

온유파트너스 사건의 경우, 원청대표자가 징역 1년에 집행유예 2년을 선고받고, 법인은 벌금 5천만원을 선고받았다. 의무이행 위반유형은 제3호(유해·위험요인에 대한 확인·개선절차 마련, 위험성 평가)와 제5호(안전보건관리책임자 등의 업무수행 평가기준 마련), 제8호(매뉴얼 마련)가 주된 위반유형으로 나타났다.

한국제강 사건의 경우, 대표자가 1년 징역형으로 법정구속 되고, 법인에는 1억원의 벌금이 부과되고, 하청업체 대표는 징역 6개월에 집행유예 2년을 선고받았다. 의무이행 위반유형은 제5호(안전보건관리책임자 등의 업무수행 평가기준 마련)와 제9호(도급·용역 등 안전보건 확보 기준·절차 마련)를 위반으로 나타났다.

국제경보산업 사건의 경우, 공동주택(아파트) 사망재해 사건으로 아파트관리회사 대표에게 징역 8개월에 집행유예 2년, 법인에는 벌금 3천만원을 선고했고, 아파트입주자대표회의는 불기소 처분한 사건이다. 의무이행 위반유형은 제1호(안전보건에 관한 목표와 경영방침 설정)와 제3호(유해·위험요인에 대한 확인·개선절차 마련, 위험성 평가), 제5호(안전보건관리책임자 등의 업무수행 평가기준 마련), 제7호(종사자 안전보건 의견청취 절차마련 등) 등을 위반으로 나타났다.

제동종합건설 사건의 경우, 원청대표자에 징역 1년6개월에 집행유예 3년과 원청법인에 대하여는 벌금 2천만원, 하청법인에 대해서는 벌금 1,500만원을 선고하였다. 의무이행 위반유형은 제1호(안전보건에 관한 목표와 경영방침 설정)와 제3호(유해·위험요인에 대한 확인·개선절차 마련, 위험성 평가), 제5호(안전보건관리책임자 등에 대한 업무수행 평가기준 마련), 제7호(종사자 안전보건 의견청취 절차마련), 제8호(중대산업재해 등 위험대비 매뉴얼 마련) 등이 쟁점이 되었다.

엘디에스산업개발 사건의 경우, 원청대표자에 징역 1년2개월에 집행유예 2년과 원청법인에 벌금 8천만원, 하청법인에 벌금 1,500만원과 하청현장소장에 징역 6개월에 집행유예 2년을 선고하였다. 의무이행 위반유형은 제1호(안전보건에 관한 목표와 경영방침 설정)와 제3호(유해·위험요인에 대한 확인·개선절차 마련, 위험성 평가), 제5호(안전보건관리책임자 등에 대한 업무수행 평가기준 마련), 제9호(도급·용역 등 안전보건 확보 기준·절차 마련)의 위반으로 나타났다.

마지막으로 엠텍 사건의 경우, 대표자가 징역 2년으로 구속되고, 법인에 대해서는 벌금 1억5천만원, 총괄이사에게 금고 1년6개월을 선고한 사건이다. 의무이행 위반 유형은 제3호(유해·위험요인에 대한 확인·개선절차 마련, 위험성 평가)와 제5호(안전보건관리책임자 등에 대한 업무수행 평가기준 마련), 제8호(중대산업재해 등 위험대비 매뉴얼 마련), 그리고 동법시행령 제5조 위반이 쟁점이 된 사건이다. 사건별 중대재해처벌법 주요의무 위반유형은 다음의 표와 같다.

| 표 23 | 중대재해처벌법 주요의무 위반유형[232]

판결(호)	회사	중대재해처벌법 주요 의무위반 유형
1	㈜온유파트너스	제3호, 유해·위험요인 확인·개선 절차 마련 및 점검조치 제5호, 안전보건관리책임자 등의 업무수행 평가기준 마련 제8호, 중대산업재해 등 위험대비 매뉴얼 마련 및 점검
2	한국제강	제5호, 안전보건관리책임자 등의 업무수행 평가기준 마련 제9호, 하도급사 산재예방 조치능력과 기술의 평가기준 마련
3	㈜시너지건설	제3호, 유해·위험요인 확인·개선 절차 마련 및 점검조치 제4호, 안전보건 인력·시설·장비 예산편성 및 용도별 집행 제5호, 안전보건관리책임자 등의 업무수행 평가기준 마련 제7호, 종사자 의견청취 절차 마련, 개선방안 이행 제8호, 중대산업재해 등 위험대비 매뉴얼 마련 및 점검
4	만덕건설	제1호 안전보건에 관한 목표와 경영방침 설정 제4호, 안전보건 인력·시설·장비 예산편성 및 용도별 집행 제5호, 안전보건관리책임자 등의 업무수행 평가기준 마련 제9호, 하도급사 산재예방 조치능력과 기술의 평가기준 마련
5	건륭건설(주)	제3호, 유해·위험요인 확인·개선 절차 마련 및 점검조치 제5호, 안전보건관리책임자 등의 업무수행 평가기준 마련 제9호, 도급·용역·위탁시 안전보건 확보 기준·절차 마련과 점검

232 「중대재해처벌법 시행령」 제4조(안전보건관리체계 구축 및 이행 조치)의 각 호(1~9호).

판결(호)	회사	중대재해처벌법 주요 의무위반 유형
6	국제경보산업	제1호, 안전보건에 관한 목표와 경영방침 설정 제3호, 유해·위험요인 확인·개선 절차 마련 및 점검조치 제5호, 안전보건관리책임자 등의 업무수행 평가기준 마련 제7호, 종사자 의견청취 절차 마련, 개선방안 이행
7	제동종합건설(주)	제1호, 안전보건에 관한 목표와 경영방침 설정 제3호, 유해·위험요인 확인·개선 절차 마련 및 점검조치 제5호, 안전보건관리책임자 등의 업무수행 평가기준 마련 제7호, 종사자 의견청취 절차 마련, 개선방안 이행 제8호, 중대산업재해 등 위험대비 매뉴얼 마련 및 점검
8	두성산업(주)	제3호, 유해·위험요인 확인·개선 절차 마련 및 점검조치 제5호, 안전보건관리책임자 등의 업무수행 평가기준 마련
9	정안철강	제1호, 안전보건에 관한 목표와 경영방침 설정 제3호, 유해·위험요인 확인·개선 절차 마련 및 점검조치 제5호, 안전보건관리책임자 등의 업무수행 평가기준 마련
10	홍성건설	제2호, 안전보건 업무 총괄·관리 전담조직 설치 제3호, 유해·위험요인 확인·개선 절차 마련 및 점검조치 제9호, 도급·용역·위탁시 안전보건 확보 기준·절차 마련과 점검
11	㈜제효	제3호, 유해·위험요인 확인·개선 절차 마련 및 점검조치 제4호, 안전보건 인력·시설·장비 예산편성 및 용도별 집행 제5호, 안전보건관리책임자 등의 업무수행 평가기준 마련
12	성무종합건설	제3호, 유해·위험요인 확인·개선 절차 마련 및 점검조치 제7호, 종사자 의견청취 절차 마련, 개선방안 이행 제9호, 도급·용역·위탁시 안전보건 확보 기준·절차 마련과 점검
13	삼성포장	제3호, 유해·위험요인 확인·개선 절차 마련 및 점검조치 제5호, 안전보건관리책임자 등의 업무수행 평가기준 마련 제8호, 중대산업재해 등 위험대비 매뉴얼 마련 및 점검
14	㈜엘디에스산업 개발	제1호, 안전보건에 관한 목표와 경영방침 설정 제3호, 유해·위험요인 확인·개선 절차 마련 및 점검조치 제5호, 안전보건관리책임자 등의 업무수행 평가기준 마련 제9호, 도급·용역·위탁시 안전보건 확보 기준·절차 마련과 점검

판결(호)	회사	중대재해처벌법 주요 의무위반 유형
15	엠텍	제3호, 유해·위험요인 확인·개선 절차 마련 및 점검조치 제4호, 안전보건 인력·시설·장비 예산편성 및 용도별 집행 제5호, 안전보건관리책임자 등의 업무수행 평가기준 마련 제8호, 중대산업재해 등 위험대비 매뉴얼 마련 및 점검
16	성지종합건설	제1호, 안전보건에 관한 목표와 경영방침 설정 제3호, 유해·위험요인 확인·개선 절차 마련 및 점검조치 제4호, 안전보건 인력·시설·장비 예산편성 및 용도별 집행 제5조 제1호, 법령에 따른 의무이행 반기 점검 결과보고
17	상운건설	제3호, 유해·위험요인 확인·개선 절차 마련 및 점검조치 제5호, 안전보건관리책임자 등의 업무수행 평가기준 마련 제6호, 안전관리자 등 전담인력 적정 배치 제7호, 종사자 의견청취 절차 마련, 개선방안 이행 제8호, 중대산업재해 등 위험대비 매뉴얼 마련 및 점검
18	㈜영광	제3호, 유해·위험요인 확인·개선 절차 마련 및 점검조치 제5호, 안전보건관리책임자 등의 업무수행 평가기준 마련 제9호, 도급·용역·위탁시 안전보건 확보 기준·절차 마련과 점검 제5조 제1호, 법령에 따른 의무이행 반기 점검 및 결과보고
19	태성종합건설	제1호, 안전보건에 관한 목표와 경영방침 설정 제5호, 안전보건관리책임자 등의 업무수행 평가기준 마련 제7호, 종사자 의견청취 절차 마련, 개선방안 이행 제8호, 중대산업재해 등 위험대비 매뉴얼 마련 및 점검
20	삼강에스앤씨	제5호, 안전보건관리책임자 등의 업무수행 평가기준 마련 제7호, 종사자 의견청취 절차 마련 등의 의무 이행 제9호, 도급·용역·위탁시 안전보건 확보 기준·절차 마련과 점검
21	상현종합건설(주)	제3호, 유해·위험요인 확인·개선 절차 마련 및 점검조치 제5호, 안전보건관리책임자 등의 업무수행 평가기준 마련
22	광인산업	제1호, 안전보건에 관한 목표와 경영방침 설정 제3호, 유해·위험요인 확인·개선 절차 마련 및 점검조치 제7호, 종사자 의견청취 절차 마련, 개선방안 이행

판결(호)	회사	중대재해처벌법 주요 의무위반 유형
23	㈜우진플라임	제1호, 안전보건에 관한 목표와 경영방침 설정 제2호, 안전보건 업무 총괄·관리 전담조직 설치 제3호, 유해·위험요인 확인·개선 절차 마련 및 점검조치 제8호, 중대산업재해 등 위험대비 매뉴얼 마련 및 점검
24	한영피엔에스	제2호, 안전보건 업무 총괄·관리 전담조직 설치 제3호, 유해·위험요인 확인·개선 절차 마련 및 점검조치 제8호, 중대산업재해 등 위험대비 매뉴얼 마련 및 점검
25	에스와이(주)	제3호, 유해·위험요인 확인·개선 절차 마련 및 점검조치 제5호, 안전보건관리책임자 등의 업무수행 평가기준 마련 제8호, 중대산업재해 등 위험대비 매뉴얼 마련 및 점검 제5조 제1호, 법령에 따른 의무이행 반기 점검 결과보고
26	지디종합건설(주)	(무죄 판결)
27	신일정공(주)	제3호, 유해·위험요인 확인·개선 절차 마련 및 점검조치 제5호, 안전보건관리책임자 등의 업무수행 평가기준 마련 제9호, 도급·용역·위탁시 안전보건 확보 기준·절차 마련과 점검
28	바론건설㈜	제1호, 안전보건에 관한 목표와 경영방침 설정 제2호, 안전보건 업무 총괄·관리 전담조직 설치 제4호, 안전보건 인력·시설·장비 예산편성 및 용도별 집행 제5호, 안전보건관리책임자 등의 업무수행 평가기준 마련
29	㈜한원건설그룹	제5호, 안전보건관리책임자 등의 업무수행 평가기준 마련 제7호, 종사자 의견청취 절차 마련 등의 의무 이행
30	㈜뉴보텍	제3호, 유해·위험요인 확인·개선 절차 마련 및 점검조치 제4호, 안전보건 인력·시설·장비 예산편성 및 용도별 집행 제5호, 안전보건관리책임자 등의 업무수행 평가기준 마련 제5조 제3호, 법령에 따른 교육실시 및 점검 결과보고
31	㈜대일개발	제3호, 유해·위험요인 확인·개선 절차 마련 및 점검조치 제5호, 안전보건관리책임자 등의 업무수행 평가기준 마련 제8호, 중대재해 발생시 작업중지 등 매뉴얼 마련
32	평화오일씰공업	(무죄 판결)

판결(호)	회사	중대재해처벌법 주요 의무위반 유형
33	(전자제품제조사)	제3호, 유해·위험요인 확인·개선 절차 마련 및 점검조치 제4호, 안전보건 인력·시설·장비 예산편성 및 용도별 집행 제5조 제3호, 법령에 따른 교육실시 및 점검 결과보고
34	신성산업	제3호, 유해·위험요인 확인·개선 절차 마련 및 점검조치 제4호, 안전보건 인력·시설·장비 예산편성 및 용도별 집행 제5조 제3호, 법령에 따른 교육실시 및 점검 결과보고
35	SPL(주)	법제4조 제2호, 재발방지 대책 수립 및 이행조치
36	SK멀티유틸리티	(무죄 판결)
37	(주식회사E)	제1호, 안전보건에 관한 목표와 경영방침 설정 제3호, 유해·위험요인 확인·개선 절차 마련 및 점검조치 제5호, 안전보건관리책임자 등의 업무수행 평가기준 마련 제6호, 안전관리자 등 전담인력 적정 배치 제7호, 종사자 의견청취 절차 마련, 개선방안 이행
38	환영철강공업(주)	제3호, 유해·위험요인 확인·개선 절차 마련 및 점검조치 제5호, 안전보건관리책임자 등의 업무수행 평가기준 마련 제5조 제3호, 법령에 따른 교육실시 및 점검 결과보고
39	㈜한화오션	(무죄 판결)
40	일광폴리머	제3호, 유해·위험요인 확인·개선 절차 마련 및 점검조치 제4호, 안전보건 인력·시설·장비 예산편성 및 용도별 집행 제5호, 안전보건관리책임자 등의 업무수행 평가기준 마련 제7호, 종사자 의견청취 절차 마련, 개선방안 이행 제8호, 중대산업재해 등 위험대비 매뉴얼 마련 및 점검
41	(A건설사)	제3호, 유해·위험요인 확인·개선 절차 마련 및 점검조치 제5호, 안전보건관리책임자 등의 업무수행 평가기준 마련 제7호, 종사자 의견청취 절차 마련, 개선방안 이행 제8호, 중대산업재해 등 위험대비 매뉴얼 마련 및 점검

판결(호)	회사	중대재해처벌법 주요 의무위반 유형
42	(조경공사A)	제1호, 안전보건에 관한 목표와 경영방침 설정 제3호, 유해·위험요인 확인·개선 절차 마련 및 점검조치 제7호, 종사자 의견청취 절차 마련, 개선방안 이행 제8호, 중대산업재해 등 위험대비 매뉴얼 마련 및 점검
43	(A건설사)	제3호, 유해·위험요인 확인·개선 절차 마련 및 점검조치 제5호, 안전보건관리책임자 등의 업무수행 평가기준 마련 제7호, 종사자 의견청취 절차 마련, 개선방안 이행
44	(축산회사)	제1호, 안전보건에 관한 목표와 경영방침 설정 제3호, 유해·위험요인 확인·개선 절차 마련 및 점검조치 제5호, 안전보건관리책임자 등의 업무수행 평가기준 마련 제7호, 종사자 의견청취 절차 마련 등의 의무 이행 제8호, 중대산업재해 등 위험대비 매뉴얼 마련 및 점검
45	㈜삼화건설	(무죄 판결)
46	(섬유가공업)	제3호, 유해·위험요인 확인·개선 절차 마련 및 점검조치 제5호, 안전보건관리책임자 등의 업무수행 평가기준 마련 제7호, 종사자 의견청취 절차 마련, 개선방안 이행 제8호, 중대산업재해 등 위험대비 매뉴얼 마련 및 점검 제5조 제2호, 법령에 따른 인력·예산의 편성·집행 이행조치
47	(포천제조공장)	제4호, 안전보건 인력·시설·장비 예산편성 및 용도별 집행 제5호, 안전보건관리책임자 등의 업무수행 평가기준 마련 법제4조 제2호, 재발방지 대책 수립 및 이행조치
48	(건설법인A)	제3호, 유해·위험요인 확인·개선 절차 마련 및 점검조치 제8호, 중대산업재해 등 위험대비 매뉴얼 마련 및 점검
49	(주식회사B)	제3호, 유해·위험요인 확인·개선 절차 마련 및 점검조치 제4호, 안전보건 인력·시설·장비 예산편성 및 용도별 집행 제5호, 안전보건관리책임자 등의 업무수행 평가기준 마련 제5조 제1호, 법령에 따른 의무이행 반기 점검 결과보고

판결(호)	회사	중대재해처벌법 주요 의무위반 유형
50	(H주식회사)	제3호, 유해·위험요인 확인·개선 절차 마련 및 점검조치 제4호, 안전보건 인력·시설·장비 예산편성 및 용도별 집행 제5호, 안전보건관리책임자 등의 업무수행 평가기준 마련
51	(철강제조D사)	제3호, 유해·위험요인 확인·개선 절차 마련 및 점검조치 제4호, 안전보건 인력·시설·장비 예산편성 및 용도별 집행 제5호, 안전보건관리책임자 등의 업무수행 평가기준 마련 제9호, 도급·용역·위탁시 안전보건 확보 기준·절차 마련과 점검
52	(파이프제조B사)	제1호, 안전보건에 관한 목표와 경영방침 설정 제3호, 유해·위험요인 확인·개선 절차 마련 및 점검조치 제5호, 안전보건관리책임자 등의 업무수행 평가기준 마련
53	(도장전문D사)	제1호, 안전보건에 관한 목표와 경영방침 설정 제3호, 유해·위험요인 확인·개선 절차 마련 및 점검조치 제5호, 안전보건관리책임자 등의 업무수행 평가기준 마련

* 2025.7.31. 기준, 중대재해처벌법으로 기소된 사건의 법원판결 순서에 의한 53건.

* 판결문상 피고 비실명 처리한 경우 괄호( )로 임의 표기함.

Ⅳ. 중대재해처벌법 위반 쟁점 및 판결 사례

1. 개설

2022. 1. 27. 중대재해처벌법이 시행된 이후 2025. 7. 31.까지의 법원 판결은 총 53건이었다. 제1호 1심 판결은 법 시행 이후 1년 3개월이 지난 2023. 4. 6.에 있었으나 피고 및 검사측 항고로 항소심이 진행중이며, 2심 판

결은 15건[233], 3심 대법원 판결은 1건[234]으로 파악되었다.[235] 기소 후 검찰은 대체로 징역 2년 이상을 구형했는데 비해 법원 판결의 양형범위는 최저 8개월~2년 징역에 집행유예 2년이 다수였으며, 최고 실형 2년의 경우도 반복적 사고유발시 가중되어 부과받은 것으로 분석되었다.

피고인에게 유리한 양형요인으로는 피해자와의 합의가 가장 중요했고, 그 외 자백 및 반성, 피해자 과실의 개입여부 그리고 본건 사고 이후에 재발방지 노력 등이었고, 불리한 양형요인으로는 동종전과 여부 등이 중요한 양형요인이 된 것으로 분석되었다.

2. 주요 판결 사례

가. ㈜온유파트너스 병원증축 현장 추락사고

중대재해처벌법으로 기소된 사건의 법원 판결 1호 사건인 온유파트너스 현장 사건이다. 원청 건설사인 온유파트너스는 고양시 일산동구의 한 요양병원 증축공사 현장에서 작업하던 하청노동자 추락사와 관련해 안전보건 확보의무 위반혐의로 기소되어 재판에 넘겨졌다. 온유파트너스는 상시근로자

233 광주지방법원 2025.7.10. 선고 2024노2772 판결, 대구지방법원 2025.6.26. 선고 2024노818 판결, 서울서부지방법원 2025.6.19. 선고 2024노1449 판결, 창원지방법원 2025.6.13. 선고 2024노2513 판결, 수원지방법원 2025.5.30. 선고 2024노6908 판결, 의정부지방법원 2025.5.29. 선고 2023노2902 판결, 울산지방법원 2025.4.16. 선고 2024노1053 판결, 인천지방법원 2025.1.17. 선고 2023노2635 판결, 대구지방법원 2025.1.15. 선고 2023노5183 판결, 대구지방법원 2025.1.18 선고 2023노5000 판결, 창원지방법원 2024.10.25. 선고 2023노3091 판결, 부산고등법원 2024.8.21. 선고 (창원)2023노373 판결, 서울지방법원 2024.4.29. 선고 2023노3460 판결, 서울북부지방법원 2024.4.25. 선고 2023노1866 판결, 부산고등법원 2023.8.23. 선고 (창원)2023노167 판결.

234 대법원 2023.12.28. 선고 2023도12316 판결.

235 김진권, 앞의 "중대재해처벌법 수사 및 법원 판결 분석과 개선방안" 논문, 149면.

40여명의 건설회사로서 요양병원 증축공사를 81억원에 도급받아 이 중 철공공사를 하도급 하였다.

하청사 소속 피해 노동자는 병원건물 5층에서 고정앵글을 안전대 없이 운반하던 중 추락하여 사망했다. 당시 작업현장은 유해·위험요인의 확인 및 점검조치는 물론 추락방지에 대한 작업계획서조차도 작성되지 않은 것으로 확인됐다. 따라서 작업자가 안전보건 조치가 없는 상태에서 작업방식을 스스로 선택해야 했고, 안전대를 부착할 수 있는 부착설비도 마련되어 있지 않았다.

검찰은 중대재해처벌법 및 동법 시행령 4조 등에 규정한 안전보건관리체계의 구축 및 이행조치 의무를 지키지 않았다고 보고 기소하여 재판에 넘겨졌고, 원청 대표자는 공소사실 대부분을 인정하였다.

이에 대해 의정부지방법원 고양지원(형사4단독)은 원청사 대표에 대해 중대재해처벌법에 의한 경영책임자로서의 책임 위반으로 징역 1년6개월에 집행유예 3년을 선고하고, 법인에 대하여는 중대재해처벌법 위반 양벌규정 및 산업안전보건법 위반을 적용하여 벌금 3천만원을 부과하였다. 현장소장은 산업안전보건법 위반 및 업무상과실치사 책임을 물어 징역 8개월에 집행유예 2년을 선고하고, 현장 팀장인 안전관리자에 대하여 벌금 5백만원을 부과하였다. 또한, 하청에 대하여도 책임을 물었는데, 하청법인에 대해 산업안전보건법 위반으로 벌금 1천만원과 현장소장은 산업안전보건법 위반과 업무상과실치사죄로 징역 8개월에 집행유예 2년을 각각 선고하였다.

판 례

의정부지방법원 고양지원 2023.04.06.선고 2022고단3254 판결(요지)

가. 사고개요

피고인 주식회사 온유파트너스는 고양시에서 상시근로자 40명을 사용하여 건축공사업을 영위하는 법인 사업주로 김상훈으로부터 고양시 일산동구에 위치한 연세나을암요양병원 증축공사를 81억원에 도급받아 2022. 3. 29.경부터 착공에 들어가 이 사건 공사 현장에서 사용하는 소속 근로자와 관계 수급인 근로자의 산업재해를 예방하기 위한 안전조치의 무가 있는 원청 사업주(도급인)이다. 이 중 하청법인에 철골 및 데크플레이트 공사를 하도급하여 1~6층까지 공사를 진행하던 중 중량물인 고정 앵글을 중 추락방지 장치없이 인양 설치하던 중 5층에서 추락사하는 사고가 발생하였다.

나. 주요의무

이러한 경우 사업주는 공사 현장에서 중량물을 취급할 때에는 불량한 작업방법 등의 위험으로 인한 산업재해를 예방하기 위하여 ① 중량물의 취급 작업을 하는 경우 해당 작업, 작업장의 지형 등에 대한 사전조사를 하여 중량물 낙하 위험을 예방할 수 있는 안전대책 등을 포함한 작업계획서를 작성, 지휘자를 지정 및 계획에 따르도록 하여야 한다. 또한, 사업주는 근로자가 추락할 위험이 있는 작업을 할 때는 ② 개구부로서 근로자가 추락할 위험이 있는 장소에서는 안전난간 설치, 작업의 필요상 임시로 안전난간을 해체할 경우 추락방호망 설치, 그 설치가 곤란할 경우 근로자에게 안전대를 착용하도록 하고 안전대를 안전하게 걸어 이상 유무를 점검하여야 하고, ③ 철근 조립 등의 작업을 하는 경우에 양중기로 철근을 운반할 경우 두 군데 이상을 묶어 수평으로 운반하도록 하여야 한다.

다. 책임

그럼에도 불구하고 ① 피고인들은 고정앵글을 인양한다는 사실을 잘 알고 있었음에도 중량물인 고정앵글의 인양을 위한 작업의 내용, 작업장의 상태 등에 대한 사전조사를 실시하지 않았고 그에 따라 추락을 방지하기 위한 작업계획서를 작성하지도 아니하였고 작업지 휘자도 지정하지 않아 위 앵글 작업팀으로 하여금 임의로 작업 방식을 선택하도록 하 였으며, ② 중량물 취급을 위한 작업 계획을 수립하지 않아 위 앵글 작업을 방치함에 따라, 피고인들은 피해자에게 안전대를 지급하지 아니하였고 안전대를 걸 수 있는 부착설비를 설치하지 않았고, ③ 중량물 취급을 위한 작업 계획을 수립하지 않아 위 앵글 작 업을 방치함에 따라, 피해자가 고정앵글이 슬링 벨트에서 이탈해 바닥으로 떨어지도록 하였다.

라. 결과

피고인은 사업 또는 사업장에 중대산업재해가 발생하거나 발생할 급박한 위험이 있을 경우를 대비하여 작업중지, 근로자 대피, 위험요인 제거 등 대응 조치 매뉴얼을 마련하지 않았고, 안전난간을 해체하여 안전대나 부착설비가 전혀 설치되지 않아 추락에 의한 중대산업재해가 발생할 수 있는 등 재해예방에 필요한 안전보건관리체계의 구축 및 그 이행에 관한 조치를 취하지 아니하여 종사자가 사망하는 중대산업재해에 이르게 하였다.

나. 한국제강 방열판 낙하 부딪힘사고

실형이 선고된 법원 판결2호 한국제강 사업장 방열판 추락으로 부딪혀 사망한 사고로서 판결문을 분석해 보면, 2022. 3. 16. 사고가 발생하여 2022. 11. 3. 기소되었으며, 2023. 4. 26. 선고된 사건으로 철강제조 공장에서 설비 보수를 하도급 받은 상주 협력업체 근로자가 크레인에서 떨어지는 방열판에 부딪혀 사망한 사고이다. 본 사고의 쟁점이 되는 의무위반 유형으로는 안전보건 관리책임자 업무수행 평가기준 미수립과 하도급사의 산업재해 예방을 위한 조치능력과 기술에 관한 평가기준을 마련하지 않았다는 것이다.

이에 따라 경영책임자는 징역 1년의 실형이 선고되어 중대재해처벌법 시행 이후 최초로 법정 구속되었고, 법인에 대해서는 벌금 1억 원이 선고되었다. 법원은 범행을 인정하며 반성하고 있고, 피해자에게도 사고발생 또는 피해확대에 어느 정도의 과실이 있음을 인정하였고, 유족과도 원만하게 합의하고 재발방지를 위해 노력한 내용을 참작하였다. 그럼에도 불구하고, 불리한 정상으로 2011년 산업안전보건법 위반 벌금형과 2021. 3. 산업안전보건법 위반 벌금형, 그리고 본건 사고 2022. 3. 16. 당시 별건 사망사고로 이미 산업안전보건법 위반 재판이 진행중이었다고 설시하며 사업장의 근로자 등 종사자의 안전권을 위협하는 구조적인 문제가 있는 게 아니냐는 취지로 판시하였다. 여기에 대해 피고인은 중대재해처벌법이 시행된 지 얼마 되지 않아서 사고가 발생했기 때문에 안전보건 확보의무를 이행할 준비기간이 부족하였다고 항변했지만 법원은 이에 대해서 중대재해처벌법이 제정되어 공포된 날부터 시행일까지 1년의 시행 유예기간이 있었고, 시행 유예기간 중에 산업재해 사망사고가 발생했기 때문에 안전보건관리체계의 구축 및 그 이행에 관한 조치를 취할 필요성이 다른 사업장에 비해서 간절하였다는 취지의 피고인의 주장을 배척하고 실형을 선고하였다. 이 사건은 상고하였으나 기각하여 2022. 11. 3. 형이 확정되었다.

판 례

창원지방법원 마산지원 2023.04.26.선고 2022고합95 판결(요지)

가. 사고개요

한국제강의 야외작업장에서 하청도급계약에 따라 근로자인 피해자에게 방열판 보수 작업이 진행되었다. 방열판 보수 작업은 무게 1,220kg 무게의 철제 방열판의 앞면과 뒷면에 있는 슬래그를 제거하고 표면을 매끄럽게 하는 연삭작업을 하는 것으로서, 방열판 상부에 부착된 리프팅 러그홀(벨트 연결 고리)에 섬유벨트를 끼우고, 무선원격제어기로 크레인을 조작하여 섬유벨트에 걸려 있는 방열판을 들어 올려 앞뒷면에 작업이 진행된다.

위 방열판 보수 작업은 중량물을 취급하는 작업에 해당하므로, 근로자의 위험을 방지하기 위하여 추락·낙하·전도·협착 위험을 예방할 수 있는 안전대책을 포함한 작업계획서를 작성하고 그 계획에 따라 작업을 하도록 하여야 하고, 중량물을 인양할 때 중량물과 근로자 사이에 안전거리를 두도록 하는 등 사고를 미리 방지하여야 할 업무상 주의의무가 있었다.

나. 주요의무

한국제강이 실질적으로 지배·운영·관리하는 사업 또는 사업장에서 종사자의 안전·보건상 유해 또는 위험을 방지하기 위하여 그 사업 또는 사업장의 특성 및 규모 등을 고려하여 안전보건관리책임자, 관리감독자 및 안전보건총괄책임자(이하 통틀어 '안전보건관리책임자등'이라 한다)가 업무를 각 사업장에서 충실히 수행할 수 있도록 안전보건관리책임자등이 해당 업무를 충실하게 수행하는지를 평가하는 기준을 마련하여 그 기준에 따라 안전보건관리책임자등을 반기 1회 이상 평가·관리하여야 하고, 제3자에게 업무의 도급, 용역, 위탁 등을 하는 경우에는 종사자의 안전·보건을 확보하기 위해 도급, 용역, 위탁 등을 받는 자의 산업재해 예방을 위한 조치 능력과 기술에 관한 평가기준·절차에 관한 기준을 마련한 뒤 그 기준과 절차에 따라 도급이 이루어지는지를 반기 1회 이상 점검하는 등 안전보건관리체계의 구축 및 그 이행에 관한 조치를 할 의무가 있었다.

다. 책임

그럼에도 불구하고 피고인은 위와 같은 주의의무를 게을리하여 중량물 취급 작업에 관한 작업계획서를 작성하지 아니하고, 피해자가 작업할 때 사용하는 섬유벨트가 오래되어 표면이 딱딱하고, 불티에 용해되거나 긁힌 흠이 있고, 기본 사용하중 표식이 없어져 안전성조차 알 수 없도록 심하게 손상되어 있음에도 이를 작업에 사용하도록 하는 등 중량물 인양 작업을 제대로 관리·감독하지 않았다.

라. 결과

결국 피고인은 위와 같이 산업재해를 예방하기 위하여 필요한 조치를 취하지 아니함과 동시에 공동하여 위와 같은 업무상의 과실로 피해자를 사망에 이르게 하고, 이와 동시에 피고인은 위와 같이 안전보건관리체계의 구축 및 그 이행에 관한 조치를 하지 아니하여 피해자가 사망하는 중대산업재해에 이르게 하였다.

다. 만덕건설 굴착기 협착사고

피고가 사건의 내용을 일부 부인한 법원 판결4호 만덕건설 굴착기 협착 사망사고로서 수도시설 개선공사 현장의 중대재해 사건이다. 본 사건은 2022년 5. 19. 발생한 사고로서 2022. 12. 29. 기소되어 2023. 8. 25. 첫 선고가 있었다. 원청인 만덕건설로부터 수도시설 가압장 개선사업 공사를 하도급 받은 하청업체 B사 소속 피해자 근로자가 굴착기의 붐을 선회하던 중에 굴착기의 후면과 담장 사이에 근로자의 머리가 협착되어 사망한 사고이다.

이에 대해 창원지방법원 마산지원은 판결상 중대재해처벌법상 쟁점이 되는 의무위반 유형으로 안전보건 목표와 경영방침이 설정되지 않았고, 안전보건 관련 예산편성 및 집행이 제대로 되지 않았던 점, 안전보건관리책임자에 대한 업무수행 평가기준이 마련되지 않은 점과 중대재해 대비 매뉴얼 마련 등이 이행되지 않았다는 등의 취지로 원청 도급사인 만덕건설 경영책임자에 대해서는 징역 1년과 집행유예 2년 그리고 법인에 대해서는 벌금 5천만 원이 선고되었으나, 현재 부산고등법원에서 항소심이 진행중인 사건이다.

법원에 의하면, 피고는 안전보건에 관한 목표와 경영방침을 설정했다고 주장하였으나, 법원은 이에 대해서 중대재해처벌법이 요구하는 안전보건에 관한 목표와 경영방침에는 사업 또는 사업장의 특성과 규모 등이 반영되어야 하는데 당 사업장은 업계에서 통용되는 표준적인 양식을 별다른 수정없이 활용하는데 그치거나, 안전보건 확보를 위한 실질적이고 구체적인 방안이 포함되지 않아서 명목상에 불과하다고 보이는 경우에는 중대재해처벌법상의 안전보건에 관한 목표, 경영방침을 설정한 것이라고 볼 수 없다는 취지로 판시하였다.

또한, 법원은 안전보건 확보의무 위반으로 안전보건 조치의무위반이 야기되고, 안전보건 조치의무 위반으로 중대재해가 발생하였다는 소위 2단계 인과관계를 인정하는 취지의 판시로 피고인의 주장을 모두 배척하고 유죄를 선고하였다.

판 례

창원지방법원 마산지원 2023.08.25.선고 2023고합8 판결(요지)

가. 사고개요

만덕건설은 경남 합천에서 토목건축업을 하는 건설회사로서 2020. 11. 11 경남 창원시로 상수도사업소로부터 '예곡가압장 개선공사'를 155억에 도급받아 시공하였는데 이의 하청사 토공사업자가 23억원에 하청공사를 받아 현장에서 유압식 굴착기로 공사를 진행하였다. 공사는 유압식 굴착기를 사용하여 터파기 작업 외에도 토사가 무너지지 않도록 흙막이 가시설을 설치하는 공사가 동일 공간에서 이루어지는 등 협소한 공간이었다. 굴착기 후방에는 작업자들이 한 쪽이 담장이 있는 이동통로가 있었는데 공사관계자가 유도자를 별도로 배치하지 않는 등으로 인해 마침 이동하던 하청업체 소속 피해자가 이동하던 중 회전하는 굴착기의 후면과 담장 사이에 협착되는 사고가 발생하여 병원으로 이송하였지만 중증두부손상으로 사망하였다.

나. 주요의무

경영책임자는 법인 또는 기관이 실질적으로 지배·운영·관리하는 사업 또는 사업장에서 종사자의 안전·보건상 유해 또는 위험을 방지하기 위하여 그 사업 또는 사업장의 특성 및 규모 등을 고려하여 재해예방에 필요한 인력 및 예산 등 안전보건관리체계의 구축 및 그 이행 조치를 하여야 한다. 그럼에도 불구하고 피고인은 만덕건설 주식회사의 경영책임자로서 당해 공사현장에서, ① 사업 또는 사업장의 안전·보건에 관한 목표와 경영방침을 설정하지 않고 종사자들이 안전 및 보건 실행 방향을 제시하고, ② 재해 예방을 위해 필요한 안전·보건에 관한 인력인 차량계 건설기계 유도자를 배치와 예산편성, 차량계 건설기계와 근로자의 충돌 위험에 대비하여 출입통제에 필요한 안전시설비 등을 집행하도록 예산의 집행을 관리, ③ 안전보건관리책임자 등이 업무를 충실히 수행할 수 있도록 평가하는 기준을 마련하여 안전보건관리책임자 등이 공사현장에서 건설기계에 의한 협착 위험 등을적절히 평가하여 안전사고를 방지하기 위한 접근제한 등의 조치, ④ 협착사고 등 중대산업재해가 발생할 급박한 위험이 있을 경우 대응조치에 관한 매뉴얼을 마련하여 중대산업재해가 발생할 수 있는 급박한 위험에 안전보건관리 책임자 등으로 하여금 작업을 중지하거나 즉시 위험요인을 제거하는 등의 대응조치를 할 의무를 지닌다

다. 책임

그럼에도 불구하고 피고인은 위와 같은 주의 조치의무를 게을리하여 안전사고에 대한 급박한 위험이 있을 경우를 대비하여 위험요인 제거 등 대응조치 매뉴얼을 마련하지 않고, 위험에 처할 수 있는 상황에 대비하지 못하여 중대산업대재에 대한 대응조치를 할 수 없게 만든 책임이 있다.

라. 결과

결국 피고인은 안전보건관리체계의 구축 및 그 이행에 관한 조치를 하지 아니함으로써 이 사건 공사현장 종사자가 사망하는 중대산업재해에 이르게 하였다.

라. 엘디에스산업개발 현장 추락사고

법원 판결14호 건설사인 ㈜엘디에스산업개발의 철골설치공사 현장에서 근로자가 추락하여 발생한 사고이다. 본 사건은 2021. 11. 20.부터 대구 달성군 공장 신축현장을 건설사가 78억에 도급을 받아 진행하였고, 이 중 철골공사를 약 3억 2천에 하청업체에 하도급 하였는데 하청노무자가 추락하여 사망에 이르렀다.

이에 경영책임자인 원청대표는 실질적으로 지배·운영·관리하는 사업 또는 사업장의 안전·보건상 유해 또는 위험을 방지하기 위하여 그 사업 또는 사업장의 특성 및 규모 등을 고려해야 하고, 유해·위험요인 개선 업무절차를 마련한 뒤 유해·위험요인의 확인 및 반기 1회 이상 점검 및 조치하며, 산업재해 예방 조치능력과 기술의 평가기준·절차 등을 마련하여 반기 1회 이상 점검 및 이행하여야 한다.

이에 대해 대구지방법원 서부지원은 원청대표에게 징역 1년에 집행유예 2년을 선고하였고, 법인에 대하여는 양벌규정에 의해 벌금 8천만원을 부과하였다.

법원의 이와 같은 양형의 이유에 대한 불리한 정상은 원청 사업주가 이미 산업안전보건법위반죄로 벌금형의 처벌을 받은 전력이 4회나 있다는 것이다. 양형에 유리한 정상은 피고들이 잘못을 인정하고 재범하지 않을 것을 다짐하고 있고, 유족과도 원만히 합의하여 유족이 처벌을 원하지 않으며, 유족에게 산재보험금을 포함하여 총 7억원을 지급하기로 합의하고, 그 중 4억 5천만원에 대한 지급을 완료하였다. 나머지 2억 5천만원은 추후 유족이 산재보험금 등으로 지급받고, 만일 산재보험금 등이 2억 5천만원에 미달하는 경우 피고인 등이 이를 추가로 지급하기로 하였다. 또한, 근로자들이 작업편의를 위하여 고소작업대의 출입문을 임의로 고정하였을 가능성이 있는 점 등에 비추어 피해자의 사망에 대한 책임을 모두 피고들에게만 돌리는 것은 다소 가혹한 측면이 있는 점, 피고 회사의 매출이 하청 업체에 비해 적은 규모로서 피고들 사이의 형평성 문제가 있는 측면이 참작이 되었다.

판 례

대구지방법원 서부지원 2024.02.07.선고 2022고단2940 판결(요지)

가. 사고개요

피고인 ㈜엘디에스산업개발은 경북 경산시에서 건축공사업을 운영하는 회사로서 대구 달성군의 공장 신축공사 중 철골공사 공종을 약 3억 2천만원에 하도급 주었다. 2022. 3. 29. 도급계약에 따라 하청사는 철골설치공사를 진행하게 되었고, 하청사 소속 피해자는 약 11m 높이에 있는 철골보 볼트조임작업을 하게 되었다. 그곳은 높이가 2m 이상으로 근로자가 추락할 위험이 있는 장소이고 이럴 경우 피해자는 고소작업대를 이용하여 작업하게 되었지만, 피고인은 이를 게을리하여 하역운반기계인 고소작업대 사용에 대한 작업계획서 등을 작성을 하지 않았고, 안전대걸이 등을 설치하지 않은 상태에서 고소작업대에 탑승하여 고소작업대를 약 11m 상승시킨 후 철골 옆 외부 계단참으로 건너가 볼트 등 작업 준비물을 놓아두고 고소작업대로 다시 넘어오던 중 추락하여 다발성 안면부 골절 등으로 사망에 이르게 되었다.

나. 주요의무

경영책임자는 법인 또는 기관이 실질적으로 지배·운영·관리하는 사업 또는 사업장에서 종사자의 안전·보건상 유해 또는 위험을 방지하기 위하여 그 사업 또는 사업장의 특성 및 규모 등을 고려하여 사업 또는 사업장의 안전·보건에 관한 목표와 경영방침을 설정해야 하고, 사업 또는 사업장의 특성에 따른 유해·위험요인을 확인하여 개선하는 업무절차를 마련한 뒤 해당 업무절차에 따라 유해·위험요인의 확인 및 개선이 이루어지는지를 반기 1회 이상 점검한 후 필요한 조치를 하여야 하며, 안전보건관리책임자 등에게 업무수행에 필요한 권한과 예산을 주고 안전보건관리책임자의 업무 수행 정도를 평가하는 기준을 마련하여 그 기준에 따라 안전보건관리책임자를 반기 1회 이상 평가·관리하여야 하고, 업무를 도급하는 경우에는 종사자의 안전·보건을 확보할 수 있는 적절한 수준의 수급업체 선정을 위해 도급받는 자의 산업재해 예방 조치능력과 평가기준·절차 등을 마련한 뒤 그 기준과 절차에 따라 도급이 이루어지는지를 반기 1회 이상 점검하는 등 안전보건관리체계의 구축 및 그 이행에 관한 조치를 하여야 한다.

다. 책임

그럼에도 불구하고 재해예방에 필요한 안전보건관리체계의 구축 및 그 이행에 관한 조치를 취하지 아니하여 안전보건총괄책임자로 하여금 산업재해 예방에 필요한 안전조치의무를 취하지 아니하였다.

라. 결과

결국 피고인은 안전보건관리체계의 구축 및 그 이행에 관한 조치를 하지 아니함으로써 이 사건 공사현장 종사자가 약 11m 높이의 작업 장소에서 추락하여 사망하는 중대산업재해에 이르게 하였다.4. 기타 위헌법률심판제청 및 헌법소원심판청구 사례

마. 삼강에스앤씨 선박보수 현장 추락사고

법원 판결20호 사건으로서 대형 선박 수리조선소인 삼강에스앤씨에서 하청업체 노동자가 경남 고성 조선소에서 선박 난간 없는 지점에서 아래로 추락하여 사망한 사건이다. 본 사건은 202. 2. 19. 경남 고성군 H조선소의 플로팅도크 내에 있는 이 사건 선박 2번 화물창 내부에 아무런 통제를 받지 않고 들어가 헨트레일 보수작업을 준비 중이던 피해자가 약 8m 아래 격벽칸 부분 5층의 바닥으로 추락하여 심정지로 사망한 사건이다.

이 사건에 대하여 창원지방법원 통영지원은 이례적으로 원청사(도급인) 경영책임자 등에 대하여 중대재해처벌법 시행 이후 가장 강력한 판결을 내렸는데, 삼강에스앤씨 대표이사에 대해서 중대재해처벌법 위반 및 산업재해치사죄 혐의로 징역 2년을 선고하고 법정구속하였고, 법인에 대하여도 양벌규정에 의거하여 벌금 20억원을 부과하였고, 안전보건관리책임자인 원청 현장소장은 징역 1년 6개월에 집행유예 3년과 벌금 5백만원을 부과하였다. 이에 반해 하청 대표이사 및 법인에 대해서 각각 벌금 2천만원, 안전보건관리책임자인 하청소장은 징역 10개월에 집행유예 2년을 선고하였다. 법원은 중대재해처벌법 위반에 대한 구체적인 의무위반 사항으로 안전보건관리책임자 업무수행 평가 기준 마련(제5호), 종사자 의견 청취 절차 마련(제7호), 하도급업자의 산업재해 예방을 위한 조치 능력 평가기준 마련(제9호)을 위반하였다고 판시하였다.

이러한 법원의 판단은 삼강에스앤씨 경영책임자의 현저히 낮은 안전의식을 꼬집은 것으로 보고 있다. 즉, 안전난간대 등이 부식되어 보수가 필요하다면 추락방호망 설치를 통해서라도 근로자의 안전조치를 했어야 했는데 이를 고려하지 않았고, 기술적으로 충분히 설치할 수 있었음에도 이에 드는 비용과 시간을 이유로 안전보치를 취하지 않은 것을 지적하였다. 이에 더해 부정적인 양형요인으로 이전에도 이 회사에서 두 차례 사망 사고가 발생했음을 지적하며, 짧은 기한에 맞추기 위해 안전보치를 소홀히 했으며, 저가 수주를 원인으로 판단했다.

판 례

창원지방법원 통영지원 2024.08.21.선고 2023고단95, 2023고단1448 병합 판결(요지)

가. 사고개요

피고인 삼강에스앤씨는 경남 고성군 동해면에서 선박 건조 및 수리업을 영위하는 법인으로 발주처로부터 4만톤 컨테이너 운반선의 수리 공사를 도급받아 시공한 도급인이다. 이의 일부를 선박의장품 제작 및 설치업을 영위하는 하청사에게 선박 보수공사 중 핸드레일(안전난간) 보수공사를 하도급하였는데 하청사 소속 근로자가 2022. 2. 19. 아무런 통제를 받지 않고 들어가 보수작업을 준비하던 중 화물창의 격벽칸 부분에서 안전난간 소실 부분을 통해 8m 아래로 추락하여 심정지로 사망하였다.

나. 주요의무

사업주 또는 경영책임자등은 제3자에게 도급을 준 경우, 사업주가 실질적으로 지배·운영·관리하는 책임이 있는 사업 또는 사업장에서 위 제3자의 종사자에게 중대산업재해가 발생하지 않도록 안전·보건상 유해 또는 위험을 방지하기 위하여, 그 사업 또는 사업장의 특성 및 규모 등을 고려하여 재해예방에 필요한 인력 및 예산 등 안전보건관리체계의 구축 및 그 이행에 관한 조치를 취할 의무가 있다.

사업주는 근로자가 추락할 위험이 있는 장소에는 안전난간, 추락방호망 등의 방호조치를 충분한 강도를 가진 구조로 튼튼하게 설치하여야 하는데(산업안전보건기준에 관한 규칙 제43조 제1항) 격벽칸 부분 핸드레일 소실 구간은 근로자가 추락할 위험이 있는 장소임에도 안전난간 상부가 부식되어 소실된 상태로 있었을 뿐이고, 수직형 추락방망 등 추락방호망도 설치되어 있지 않았다. 가 설난간 내지 추락방호망 등의 추락방호조치가 튼튼하게 설치되어 있었다면 피해자가 위 핸드레일 소실 구간을 통해 추락하는 사고가 발생하지 않았을 것으로 피고인들의 각 관련 업무상 과실의 존재 및 피해자 추락 사망사고 발생과의 상당인과관계 모두 충분히 인정된다.

다. 책임

그럼에도 피고인은, 안전보건관리책임자 등의 업무수행 및 평가기준을 마련하지 아니하여 추락사망사고 등 산업재해가 발생하는 것을 방지 및 이행하지 않았고, 관련 수급인 전체 종사자로부터 의견 청취 및 위험 안내·홍보 등을 하지 않았다. 또한, 추락방호망 설치 등 개선방안 수립·시행이 되지 않아 추락하는 위험을 예방하기 위한 관리감독을 하지 않은 책임이 있다.

라. 결과

결국 피고인은 안전보건관리체계의 구축 및 그 이행에 관한 조치를 하지 아니함으로써 이 사건 공사현장 종사자가 약 8m 높이의 작업 장소에서 추락하여 사망하는 중대산업재해에 이르게 하였다.

바. 바론건설 콘크리트 타설 무너짐사고

법원 판결28호 사건으로서 건설회사인 바론건설(전 사명: 기성건설)은 2023. 2. 17.경 ㈜폴리로부터 안성 폴리프라자 신축공사를 164억원에 도급받아 2023. 3. 9.경 콘크리트 타설 및 보 제작, 데크, 동바리 설치를 약 34억에 대신이엔씨에 하도급하였고, 건설발주자인 ㈜폴리는 ㈜현건축사사무소에 1.5억에 공사감리를 발주하였다. 2023.8.9 현장 콘크리트 타설 중 9층 바닥을 지지하는 보가 무너져 8층의 베트남 국적 하청 종사자 2명이 사망하고, 9층 작업자 5명이 중경상을 입은 사고가 발행했다.

이 사건에 대하여 수원지방법원 평택지원(1심)은 원청사 바론건설 대표자에게 중대재해처벌법 위반 및 업무상과실치사상죄 등으로 징역2년을 선고하였으나, 수원지방법원 항소심에서는 원심을 파기하고 징역 2년에 집행유예 3년을 선고한 후 쌍방 상고 포기로 형이 확정되었다.

이러한 법원의 판단에서 피고에 유리한 정상은 피고인이 데크플레이트 공법 변경 당시 동바리 구조검토 의무를 다하지 아니한 것이 이 사건 사고의 원인 중 하나로 보이지만, 공법 변경에 따라 유해·위험방지계획서 및 안전관리계획서의 변경 과정에서 필수적으로 수반되는 동바리 구조검토 및 시공상세도 작성이 함께 이루어진 것으로 오인하였다고 볼 여지가 있어 그 경위에 참작할 사유로 보았다. 또한, 도급인의 '수급인이 안전보건조치를 충실히 이행하는지를 관리·감독할 의무' 또는 '수급인 근로자에 대한 안전한 작업환경을 조성할 의무'를 넘어 '관계수급인 작업자에 대한 직접적인 안전보건조치의무' 또는 '개별 작업의 안전에 관한 직접적인 조치의무'까지 포함한다고 해석하기 어려운 점, 피고인이 자신의 책임을 인정한 점과 피해자와의 원만히 합의하고, 피해자 장례식장에 상주하며 유가족을 위로하는 등 반성의 기미가 뚜렷한 점과 피해자들이 피고인의 처벌을 원하지 않고 있는 점, 피고인이 동일한 사건으로 벌금형을 초과하는 형사처벌을 받은 전력이 없는 점 등이 정상참작 되었다.

판 례

수원지방법원 평택지원 2024.10.16.선고 2024고단220,
수원지방법원 2025.5.30.선고 2024노6908 항소심 판결(요지)

가. 사고개요

건설회사인 바론건설(전,기성건설)은 2023.2.17.경 건설공사발주자인 ㈜폴리로부터 안성에 지하2층, 지상9층 철근콘크리트 구조의 근린생활시설 신축공사를 164억원에 도급받았고, 이중 2023.3.9.경 콘크리트 타설 및 보 제작, 동바리 설치공사를 약 34억원에 대신이엔씨에 하도급하였고, 건설공사발주자로부터 ㈜현건축사사무소도 1.5억원에 공사감리를 발주받았다. 2023.8.9. 현장 콘크리트 타설 중 9층 바닥을 지지하는 보가 무너져 동층 작업자 5명이 중경상을 입었고, 8층에 작업하던 베트남 국적의 하청회사 종사자 2명이 사망하는 사고가 발행했다.

나. 주요의무

경영책임자는 법인 또는 기관이 실질적으로 지배·운영·관리하는 사업 또는 사업장에서 종사자의 안전·보건상 유해 또는 위험을 방지하기 위하여 그 사업 또는 사업장의 특성 및 규모 등을 고려하여 재해예방에 필요한 인력 및 예산 등 안전보건관리체계의 구축 및 그 이행에 관한 조치를 하여야 하고, 그 사업 또는 사업장의 특성 및 규모 등 을 고려하여 안전·보건 관계 법령에 따른 의무이행에 필요한 관리상의 조치를 하여야 한다.

다. 책임

구체적으로 사업 또는 사업장의 안전·보건에 관한 목표 및 경영방침을 설정하고, 사업 또는 사업장의 특성에 따른 유해·위험요인을 확인하여 개선하는 업무절차를 마련하고, 해당 업무절차에 따라 유해·위험요인의 확인 및 개선이 이루어지는지를 반기 1회 이상 점검한 후 필요한 조치를 하여야 하며, 제3자에게 업무의 도급을 하는 경우에는 종사자의 안전·보건을 확보하기 위해 도급을 받는 자의 산업재해 예방을 위한 조치 능력과 기술에 관한 평가기준과 절차를 마련하고, 그 기준과 절차에 따라 도급이 이루어지는지를 반기 1회 이상 점검하여야 하고, 안전·보건 관계 법령에 따른 의무를 이행했는지를 반기 1회 이상 점검하고, 직접 점검하지 않은 경우에는 점검이 끝난 후 지체없이 점검 결과를 보고받아야 하고, 안전·보건 관계 법령에 따라 의무적으로 실시해야 하는 유해·위험한 작업에 관한 안전·보건에 관한 교육이 실시되었는지를 반기 1회 이상 점검하고, 직접 점검하지 않은 경우에는 점검이 끝난 후 지체 없이 점 검 결과를 보고받아야 한다.

라. 결과

결국 피고인은 재해예방에 필요한 안전보건관리체계의 구축 및 그 이행에 관한 조치, 안전·보건 관계 법령에 따른 의무이행에 필요한 관리상의 조치를 하지 아니하여 근로자가 사망하는 중대산업재해에 이르게 하여 원심에서는 원청대표자에 징역 2년을 선고하였으나, 항소심에서 징역 2년에 집행유예 3년을 선고하여 쌍방불항소하여 확정되었다.

사. 아파트 외벽 보수공사 중 추락사고

법원 판결53호 사건으로서 강원도 횡성군의 한 아파트 외벽 균열 보수 및 재도장 공사를 같은 인근 원주시 업체인 피고인 주식회사D가 1억7천만원에 도급받아 2024. 9. 2.부터 시공하였다. 2024. 9. 8. 피고회사 소속 피해자가 15층, 약 40m 높이에서 작업용 로브 및 구명줄, 안전줄에 의지해 작업의자형 달비계를 사용하여 작업하려고 달비계에 탑승하자마자 작업용 로프가 옥상 환풍구에서 풀리고, 구명줄이 작업용 로프와의 마찰로 파단되면서 약 40m 아래로 추락하여 다발성 장기 손상으로 사망하였다.

이러한 작업의 경우, 피고인은 근로자들로 하여금 작업용 섬유로프를 콘크리트에 매립된 고리, 건축물의 콘크리트 또는 철재 구조물 등 2개 이상의 견고한 고정점에 풀리지 않도록 결속하게 하고, 안전대를 착용하도록 하며 근로자가 착용한 안전줄을 달비계의 구명줄에 체결하도록 하는 등 추락사고 예방을 위해 산업안전보건법에 따른 안전조치를 취하는 한편, 작업용 로프와 구명줄을 약 1m 이격하여 설치하도록 하여 그 엉킴으로 인한 사고를 예방하여야 할 업무상 주의의무가 있었다. 하지만, 결국 피고인은 안전보건관리체계의 구축 및 그 이행에 관한 조치를 하지 아니하여 피해자가 사망하는 중대산업재해에 이르게 하였다.

이에 대해 법원은 피고 대표에게 징역 6개월에 집행유예 1년, 법인에 대해서는 벌금 2천만원을 선고하였고, 현장소장은 징역 8개월에 집행유예 1년, 현장팀장은 금고 6개월에 집행유예 1년을 각각 선고하였다. 법원의 양형이유에 대해서 피고가 안전조치를 제대로 취하지 않아 추락사고로 사망 하는 중대한 결과를 발생시켰지만, 피고인들이 잘못을 인정하고 재발방지를 위한 안전조치를 다짐하고 있는 점, 피고인들이 3억 8,000만원을 지급하고 유족과 원만하게 합의하였고, 유족들이 피고인들의 처벌을 원하지 아니하는 점, 피고가 초범인 점 등을 유리한 정상으로 참작하여 형을 주문하였다.

판 례

춘천지방법원 원주지원 2025.07.22.선고 2025고단287 판결(요지)

가. 사고개요

강원도 횡성군에 소재한 한 아파트 외벽 균열 보수 및 재도장 공사를 인근 원주시에 소재한 업체 피고인 주식회사D가 1억 7천만 원에 도급받아 2024. 9. 2.부터 시공하였다. 2024. 9. 8.경 피고는 같은 회사 소속인 피해자에게 외벽 균열 보수작업을 지시하였고, 이에 피해자는 15층 아파트인 약 40m 높이에서 작업용 로프 및 구명줄, 안전줄에 의지해 작업의자형 달비계를 사용하여 작업하려고 달비계를 탑승하는 순간 로프가 옥상 환풍구에서 풀리고, 구명줄이 작업용 로프와의 마찰로 파단되면서 약 40m 아래로 추락하여 사망한 사건이다.

나. 주요의무

피고인에게는 종사자의 안전·보건상 유해 또는 위험을 방지하기 위하여 그 사업 또는 사업장의 특성 및 규모 등을 고려하여 재해예방에 필요한 인력 및 예산 등 안전보건관리체계의 구축 및 그 이행에 관한 조치를 취해야 하고, 보다 구체적으로는 ㉠ 사업 또는 사업장의 안전·보건에 관한 목표와 경영방침을 설정하고, ㉡ 사업 또는 사업장의 특정에 따른 유해·위험요인을 확인하여 개선하는 업무절차를 마련하고, 해당 업무절차에 따라 유해·위험요인의 확인 및 개선이 이루어지는지를 반기 1회 이상 점검한 후 필요한 조치를 하며, ㉢ 산업안전보건법 제15조, 제16조에 따른 안전보건관리책임자, 관리감독자가 같은 조에서 규정한 각각의 업무를 각 사업장에서 충실히 수행할 수 있도록 안전보건관리책임자 등이 해당 업무를 충실하게 수행하는지를 평가하는 기준을 마련하고, 그 기준에 따라 반기 1회 이상 평가·관리하여야 할 안전보건 확보의무가 있었다.

다. 책임

그럼에도 불구하고 피고인은 대표이사이자 경영책임자이기에 업무에 관하여 안전보건관리체계의 구축 및 그 이행에 관한 조치를 하지 아니하여 종사자가 사망하는 중대산업재해에 이르게 하였다. 위와 같은 업무상 주의의무를 게을리한 과실로, 피해자가 ① 작업용 로프(주로프)를 제대로 결속하지 않고 구명줄(보조로프) 역시 옥상 환풍구 1곳에만 결속하였으며, ② 안전대에 연결된 안전줄을 구명줄에 체결하지 않았고, ③ 작업용 로프와 구명줄을 이격하지 않은 채 Y자 형태로 결속하였음에도 이를 제대로 확인하지 아니하고 그대로 작업하게 하였으며, 안전보건 확보의무를 이행하지 아니하였다.

라. 결과

결국 피고인은 중대재해처벌법이 정한 안전보건관리체계의 구축 및 그 이행에 관한 조치를 하지 아니하여 피해자가 사망하는 중대산업재해에 이르게 하였다. 이에 대해 법원은 대표인 피고에게 징역 6개월에 집행유예 1년을 선고하였다.

3. 무죄 판결 사례

가. 개설

중대재해처벌법 시행 이후 2025. 07. 31. 현재까지 총 53건의 법원 판결이 선고되었다. 이중에서 5건이 무죄로 선고됨에 따라 총 48건이 유죄가 선고되었다. 이중에서 실형 선고 사건은 2호 한국제강(징역 1년), 15호 엠텍(징역 2년), 20호 삼강에스앤씨(징역 2년), 34호 신성산업(징역 1년 6개월)으로 28호 바론건설이 항소심에서 집행유예로 감형을 받은 걸 제외하여 전체 법원 판결중 실형선고 비율은 7.54%이다. 경영책임자가 징역형이 아닌 벌금형만을 선고받은 사건은 23호 두진플라임(3천만원), 24호 한영피앤에스(5천만원), 50호 H주식회사(2천만원)이며, 법인의 벌금액으로 20호 삼강에스앤씨(20억원), 28호 바론건설(2억원), 15호 엠텍(1.5억원), 29호 ㈜한원건설그룹(1.5억원), 49호 주식회사B(1.5억원), 23호 우진플라임(1억원), 34호 신성산업(1억원), 37호 주식회사E((1억원), 40호 일광폴리머(1억원), 41호 A건설사(1억원), 43호 A주식회사(1억원), 51호 주식회사D(1억원) 순으로 높게 나타났다.

판례가 축적되어감에 따라 2024년 10월부터 중대재해처벌법상 경영책임자의 무죄선고가 잇따랐는데, 26호 지디종합건설(주), 32호 평화오일씰공업, 36호 SK멀티유틸리티, 39호 한화오션(건우테크), 45호 ㈜삼화건설 사건 등 무죄가 선고되며 전체 판결중 9.4%의 무죄비율을 보였다. 무죄 판결 5개 사건중 26호 지디종합건설(주)과 39호 한화오션(건우테크) 사건은 건설공사금액 50억원 미만 규모의 공사로 중대재해처벌법 50억 미만 소규모사업장 유예기간에 발생한 사고로 법적용 대상이 아니라는 이유로 무죄가 선고되었고, 범죄의 성립요건과 관련하여 무죄를 선고한 판결은 32호, 36호, 45호 판결 사건이다.

무죄 판결 사례의 특징은 예견가능성이 없는 이례적 사고에 대하여 인과관계가 인정되지 않았다는 점, 경영책임자의 부작위와 결과 발생 사이에 산업안전보건법 위반 등이 매개된 2단계 인과관계 구조의 인과성을 판단하였다는 것이다.

나. 26호 지디종합건설(주) 사건

1) 사건개요

본 사건은 법원 판결 26호 사건으로서 한국수자원공사는 2020. 12. 17. 지디종합건설㈜에게 영덕군 지방상수도 관망정비공사를 약 42억 2천만원에 발주하였고, 2022. 7. 4. 경북 영덕군 지방상수도 정비공사 현장에서 덤프트럭 기사가 대기하던 중 시동을 끄지 않은 트럭이 움직이면서 담벼락과 덤프트럭 사이에 피해자를 협착으로 사망하게 하는 중대재해가 발생하였다. 피고법인은 계약금액이 42억으로 최종 정산금액이 약 38억원이고, 이외 관급자재비가 약 1백억 원으로 이를 더하더라도 50억원 미만 규모로서 중대재해처벌법 부칙 제1조 제1항 단서가 적용되는 50억 원 미만의 공사로 법적용의 유예를 받는다.

2) 판결의 요지

법원은 ① 한국수자원공사가 발주하여 지디종합건설이 2020. 12. 17. 공사금액 42억 원으로 도급계약한 공사계약서, 착공신고서 등 관련 공사서류(관급자재대 약 10억 원은 원가계산서에 기재되지 않음)에 기재된 점, ② 영세사업자의 중대재해처벌법 시행 준비기간을 충분히 두기 위하여 유예기간을 두기로 한 중대재해처벌법 부칙의 입법취지를 고려하면, 공사 금액은 1차적으로 당사자 사이에 계약금액을 기준으로 보는 것이 입법취지에 부합하다는 점,

③ 명문의 규정이 없음에도 입법목적을 앞세운 해석을 통하여 처벌의 대상을 확대함으로써 그 규제목적을 달성하려는 것은 형사법상 엄격해석의 원칙과 죄형법정주의의 정신에 어긋나는 점, ④ 관급자재비용이 분리발주된 경우 중대재해처벌법상 공사금액 산정에 관급자재비를 포함하는 것은 피고인에게 불리한 방향으로 해석하는 것인 점, ⑤ 피고법인이 2022. 8. 19. 한국수자원공사와 사이에 이 사건 공사 계약금액을 38억 원으로 변경하는 계약을 체결하였는 바, 이 사건 공사의 정산금액에 관급 자재비 10억 원을 합하여도 48억 원으로 50억 원에 미달하는 점 등을 고려하여 이 사건 공사 금액이 50억 원 미만이라고 판단하였다.

3) 판결의 의의

지디종합건설㈜ 사건은 중대재해처벌법 시행으로 기소된 사건의 법원의 무죄 판결 최초의 사건으로서 중대재해처벌법 부칙 제1조에 따라 시행일에 대한 유예규정이 적용되어 형사소송법 325조에 의한 전단 무죄가 선고된 첫 번째 사례이다. 반면, 본 사건으로 보건데 안전점검을 통해 유해·위험요소가 확인됐음에도 신속하게 시정하지 않거나, 반복적 사망사고가 발생한 경우, 그리고 경영책임자에게 다수의 산업안전보건법 위반 전과 등이 있는 경우 판결상 양형에 부정적 영향으로 미쳐 실형이 선고될 가능성이 높다.

다. 32호 평화오일씰공업 사건

1) 사건개요

중대재해처벌법 제32호 사건으로서 범죄 성립요건과 관련하여 무죄를 선고한 사례이다. 2022. 2. 9. 대구 달성군에 위치한 자동차 부품제조회사 평화오일씰공업 제4공장에서는 사내하청업체가 압축성형기를 이용해 베어링

씰성형 작업을 하던 외국인 근로자 C씨가 작업의 편의를 위해 본래 목적과 달리 금속링과 고무링을 안착시키는 용도로 수공구를 사용했다. 그러던 중 수공구가 압축 성형기 압력으로 찌그러지다가 순간적으로 튕겨 나와 작업을 하던 53세 여성피해자의 머리에 부딪혀 외상형 뇌출혈로 사망하였다.

검찰은 원청사인 평화오일씰공업 대표를 중대재해처벌법상 안전 전담조직 설치 의무와 사업장의 유해·위험요인 확인과 개선업무 절차마련 의무, 안전관리자 배치의무 위반 등의 혐의로 기소하였다.

2) 판결의 요지

법원은 "작업표준에 따르면 재해자가 이 사건 공구를 사용할 이유가 없었고 작업 과정에서 공구가 튕겨나올 것을 예상하기 어려웠다고 보고 중대재해처벌법 위반 혐의에 대해 무죄"를 선고했다. 전담조직에 대해서도 중대재해처벌법에서 정한 전담조직을 두었다고 평가할 수는 없으나 내부적으로 전담조직에 배치할 인원을 결정하고 중대재해 대응 매뉴얼도 두고 있었던 점, 안전관리자가 매일 순회하여 점검을 했던 점, 유해·위험요인을 확인하여 개선하는 업무절차를 마련하고 이를 이행하여 왔으나 위험성평가에 있어 수공구의 사용 사실을 알았다고 보기 어렵고, 수공구가 끼어들어가 튕겨나오는 경우를 예견할 수 없어 미래의 위험에 대한 항목을 포함시킬 수 없었던 점이 이 사건 사고에 상당인과관계가 있다고 보기 어려워 안전보건업무 전담조직을 두지 아니한 것과 사망사고 사이의 상당인과관계를 부정하여 원청대표에 대해 무죄를 선고하였다.

3) 판결의 의의

최근까지 수사기관이 중대산업재해 사고가 발생하면 중대재해처벌법 위반

여부에 대해 전담조직의 설치 유무와 위험성 평가가 제대로 이루어졌는지에 따라 기소유무를 판단하여 왔다는 점에 비추어 보면, 안전관리체계를 구축하고 위험성 평가를 실제로 실시한 점이 무죄 선고의 주요 원인으로 볼 수 있다. 또한, 법원이 중대재해처벌법 의무 위반과 사망사고 간 예견가능성이 없었다는 점으로 사망사고와 인과관계를 엄격하게 보고 판단하였다는 것이다.

라. 36호 SK멀티유틸리티 사건

1) 사건개요

본 사건은 법원 판결 36호 사건으로서 2022. 12. 울산 남구에 위치한 SK 계열사인 공기조절 공급업체 SK멀티유틸리티 석탄 하역장에서 협력업체 근로자가 석탄에 깔려 사망하는 사고가 발생했다. 당시 최대 적재중량 25.65톤을 넘은 38톤을 실은 덤프트럭 운전자는 적재함 후방 문을 열고 적재함을 상승시키면서 석탄을 호퍼로 내려보내야 함에도 후방 문을 열지 않았고, 적재함이 넘어지면서 석탄 무게를 이기지 못한 유압실린더가 꺾여 적재함이 전도되어 주변에 있던 근로자를 덮쳐 사망하였다.

검찰은 중대재해처벌법 시행령이 정한 유해·위험요인 확인 및 개선절차 마련(3호), 재해예방 예산 편성·집행(4호) 등 안전보건 확보의무를 위반했다고 판단하고 SK멀티유틸리티 대표이사 등을 중대재해처벌법 위반 혐의로 기소했다.

2) 판결의 요지

법원은 "사고는 덤프트럭 운전자가 적재함의 후방 게이트를 열지 않은 채 적재함을 들어 올린 오조작의 과실이 가장 직접적인 원인"이라고 판시하며 대표이사 등 피고인에게 모두 무죄를 선고했다. 또한, 현장에 '하역 중 절대

출입금지'라는 주의사항이 벽면에 붙어 있는데도 불구하고 협력업체 근로자가 하역장소에 그대로 있었다는 점을 들어 근로자의 책임도 일부 지적했다. 재판부는 "사고의 제일 큰 과실은 덤프트럭 기사의 오조작, 하역 중 절대출입금지를 어긴 피해자의 잘못, 하역 중 절대출입금지 수칙을 지키지 않은 근로자들을 제대로 통제하지 못한 피고인들의 과실"이라고 판시하였다. 그러면서 원하청 책임자들의 사고 '예견가능성'이 없었다고 봤다. 덤프트럭 기사의 오조작으로 인한 전도사고를 예방하기 위해 출입통제 등 조치까지 할 의무는 없다는 것이다.

법원은 이전까지 SK멀티유틸리티 사업장에서 최근 15년 동안 노동청에 신고된 유사한 덤프트럭 전도사고가 없었다는 점을 강조하며, "운전자의 오조작에 의한 덤프트럭의 전도로 인한 사망사고까지 피고인들에게 책임을 지우는 것은 불법(과실) 정도에 비해 과도한 책임을 지우는 것이어서 부당하다"며 "피고인들의 일부 잘못은 민사책임으로 해결돼야 한다"고 판시했다. 나아가 피해 근로자는 석탄 하역시 운송설비를 계속 작동시켜야 하는 석탄운송설비 조작원으로서 낙하물 위험의 '보호대상'이 아니라고 판단했다.

3) 판결의 의의

본 판결은 중대재해처벌법 위반죄가 성립하기 위해서는 사업주 또는 경영책임자 등에게 부과된 안전보건 확보의무의 불이행과 재해자의 사망 간에 인과관계가 존재해야 한다는 점을 재확인한 판결이다. 즉, 피해 근로자에 대한 출입 통제 등을 완벽하지 않은 주의의무 위반으로 인해 피고인에게 과도한 책임을 지울 수 있다고 보고 중대재해처벌법위반죄의 성립여부를 판단할 때 안전보건관리체계 미구축 등과 이 사건 사망사고 사이에 상당인과관계 또는 객관적 귀속을 중요한 쟁점으로 보았다는 것이다.

마. 39호 ㈜한화오션 사건

1) 사건개요

법원 판결 39호 한화오션 내 승강기 현장 추락사고 사건이다. 한화오션(주)은 거제시에서 조선업 등을 영위하는 법인이고, ㈜건우테크는 2021년부터 한화오션의 사업장 내 승강설비의 점검·유지·보수작업 일체를 연간 단위로 도급받아 수행하는 승강기설치공사업을 영위하는 법인이다. 2022. 3. 25. 건우테크 소속 피해자는 거제시 한화오션 사업장에 설치돼 있는 높이 약 65미터, 정격하중 100톤의 이동식타워크레인에 설치된 승강설비의 리프트 와이어 교체작업을 하기 위해 크레인 하부에 있던 승강설비 박스형몸체 상부에 올라가 있던 중 크레인 상부에서 작업하던 동료 작업자가 약 60미터 아래로 와이어에 연결돼 있는 철제 소켓(무게 3~5kg)을 수직낙하 하게 해 철제 소켓이 그대로 재해자의 머리에 맞아 외상성 뇌지주막하 출혈 및 뇌압상승으로 인한 호흡중추마비로 현장에서 사망했다.

2) 판결의 요지

본 사고에 대하여 건우테크 대표이사 및 법인에 대한 중대재해처벌법 위반여부에 대하여 무죄를 선고하고, 다만, 산업안전보건법상 안전조치의무위반(산업안전보건법 38조, 산업안전보건기준에관한규칙 14조 및 39조) 및 법률규정상 업무상 주의의무 위반만 인정했고, 발주자인 한화오션 법인과 조선소장은 산업안전보건법 위반(치사)과 현장 안전보건관리책임자로서의 안전조치의무 위반 및 법률규정상 업무상 주의의무 위반만을 각각 인정했다. 법원은 건우테크 대표이사는 작업지휘자로 건우테크 현장소장과 반장을 선임했고, 낙하물 방지망 내지 방호선반을 설치할 공간 자체가 없다고 주장했지만, 법원은 작업지휘자 선임 의무의 이행이 실질적으로 이행되지 않고 단지 명목·형식적으로 이행의 외관만을 갖췄음에 불과하고, 낙하물방지망 내지 방호선반은 임시적으로 설치 가능할 뿐만 아니라 상시적으로도 설치가 가능하다고 판단하며 건우테크 측의 주장을 배척하였다. 또한 법원은 연간 도급 내정가인 3억 8천만 원의 60%에도 못미치는 금액으로 저가 입찰수주를 해 안전관리비용을 포함하지 못한 것이 안전조치의무를 이행하지 못한 근본적인 원인으로도 지적했다. 법원이 이 사건 재해에서 한화오션의 대표이사에 대해 중대재해처벌법 무죄 판결을 내리면서도 한화오션을 건설공사발주자가 아닌 건설공사도급인으로 보아 법인에 대해서만 산업안전보건법 위반죄를 인정하였다. 그 이유는 2022. 3. 25. 발생한 이 사건 승강설비 점검·유지·보수작업 일체에 대한 공사대금이 2억 2천여 만원으로서 중대재해처벌법 부칙 1조에서 규정하는 공사금액 50억 미만의 소액 건설공사에 해당하는 바, 중대재해처벌법 적용이 유예되어 법적용이 배제되므로 형사소송법 325조 전단 무죄(피고사건이 범죄로 되지 아니할 때)에 해당해 무죄판결을 선고하였다.

법원은 이 사건 승강설비에 대한 점검·유지·보수작업은 건설산업기본법상 승강기설치공사에 해당한다고 판단하고 도급사업주가 건설공사발주자에 해당하는지 여부에 대해 인천항만공사 대법원 판결(대법원 2024. 11. 14. 선고 2023도14674 판결)을 원용하며 "위험의 외주화를 막기 위한 산업안전보건법 전면개정의 취지에 비추어볼 때 … 규범적인 관점에서 판단해야 한다"는 법리를 원용했다. 법원은 대상판결에서 ① 크레인 승강설비 와이어 교체 작업의 상시성 및 조선업에서의 필수성과 한화오션의 규모 등에 비춰 승강설비의 점검·유지·보수 작업이 사업 운영의 경제적 관점에서 가능해 원청인 한화오션이 유해·위험요소에 대해 실질적인 지배·관리 권한을 가졌다고 볼 수 있는 점, ② 한화오션은 이 사건 계약 체결 과정에서 최저가 입찰 방식을 선택해 안전관리비용 자체를 포함하지 못하게 했음에도 특수한 위험요소가 있는 경우 이에 대한 정보를 제공하고 그 관리·통제에 대한 협조를 충분히 하지 아니한 점, ③ 최소한 비전문가적 입장에서는 최대한 그 적정성을 검토해 필요한 조치를 취하여야 함에도 수급인의 전문역량이 요구되지 않는 다른 사항에 대해서 수급인과의 협의 등을 통해 수급인과 함께 실질적으로 총괄·관리하지 아니한 점 등을 고려할 때, 한화오션이 규범적으로 건설공사도급인에 해당하며, 산업안전보건법상 도급인으로서 안전조치의무를 이행하지 않았다고 판단하고 한화오션 법인에 대해 산업안전보건법 위반(치사) 유죄 판결을 선고하였다.

3) 판결의 의의

2025. 7. 30. 현재 중대재해처벌법으로 기소된 사건의 법원 판결은 총 53건으로서 본 사건은 중대재해처벌법 부칙 제1조에 따라 시행일에 대한 유예 규정이 적용되어 형사소송법 325조에 의한 전단 무죄가 선고된 두 번째 사건이다. 법은 상시근로자 50명 미만인 사업 또는 건설공사의 경우 50억원 미만의 공사에 한해 공포 후 3년간 시행의 유예기간을 규정하였다.

바. 45호 ㈜삼화건설 사건

1) 사건개요

본 사건은 법원 판결45호 삼화건설 현장의 지반 붕괴로 매몰되어 하청 근로자가 사망한 사건이다. 사건은 2022. 10. 전북 군산시의 한 하수관거 설치 공사 현장에서 원청 도급인 삼화건설의 한 하청업체는 흙막이 지보공을 시공할 경우 흙막이 지보공을 뽑기 전 되메움을 하여야 한다는 공사시방서에 기재된 시공 순서와 달리 공사의 편의를 위하여 흙막이 지보공을 제거한 후 되메움을 하게 하고, 굴착에 의한 지반의 붕괴 등의 우려가 있음에도 흙막이 지보공을 제거한 상태에서 근로자의 굴착 장소 출입금지 등 그 위험을 방지하기 위한 필요한 조치를 취하지 아니한 채 만연히 공사를 진행하게 한 과실로 위 굴착 장소에서 공구를 챙기러 내려간 피해자로 하여금 지반이 붕괴되어 매몰되어 사망하게 되었다.

2) 판결의 요지

중대재해처벌법은 사업주 또는 경영책임자등이 제4조에 규정된 조치의무(안전 및 보건 확보의무)를 위반한 데 대한 별도의 처벌규정을 두지 않고 있고, 사업주 또는 경영책임자등이 조치의무 위반과 중대산업재해의 발생 사이에 상당인과관계가 있고, 위 조치의무 위반 당시 중대산업재해의 발생을 예견할 수 있었어야 중대재해처벌법 제6조 소정의 죄가 성립한다.

이 사건 사고는 공사시방서와 안전관리계획서에 기재되어 있는 작업방식을 따르지 않고 굴착 장소에 되메우기를 하지 않은 상태에서 흙막이 지보공을 철거하고 그 굴착 장소에 근로자의 출입금지 조치를 취하지 않은 하청업체 작업반장, 피해자 본인 등의 과실로 인해 발생한 것이고, 원청사의 현장소장으로서 이 사건 공사의 안전보건총괄책임자인로서 위와 같은 잘못된 방식의 작업을 지시하거나 위와 같은 잘 못된 방식으로 작업이 이루어지고 있다는 사실을 알면서도 이를 방치한 사실이 없으며, 산업안전보건법 시행령 제53조 제1항 제1호에 규정된 안전보건총괄책임자의 직무인 '산업안전보건법 제36조에 따른 위험성평가'를 실시하였고, 그 밖에 산업안전보건법 시행령 제53조 제1항 각 호에 규정된 안전보건총괄책임자의 직무를 소홀히 하였다고 볼 만한 증거가 없으므로, 피고인 원청도급인 대표이사는 중대재해처벌법 시행령 제4조 제5호 나목 소정의 조치의무 위반과 이 사건 사고의 발생 사이에 상당인과관계가 있다고 보기 어렵고, 이 사건 사고 발생에 대한 예견 가능성이 있었다고 보기도 어렵다. 그렇다면 위 공소사실은 범죄의 증명이 없는 경우에 해당하므로 형사소송법 제325조 후단에 의하여 무죄를 선고한다.

본 사건의 중대재해처벌법 위반으로 인한 법원 판단의 정상으로, 사고 피해자는 사고 발생의 위험이 있는 장소임을 잘 알면서도 스스로 그 장소에 출입하여 이 사건 사고가 발생하였으므로 사고 발생 경위에 특히 참작할 사유가 있는 점, 피고인이 피해자의 유족과 합의하여 그 유족이 피고인에 대한 처벌을 원하지 않는 점, 피고인이 범행을 인정하고 반성하는 태도를 보이는 점, 피고인은 동종 전과가 없는 점을 유리한 정상으로 각 참작하고, 그 밖에 피고인의 연령, 성행, 환경, 피해자에 대한 관계, 범행후의 정황 등 이 사건 변론에 나타난 제반 양형조건을 종합하여 형을 정하였다.

3) 판결의 의의

본 사건은 전문건설인 하청 업체가 주로 관리하는 현장에서 도급인 삼화건설의 책임을 어디까지 볼 것인가, 그리고 삼화건설이 이행한 안전·보건 조치의무 위반과 사고의 발생 사이에 상당인과관계를 어떻게 인정 내지 단절로 볼 것인가, 그리고 피해자 본인의 과실여부의 인정여부와 범위가 핵심 쟁점이 되었다. 중대재해처벌법은 입법 당시부터 많은 문제점이 지적되었는데 시행 이후 현재까지 결과로 보건데 형사처벌 일변도의 입법문제와 실효성 문제가 심각한 수준이다. 처벌강화 정책 악순환으로 유·무형의 사회적·정치적 비용만 늘릴 것이 아니라 장기적으로 중대재해를 줄이기 위한 안전의식과 안전문화 향상 관점으로서 단계적 행정형벌적 처벌로 전환을 모색해야 할 시점이다.

4. 기타 위헌법률심판제청 및 헌법소원심판청구 사례

가. 두성산업 집단 간중독과 위헌법률심판제청

2023. 11. 3. 중대재해처벌법을 적용한 1호 기소 사건이자, 법원 판결8호 사건인 두성산업(이하 "법인"이라고 한다)의 유해물질 집단 간중독 사건에 대하여 법인 대표이사에게 징역 1년 및 이에 대한 집행유예 3년과 법인에 대해서 벌금 2천만원을 선고[236]하였다. 법인은 2022. 2. 독성 물질인 트리클로로메탄이 함유된 세척제를 사용하면서도 국소 배기장치를 설치하지 않아서 노동자 16명 등에게 집단 급성간중독 피해를 입혔다는 혐의로 2022. 6. 27. 기소되었는데, 이는 중대재해처벌법 제정 후 첫 기소 사례이자 첫 직업성 질병사례가 되었다.

법인의 중대재해처벌법 원심판결에서 두성산업은 에어컨 부품을 제조하는 업체로서 세척제 제조업체들로부터 이 세척제를 구입해서 에어컨 부품 탈지작업에 사용하였는데, 법원은 이때 사용한 세척제에는 트리클로로메탄이 10% 이상 함유되어 있기 때문에 유독물질에 해당하였음에도 불구하고 법인의 경영책임자가 유해· 위험요인의 확인 및 개선하는 업무절차를 마련하지 않고, 관리감독자가 해당 업무에 대해 충실하게 수행하는지에 대한 평가기준도 마련하지 않는 등 안전보건관리체계가 사업장의 특성을 고려하지 않은 채 구축돼다고 판단했다.

다만, 사고 발생시점이 중대재해처벌법이 시행된 지 아직 반기가 지나지 않은 상태이기 때문에 반기 1회 이상 점검하거나 평가·관리해야 되는 의무는 본 사건에 해당 사항이 없다는 취지로 판단하였는데 이 부분은 향후 중대

---

236 창원지방법원 2022고단1429.

재해처벌법이 시행된 후 반기가 경과한 사고들에 대해서는 중대재해처벌법 시행령상 반기 1회 이상 이행해야 하는 의무들에 대해 유의미한 판단요소로 작용할 것으로 보았다.

법원이 먼저 지적한 의무이행 위반유형은 제3호 유해·위험요인의 확인·개선 및 개선 업무절차 마련이 미비했다는 점이다. 형식적인 설치보다는 유해·위험요인의 확인 및 개선 업무절차가 마련됐는지를 판단하는 보다 상세한 기준을 제시한 바, 구체적으로는 유해·위험요인을 확인하는 절차라는 것은 누구나 자유롭게 사업장에 유해·위험요인을 발굴하고 또 신고할 수 있는 창구를 포함하여서 경영책임자등이 사업장의 유해·위험요인을 파악하는 체계적인 과정을 의미한다고 정의하였고, 이러한 확인절차에는 사업장에서 실제 유해·위험요인 작업을 하는 종사자 의견을 청취하는 절차를 포함하여야 한다는 기준을 추가적으로 제시한 것이다.

유해·위험요인을 개선하는 절차에 대해서는 확인된 유해·위험요인을 체계적으로 분류·관리하고 또 유해·위험요인별로 제거·대체 또 통제하는 방안을 의미한다고 설시하였다. 이는 그간 중대재해처벌법 시행령 제4조 제3호가 문제된 사안에서 법령상의 형식적인 기준만을 설시한 채 곧바로 사안을 포섭하던 판결에 비하여서는 세부적인 기준을 제시하였다는 점에서 주목할 필요가 있어 보인다.

한편, 위험성평가에 관한 절차로 동법 시행령 제4조 제3호에 규정된 것처럼 해당 사업장의 유해·위험요인을 파악하고 평가·관리·개선할 수 있도록 해당 사업장의 고유한 특성을 반영하고 있어야 한다고 설시하였다. 법원은 이 같은 법리를 바탕으로 법인측이 제시했던 실제 매뉴얼 등 자료 검토를 통해 산업안전보건법과 동법 시행령 제36조 제4항에 따른 사업장 위험성평가에 관한 지침에서 정한 일반적인 내용으로 이루어져 있을 뿐 법인의 사업장이 가지고 있는 고유한 특성을 반영하지 못하고 있다는 점, 그리고 관리대상 유해물질인 염화메틸렌 세척제를 사용하고 있었음에도 사업장에는 국소배기장치가 설치되지 않은 상태임에도 불구하고 위험성평가 매뉴얼에 따른 위험성평가 결과보고서에는 국소 배기장치 설치여부에 대한 언급이 없다는 점 등을 들어 유해·위험요인 확인 및 개선 업무절차 마련이 미흡하다고 판단하였다.

또한, 5호 안전보건관리책임자 등에 대한 평가기준 마련 미비를 지적했는데, 법원은 안전보건관리책임자 등의 업무수행 평가의 기준과 관련해서는 산업안전보건법상 업무수행과 충실도를 반영할 수 있는 내용을 포함하고 충분히 구체적이고 세부적이어야 한다고 설시하였다. 그러나 피고 등이 제시한 자료들은 단순히 관리직 직원들의 통상적인 인사평가에 관한 내용이나 설문 정도에 불과하다는 점을 들어서 안전보건관리책임자 등에 대한 평가기준 마련이 미비하다고 판시하였다.

결론적으로, 본 사건의 쟁점에 관한 판시는 추상적인 측면이 없지는 않으나 피고인들이 중대재해처벌법 시행령 제4조 제3호, 제5호 등에 대해서 적극적으로 변론을 진행한 사안으로 법원이 해당 시행령 조항들에 대해 구체적인 판단 기준을 제시하였다는데 의미가 있다.

한편, 법인측은 재판과정에서 경영책임자의 의무조항인 「중대재해처벌법」 제4조 제1항 제1호[237], 제6조 제2항의 개념이 불명확하여 예측가능성이 없으므로 죄형법정주의의 명확성의 원칙, 과잉금지의 원칙, 평등의 원칙 등에 각 위배되어 위헌이라는 취지로 위헌법률심판제청 신청(2022. 10. 13.)을 하기도 하였다.

---

237 251) 「중대재해처벌법」 제4조(사업주와 경영책임자등의 안전 및 보건 확보의무) ① 사업주 또는 경영책임자등은 사업주나 법인 또는 기관이 실질적으로 지배·운영·관리하는 사업 또는 사업장에서 종사자의 특성 및 규모 등을 고려하여 다음 각 호에 따른 조치를 하여야 한다.

1. 재해예방에 필요한 인력 및 예산 등 안전보건관리체계의 구축 및 그 이행에 관한 조치.

| 표 24 | 위헌법률심판제청 신청 사유

헌법원칙	위배주장의 내용	위배주장의 이유
명확성의 원칙	중대재해처벌법 제4조 제1항: 사업주 또는 경영책임자등은 사업주나 법인 또는 기관이 실질적으로 지배·운영·관리하는 사업 또는 사업장, 재해예방에 필요한 인력 및 예산 등 안전보건관리 체계의 구축 및 그 이행에 관한 조치.	• 규정이 모호하고 자의적인 법해석이 배제된다고 보기 어려움.
과잉금지의 원칙 평등의 원칙	중대재해처벌법 제6조: 사업주 또는 경영책임자등의 처벌 규정 1) 법제4조 및 제5조의 안전보건 확보의무를 위반하여 종사자가 1명 이상 사망한 경우 1년(최대 30년) 이상의 징역 또는 10억원 이하 벌금. 2) 중대재해로 인한 부상자 및 직업성 질병자가 1년 이내에 3명 이상 발생한 경우 7년 이하의 징역 또는 1억원 이하의 벌금을 부과.	• 범죄의 실태와 죄질의 경중 등에 비춰볼 때 경영책임자가 부담하는 형사책임이 과중함. • 교통사고처리 특례법 위반(5년 이하의 금고)이나 산업안전 보건법 위반(사망은 7년 이하 징역) 등에 비춰 형벌 체계상 정당성과 균형성을 잃고 있음.

이에 대해 2023. 11. 3. 창원지방법원(형사4단독)은 처벌법규의 구성요건이 명확하여야 한다고 하더라도 입법자가 모든 구성요건을 단순한 의미의 서술적 개념만으로 규정하여야 하는 것은 아니라고 하면서 경영책임자는 위험을 방지하기 위해 필요한 조치가 무엇인지를 알 수 있거나 전문가에게 조언을 받을 수 있기 때문에 자기에게 부여된 의무내용을 충분히 예측할 수 있다고 설시하면서 명확성의 원칙에 위배된다고 볼 수 없다고 판단하여 기각(2023. 11. 3.)[238] 하였다.

238 창원지방법원 2022초기1795 결정.

| 표 25 | 위헌법률심판제청 주장에 따른 법원의 판단

헌법상 원칙	법원의 판단
명확성의 원칙	중대재해처벌법 제4조(사업주와 경영책임자등의 안전 및 보건 확보의무) 제1항에서 규정하는 사업주 등의 안전 및 보건 확보의무는 안전보건관리체계와 위험관리시스템과 관련된 것으로 사업 또는 사업장의 규모, 업종별 특성, 작업의 내용, 산업기술의 발전 상황 등에 따라 각기 다른 유해·위험 요인을 가지고 있어, 이들에게 요구되는 안전 및 보건 확보의무는 다를 수밖에 없다. 따라서 유해·위험 요인을 통제하는 수단이나 방법을 일률적으로 정하는 것은 입법기술적으로 불가능하거나 현저히 곤란하고, 오히려 이를 일률적·획일적으로 정하는 것은 각 개별 기업들의 특수성 등을 반영할 수 없다는 점에서 바람직하지 않다. 중대재해처벌법의 수범자는 불특정의 일반인이 아니라 사업주 또는 경영책임자등이다. 자신의 사업을 영위하거나 대표하고 사업을 총괄하는 권한과 책임이 있는 사업주 또는 경영책임자등은 사업 또는 사업장에서 종사자의 안전·보건상 유해 또는 위험을 방지하기 위하여 필요한 조치가 무엇인지 누구보다 명확히 알 수 있고, 안전 및 보건 관련 전문가나 법률전문가 등으로부터 조언을 받을 수 있으므로, 자신에게 부여된 의무를 충분히 파악하고 예측할 수 있다고 판단된다.
과잉금지의 원칙	신청대상 법률조항은 모든 산업재해에 적용되는 것이 아니라 산업재해 중 “동일한 사고로 6개월 이상 치료가 필요한 부상자가 2명 이상 발생한 재해” 및 “동일한 유해요인으로 급성중독 등 대통령령으로 정하는 직업성 질병자가 1년 이내에 3명 이상 발생한 재해”에 대하여만 적용된다. 신청대상 법률조항에 의해 사업주 또는 경영책임자등을 처벌하기 위해서는 안전 및 보건 확보의무 위반에 관한 고의가 요구된다. 신청대상 법률조항은 자신에게 부여된 안전 및 보건 확보의무의 내용을 정확히 예측하고 파악할 수 있는 사업주 또는 경영책임자등이 이러한 의무를 고의로 위반하고, 그로 인하여 위와 같은 중대한 산업재해가 야기된 경우만을 처벌대상으로 삼고 있다고 할 것인 바, 신청대상 법률조항이 피고인들의 직업수행의 자유의 본질을 침해한다고 볼 수 없고, 방법 내지 수단의 적절성과 피해의 최소성 요건을 갖추지 못하였다고 볼 수도 없다. 신청대상 법률조항이 보호하고자 하는 공익은 기업내의 부실한 안전관리체계와 위험관리시스템 부재 등 제도적·구조적인 문제를 해소하여 중대산업재해를 예방함으로써 근로자 등 종사자의 생명과 신체를 보호하는 것에 있다. 따라서 법익의 균형성 요건도 갖추었다고 보아야 한다.

평등의 원칙	중대재해처벌법 제6조 제2항에 의해 사업주 또는 경영책임자등을 처벌하기 위해서는 안전 및 보건 확보의무 위반에 관한 고의가 요구된다고 판단된다. 이에 반하여 교통사고처리특례법은 업무상과실 또는 중대한 과실로 사람을 사망 또는 상해에 이르게 한 자 중에서 교통사고로 인하여 위와 같은 죄를 범한 운전자에 대한 형사처벌 등의 특례를 정한 것으로 과실범을 그 처벌대상으로 한다는 점에서 대재해처벌법과는 그 처벌 대상이 다르다.

법인은 처벌 조항인 「중대재해처벌법」 제6조 제2항[239]에 대하여는 중대산업재해가 발생한 경우 범죄의 실태와 경중에 비춰 과도한 형사책임이 주어져 과잉금지의 원칙에 위배되고, 교통사고처리 특례법 위반(5년 이하 금고)이나 산업안전보건법 위반(사망은 7년 이하 징역) 등에 비춰 볼 때 형벌체계상 정당성과 균형성을 잃어 평등의 원칙에도 위배된다고 주장하였다.

이에 대해 법원은 「중대재해처벌법」 제6조 제2항에 의한 처벌을 위해서는 안전 및 보건 확보의무 위반에 대한 고의가 있어야 된다고 판단했고, 비교하여 제시한 교통사고처리특례법은 업무상과실 또는 중대한 과실로 사람을 사망 또는 상해에 이르게 한 자 중에서 교통사고 운전자에 대한 형사처벌 등의 특례를 정한 것으로 과실범을 그 처벌대상으로 한다는 점에서 중대재해처벌법과는 그 대상이 다르다고 판시하여 과잉금지의 원칙과 평등원칙 등에 위배된다는 주장에 대해서도 기각하였다.

나. 중소기업중앙회 등의 헌법소원심판 청구

중대재해처벌법 시행 2년만인 지난 2024. 1. 27. 부터 5인 이상 사업장에 확대적용됨으로써 83만 중소기업 사업주가 예비 수범자가 되는 상황으로 인

239 「중대재해처벌법」 제6조(중대산업재해 사업주와 경영책임자등의 처벌) ②제4조 또는 제5조를 위반하여 제2조 제2호나목 또는 다목의 중대산업재해에 이르게 한 사업주 또는 경영책임자등은 7년 이하의 징역 또는 1억원 이하의 벌금에 처한다.

식하게 되었다. 이에 대해 중소기업중앙회는 2024. 4. 1. 중소기업단체 9곳과 중소기업·소상공인 등 305명이 연대하여 중대재해처벌법 헌법소원심판을 청구하였다. 중소기업중앙회 측은 헌법소원심판청구의 취지로 「중재재해처벌법」 제4조(사업주와 경영책임자등의 안전 및 보건 확보의무)의 명확성의 원칙과 과잉금지의 원칙 등의 위반, 동법 제4조 제1항 제1호의 '안전보건관리체계의 구축 및 그 이행에 관한 조치' 등이 어떠한 의무를 이행해야 하는지 명확하지 않음에도 불구하고 능력과 관계없이 광범위한 책무를 부과하면서 동법 제6조 제1항에 따른 책임과 형벌 간의 의무위반시 과도한 형벌을 부과하여 죄형법정주의에 따른 비례의 원칙, 명확성의 원칙, 평등의 원칙, 책임주의 원칙에 위배된다며 이에 따른 처벌합리화가 필요하다는 것을 청구이유로 들었다. 또한, 청구배경을 설명하면서 "중대재해처벌법은 명확성의 원칙 등 헌법원칙과 안전원리에 배치되는 부분이 많아 수사기관의 자의적 법집행이 우려되고, 오히려 재해예방에 부정적 영향을 끼치고 있는 만큼 모든 가능성을 열어 놓고 하루빨리 대대적으로 정비돼야 한다"[240]라고 주장하였다. 이에 대해서 헌법재판소는 2024. 4. 17. 전원재판부에 회부하는 결정을 내렸다.

현행 「중대재해처벌법상」 제6조 제1항에 중대산업재해에 이르게 한 사업주와 경영책임자등은 1년 이상의 징역 또는 10억원 이하의 벌금에 처해지고, 산업안전보건법상(제167조 제1항) 위반의 경우는 7년 이하의 징역 또는 1억원 이하의 벌금, 형법상(제268조) 업무상 과실 및 중과실 치사상죄는 5년 이하의 금고 또는 2천만원 이하의 벌금에 처하도록 정하고 있다. 다만, 형법과 산업안전보건법의 대상은 현장 내 직접행위책임자로 규정하고 있는 반

240 정진우, 중대재해처벌법 개선 및 산재예방 방안 토론회, https://www.newsis.com/view/?id=NISX20240516_0002736429&cID=13001&pID=13000, 최종검색 2024. 5. 26.

면, 중대재해처벌법을 위반하면 사업주 또는 경영책임자등은 1년 이상의 징역 또는 10억원 이하의 벌금에 처해진다. 사업경영을 총괄한다는 관련성만으로 현장에서 사고에 직접적으로 기여한 당사자보다 무겁게 처벌하는 것은 형벌체계의 균형을 현저히 상실했다는 것이 중소기업계의 주장인데 결과가 어떻게 될지 주목된다.

5. 법원 판결 동향 및 시사점

중대재해처벌법 위반으로 기소된 사건의 최초 1심 판결은 법 시행 이후 1년 3개월이 지난 2023. 4. 6.에 있었으며, 이후 재판이 진행된 판결 53건 중 48건을 유죄로, 5건은 무죄로 판단하였다. 무죄 5건 중 2건은 건설 공사금액 50억 원 미만으로서 법적용 유예기간에 발생한 사고로서 무죄 선고되었고, 나머지 3건은 검찰과 노동청 수사과정에서 안전보건 확보의무를 충실히 이행하는 경우 등으로 범죄 성립요건 관련하여 중대재해처벌법 위반이 아니라고 판단을 하였다.

중대재해처벌법 안전보건 조치의무 위반 유형으로는 제3호(유해·위험요인 확인·개선 절차 마련 및 점검조치), 제5호(안전보건관리책임자 등의 업무수행 평기기준 마련), 제1호(안전보건에 관한 목표와 경영방침 설정), 제8호(중대산업재해 등 위험대비 매뉴얼 마련 및 점검), 제7호(종사자 의견청취 절차 마련, 개선방안 이행) 위반이 18건(34%), 제4호(안전보건 인력·시설·장비 예산 편성 및 용도별 집행) 위반 순으로 나타났다.

중대재해처벌법 판례가 형성되어가는 중에 법원 판단에서 2단계 인과관계에 따른 판단이 정립되었다고 볼 수 있다. 사업주 또는 경영책임자의 안전보건 확보의무 위반에 관한 인과관계 구성에 대하여 직접적 인과관계로는 산업안전보건기준에 관한 규칙상 안전보건 조치위반으로 인해 작업현장에서 중대산업재해가 발생하였다고 설시하였고, 2차적 인과관계로는 중대재해처벌법의 안전보건 확보의무 위반으로 인한 산업안전보건기준에 관한 안전보건 조치가 이행되지 않았다고 설시하였다. 특히, 경영책임자등의 무죄 판단에 있어 형법 제15조 제2항의 '결과 때문에 형이 무거워지는 죄의 경우에 그 결과의 발생을 예견할 수 없었을 때에는 무거운 죄로 벌하지 않는다'고 규정하고 있다. 이는 형법상 결과적 가중범의 성립요건으로 '예견가능성' 심리로 판단한 점으로 주목할 부분이다. 일례로 45호 판결 삼화건설의 경우 '원청 경영책임자에게 하청 근로자 등의 과실로 인해 발생한 사고에 대한 예견가능성이 있었다고 보기도 어렵다'고 판시한 것이 그 예이다.

이와 함께 피고인에게 유리한 양형요인으로는 피해자와의 합의가 가장 중요했고, 그 외 자백 및 반성, 피해자 과실의 개입여부 그리고 본건 사고 이후에 재발방지 노력 등이었고, 불리한 양형요인으로는 동종 전과여부와 사고 이후 재발방지대책의 미이행이 중요한 양형요인이 된 것으로 분석되었다.

한편, 앞에서 논증한 바와 같이 일부 기업이 재판과정에서 중대재해처벌법이 명확성 원칙, 과잉금지 원칙, 평등원칙에 각 위배되어 위헌이라는 취지로 위헌법률심판제청 신청을 하였으나 기각된 바 있으며, 중소기업단체 등은 중대재해처벌법이 과도한 형벌을 부과하여 죄형법정주의에 따른 비례의 원칙, 명확성의 원칙, 평등의 원칙, 책임주의 원칙에 어긋난다며 처벌의 합리화를 청구 이유로 들어 헌법소원심판을 청구하였는데, 이에 대해 헌법재판소는 전원재판부에 회부결정을 내려 최종 결정을 기다리고 있다.

이렇듯 중대산업재해 사건의 기소와 재판의 진행으로 판례가 축적되면서 법원 판결 53건의 사건에서 48건이 경영책임자등에게 유죄가 선고되었다는 점에서 앞으로도 유죄 취지의 실형이 선고될 가능성을 배제할 수 없을 것으로 보인다.

제5장

중대재해처벌법 적용상 문제점과 한계

제1절 중대재해처벌법의 규정상 문제점

Ⅰ. 개설

중대재해처벌법의 입법취지가 중대재해의 예방임을 볼 때 남겨진 과제는 수사기관과 법원에서 법조문의 엄격한 해석과 적용을 통해 중대산업재해가 현저히 줄어들 수 있도록 사회적 안전시스템이 정착되고 안전문화가 형성되도록 만드는 것이 필요하다. 그러나 법과 시행령 일부분에서 도급관계에서의 책임의 균형과 규정이 불분명하여 해석상의 논란 등으로 법익효과를 제대로 거두지 못하는 한계가 있다.

따라서, 중대재해처벌법의 입법 취지와 목적을 살리는데 책임주의와 평등의 원칙에 맞지 않는 책임의 불균형 문제와 조문의 해석상 문제 등으로 인해 논란이 되는 불명확한 부분을 문제점으로 도출하고 이에 대한 개선방안을 제시한다. 다만, 그동안 여러 법학자들이 제기해온 원론적인 헌법상의 위헌성 문제와 일각에서 제기한 위헌법률심판제청 및 헌법소원 등에 대한 담론은 배제하고 실무적인 관점에서 법익 극대화를 위한 대안에 초점을 맞추고자 한다.

Ⅱ. 도급인과 수급인의 책임 불균형 문제

1. 도급인과 관계수급인 책임의 불균형

중대재해처벌법은 도급, 용역, 위탁 등의 경우, 도급인의 안전보건 조치의무 이행을 규정하고 있다. 이는 대체적으로 사업 또는 사업장을 실질적으로 지배·운영·관리하고 있는 자를 도급인으로 보기 때문이다. 하지만, 도급, 용역, 위탁을 받은 소위 관계수급인에게는 안전보건 조치의무가 있다고 볼 수 없기에 그 의무를 부과하지 않는 것으로 해석할 수 있다. 「산업안전보건법」에서도 도급인에게 주로 안전보건 조치의무가 부과되어 책임의 불균형이 지적되고 있다.

예를 들면, 「산업안전보건법」 제62조, 제63조, 제64조 등은 도급인이 관계수급인의 산업재해 예방을 위한 안전보건총괄책임자 지정과 안전 및 보건조치, 도급에 따른 산재예방 조치 등을 정하고 있고, 「중대재해처벌법」 제4조 제4호에 사업주와 경영책임자등의 안전 및 보건 확보의무에 있어서 사업 또는 사업장의 특성 및 규모 등을 고려하여 조치하도록 규정하고 있다. 「중대재해처벌법」 시행령 제4조 제9호에 의하면, 제3자에 대한 도급·용역·위탁 등에서 종사자의 안전·보건 확보를 위한 기준과 절차를 마련 및 점검하도록 규정하고 있다. 이처럼 중대산업재해 예방과 책임에 있어서 관계수급인의 책임이 불분명하여 법 제4조의 사업주와 경영책임자등의 안전·보건 확보의무 관련 조문을 개선하고 입법취지를 살릴 필요가 있다.

미국이나 영국의 경우, 도급 자체에 대한 규제 없이 도급인이든 수급인이든 여러 단계의 도급이 끼어있더라도 모든 계약주체가 각각 책임을 지고 있어[241] 안전을 위한 책임분담과 협력체제가 구조적으로 마련되어 있어 우리나라와는 대조적이다.

현행 중대재해처벌법상 도급인에 부과된 안전·보건 관리상의 책임에 대해 관계수급인도 엄연히 전문적인 경영의 주체로서 공법과 공정, 업무특성을

241 정진우, 앞의 책, 92면.

가진 책임의 주체로서 그 특성에 맞는 안전 및 보건 관리상의 책임을 다하는 것이 책임주의 원칙에도 부합할 것이다.

2. 법령 간 의무이행 주체의 중첩 및 책임 불균형

중대재해처벌법은 산업현장에서 중대재해를 예방하고, 재해발생시 책임을 명확히 하기 위하여 제정된 법률이다, 그러나 관계법령상 도급관계에서 안전보건 확보의무 이행주체가 중첩되거나 충돌되는 문제가 있다.

「중대재해처벌법」 제5조에 도급, 용역, 위탁 등 관계에서의 안전 및 보건 확보의무 규정을 통해 '도급인'의 안전 및 보건 확보의무가 명시되어 있고, 동법 시행령 제4조의 산업재해를 예방하기 위한 안전보건관리체계 구축 및 이행조치에 관한 사항 중 제9호에서 도급, 용역, 위탁 등의 의무를 정하며 '도급인'의 의무를 정하고 있다. 또한, 산업안전보건법상의 의무주체에 해당되면 도급인과 수급인은 모두 중대재해처벌법상의 이행의무도 각각 부담한다고 보는 것이 타당할 것인데 현실은 그렇지 못하다. 예컨대 「산업안전보건법」 제5조, 제15조, 제29조, 제38조, 제39조, 제40조, 제58조 이하 등에서 도급시 산업재해 예방에 관한 사업주 등의 의무, 안전보건관리체제의 구축, 안전보건교육, 안전조치, 안전점검, 도급시 산업재해 예방조치 등은 기본적으로 각 수급인이 실시해야 하는 것으로 규정되어 있는 반면, 중대재해처벌법령에서는 위와 같은 의무이행을 도급인이 실시해야 하는 것으로 해석될 수 밖에 없다.

중대재해처벌법과 산업안전보건법 간에 의무이행 주체의 명확하지 않은 관계로 인하여 사업 현장에서는 어느 법을 따라야 하는지 혼란이 발생될 수 있다. 게다가 중대재해처벌법상으로는 주로 도급인에게만 안전보건 조치의무가 부과되어 있고 수급인에게는 특별한 경우를 제외하고는 아무런 안전보건 조치의무가 부과되어 있지 않아 수급인의 안전보건에 대한 무관심을 조장할 가능성이 크다.[242] 또한, 건설공사 현장에서 도급인과 수급인, 수급인의 하수급인 등 각각 공종별 개별적인 안전책임을 지는 게 합리적인데 관계법령상 도급인에 과도한 책임을 명분으로 관계수급인의 작업장이나 근로자들을 과하게 감독하려 할 경우 수급인의 책임 범위와 충돌할 수 있다[243]는 문제도 제기되고 있다. 이와 같이 도급관계에서 안전보건 확보의무 이행의 주체에 대한 논란은 중대재해처벌법 및 동법시행령의 규정 체계와 내용을 산업안전보건법령과 충돌없이 좀 더 명확하고 균형있게 규정을 정비할 필요가 있다. 안전·보건 책임관계에서 산업안전보건법령과 중대재해처벌법령 간 원하청 책임의 중첩과 균형 문제는 법령의 의무이행과 책임주체간 책임의 균형을 도모하고자 하는 것은 죄형법정주의의 기본원칙인 평등의 원칙과 비례성의 원칙 측면에서도 바람직하다.

3. 도급, 용역, 위탁 관계의 책임 불균형

중대재해처벌법의 입법취지는 기존 산업안전보건법만으로는 산업재해 사망사고가 끊이지 않고 한계가 있다는 문제가 있기 때문에 사업주 또는 경영책임자에 대한 책임을 강화시켜 중대산업재해를 예방하자는 것이다. 이러한 입법취지 즉, 「중대재해처벌법」 제4조의 사업주와 경영책임자등의 안전 및 보건 확보의무, 동법 제5조의 도급, 용역, 위탁 등 관계에서의 안전 및 보건 확보의무, 동법 제6조의 중대산업재해시 사업주와 경영책임자등의 처벌,

242 정진우, 앞의 책, 386면.

243 김철수, "건설업 중대재해처벌법의 적용 문제", 법학연구, 2022, 112면 참조.

동법 제7조의 중대산업재해의 양벌규정, 동법 제15조의 손해배상 책임, 동법 시행령 제4조의 안전보건관리체계의 구축 및 이행조치, 동법 시행령 제5조의 안전·보건 관계 법령에 따른 의무이행에 필요한 관리상의 조치, 동법 시행령 제7조의 과태료 부가기준 등을 통해 볼 때 형벌적용에 있어 처벌 균형성을 상실하여 소리만 요란할 뿐 실질적인 법익효과를 거두지 못하고 있는 한계를 보인다.

구체적으로 짚어보자면, 최근 15건의 법원 판결을 종합하여 보건데 대부분 중대산업재해 사고가 도급인 책임으로 과도하게 기울어져 있음을 알 수 있다. 건설공사의 경우를 보더라도 건설발주자는 안전보건에 관한 책임은 면책된다고 할 수 있고, 도급인이 「중대재해처벌법」 제4조의 실질적인 지배·운영·관리하는 사업주로서의 책임과 동법 제5조의 도급, 용역, 위탁 등을 행한 경우의 사업주로서 책임을 져야 하는 것으로 과도하게 책임이 주어지고 있다.

이처럼 법원 판결을 보더라도 수급인 및 관계수급인의 책임은 산업안전보건법상의 책임으로 한정되어 현장소장과 안전보건관리책임자, 감리책임자 등이 일부 징역형에 집행유예나 벌금형, 또는 법인에 대하여는 양벌규정에 의해 벌금 등이 부과되었을 뿐 소위 수급인 및 관계수급인의 사업주 또는 경영책임자등에 대한 처벌은 거의 주어지지 않는 것이 현실이다.

이 문제는 단순히 도급인에 과도한 처벌에 대해 각 관계수급인에게도 동일하게 책임을 부과하자는 차원이 아니라, 책임의 균형 차원에서 수급인 및 관계수급인 사업주 또는 경영책임자등도 공법상 엄연한 사업주 또는 경영책임자로서 안전보건에 관한 의무이행과 책임주체로 봐야하는 것이고, 안전보건에 관한 보다 폭넓은 이해관계자들의 동참과 협력이 이뤄져야 입법취지를 살릴 수 있다는 것이다. 특히, 건설공사에 있어 도급인에 경도된 처벌경향으로 인해 수직적 도급문화에서 수평구조로의 변화를 위해 노력해온 그간의 건설업계 노력을 상쇄시킬 수 있다는 우려도 있고, 하청사에 대한 부당한 경영간섭으로 비화되어 하도급법(「하도급법」 제18조 등) 위반의 우려되는 측면도 있다.

예를 들면, 도급인이 안전경영을 이유로 과도하게 관계수급인의 생산품목이나 시설규모나 기준 등을 불합리하게 제한하는 행위, 도급한 목적물의 품질유지 목적을 넘어서 수급인의 거래상대방 선정이나 거래조건 등을 제한하거나 간섭하는 행위 등이 있을 수 있다.[244] 이러한 상황은 도급인에 치우친 형벌부과로 인하여 안전보건을 명분으로 수급인과 관계수급인 또는 관계근로자들에게 경영권 등에 대한 주체성과 자율성, 업무상 정보보안문제, 자기결정권 등 사적자치가 침해될 여지가 있으므로 이에 균형잡힌 책임의 분산과 처벌의 개선이 필요한 이유이다.

Ⅲ. 불명확한 조문상의 문제

1. '사업 또는 사업장'의 불명확성

건설공사에서 중대재해처벌법 적용 실무상 가장 많이 거론되는 문제점 중에 하나가 법문의 불명확성으로 인한 해석과 처벌의 범위가 지나치게 포괄적이라는 점이다. 특히 「중대재해처벌법」 제4조 제1항에서 사업주 또는 경영책임자등은 사업주나 법인 또는 기관이 실질적으로 지배·운영·관리하는

244 장춘재, 「조문별 하도급법 실무 가이드」, 삼일인포마인, 2023. 6, 414면 참조.

사업 또는 사업장에서 종사자의 안전·보건상의 조치를 하도록 규정하고 있다.

여기서 제기하는 문제는 '사업장'의 개념은 장소적 개념으로서 의무주체를 지나치게 포괄하여 설정하고 있다는 점이다.

대법원 판례[245]에 의하면, '사업장'의 개념을 "하나의 활동주체가 유기적 관련 아래 사회적 활동으로서 계속적으로 행하는 모든 작업이 이루어지는 단위 장소 또는 장소적으로 구획된 사업체의 일부분"이라고 해석하고 있다. 여기서 "장소적으로 구획된 사업체의 일부분"이라고 하여 '장소'적 의미를 가진 '사업체'라는 의미를 가지므로 '사업의 일부분', 즉, '사업'으로 해석하여도 무방하다.

건설업에서는 시공장소가 고정되지 않고 이동성이 강한 특징이 있다. 예를 들어, 도로 공사나 교량 건설 등을 수반하는 대규모 인프라 프로젝트에서는 작업장이 일정하지 않고 계속하여 이동하는데 「중대재해처벌법」 제4조에서 규정하는 '사업장'이 고정된 장소만을 의미하는지, 이동하는 작업장도 포함되는지에 대한 명확한 규정이 없다. 이로 인해 이동작업장에서 발생한 재해에 대해 법적 적용이 모호해질 수 있다[246]는 문제가 제기되기도 한다. 또한, 하나의 건설 프로젝트에 여러 사업장이 존재하는 경우, 각 사업장이 별개의 법적책임을 지는지, 아니면 전체 프로젝트를 하나의 사업장으로 간주할 것인지에 대해서도 명확한 기준이 없다. 대규모의 복합 주택공사나 지역 도시개발 공사의 경우 현장마다 각 사업장이 되고, 주택과 상가, 공연이나 체육시설 등이 각각 독립된 사업장이자 사업으로 간주될 수 있으며, 각 현장이나 각 동에서 발생한 재해에 대해 책임과 의무를 어떻게 구분할 것인지 문제가 될 수 있다.

---

245 대법원 2007. 10. 26. 선고 2005도9218 판결

246 김철수, 앞의 논문, 48면.

여기에 더해, 현장에선 도급인과 수급인, 또는 하수급인별로 각각 사업장이 되는데 이에 대한 안전보건에 대한 책임을 사업주 또는 경영책임자 한 사람이 수범자가 되는 현행 중대재해처벌법 규정은 문제가 많아보인다. 즉, 장소의 개념이 아닌 사업의 개념에서 접근한다면 도급인, 관계수급인이 각각의 사업의 주체자로 각자가 맡은 영역에서 책임과 의무를 지는 것은 당연한 일일 것이다.

일반적으로 '사업'이라 함은 관할하는 '사업장'을 포괄하는 것이고, 특히 건설업 또는 건설공사를 보자면, 굳이 '사업장'이란 규정에 의해 건설발주자와 도급인, 수급인, 하수급인의 복잡한 관계에서 건설이해관계자는 모두 자신의 사업장이 되는 것이기 때문에 책임과 의무이행의 범위와 불명확성마저 심화시키고 있는 측면이 있다. 따라서 '사업장'을 보다 명확히 하여 개선할 필요가 있다.

2. '사업주 또는 경영책임자' 의 불명확성

가. 사업주 '의미규정'의 불명확성

「중대재해처벌법」 제2조 제8호에 사업주란 '자신의 사업을 영위하는 자'와 "타인의 노무를 제공받아 사업을 하는 자"라고 되어 있다. 근로기준법을 포한한 각종 근로관계법령에서도 사업주란 "사업경영의 주체로서 근로자와 근로계약을 체결한 당사자[247]로서, 개인사업체에서는 개인, 회사 기타 법인체에서는 법인을 뜻하며, 자기업의 기업주 뿐만 아니라 국가, 지방자치단체, 국영기업체 등도 사업주가 될 수 있고, 영리사업인지 비영리사업인지 불문

247 대법원 2015. 6. 11. 선고 2014도15915 판결.

[248]한다. 「중대재해처벌법」 제3조에서는 "사업주("개인사업주에 한정한다. 이하 같다")" 라고 하여 개인사업주에 한정하여 해석하는지 등에 대해 다양한 해석을 낳으며 의문이 제기되고, 이에 따라 '사업주'의 정의도 건설공사 등의 현장을 반영한 재정립이 필요하다.

사업주에 대한 법문의 해석으로 보자면, 「중대재해처벌법」 제3조는 "이하 본 장에서 같다"라는 표현이 아닌 "이하 같다" 라는 표현을 통해 제3조의 정의를 동법 제3조 이하부터는 전부 적용되는 것임을 명시하고 있다는 점, 사업주등의 의무를 정하고 있는 제6조와 제10조의 처벌 조항에서도 처벌을 받는 당사자를 "사업주 또는 경영책임자등"이라고 규정한 점, 제7조와 제11조의 양벌규정에는 '사업주'라는 표현을 전혀 사용하고 있지 않은 점 등을 통해 보건데, 결국 사업주는 '개인사업주'만을 의미한다고 보는 것이 맞다.

이러한 의미의 사업주의 정의에서 보자면, '사업을 영위하는 자'와 '사업을 하는 자'의 차이가 불분명하여 중대재해처벌법의 적용상 한계가 있다는 것이 문제이다. 즉, 건설업 현장에선 중층적인 도급관계로 공종별 관계수급인의 노무제공에 있어 관리의 주체가 분명히 존재하지만 중대재해처벌법상의 의무와 책임소재는 하청관계로 인해 제3자를 통해서 노무대가를 지급하는 경우가 일반적이기 때문이다.

여기서 "노무를 제공받아" 라는 내용의 범위가 불분명하여 건설업 사업장의 이러한 도급구조의 업무 특성을 제대로 반영하지 못하는 한계가 있다. 중대재해처벌법상 보호 대상의 범위로 종사자에는 근로자, 1인 사업자(개인사업자) 및 모든 직종의 특수형태근로종사자, 고용·도급(용역·위탁) 관계 외에 위임관계에 있는 자도 포함되고, 하청, 재하청 등 도급계열에 있는 자의 근로자

248 권창영 외 16인, 앞의 책, 404면 참조.

뿐만 아니라, 도급계열에 있는 자와 업무관계를 맺고 있는 모든 노무종사자(자영업자이든 특수형태근로종사자이든 불문한다.)가 포함됨에 유의해야 한다. 도급, 용역, 위탁 등의 사업을 위해 사장이 직접 노무를 제공하면 사장도 종사자에 해당한다.[249]

이처럼 사업주에 대한 의미규정에 있어 모호한 조문으로 그 범위와 기준이 다양한 해석상의 문제를 낳고 있고, 도급구조의 업무특성을 제대로 반영하지 못하고 있다. 따라서, "노무를 제공받아" 라는 내용의 범위가 불분명하여 건설업 사업장의 이러한 도급구조의 업무 특성을 반영하지 못하는 한계가 있어 「중대재해처벌법」 제2조 제8호 '사업주'의 정의를 좀 더 명확하게 재정립할 필요가 있다.

나. '경영책임자'의 불명확성과 책임문제

중대재해처벌법 시행 직후인 2022. 1. 29. 발생한 경기 양주 채석장 토사붕괴로 3명이 사망한 중대재해 사고 1호 사건에 대해서 삼표그룹 회장을 중대재해처벌법 위반 혐의로 기소하고, 삼표산업 대표이사와 전·현직 임원 6명을 산업안전보건법 위반과 업무상과실치사 등 혐의로 불구속 기소[250]하여 재판중에 있는 사건이다. 여기에서 그룹 회장 1인이 다수 계열사의 경영권을 행사하고 있다는 이유로 계열사 대표이사가 아닌 그룹 회장을 기소한 것이 안전경영을 위한 현실적 책임주체로 타당한 것인지에 대해 따져볼 일이다.

중대재해가 발생하면 그룹 회장, 또는 개별기업의 전문경영인 등 임원은 안전경영에 대한 책임에 대해 책임을 낮추거나 회피하기 위해 자기방어 본

---

249 정진우, 앞의 논문(중대재해처벌법 실무상의 법적 쟁점- 중대산업재해를 중심으로), 522면.

250 의정부지검 형사4부.

능이 작동한다. 대부분의 오너 회장들은 법에서 정한 의무를 다했고, 발생한 사고와 인과관계 단절을 위해 기업의 법적 대응역량은 자연스럽게 오너 회장에게 집중될 수 밖에 없고, 결국은 하급자에게 전가시키게 되어 본인은 모면하려 한다는 것이다. 과연 이러한 현실을 만드는 것이 기업의 안전경영과 지속가능한 성장에 도움이 되는가 되짚어볼 일이다.

여기에서 검찰이 경영책임자의 수범지표로서 '실질적 권한과 책임', '최종 의사결정권' 등을 중요하게 볼 것이라는 점에서 인과관계 판단은 존중되어야 마땅하나 경영책임자의 현실적인 책임주체로서는 한계를 갖게 된다. 경영책임자 개념은 '고정화된 어떠한 지위'의 자연인, 예를 들면 대표이사나 독립된 법인을 지칭하지 않음에 따라 '가변성'을 갖는다.[251] 상기 사건의 경우, 검찰이 그룹 회장을 중대재해처벌법에 따라 기소한 것으로 보건데 사업의 주체인 법인의 대표이사가 아닌 그룹 회장을 경영책임자로 본 것이다. 이러한 판단을 위해서는 대표이사(CEO)나 안전경영책임자(CSO)는 안전보건에 관한 결정권한이 없는 상태로 모든 중요한 의사 결정과 집행이 회장의 통제하에 이루어져야 한다. 더 나아가 그룹 회장이 구속되었다고 하면, 그 이후의 안전보건에 관한 의사결정에 관여하지 못하는 순간부터 대표이사나 안전경영책임자가 책임져야 하는가? 결국 기업마다 중대재해처벌법상 경영책임자는 다른 지위의 형태로 될 수 있고, 상황에 따라 달라질 수 있는 것으로 볼 때, 경영책임자 개념의 가변성으로 인한 모순을 발견하게 된다. 결국, 검찰의 판단에 따른다면 책임의 지위에 있지 않기 위해 구체적으로 보고도 받지 않아야 하고, 실질적이고 최종적으로 결정권을 행사하지 않아야 한다는 것이다. 그러나 현실적으로 이런 구조가 과연 중대재해를 감소시키기 위해 합

---

251 서진두, 앞의 논문. 71면.

당하고 바람직한 것인가가 의문이다.

삼표그룹의 경우 시간적 한계성도 가진다. 당해 중대재해 사건은 중대재해처벌법이 시행된 지 이틀 후에 발생하였다. 시행에 대비할 시간과 환경이 턱없이 부족한 측면의 한계성도 주장하고 있고, 실질적 최종 권한을 가진 대표이사가 새로 부임하여 온 지 불과 몇 일 후에 안전보건관리체계가 미비한 것을 파악하고 이를 구축하기 위해 노력하던 중 중대산업재해로 사망자가 발생할 수 있는 측면에서 책임의 시간적 한계성도 보여진다.

중대재해처벌법에서 안전보건 확보의무 위반 그 자체는 처벌의 대상이 아니다. 반면, 산업안전보건법상 안전보건 조치의무 위반은 그 자체로 처벌의 대상이 된다. 산업안전보건법상 안전보건 조치의무 위반은 존부여부만 살펴 형사제재 여부를 판단하면 되는데 반해, 중대재해처벌법에서는 결과적 가중범으로 처벌해야 하는지 여부는 중대산업재해와 의무위반 사이의 인과관계에 달려있다. 중대재해가 발생하는 경우에 산업안전보건법상 안전보건 조치의무 위반에 대한 조사가 이루어지고, 여기에 안전보건 확보의무와 안전보건 조치의무 위반으로 인해 중대산업재해가 초래되었을 경우에 비로소 중대재해처벌법 위반 여부에 대한 수사를 개시하는 순서를 갖게 되는데 이에 대한 인과관계의 입증이 요구된다. 이러한 측면에서 경영책임자등의 개념에 대해 어디까지를 경영책임자로 볼 것이냐에 대한 책임의 범위와 개념을 보다 명확히 할 필요가 있다.

3. '실질적 지배·운영·관리'의 불명확성

중대재해처벌법은 중대재해 사고발생에 대해 사업주 또는 경영책임자등을 수범자로 하는 형사처벌법이므로 형사처벌에 대한 규정은 죄형법정주의 원칙에 입각해 엄격하게 해석되어야 한다. 「중대재해처벌법」 제4조와 제9조 제1항 및 제2항의 "실질적으로 지배·운영·관리하는 사업 또는 사업장에서 종사자의 안전·보건상 유해 또는 위험을 방지하기 위하여 안전보건관리체계의 구축 및 그 이행에 관한 조치를 하여야 한다"라는 규정에서 '실질적 지배·운영·관리'가 안전·보건 확보의무 부과에 있어 안전·보건 확보의무의 존재 및 범죄성립의 인과관계에 있어 중요한 구성요건이 된다. 그러나, '실질적 지배·운영·관리'의 정의와 범위가 중대재해처벌법에 구체적 정의로 규정되지 않고, 법 5조에 도급, 용역, 위탁관계에서 "사업주 또는 기관이 그 시설, 장비, 장소 등에 대하여 실질적으로 지배·운영·관리하는 책임이 있는 경우" 라고 한정하고 있을 뿐이다. 「산업안전보건법」 제10조 제2항[252]의 '도급인의 사업장' 개념과 그 범위에 대해 대통령령으로 정하는 사업장은 「산업안전보건법 시행령」 제11조 도급인이 지배·관리하는 장소에서 대통령령으로 지정하는 '도급인이 지배·관리하는 장소'[253]의 의미와 범위를 적용하고 있을 뿐이다.

---

252 「산업안전보건법」 제10조 제2항은 "도급인이 제공하거나 지정한 경우로서 도급인이 지배·관리하는 대통령령으로 정하는 장소를 포함한다."라고 규정하고 있다. 여기서 '대통령령에서 정하는 장소'는 토사·구축물·인공구조물 등이 붕괴될 우려가 있는 장소 등 21개 장소(시행령상 14개 장소, 시행규칙상 7개 장소)를 말한다(「산업안전보건법 시행령」 제11조, 시행규칙 제6조), '도급인의 사업장' 개념은 도급인의 안전조치 및 보건조치(「산업안전보건법」 제63조)의 기준이 될 뿐만 아니라 안전보건총괄책임자(「산업안전보건법」 제62조)의 지정 및 그에 따른 업무수행의 기준, 도급에 따른 산업재해 예방조치(「산업안전보건법」 제64조)를 실시해야 하는 경우 그 기준이 된다.

253 「산업안전보건법 시행령」 제11조(도급인이 지배·관리하는 장소) 법 제10조 제2항에서 "대통령령으로 정하는 장소"란 다음 각 호의 어느 하나에 해당하는 장소를 말한다.
1. 토사(土砂)·구축물·인공구조물 등이 붕괴될 우려가 있는 장소.
2. 기계·기구 등이 넘어지거나 무너질 우려가 있는 장소.
3. 안전난간의 설치가 필요한 장소.
4. 비계(飛階) 또는 거푸집을 설치하거나 해체하는 장소.
5. 건설용 리프트를 운행하는 장소.
6. 지반(地盤)을 굴착하거나 발파작업을 하는 장소.
7. 엘리베이터홀 등 근로자가 추락할 위험이 있는 장소.
8. 석면이 붙어 있는 물질을 파쇄하거나 해체하는 작업을 하는 장소.
9. 공중 전선에 가까운 장소로서 시설물의 설치·해체·점검 및 수리 등의 작업을 할 때 감전의 위험

다만, 고용노동부에 의한 건설공사에서 시설·장비·장소 등에 대한 실질적인 지배·운영·관리하는 책임이 있는 경우란, ① 해당 작업과 관련한 시설, 장비, 장소 등에 대하여 도급인에게 소유권 또는 임차권이 있거나 그 밖에 사실상의 지배력을 가지고 있는 경우, ② 제3자에게 소유권 등이 있더라도 도급인이 그 사용방식 자체에 관여하거나 도급인의 지배 하에 있는 특수한 위험요소가 있어 해당 사업에 수반되는 유해·위험 요인을 도급인이 직접 통제하는 경우, ③ 도급인이 사업을 하기 위해 상시적으로 관리하여야 하는 생산 시설, 기계, 설비 등에 대한 유지·보수 공사 등의 업무를 도급 준 경우로 한정하고 있다.

다만, 도급인이 실질적으로 지배·운영·관리하는 책임이 있는 것으로 보기 어렵다고 판단할 수 있는 경우도 제시하고 있는데, ① 건설공사 자체가 도급인의 사업수행 자체와 직접적인 관련성이 적고 도급인의 사업과 분리되었다고 평가할 수 있는 경우, ② 도급인의 지배하에 있는 특수한 위험요소가 없거나, 있더라도 중대재해가 해당 위험요소로 발생한 것이 아닌 경우, ③ 계약의 내용이나 규모, 수급인의 전문성, 인력관리 능력과 방식 등 제반사정에 비추어 사고방지를 위해서 수급인이 실질적 지배·운영·관리 책임을 부담하는 것이 더 적절한 경우[254] 등으로 한정하여 판단하고 있다.

그럼에도 불구하고, 「중대재해처벌법」 제4조 및 제9조의 '지배·운영·관리'

이 있는 장소.

10. 물체가 떨어지거나 날아올 위험이 있는 장소.
11. 프레스 또는 전단기(剪斷機)를 사용하여 작업을 하는 장소.
12. 차량계(車輛系) 하역운반기계 또는 차량계 건설기계를 사용하여 작업하는 장소.
13. 전기 기계·기구를 사용하여 감전의 위험이 있는 작업을 하는 장소.
14. 「철도산업발전기본법」 제3조제4호에 따른 철도차량(「도시철도법」에 따른 도시철도차량을 포함한다)에 의한 충돌 또는 협착의 위험이 있는 작업을 하는 장소.
15. 그 밖에 화재·폭발 등 사고발생 위험이 높은 장소로서 고용노동부령으로 정하는 장소.

254 고용노동부 산업안전보건본부, 「중대재해처벌법 중대산업재해 질의회시집」, 2003. 5, 207면

를 수식하는 '실질적'이란 용어 자체가 정성적이고 계량화할 수 없는 용어인데다 명확하지 않아 상황에 따라 소송관계에 있어 당사자적격[255]에 혼돈을 줄 수 있는 것으로 보인다. '실질적'이란 사전적 의미는 "실제로 있는 본바탕과 같거나 그것에 근거하는 것, 실질적인 책임자, 실질적인 권한" 등으로 해석할 수 있다. 다만, '지배·운영·관리'에 대해 대검찰청 벌칙해설에 의하면, 1차적으로 '통제가능성' 여부와 사업장의 특성 및 규모 등을 구체적으로 고려하여 ① 해당 작업이 이루어지는 장소에 사업주 등의 지시권이 미칠 수 있는 관리자의 파견 여부, ② 해당 장소에서 일어나는 업무 및 비상 상황 등에 대한 보고체계가 있는지 여부(일일 또는 월간 업무보고 등), ③ 해당 장소의 시설·설비의 소유권이 누구에게 있는지 여부, ④ 사업 운영 예산의 편성 및 집행 권한이 누구에게 있는지 여부 등도 추가적으로 확인하여 최종적으로 '실질적 지배·운영·관리' 여부를 판단[256]하여야 한다고 설명하고 있다.

또한, '지배·운영·관리'의 해석에 있어서 가운뎃점(·)을 어떻게 해석해야 할 것인가가 쟁점이 된다. 가운뎃점(·)은 단어 사이에 사용할 때 일반적으로 '와/과(and)'의 의미가 있는 문장부호이다. 이렇게 해석하면 '지배하고 운영하며 관리하는'의 의미가 되어 세 가지를 동시에 충족하는 조건이 되어야 의무이행 주체가 된다. 반면, '지배·운영·관리'의 가운뎃점(·)을 '또는(or)'의 의미로 해석하여 '지배하거나 운영하거나 관리하거나'로 해석하게 되면 '지배', '운영', '관리'하는 단 하나의 조건만 충족이 되거나, '지배하거나 운영하는', '지배하거나 관리하는', '운영하거나 관리하는' 등의 해석이 가능하여 의무이행의 수범자가 확대 해석되고 의무주체가 불분명해질 수 있다. '지배·운영·관리하는 자'

---

255 「민사소송법」 제51조(당사자 능력·소송능력에 대한 원칙) 당사자 능력, 소송능력, 소송무능력의 법정대리와 소송행위에 필요한 권한의 수여는 이 법에 특별한 규정이 없으면 민법, 그 밖의 법률에 따른다.

256 대검찰청, 책, 159면.

를 확대해석하면 지금까지 재해예방을 목적으로 자율적으로 전개되어온 발주자의 선의의 안전보건활동이 오히려 위축될 수 있음에 유의해야 한다.[257]

따라서 '지배·운영·관리'의 해석에 있어서 '와/과(and)'의 해석이 아닌 '또는(or)'의 관계로 해석하는 것이 타당하게 보여지지지만, 이에 따른 해석상의 논란이 지속되고 있다. 따라서 이를 보다 명확한 규정으로 개정이 필요하다.

4. '안전보건조정자' 역할 한계성

중대재해처벌법이 시행된 지 2년 반이 지났지만, 건설사업장의 사고사망자는 끊임없이 이어지고 있어 법시행 이후 중대재해 예방차원에서 보완할 대책이 무엇인지 검토해 볼 필요가 있다.

건설공사의 경우, 건설공사발주자로부터 도급을 받은 도급인, 그리고 도급인으로부터 재도급을 받는 주로 전문건설업에 해당하는 수급인 및 자재, 장비, 노무 등을 포함하는 관계수급인 등의 중층적 도급구조에서 안전 및 보건관리는 각 이해관계자들의 의지와 협력이 중요한 관건이 될 수밖에 없다. 특히, 중대재해처벌법이 시행된 이후로 각 이해관계자의 대표자 또는 경영책임자등의 책임에서 주로 도급인의 의무와 책임이 중요한 수범주체로 판례를 통해 형성해가고 있다.

그 중에서 「산업안전보건법」 제68조에 건설공사발주자는 2개 이상의 건설공사가 같은 장소에서 행해지는 경우에 사업의 기획에서부터 최종 완성을 총괄하는 주체로서 작업의 호재로 인한 산업재해를 예방하며, '안전보건조정자'를 선임하도록 하고 있다. '안전보건조정자'의 역할은 건설공사 계획단계,

---

257 정진우, 앞의 논문(중대재해처벌법 실무상의 법적 쟁점- 중대산업재해를 중심으로), 539면.

설계단계, 시공단계에 따른 위험요인 파악과 감소방안, 공사안전보건대장의 작성과 그 이행여부를 확인하도록 되어 있는데 그 업무의 역할과 책임을 현재보다 더 강화할 필요가 있다. '안전보건조정자'의 역할은 같은 장소에서 이루어지는 각각의 공사 간에 혼재된 작업의 파악 및 산업재해 발생의 위험성 파악, 산업재해 예방을 위한 시기, 내용 및 안전보건 조치 등의 조정, 각각의 공사도급인의 안전보건관리책임자 간 작업내용에 관한 정보공유 여부의 확인 등이며, 필요한 경우 해당 공사의 도급인과 관계수급인에게 자료의 제출을 요구할 수 있는 역할을 하고 있다.

독일의 경우, 근로보호법을 통해 건설공사발주자는 사용자 간의 '협력의무'를 가지며, 하나의 건설현장에서 여러 이해관계자의 노무자가 업무를 수행중일 때 건축물의 규모와는 상관없이 코디네이터(Koordinator)를 선임하여야 한다. 코디네이터를 통해 사업주 상호간, 근로자에 대한 위험정보의 제공, 적절한 보호조치의 조정의무가 있다.

건설공사발주자는 건설공사 현장의 사실상의 최상위 수혜자이기 때문에 안전한 사업장을 만들기 위한 감독자이자 조정자 역할을 분명히 할 필요가 있다. 현재 건설공사발주자가 선임하도록 되어 있는 산업안전보건법상의 '안전보건조정자'의 역할은 업무범위가 명확하지 않고 법적인 권한의 한계로 인해 건설현장에서 근로자의 안전수칙 불이행에 대한 조정권한을 현행보다 강화하여 세부적인 의무와 책임에 따르는 역할을 현행보다 강화하여 마련할 필요가 있다.

2절 중대재해처벌법의 적용상 문제점

Ⅰ. 소규모사업장의 법적용 현황과 문제점

2024. 1. 27.부터 중대재해처벌법이 상시근로자 5인 이상 사업장과 건설업의 경우 공사금액 50억원 미만의 사업장에도 확대적용되고 있다. 2022년 중대재해 사고 현황에 따르면, 사고사망자의 60.24%가 상시근로자 50인 미만 사업장에서, 건설업의 경우 공사금액 50억원 미만의 사업장에서 66.27%가 발생한 것으로 보고되었다.[258] 하지만, 기업환경의 격차가 큰 대기업과 소기업에 동일한 법을 적용함으로써 중소기업의 현실적 여건으로 많은 어려움을 호소하고 있다.

「중대재해처벌법」 제4조에서는 종사자의 안전·보건상 유해 또는 위험을 방지하기 위하여 그 사업 또는 사업장의 특성 및 규모 등을 고려하여 다음 각 호에 따른 안전보건 확보의무에 따른 각 호의 조치를 하여야 한다고 규정하고 있다.

즉, 재해예방에 필요한 인력 및 예산 등 안전보건관리체계 구축 및 그 이행에 관한 조치, 재해발생시 재해방지 대책의 수립 및 그 이행에 관한 조치, 중앙행정기관, 지방자치단체가 법령에 따라 개선, 시정 등을 명한 사항의 이행에 관한 조치, 안전보건 관계 법령에 따른 의무이행에 필요한 관리상의 조치를 하도록 규정하고, 구체적인 내용에 대해서 시행령에서 세부적으로 정하고 있다.

258 고용노동부, "2023년 산업재해 현황 부가통계(재해조사 대상 사망사고 발생 현황)" 보도자료 참조(업종·규모별), 2024. 3. 7.

이러한 현실에서 50인 미만 소규모 회사는 단일 사업장일 경우가 많고, 대표자가 당해 사업장의 안전보건관리총괄책임자일 경우도 많다. 이에 따라서 몇 가지 문제가 제기된다. 첫째, 소규모사업장은 대부분 도급인과 하수급인 관계가 대부분이기는 하지만, 일부분 재도급의 성격을 가지는데 과연 자체적으로 대형기업과 동일한 안전보건관리체계 시스템을 갖추는 것이 필요한지 의문이 제기된다. 둘째, 소규모 기업은 사업주 혼자 안전업무를 챙겨야 하는 열악한 여건으로 현실적으로 중대재해처벌법 대응실태[259] 조사에 의하면 76.4% 기업들이 대응을 못하고 어려움을 겪는 실정이다. 따라서, 50인 미만 소규모사업장의 여건과 경영환경을 고려하여 '합리적 실행가능성(Reasonable Practicability)'에 기반한 현실적인 체계의 대안이 절실하며, 정부의 교육지원 확대 등 적극적인 행정적 지원이 확대검토되어야 한다.

Ⅱ. 안전 관련 인증제 도입 필요성

중대재해처벌법이 시행된 지 2년 반이 지났지만 일선 기업현실을 들여다보면 중대재해처벌법 대응 관련하여 무엇을 어떻게 해야 할지 구체적인 솔루션이 없어 손을 놓고 있는 현실이다.

심지어 「중대재해처벌법」 제5조(도급, 용역, 위탁 등 관계에서의 안전 및 보건 확보 의무)를 들어 산업안전보건법과는 체계가 상이하여 그 대응이 달리 접근해야 함에도 불구하고 ISO45001이나 KOSHA-MS를 요구하는 경우나 위험성평가만 과도하게 치중하는 경우가 비일비재하다. 특히, 자금력과 조직력이 부

259 대한상공회의소, "50인 미만 중소기업 중대재해처벌법 대응 실태조사" 보도자료, 2023. 11. 15.

족한 중소업체의 사업주 또는 경영책임자는 중대재해처벌법에서 요구하는 안전보건관리체계의 구축은 물론, 각종 의무를 이행하는데 역부족이어서 현실적으로 안전사각지대에 놓여있는 것과 다름없다.

기업의 이러한 상황은 중대재해처벌법에 대응하기 위한 여건이 미비한 것도 사실이나 구체적으로 무엇을 어떻게 준비해야 하는지 이에 대한 구체화된 구축이행 솔루션이 없기 때문이다. 따라서, 중대재해처벌법 대응에 있어서 구체화된 인증솔루션의 도입으로 기업의 막연한 불안감도 해소하고, 중대재해 예방체계를 점검·구축하여 안전보건 대응의 객관성과 공공성을 확대하는 문제가 시급하다.

또한, 국민의 일상생활 속에서 안전보건에 직결되는 것이 바로 건축인데, 이는 주거공간이나 상업공간, 업무공간 등을 따질 것 없이 유해환경 차단부터 안전환경 구축에 이르기까지 건축설계 단계부터 시공에 이르기까지 건축의 일정한 성능유지는 간과할 수 없는 문제이다.

구체적으로는 부실자재, 부실시공으로 인한 건축성능 문제 등으로 인한 각종 피해와 사고 등은 오랫동안 제기돼온 문제이다. 과거 삼풍백화점 붕괴사고부터 근래 LH아파트 지하주차장 붕괴사고, 광주 화정동 아파트 붕괴 사고, 각종 층간소음 갈등과 건축물 화재 등 일상생활과 밀접히 관련된 중대사고가 인명을 앗아가고 있다. 이렇듯 국민의 안전생활권과 밀접한 사고를 예방하기 위해선 건축성능 향상을 위한 개선이 필요하다.[260]

그동안 산업안전보건법과 중대재해처벌법 등을 통해 건설현장에서의 노무자에 대한 중대재해 예방에 편중되어온 반면, 더 많은 생활형 수용자이자 이용자인 국민들의 안전·보건 환경에는 문제해결을 위한 노력이 다소 미흡

260 국토일보, https://www.ikld.kr/news/articleView.html?idxno=290590, 2024. 3. 8, 최종검색 2024. 6. 6.

한 측면이 있다. 이제 국민의 생활속에서 안전·보건에 직결되는 건축자재, 건축물, 건설시설 등에 대한 근본적인 성능과 부실 문제를 더 이상 미룰 수 없는 지경에 이르렀다. 특히, 공동주택 하자로 인한 생활환경권의 침해와 인명사고와 이로 인한 막대한 하자비용, 소송비용 등 사회적 비용과 시간은 결국 국민이 직간접적으로 부담하는 형태의 악순환을 피하지 못하고 있고, 이는 안전권과도 직결돼 있다.

따라서 선제적으로 설계단계부터 건축시공에 이르기까지 개별 건축자재부터 규격과 성능에 대한 기준을 정해 이를 검증하고, 건설프로세스를 재해예방 차원에서 고려하여 국민의 안전생활권을 향상시킬 필요가 있다.

III. 공공기관 입찰시 안전역량평가 확대 문제

2023년 중대재해 사망자 598명 중 업종별로는 건설업 사망자가 303명[261]으로 전체의 50.7% 비율을 보였다. 중대재해처벌법 시행전 건설업의 대형공사(50억원 이상)와 소형공사(3억원 미만)의 지역별 수주 비중을 보면, 91.8%에서 97.6%까지 소형공사 위주의 수주계약 비율을 보이고 있고, 대형공사는 지역별로 전무하거나 많아야 0.5% 비율의 계약건수를 보인다.[262]

이처럼 사고비중이 높은 소형건설공사에서 중대재해 사망사고를 낮추는 것이 관건인데, 이를 위해 공공입찰시 대형공사는 PQ심사, 소형공사는 적격심사를 통해 중대재해처벌법상 의무이행 규정을 심사의 안전역량평가에 반영하는 것이 필요하다. 입찰과 관련한 규정은 「지방계약법 시행령」 제14조

261 고용노동부, 앞의 산업재해 부가통계, 보도자료.

262 대한전문건설협회(2020), 전문건설업통계조사; 2019년 기준, 원·하도급 계약실적 합산.

(입찰 참가자격 사전심사) 및「지방자치단체 입찰시 낙찰자 결정기준」,「건설기술진흥법」제35조(발주청이 시행하는 건설엔지니어링사업) 등의 관련 규정이 있는데, 안전역량평가를 위해서는 중대재해처벌법상의 의무이행 규정의 일부라도 반영하여야 한다.

건설업 분야가 위험도가 높은 업종이지만 국가경제 요인 및 정부정책과 예산 등에 의해 변동성이 강한 업종인데다 건설경기가 살아나면 고용증대효과와 고용유발효과 등 국가경제에 미치는 영향이 지대하여 무엇보다 안전역량을 확보하는 것이 중요하다. 따라서, 공공기관 건설공사 발주시 입찰 참여기업의 안전역량평가 확대를 통해 안전한 기업과 사업장을 만들어 중대재해를 줄이는 것이 꼭 필요하다.

Ⅳ. 과도한 형사처벌과 중대재해 예방 한계 문제

헌법에 규정된 재해예방과 국민의 보호라는 국가의 역할은 위험사회로 갈수록 안전욕구(Safety Needs)에 의해 더욱 엄격한 방향으로 규범화되어온 것이 사실이다. 안전보건의 강력한 제재수단으로 중대재해처벌법을 제정하여 사업주 또는 경영책임자등에게 중대재해 감소를 엄격하게 요구하여 온 것이 그렇다.

「중대재해처벌법」제1조 입법목적은 사업주 또는 경영책임자등의 '처벌'을 통해 중대재해를 예방하는데 있다. 태생이 '처벌'을 통해 중대산업재해를 예방하고자 한 것이므로 경영책임자등에 대해 수범자의 시각을 가진다고 볼 수 있다.

앞서 미국, 일본, 영국, 독일 등의 사례를 통해 비교분석하였지만, 이들 국가 대부분이 위반시 법인에 대하여 행정질서벌로 과태료나 행정형벌로 벌금을 차등하여 부과할 뿐 자연인 사업주를 실제 형사처벌하는 사례는 매우 드물다.

대부분의 선진국가는 이해관계자의 처벌에 있어서도 각자 책임주의에 기초한 주체로서 근로자에 대한 재해책임에 있어서 사용자 책임 즉, 기본적으로 계약에 근거한 자기책임에 기반한다. 우리나라처럼 도급인에게 과도한 책임이 부과되고 형사처벌하는 것은 세계적으로 보기 어렵다.

따라서, 이러한 법환경에서는 기업인이 위축되고 창업적 도전과 사세확장을 망설이게 된다. 인공지능과 양자과학 시대를 맞아 모든 분야에 있어 시간과 공간을 넘나드는 변화의 속도가 더욱 가속화될 전망이다. 이에 따른 노동인력의 감소와 경영환경의 변화 속에서 법으로 인간의 의지를 규율하고 처벌한다고 한들 개개인의 자유의지가 아닌 이상 일시적 대응이나 모면에 불과할 것이다.

이렇게 변화하는 시대환경에서 장기적인 관점으로 본다면, 근로자와 시민의 안전·보건에 관한 해결은 이해관계자들과의 협력을 통해 안전문화를 정착시키는 방법이 최선일 것이다. 이에 대해 우선 형사처벌에 대한 개선책이 필요하다.

제6장

건설공사 중대재해처벌법 책임 관련 개선방안

제1절 입법적 개선방안

Ⅰ. 개설

중대재해처벌법은 건설업 등을 포함한 고위험 산업에서의 안전·보건 관리 강화를 통해 중대재해를 예방하는 것이 그 입법목적이다. 그렇지만 법시행과 적용에서 다양한 입법적 문제점과 해석논란으로 인해 개선이 필요한 부분이 있다.

그간 학자간의 빈번히 제기되었던 원론적인 헌법상 원칙에 관한 문제는 차치하고 법적용 실무상 조문의 불명확한 문제와 처벌의 균형성 문제는 다양한 이해관계자의 책임과 협력을 도모하여 입법목적을 이루는데 중요한 요소가 된다. 이러한 문제는 기업경영의 자율성과 자기책임주의 문제와 맞닿아 있는 것으로서 경영책임자의 의무이행 범위와 공법상 경영책임자의 책임은 물론 입법목적을 위해서도 반드시 성찰하고 개선되어야 마땅하다.

좀 더 구체적으로 보자면, 건설공사에서의 사업주 또는 경영책임자등의 책임에 있어서 '의무이행 주체간 책임'을 명확히 해야 할 부분과 '사업 또는 사업장'의 모호한 개념의 조문 개선, 중층적 도급구조로 실행되는 건설공사에서 도급시 관계수급인의 책임관계가 모호한데 이를 명확히 할 필요가 있다.

또한, '사업주 또는 경영책임자등'의 의미규정이 불명확하여 경영형태별 책임이 어떻게 부과되는지 모호하여 이를 명확이 할 필요가 있고, 안전책임자 지정과 경영책임자보다는 법인의 패널티를 강화하여 책임소재로 인한 회피를 없앨 필요가 있다. 도급관계에서 도급인 위주의 책임편중으로 인해 자칫 관계수급인의 경영에서 사적자치 침해가 우려도 있는 점 등으로 이에 대한 책임분산이 필요하며, 관계수급인에도 일정한 책임과 의무를 통해 이해

관계자들의 안전협력을 도모하는 방향으로 개선이 필요하다.

마지막으로 '실질적 지배·운영·관리' 기준을 보다 명확히 하고 구체화함으로써 법적용의 정당성을 높이고, 입법취지와 목적을 극대화할 필요가 있다.

Ⅱ. 도급인과 수급인의 법적 책임의 균형분담

1. 도급관계에서 관계수급인의 책임 구체화

「중대재해처벌법」 제4조는 사업주와 경영책임자등의 안전 및 보건 확보의무를 규정하고 있다. 사업주는 "실질적으로 지배·운영·관리하는 사업 또는 사업장"에서 종사자의 안전·보건상 유해 또는 위험을 방지할 책임을 규정하고 있다.

「산업안전보건법」 제2조 제10호에 '건설공사발주자'를 정의하면서 건설공사의 "시공을 주도하여 총괄·관리"하지 아니하는 자로 규정하고 있어, 반대로 "시공을 주도하여 총괄·관리"하는 자를 도급인으로 판단하고 있다. 여기서, "시공을 주도하여 총괄·관리"하려면 기본적으로 위험요소를 지배·관리할 수 있어야 하는데 하나의 사업장에서도 수 개에서 수 십 개 전문공종이 혼재된 사업장에서 위험요소의 지배·관리가 과연 가능할까? 이에 대해서는 현실적으로 불가능에 가깝다.

「산업안전보건법」 제63조에서 "도급인은 관계수급인 근로자가 도급인 사업장에서 작업을 하는 경우에 자신의 근로자와 관계수급인 근로자의 산업재해를 예방하기 위하여 안전 및 보건 시설의 설치 등 필요한 안전조치 및 보건조치를 하여야 한다"라고 규정하여 도급인 자신의 근로자 뿐만 아니라 당해 현장의 관계수급인 근로자에 대해서도 안전·보건 조치의무를 부담하게 하고 있다.

해외 입법사례에서 살펴보았듯이 독일의 경우는 원청과 하청 간, 즉 '사용자 간의 협력의무'를 두고 있으며, 하청사업주는 사내하도급 근로자의 안전보건에 관해 기본적으로 독자적인 사용자 책임이 있다. 복잡하고 중층적인 도급관계에서 안전보건 확보의무 이행의 책임주체에 대해 중대재해처벌법에서 좀 더 책임균형을 고려할 필요가 있고, 이 규정에 대해 관계수급인 사업주도 사업주체로서 안전·보건 의무이행의 책임을 분담하는 방향으로 개정할 필요가 있다.

중대재해처벌법은 건설공사발주자, 도급인 및 관계수급인 등 개별적으로 이해관계자의 안전보건 의무와 책임을 명확히 규정하고 있지는 않고, 다만 사업주 또는 경영책임자등의 안전보건관리체계의 구축과 의무이행 등에 대해 규정할 뿐이다. 이는 다른 산업과 직종에 비해 복잡한 도급구조를 가지고 있는 건설업 등의 경우 의무와 책임주체의 불균형으로 인해 입법목적[263]이 퇴색되어 각 이해관계자의 의무와 책임을 보다 명확히 할 필요가 있다. 따라서, 다음과 같이 「중대재해처벌법」 제4조에서 제3항의 신설을 통해 자신의 공정과 업무특성에 맞는 관리상의 책임을 지는 것이 필요하며, 개정안은 다음과 같다.

현행 중대재해처벌법은 도급인 책임에 대해서만 의무와 책임이 지나치게 확대 해석·적용되고 있어 중대재해처벌법 입법목적이 제대로 구현되지 못하는 경향이 있다. 따라서 관계 수급인 또는 하청업체 근로자에 대한 재해예방을 위한 안전·보건 조치의 책임을 공정(사업장)별 관계수급인 사업주와도 연대하여 분산시킴으로 인해 실질적으로 안전·보건 조치 공백을 보완하는 효과도 있다.

즉, 중대재해처벌법 제4조 제3항 "단, 여러 차례 도급이 행해지는 경우에

263 「중대재해처벌법」 제1조, 목적을 통해 사업주 또는 경영책임자의 처벌을 규정함으로써 중대재해를 예방하고 시민과 종사자의 생명과 신체를 보호하기 위함이라고 명시하고 있다.

| 표 26 | 중대재해처벌법 제4조 개정안

현 행	개 정 안
제4조(사업주와 경영책임자등의 안전 및 보건 확보의무) ① 사업주 또는 경영책임자등은 사업주나 법인 또는 기관이 실질적으로 지배·운영·관리하는 사업 또는 사업장에서종사자의 안전·보건상 유해 또는 위험을 방지하기 위하여 그 사업 또는 사업장의 특성 및 규모 등을 고려하여 다음 각 호에 따른 조치를 하여야 한다. (1~4호)	**제4조(사업주와 경영책임자등의 안전 및 보건 확보의무)** ① 사업주 또는 경영책임자등은 사업주나 법인 또는 기관이 실질적으로 지배·운영·관리하는 사업 또는 사업장에서종사자의 안전·보건상 유해 또는 위험을 방지하기 위하여 그 사업 또는 사업장의 특성 및 규모 등을 고려하여 다음 각 호에 따른 조치를 하여야한다. (1~4호)
② …… ③ (신설)	② …… ③ 단, 여러 차례 도급이 행해지는 경우에 관계수급인의 사업주 또는 경영책임자등은 자신의 공정과 업무특성에 맞는 안전·보건 관리상의 책임을 가진다.

관계수급인의 사업주 또는 경영책임자등은 자신의 공정과 업무특성에 맞는 안전·보건 관리상의 책임을 진다"라는 내용을 신설함으로써 관계수급인에게도 공동의 책임을 부과할 필요가 있다.

위와 같이 안전·보건관리상의 책임관계를 신설 개정함으로써 그동안 도급인 사업주 또는 경영책임자가 주도하던 안전체계에서 관계수급인 사업주 또는 경영책임자등도 각각 자신의 사업장 전반에서 안전·보건에 관한 자기책임을 통해 도급인 사업주 또는 경영책임자와 협력하여 안전관리를 함께 모색하는 효과가 있을 것이다.

2. 의무이행 주체간 법적 책임의 명확화

중대재해처벌법 입법과 시행과정 속에서 다양한 논란도 제기되고 있는데 그 중에서 인과관계 문제에 있어 의무이행 주체인 사업주 또는 경영책임자 등은 누가 되는 것인지, 실질적으로 지배·운영·관리의 의미는 무엇인지, 안전보건관리체계와 의무내용은 구체적으로 무엇인지, 안전·보건 확보의무 위반행위와 중대재해 발생 사이의 인과관계의 판단 기준은 무엇인지 등 다양한 논란이 있는 것이 사실이다.

중대재해처벌법상 사업주 또는 경영책임자등이 수범자의 지위로서 제5조의 안전 및 보건 확보의무에 대한 위반행위와 중대산업재해 발생 사이에 인과관계가 존재하면 동법 제6조에 의해 1년 이상의 징역 또는 10억원 이하의 벌금 등에 처하도록 정하고 있다. 경영책임자는 동법 시행령 제4조 안전보건관리체계의 구축 및 그 이행에 관한 조치와 동법 시행령 제5조 안전·보건 관계법령에 따른 의무이행에 필요한 관리상의 조치를 규정하고 있다. 그러나 중대산업재해의 다양한 원인구성으로 볼 때 십여 개의 조항만으로 이행조치를 한정할 수 없을 뿐 아니라 업종에 따라 사고의 유형과 원인이 다르기 때문에 다음과 같은 문제가 제기된다.

첫째, 건설현장에서 발생하는 사고는 작업자의 부주의, 기계결함, 환경 요인 등이 복합적으로 작용하여 발생할 수 있는데 이러한 상황에서 특정 주체의 부작위가 재해발생에 직접적인 영향을 미쳤는지 입증하는 것은 매우 어려울 수 있다.[264] 둘째, 도급인과 수급인 간의 계약 관계에서 책임의 정도가 명확하지 않은 문제가 있다. 도급인에게 전체적인 안전·보건 책임이 주어지

264 박영희, "중대재해처벌법의 인과관계 문제", 산업안전학회지, 2023, 145면.

| 표 27 | 중대재해처벌법 제5조 개정안

현행	개정안
제5조(도급, 용역, 위탁 등 관계에서의 안전 및 보건 확보의무) 사업주 또는 경영책임자등은 사업주나 법인 또는 기관이 제3자에게 도급, 용역, 위탁 등을 행한 경우에는 제3자의 종사자에게 중대산업재해가 발생하지 아니하도록 제4조의 조치를 하여야 한다. 다만, 사업주나 법인 또는 기관이 그 시설, 장비, 장소 등에 대하여 실질적으로 지배, 운영, 관리하는 책임이 있는 경우에 한정한다.	**제5조(도급, 용역, 위탁 등 관계에서의 안전 및 보건 확보의무)** 사업주 또는 경영책임자등은 사업주나 법인 또는 기관이 제3자에게 도급, 용역, 위탁 등을 행한 경우에는 제3자의 종사자에게 중대산업재해가 발생하지 아니하도록 제4조의 조치를 하여야 한다. 다만, 사업주나 법인 또는 기관이 그 시설, 장비, 장소 등에 대하여 실질적으로 지배, 운영, 관리하는 책임이 있는 경우에 한정하며, 관계수급인은 도급인과 연대하여 각각 자기책임을 가진다.

지만, 실제 작업 당사자인 수급인 또는 재하수급인 간의 의무와 책임 분담이 명확하지 않아 법적 분쟁이 발생할 수 있다.[265] 셋째, 법원 판결에서는 중대산업재해가 발생한 현장의 직접적인 원인에 관계없이 안전보건확보의무 미이행을 직접적인 부작위 인과관계로 보고 있다. 넷째, 건설현장의 경우 도급인은 일반 건축공사의 경우 각 공종별 다수의 관계수급인과 협력하여 공사를 완성하게 되는데, 크고 작은 사업장의 안전보건 책임을 도급인이 모두 컨트롤 하기엔 한계가 있다는 것이다.

실제로 공종별 업무를 수행하는 관계수급인은 각각 업무 특성에 맞는 전문성을 가진 당사자로서 당해 공사의 위험사항에 관하여 가장 잘 알 수 있는 위치에 있다. 따라서, 해당 업무를 주도하는 당사자가 안전·보건 이행의무와 책임을 갖는 것이 책임주의원칙에도 부합하기 때문에 현행 법 제5조의 단

265 한수진, "도급인과 수급인 간의 책임 분담 문제" 법제연구, 2022, 78면.

서조항인 "다만, 사업주나 법인 또는 기관이 그 시설, 장비, 장소 등에 대하여 실질적으로 지배·운영·관리하는 책임이 있는 경우에 한정한다."를 개정하여 "다만, 사업주나 법인 또는 기관이 그 시설, 장비, 장소 등에 대하여 실질적으로 지배·운영·관리하는 책임이 있는 경우에 한정하며, 관계수급인은 도급인과 연대하여 각각 자기책임을 가진다."로 개정하는 것이 바람직하다.

법원 판결이 도급인 사업주로 편중된 책임구조로는 중대재해 예방에 한계가 있다. 건설공사의 경우, 도급인은 개별사업장(현장)을 수 백개까지 운영하는 경우도 많고, 각 현장별로 수 십개의 각 공종별 관계수급인과 협력하여 완성한다. 따라서, 이해관계자들과의 의무와 책임의 균형을 맞추고 협력을 이끌 수 있도록 중대재해처벌법 제6조 제4항의 신설을 통하여 책임을 분산할 필요가 있다.

| 표 28 | 중대재해처벌법 제6조 개정안

현행	개정안
제6조(중대산업재해 사업주와 경영책임자 등의 처벌) ④ (신설)	**제6조(중대산업재해 사업주와 경영책임자등의 처벌)** ④ 도급관계에 의하여 관계수급인 등이 제4조 또는 제5조를 위반하여 제2조 제2호 가목,나목,다목의 중대산업재해에 이르게 한 사업주 또는 경영책임자등은 경중에 따라 도급인과 연대하여 각각 자기책임을 가진다.

3. 도급, 용역, 위탁관계의 책임 분담

「중대재해처벌법 시행령」 제4호 제9호에 따르면 개인사업주 또는 경영책임자등은 제3자에게 업무를 도급, 용역, 위탁 등을 하는 경우에는 종사자의 안전·보건을 확보하기 위해 ① 도급, 용역, 위탁 등을 받은 자의 산업재해 예방을 위한 안전 조치 능력과 기술에 관한 평가기준·절차, ② 도급, 용역, 위탁 등을 받은 자의 안전·보건을 위한 감리비용에 관한 기준, ③ 건설업 및 조선업의 경우 도급, 위탁, 용역 등을 받는 자의 안전·보건을 위한 공사기간 또는 건조기간에 관한 기준과 절차를 마련하고, 그 기준과 절차에 따라 도급, 용역, 위탁 등이 이루어지는지를 반기 1회 이상 점검하여야 한다고 규정하고 있다.

여기서 수급인의 관리시 수급인의 안전 및 보건 업무가 과연 종사자를 보호할 수 있도록 조직 및 운영되고 있는지 평가하여야 한다는 규정은 도급인이 관계수급인의 근로자나 종사자의 안전·보건에 대해 충분한 예산과 인력을 통해 그들의 근로자와 종사자의 안전·보건을 위해 제대로 관리하는지 감독하라는 취지로 볼 수 있다. 그러나 이 조항은 도급인에게만 책임이 편중되고, 도급인이 안전을 명분으로 관계수급인의 경영침해의 소지와 함께 안전·보건에 대한 관계수급인의 무관심과 책임회피를 유발할 수 있다는 것이 문제가 있다.

관계수급인의 현장경영에 관하여는 공법상 당연히 보호받아야 할 사적자치의 영역임에도 불구하고 안전감독을 빌미로 도급인이 공사진행의 일부 영역이나 인력운영 등을 사실상 지배해 경영침해 소지도 있는 이러한 규율은 사실상 해외에서도 찾아보기 힘들다.

최근 중대재해처벌법으로 기소된 최근 법원 판결을 보자면, 건설공사의 안전사고시 건설공사발주자와 관계수급인은 의무와 책임에서 대부분 제외되거나 경미한 처벌을 받는 데 비해서 주로 도급인에게 처벌이 중과되는 경향을 보인다. 「중대재해처벌법 시행령」 제4조 및 제5조에 의하면, 도급인이

수급인과 하수급인의 근로자 뿐만 아니라 수급인과 하수급인의 업무상 관련된 기타 사업자나 특수형태종사자까지도 보호조치를 해야 하는 실정이다.

이에 따라서 「중대재해처벌법 시행령」 제4조 제9호 가목, 나목, 다목을 개정할 필요가 있다. 「중대재해처벌법 시행령」 제4조는 안전보건관리체계의 구축 및 이행 조치로서 「중대재해처벌법」 제4조 제1항 제1호[266]에 따른 조치의 구체적인 사항을 담은 내용이다. 동법 제9호[267]에 "제3자에게 도급, 용역, 위탁 등을 하는 경우에는 ... 반기 1회 이상 점검할 것"이라고 정하고 있다. 이 때 '위탁 등을 하는 경우에는'을 '위탁 등의 관계에서'로 개정할 필요가 있고, "위탁 등이 이루어지는지를 반기 1회 이상 점검할 것"이라고 규정된 내용은 구체적으로 도급인과 수급인의 공동책임으로 점검하게 할 필요가 있는 바 "도급인과 수급인이 공동으로"라는 내용을 첨가하여 개정할 필요가 있다.

기존 법률상에는 도급인에게만 과도하게 의무와 책임이 집중되어 있는 반면, 관계수급인 즉, 하청업체의 대표자(50인 미만 5인 이상의 사업주 또는 경영책임자등)의 책임관계가 명확하지 않은 것으로 보인다.

따라서, "위탁 등의 관계에서", "도급인과 수급인이 공동으로"라는 보다 구체적인 내용으로 개정함으로써 제9호는 "제3자에게 도급, 용역, 위탁 등의 관계에서 종사자의 안전·보건을 확보하기 위해 다음 각 목의 기준과 절차를 마련하고, 그 기준과 절차에 따라 도급, 용역, 위탁 등이 이루어지는지를 도

---

266 중대재해처벌법」 제4조(사업주와 경영책임자등의 안전 및 보건 확보의무).

① 사업주 또는 경영책임자등은 사업주나 법인 또는 기관이 실질적으로 지배·운영·관리하는 사업 또는 사업장에서 종사자의 안전·보건상 유해 또는 위험을 방지하기 위하여 그 사업 또는 사업장의 특성 및 규모 등을 고려하여 다음 각 호에 따른 조치를 하여야 한다.

1. 재해예방에 필요한 인력 및 예산 등 안전보건관리체계의 구축 및 그 이행에 관한 조치.

267 「중대재해처벌법 시행령」 제4조(안전보건관리체계의 구축 및 이행 조치).

9. 제3자에게 업무의 도급, 용역, 위탁 등을 하는 경우에는 종사자의 안전·보건을 확보하기 위해 다음 각 목의 기준과 절차를 마련하고, 그 기준과 절차에 따라 도급, 용역, 위탁 등이 이루어지는지를 반기 1회 이상 점검할 것.

급인과 수급인이 공동으로 반기 1회 이상 점검할 것"으로 개정되어야 한다.

동법 시행령 제9호의 개정안은 도급인과 수급인의 사업주 또는 경영책임자등이 공동으로 의무와 책임을 가지고 당해 사업장의 안전을 도모할 수 있는 기준이 마련될 수 있다. 또한, 기존 도급인에 부과된 의무와 책임으로 인한 수급인의 수동적인 안전·보건 의무이행 규정에서 탈피해 적극적이고 능동적인 의무이행으로 전환할 수 있는 법적용 환경을 만들 수 있을 것이다.

| 표 29 | 중대재해처벌법 시행령 제4조 제9호 개정안

현행	개정안
제4조(안전보건관리체계의 구축 및 이행 조치) 9. 제3자에게 업무의 도급, 용역, 위탁 등을 하는 경우에는 종사자의 …… 위탁 등이 이루어지는지를 반기 1회 이상 점검할 것 가. 도급, 용역, 위탁 등을 받는 자의 산업재해 예방을 위한 …… 나. 도급, 용역, 위탁 등을 받는 자의 …… 안전·보건을 위한 …… 다. 건설업 및 조선업의 경우 …… 도급, 용역, 위탁 등을 받는 자의 안전·보건을 위한 ……	**제4조(안전보건관리체계의 구축 및 이행 조치)** 9. 제3자에게 업무의 도급, 용역, 위탁 등의 관계에서 종사자의 …… 위탁 등이 이루어지는지를 도급인과 수급인이 공동으로 반기 1회 이상 점검할 것 가. 도급, 용역, 위탁 등의 관계에서 공동으로 산업재해 예방을 위한 …… 나. 도급, 용역, 위탁 등의 관계에서 공동으로 안전·보건을 위한 …… 다. 건설업 및 조선업의 경우 ……도급, 용역, 위탁 등의 관계에서 공동으로 안전·보건을 위한 ……

동법 시행령 제9호 가목[268]에서 "도급, 용역, 위탁 등을 받는 자의 산업재해 예방을" 에서 "도급, 용역, 위탁 등의 관계에서 공동으로 산업재해 예방을"로 개정하여 도급인과 수급인 간의 공동으로 안전·보건 의무이행의 책임을 부

268 「중대재해처벌법 시행령」 제4조 제9호.
가. 도급, 용역, 위탁 등을 받는 자의 산업재해 예방을 위한 조치 능력과 기술에 관한 평가기준·절차.

과하는 방향으로 개정하는 것이 필요하다.

동법 시행령 제9호 나목[269]에서 "도급, 용역, 위탁 등을 받는 자의 안전·보건을 위한"에서 "도급, 용역, 위탁 등의 관계에서 공동으로 안전·보건을 위한"으로 개정하여 도급인과 수급인 간의 공동으로 안전·보건 의무이행의 책임을 부과하는 방향으로 개정하는 것이 필요하다. 동법 시행령 제9호 다목[270]에서 "건설업 및 조선업의 경우 도급, 용역, 위탁 등을 받는 자의 안전·보건을 위한"에서 "건설업 및 조선업의 경우 도급, 용역, 위탁 등의 관계에서 공동으로 안전·보건을 위한"으로 개정하여 도급인과 수급인 간의 공동으로 안전·보건 의무이행의 책임을 부과하는 방향으로 개정하여야 한다.

동법 시행령 제4조 제9호의 개정을 통해 안전·보건의 책임과 의무를 저변으로 확산시켜 안전문화를 만드는데도 기여할 것으로 보인다. 건설산업 분야의 다양한 이해관계자의 안전 및 보건을 위한 책임과 권리에 대한 인식제고를 통해 궁극적으로 입법취지를 살릴 수 있도록 법개정이 필요하다.

Ⅲ. 불명확한 의미규정의 개선

1. '사업 또는 사업장'을 '사업'으로 단순명료화

「중대재해처벌법」 제4조 제1항에서 사업주 또는 경영책임자등은 실질적

---

269 「중대재해처벌법 시행령」 제4조 제9호.
나. 도급, 용역, 위탁 등을 받는 자의 안전·보건을 위한 관리비용에 관한 기준.

270 「중대재해처벌법 시행령」 제4조 제9호.
다. 건설업 및 조선업의 경우 도급, 용역, 위탁 등을 받는 자의 안전·보건을 위한 공사기간 또는 건조기간에 관한 기준.

으로 지배·운영·관리하는 '사업 또는 사업장'에서 종사자의 안전·보건상 유해 또는 위험을 방지하기 위하여 사업장의 특성 및 규모에 맞게 조치하도록 규정하고 있다.

여기서 '사업장'의 개념은 산업안전보건법에서 안전보건관리 범위로서 쓰이고 있는 장소적 개념이 강하다. 건설공사의 특성상 한 건설회사가 다수의 건설현장을 운영하는 도급구조의 특성상 의무주체의 범위를 지나치게 포괄하여 설정한 것이 기업에 부담과 해석상 논란을 일으키고 있다.

앞서 지적한 대로 대법원 판례[271]에서 '사업장'을 "장소적으로 구획된 사업체의 일부분"으로 해석하고 있어 '사업'이라는 의미를 내포하고 있은 것으로 볼 수 있다. '사업장'이라는 법문의 사용을 거슬러 올라가면, 일본 노동기준법의 '사업' 또는 사무소'라는 표현을 제대로 이해하지 못한 채 잘못 도입됐다는 것이고, 그 결과 '적용대상'인 '사업'과 '적용단위'로서의 '사업장'이 혼재되어 사용되고 있다는 점이다.[272]

일반적으로 '사업'이란, 어떤 일을 일정한 목적과 계획을 가지고 짜임새 있게 지속적으로 '경영하는 행위', 또는 그 '일'을 말하는데 영어로는 'Business'라고 한다. 따라서 '사업장'이란 개념은 '사업을 하는 곳'이라는 장소적 개념을 내포하는 개념으로 건설공사의 경우는 건설공사 현장이 '사업장'이자 그 자체가 기업의 입장에서는 '사업'이라는 의미를 포섭하는 개념이다. 이는 제조업이든 서비스업이든 마찬가지이다. 또한, '사업'을 하는 주체를 '사업주'라고 칭하는데 '사업장'의 주체도 '사업장주'가 아닌 '사업주'로서 '사업'은 장소적 의미인 '사업장'을 포괄하는 의미라고 볼 수 있다. 소유주체의 개념과 안전보건에 관한 책임과 의무의 사업적 범주를 표현할 때 '사업 또는 사업장'이 아닌

---

271 대법원 2007. 10. 26. 선고 2005도9218 판결.

272 정진우, 앞의 책, 164면.

'사업'으로도 충분히 의미를 함구함에도 불구하고 굳이 '사업장'의 개념을 더 하여 오히려 해석상 논란과 불명확한 추측만 가중시키는 측면이 있다.

「중대재해처벌법」 제4조에서 규정한 사업주와 경영책임자등의 안전 및 보건 확보의무를 규정함에 있어 사업주 또는 경영책임자등은 사업주나 법인 또는 기관이 '실질적으로 지배·운영·관리하는' 이라는 전제를 통해 수식하고 있기 때문에 기업이 이윤을 추구하기 위해 진행하는 업무와 그 업무가 행해지는 장소적 개념을 통칭할 수 있는 '사업'으로 단순화 할 필요가 있다. 다만, 산업안전보건법에서의 안전보건관리 범위가 '사업장' 단위임을 감안하여 현장별 특성 및 규모 등을 고려하여 조치하도록 개정하여야 하는데, 다음과 같이 중대재해처벌법 조문에 규정된 '사업 또는 사업장'의 규정을 정비하여 '사업'으로 개정할 필요가 있다.

또한, 동법 제5조에 도급, 용역, 위탁 등 관계에서의 안전 및 보건 확보의무 규정에서 '시설, 장비, 장소 등에 대하여 실질적으로 지배·운영·관리하는 책임이 있는 경우'의 조항을 통해 '장소'적 개념을 구체화하여 수식하는 조문

| 표 30 | 중대재해처벌법 제4조 제1항 개정안

현행	개정안
제4조(사업주와 경영책임자등의 안전 및 보건 확보의무) ① 사업주 또는 경영책임자등은 사업주나 법인 또는 기관이 실질적으로 지배·운영·관리하는 사업 또는 사업장에서 종사자의 안전·보건상 유해 또는 위험을 방지하기 위하여 그 사업 또는 사업장의 특성 및 규모 등을 고려하여 다음 각 호에 따른 조치를 하여야 한다.	**제4조(사업주와 경영책임자등의 안전 및 보건 확보의무)** ① 사업주 또는 경영책임자등은 사업주나 법인 또는 기관이 실질적으로 지배·운영·관리하는 각 사업에서 종사자의 안전·보건상 유해 또는 위험을 방지하기 위하여 그 사업의 현장별 특성 및 규모 등을 고려하여 다음 각 호에 따른 조치를 하여야 한다.

이 있다. 이처럼 「중대재해처벌법」 제9조 제1항에 규정된 '사업 또는 사업장'의 규정을 '사업'으로 단순명료화 하는 개정안은 다음의 표와 같다.

| 표 31 | 중대재해처벌법 제9조 제1항 개정안

현행	개정안
제9조(사업주와 경영책임자등의 안전 및 보건 확보의무) ① 사업주 또는 경영책임자등은 사업주나 법인 또는 기관이 실질적으로 지배·운영·관리하는 사업 또는 사업장에서 생산·제조·판매·유통· 중인 원료나 제조물의 설계, 제조, 관리상의 결함으로 인한 그 이용자 또는 그 밖의 사람의 생명, 신체의 안전을 위하여 다음 각 호에 따른 조치를 하여야 한다.	**제9조(사업주와 경영책임자등의 안전 및 보건 확보의무)** ① 사업주 또는 경영책임자등은 사업주나 법인 또는 기관이 실질적으로 지배·운영·관리하는 각 사업에서 생산·제조·판매·유통·중인 원료나 제조물의 설계, 제조,관리상의 결함으로 인한 그 이용자 또는 그밖의 사람의 생명, 신체의 안전을 위하여 다음 각 호에 따른 조치를 하여야 한다.

다만, 중대재해처벌법 시행령에서는 보다 구체화해서 규정한 것으로 복수의 '사업장'을 운영하는 '사업'이 있으므로 '사업 또는 사업장'의 규정을 따르기로 한다.

2. '사업주 또는 대표이사'로 의미규정 명확화

가. '사업주' 의미규정 명확화

중대재해처벌법의 의무위반에 따른 수범자는 '사업주 또는 경영책임자등'이 해당한다. 「중대재해처벌법」 제2조 제8호에서 보면, '사업주'의 정의에서 "자신의 사업을 영위하는 자, 타인의 노무를 제공받아 사업을 하는 자"라고 정의되어 있다. 또한, 동법 제2조 제9호에 '경영책임자등'을 정의하면서 "사업을 대표하고 사업을 총괄하는 권한과 책임이 있는 사람 또는 이에 준하여 안전보건에 관한 업무를 담당하는 사람"이라고 정의하고 있다.

중대재해처벌법상의 안전보건관리체계와의 관계에 있어서는 그 의미규정이 불분명하여 많은 논란이 제기되고 있는데 특히, 「중대재해처벌법」 제2조 제8호의 '사업주'의 범위가 어디까지인지에 대한 논란과 「중대재해처벌법」 제5조에 실질적인 지배·운영·관리의 주체로서 직접발주와 대금지급을 통하여 관리하는 경우도 있지만 관계수급인 제3자를 통해서 지배·운영·관리하여 간접적으로 노무대가를 지급하는 경우가 일반적이기 때문이다.

여기에서 '노무를 제공받아' 라는 내용의 범위가 불분명하여 건설업 사업장의 이러한 도급구조의 업무 특성을 반영하지 못하는 한계가 있다. 중대재해처벌법상 보호 대상의 범위로 종사자에는 근로자, 1인 사업자(자영업자), 모든 직종의 특수형태근로종사자, 고용·도급(용역·위탁) 관계 외에 위임관계에 있는 자도 포함되고, 하청, 재하청 등 도급계열에 있는 관계수급인의 근로자뿐만 아니라 제3자 수급인의 모든 노무종사자(자영업자이든 특수형태근로종사자이든 불문한다)가 포함된다고 할 수 있다. 도급, 용역, 위탁 등의 사업을 위해 관계수급인의 '사장 또는 사업주'가 직접 노무를 제공하면 그들도 종사자에 해당한다.[273]

| 표 32 | 중대재해처벌법 제2조 제8호 개정안

현행	개정안
제2조(정의) 8. "사업주"란 자신의 사업을 영위하는 자, 타인의 노무를 제공받아 사업을 하는 자를 말한다.	**제2조(정의)** 8. "사업주"란 자신의 사업을 영위하는 자, 자기 또는 타인의 노무를 직·간접으로 제공 받아 사업을 영위하는 개인사업주를 말한다.

273 정진우, 앞의 논문(중대재해처벌법 실무상의 법적 쟁점- 중대산업재해를 중심으로), 522면.

따라서, 「중대재해처벌법」 제2조 제8호 '사업주'의 정의를 재정립할 필요가 있는 바 '타인의 노무를 제공받는 자'에서 '자기 또는 타인의 노무를 직·간접으로 제공받아 사업을 영위하는 개인사업주를 말한다."로 개정하여야 할 것이다.

나. 공법상의 '대표이사'로 책임 명확화

중대재해처벌법상 책임주체로 '경영책임자등'을 책임주체로 하고 있지만, 보다 구체적인 사안에서 누가 수범자인지에 대하여 논란이 지속되고 있다. 즉, 경영책임자의 실무유형상 권한과 책임에 있어 쟁점이 되고 있는 것은 기업집단의 회장과 계열사 대표이사(CEO), 공동대표이사와 각자대표이사, 최고안전책임자(CSO)와 특수목적법인(SPC), 외국인 투자회사 체제 등 소유와 경영, 소유와 속인 및 속지 등의 특성에 따라 다양한 경영방식이 존재하는데 여기에서 안전보건 확보의무를 가지는 경영책임자를 누구로 볼 것인가가 쟁점이 된다.

중대재해처벌법상 수범대상에 대한 견해는 '실질설'과 '형식설'이 대립하고 있는데 '실질설'에 의하면, "형식상의 직위나 명칭에 관계없이 실질적으로 안전보건 확보의무 이행에 관한 최종적인 의사결정 권한과 책임이 있는 자가 경영책임자에 해당한다"는 견해이다.[274] 반면, '형식설'은 「중대재해처벌법」 제2조 제9호의 '경영책임자'는 "법인의 설립근거 법령과 정관 등을 기준으로 법률상 대외적 대표권과 대내적 업무집행권한이 있는 자"로 해석해야 한다는 견해이다.[275]

「중대재해처벌법」 제2조 제9호 가목에서 '경영책임자등'의 정의에서 '사업을 대표하고 사업을 총괄하는 권한과 책임이 있는 사람 또는 이에 준하여 안전보건에 관한 업무를 담당하는 사람'이라고 정하고 있다. 이 또한 너무 모호하고 포괄적인 표현으로 이에 따라 수범지위로서의 갖가지 해석과 함께 수

274 김영규,「중대재해처벌법 해설-중대산업재해 쟁점과 사례」, 법문사, 2024. 10, 61면.
275 권오성,「중대재해처벌법의 체계」, 새빛, 2022. 4, 66~69면.

사의 기소단계에서 검사의 기소재량권에 따른 기소여부에 대한 비판이 잇따르고 있는 것이다.

통상적으로 법인기업의 경우 공법상 '대표이사'가 대내외적으로 회사를 대표하는 경영책임의 주체이듯 안전보건에 관한 책임도 '형식설'을 긍정하여 공식적으로 기업을 대표하는 '대표이사'가 책임을 지는 것이 자연스럽고 당연한 이치이다.

일례로, 다수의 계열사를 가진 기업집단의 회장(총수)이 모든 계열사 사업장의 안전·보건을 일일이 살핀다는 것은 현실적으로 어렵기 때문에 계열사마다 법인의 경영을 대표하고 책임지는 '대표이사'가 있다면 그가 안전경영의 책임을 갖는다.

다만, 기업집단의 회장이 자신의 영향력을 이용해 안전경영의 조직, 인력, 예산 등의 집행을 방해하거나, 이에 반하는 지시로 인한 경우에 공범관계(「형법」 제33조)로 처벌할 수 있기 때문에 이는 후차적인 수범자로 처벌될 수 있는 일이다.

외국인 투자회사의 경우, 속인주의니 속지주의니 따질 것 없이 공법상 대내외적으로 대표권과 업무집행 권한이 있는 법인등기부등본상 '대표이사'가 책임을 지면 그만이다. 안전경영 부문에 책임을 질 능력과 의지가 없는 경영책임자 즉, '대표이사'는 경영을 맡을 자격이 없는 것으로 보고 임명제청권자나 이사회 등에서 부결하거나 임명철회를 판단하면 될 일이다.

이에 대한 사례로, 2022. 5. 19. 울산 에쓰오일(S-Oil) 울산정유공장 폭발사고로 10명의 사상자가 발생하는 중대산업재해가 발생했다. 에쓰오일 최대주주는 아람코(사우디아라비아 국영회사)로서 대표이사가 외국인으로 중대재해처벌법 적용이 가능할 것인가가 논란이 됐다. 기본적으로 경영책임자가 외국인이라 하더라도 「형법」 제2조(국내범)에 "본 법은 대한민국 영역 내에서 죄를 범한 내국인과 외국인에게 적용한다"는 개념의 속지주의 원칙에 따라 외국기업의 외국인 대표이사도 경영책임자에 해당하므로 중대재해처벌법을 적용할 수 있다. 다만, 국내에 실질적인 권한과 책임을 맡은 GM(General Manager)을 경영책임자로 볼 것이냐는 판단이 다시 따를 것으로 보인다. 반대로, 국내에 주사무소를 둔 기업이 해외에 내국인을 파견하여 지사나 공장, 공사현장을 경영할 경우 중대산업재해가 발생한다면 중대재해채벌법의 적용을 받을 것인가가 쟁점이 될 수 있다. 형사특별법의 성격이 강한 중대재해처벌법도 해외 사업장에 적용되지 않는다는 특별 규정이 없는 이상 「형법」 제8조에 따라 「형법」 제3조(내국인의 국외범)가 적용되므로 국내 본사가 '실질적으로 지배·운영·관리하는 해외 사업장'에 해당할 경우 국내 본사의 경영책임자등에게 중대재해처벌법의 적용을 받게 될 가능성이 있다.[276]

현행 중대재해처벌법의 수범자인 '경영책임자등'에 대한 애매한 개념으로 인해 소위 '누구를 경영책임자로 볼 것인가?'에 대한 많은 해석과 논란이 있다. 따라서, 기존의 '경영책임자' 개념을 공법상 대외적 대표권과 대내적 업무집행권을 가진 법인의 '대표이사'로 개정하여 명확히 할 수 있다.

| 표 33 | 중대재해처벌법 제2조 제9호 가목 개정안

현행	개정안
제2조(정의) 9. "경영책임자등"이란 다음 각 목의 어느 하나에 해당하는 자를 말한다. 가. 사업을 대표하고 사업을 총괄하는 권한과 책임이 있는 사람 또는 이에 준하여 안전보건에 관한 업무를 담당하는 사람	**제2조(정의)** 9. "경영책임자등"이란 다음 각 목의 어느 하나에 해당하는 자를 말한다. 가. 공법상 대내외적인 대표권과 업무집행권한이 있는 법인의 대표이사를 말한다.

276 김영규, 앞의 책, 68면.

3. '실질적 지배·운영·관리' 의미규정 명확화

건설공사에서 시설, 장비, 장소 등에 대하여 '실질적 지배·운영·관리'를 설명하면서 중대산업재해 발생원인을 살펴 해당 시설이나 장비 그리고 장소에 관한 소유권, 임차권, 그 밖에 사실상의 지배력을 가지고 있어 위험에 대한 제어능력이 있다고 볼 수 있는 경우를 의미[277]한다고 설명하고 있다.

하지만, 기존 '실질적 지배·운영·관리'에 대한 불명확성으로 인해 도급인 경영책임자에게 과한 형사처벌이 이루어질 수 있는데 이에 대한 해석상의 논란이 있다. 해석상의 불명확한 법규정은 기소와 판례의 형성이 검사와 판사의 재량권 범위 여부에 따라 좌지우지 되는 것은 아닌지 의구심도 낳을 수 있다. 또한, 책임당사자 적격의 모호함으로 누가 실질적인 지배·운영·관리하는 당사자이냐에 대한 논란과 함께 실질적인 지배·운영·관리를 자의적으로 해석하여 책임을 상호 회피하기도 하여 '상호협력'이나 '책임주의 원칙'이 사전적으로 차단되어 도급인에게 떠넘기기식이 될 수 있다는 우려이다.

사업 또는 사업장에서의 실질적인 지배·운영·관리를 벗어나기 위해 발주자나 도급인측의 경험있는 주주, 명예회장 등이 조직, 예산 등에 있어서도 일절 관여하지 않으려 할 것이고, 조직 내의 경영책임자와 적대관계에 있는 임원이나 유력 경력자는 더욱 협력하려 하지 않을 수 있다. 왜냐하면, 모든 안전·보건 확보의무 책임은 실질적으로 지배·운영하는 사업주 또는 경영책임자등의 책임이라는 이유 때문이다.

이처럼 중대재해처벌법의 '실질적인 지배·운영·관리'의 해석을 두고 '그리고(and)'해석설과 '또는(or)'해석설의 견해가 대립하고 있다.

'그리고(and)'해석설은 조문을 엄격하게 해석하는 것으로 '실질적으로 지배

---

277 고용노동부, 「중대재해처벌법 해설-중대산업재해 관련」, 2021, 109면.

하고, 운영하고, 관리하는'으로 해석하게 되어 '지배·운영·관리' 3개의 조건이 충복되어야 처벌이 가능한 것으로 처벌이 매우 좁혀지는 해석이 된다. 이렇게 해석하면 '지배하고 운영하며 관리하는'의 의미가 되어 세 가지를 동시에 충족하는 조건이 되어야 수범자 조건이 충족될 수 있고, 협소하게 해석하는 것은 입법취지에도 맞지 않아 책임의 회피가 수월해질 수 있다.

반면, '또는(or)'해석설은 지배·운영·관리 중 어느 한 가지라도 충족되면 처벌이 가능해지므로 매우 넓게 해석하여 의무주체와 범위가 확장되는 해석이라고 볼 수 있다.

이처럼 '실질적으로'의 수식을 받는 '지배·운영·관리' 조항의 모호하여 '지배·운영·관리' 주문을 보다 구체화하여 개정할 필요가 있다. 즉, '실질적으로'의 수식을 받아 '지배하거나', 또는 '운영하거나', 또는 '관리하는' 의미로 해석하는게 타당하다고 여겨지고, 이를 조문으로 정리하면, '실질적으로 지배하거나, 운영 또는 관리하는'으로 개정할 수 있다. 이러한 방법으로 조문의 의미를 살리고 전달은 명확하게 다음과 같이 제4조 제1항의 개정이 필요하다.

| 표 34 | 중대재해처벌법 제4조 개정안

현행	개정안
제4조(사업주와 경영책임자등의 안전 및 보건 확보의무) ① 사업주 또는 경영책임자등은 사업주나 법인 또는 기관이 실질적으로 지배·운영·관리하는 사업 또는 사업장에서 종사자의 안전·보건상 유해 또는 위험을 방지하기 위하여 그 사업 또는 사업장의 특성 및 규모 등을 고려하여 다음 각 호에 따른 조치를 취하여야 한다.	**제4조(사업주와 경영책임자등의 안전 및 보건 확보의무)** ① 사업주 또는 경영책임자등은 사업주나 법인 또는 기관이 사업을 실질적으로 지배하거나 운영 또는 관리하는 사업 또는 사업장에서 종사자의 안전·보건상 유해 또는 위험을 방지하기 위하여 그 사업 또는 사업장의 특성 및 규모 등을 고려하여 다음 각 호에 따른 조치를 취하여야 한다.

마찬가지로 제9조 제1호 및 제2호도 동일하게 개정하여 그 의미를 구체화할 필요가 있으며, 그 개정의 방안은 다음의 표와 같다.

| 표 35 | 중대재해처벌법 제9조 개정안

현행	개정안
제9조(사업주와 경영책임자등의 안전 및 보건 확보의무) ① 사업주 또는 경영책임자등은 사업주나 법인 또는 기관이 실질적으로 지배·운영·관리하는 사업 또는 사업장에서 생산·제조·판매·유통 중인 원료나 제조물의 설계, 제조, 관리상의 결함으로 인한 그 사용자 또는 그 밖의 사람의 생명, 신체의 안전을 위하여 다음 각 호에 따른 조치를 하여야 한다. ② 사업주 또는 경영책임자등은 사업주나 법인 또는 기관이 실질적으로 지배·운영·관리하는 공중이용시설 또는 공중 교통수단의 설계, 설치, 관리상의 결함으로 인한 그 이용자 또는 그 밖의 사람의 생명, 신체의 안전을 위하여 다음 각 호에 따른 조치를 하여야 한다.	**제9조(사업주와 경영책임자등의 안전 및 보건 확보의무)** ① 사업주 또는 경영책임자등은 사업주나 법인 또는 기관이 사업을 실질적으로 지배하거나 운영 또는 관리하는 사업 또는 사업장에서 생산·제조·판매·유통 중인 원료나 제조물의 설계, 제조, 관리상의 결함으로 인한 그 사용자 또는 그 밖의 사람의 생명, 신체의 안전을 위하여 다음 각 호에 따른 조치를 하여야 한다. ② 사업주 또는 경영책임자등은 사업주나 법인 또는 기관이 사업을 실질적으로 지배하거나 운영 또는 관리하는 공중이용시설 또는 공중교통 수단의 설계, 설치, 관리상의 결함으로 인한 그 이용자 또는 그 밖의 사람의 생명, 신체의 안전을 위하여 다음 각 호에 따른 조치를 하여야 한다.

4. '안전보건조정자'의 역할 명확화

「산업안전보건법」 제67조에 의거 건설공사발주자는 사업의 기획에서부터 최종 완성을 총괄하는 주체로서 건설공사를 최초로 도급받는 수급자로 하여 안전하게 준공할 수 있도록 역할을 할 의무를 가지며, 동법 제68조 및 동법 시행령 제56조의 규정과 같이 건설공사의 금액의 합이 50억원 이상인 경우는 '안전보건조정자'를 선임하도록 하고 있다. '안전보건조정자'의 역할은 건설공사 계획단계, 설계단계, 시공단계에 다른 위험요인 파악과 감소방안, 공사안전보건대장의 작성과 그 이행여부를 확인하도록 되어 있는데 그 업무의 역할과 책임에 있어 좀 더 적극적인 역할이 필요해 보인다. 따라서, 현행보다 '안전보건조정자'의 역할확대를 통해 근본적으로 건설공사발주자의 안전책임을 강화할 필요가 있다.

영국의 경우, 시공자 중심의 건설사업 안전관리 체계의 한계를 인식하고 1994년부터 'CDM제도(Construction Design and Management Regulations)'를 도입하여 건설발주자를 포함한 건설사업 모든 주체에게 안전관리 역할을 부여하고 상호 유기적인 협력과 지원을 강화해왔다. 이 제도를 통한 부단한 노력의 결과로 영국 건설산업의 '사고사망만인율'은 0.18‱로 우리나라 건설산업의 1/10 수준을[278] 유지하고 있다. 영국 CDM제도의 핵심적인 내용은 발주자에게 안전·보건 확보를 위한 책임을 부여하고 이를 이행하는 수단으로 공사의 단계별 과정에 걸쳐서 자신의 역할을 보좌하기 위한 '안전계획감독'을 임명하고 활용하는데 있다.[279]

독일의 경우, 건설공사발주자는 '코디네이터(Koordinator)'를 선임하도록 하고 있는데, 이는 규모와 상관없이 계획단계에서부터 수행단계까지 선임하여야 하고 건설현장령에 따라 발주자는 현장의 안전책임을 수반한다. 코디네이터는 현장의 공정을 동시 또는 순차로 수행할 작업을 분류하고 조정하는 역할을 수행한다.

우리나라의 '안전보건조정자'의 기준과 역할에 있어선 중대재해처벌법이

278 한국건설산업연구원, 알림광장(언론기고), http://www.cerik.re.kr/board/debate/3210, 최종검색 2024. 5. 6.

279 권혁 외, 앞의 책, 78면.

아닌 산업안전보건법에서 세부내용을 규정하고 있어 산업안전보건법 개정을 통해 현행보다 명확히 할 필요가 있다. 또한, 최근까지 중대재해처벌법으로 기소된 사건의 법원 판결을 통해 보건데, 건설공사에서 중대재해 발생에 대한 책임이 건설발주자의 책임은 제외되고, 주로 도급인 사업주 또는 경영책임자등에게 집중되는 것을 보게 되는데, 이에 대한 의무와 책임에 대해 건설공사발주자에게도 일정한 책임을 분산시키고 적극적 협력을 도모하는 방안으로 「산업안전보건법」 제67조 건설공사발주자의 산재예방 조치에 명문화 할 필요가 있다. 다만, 「산업안전보건법」 제68조 제2항에 안전보건조정자를 두는 건설공사의 금액과 자격·업무, 선임방법 등을 대통령령으로 정하도록 규정하고 있다.

구체적으로, 건설공사발주자는 건설사업의 계획단계에서부터 설계 및 발주, 시공 각 단계에서 기존 사업주 및 경영책임자등에 집중되어 있는 의무와 책임에 대하여 안전보건에 대한 각 단계별 협업을 유도하기 위해 보다 더 적

| 표 36 | 산업안전보건법 제67조 개정안

현행	개정안
산업안전보건법 **제67조(건설공사발주자의 산업재해 예방 조치)** ① 대통령령으로 정하는 건설공사의 건설공사발주자는 산업재해 예방을 위하여 건설공사의 계획, 설계 및 시공 단계에서 다음 각 호의 구분에 따른 조치를 하여야 한다. 1~3. 4. (신설)	**산업안전보건법** **제67조(건설공사발주자의 산업재해 예방 조치)** ① 대통령령으로 정하는 건설공사의 건설공사발주자는 산업재해 예방을 위하여 건설공사의 계획, 설계 및 시공 단계에서 다음 각 호의 구분에 따른 조치를 하여야 한다. 1~3. 4. <u>공사현장이 유해·위험하다고 판단시 안전보건조정자는 즉시 시공사에 통보하여 안전조치를 요청할 것. 건설공사발주자는 안전보건조정자의 역할 이행여부를 확인 할 것.</u>

극적인 역할이 필요해 보인다. 따라서, 「산업안전보건법」 제67조의 건설공사발주자의 산업재해 예방 조치 규정에서 안전보건조정자의 역할을 명시하고 건설공사발주자가 그 이행여부를 확인하도록 하여 산업재해 예방을 위한 구체적으로 책임지도록 다음과 같이 입법개정이 필요하다.

또한, 현행 「산업안전보건법」 제68조에 2개 이상의 건설공사가 같은 장소에서 행해지는 경우에 작업의 혼재로 인한 산업재해를 예방하기 위하여 안전보건조정자를 두도록 하고 있으며, 동법 시행령 제56조에 안전보건조정자 선임기준과 자격요건을 규정하고 있다. 여기에서 '2개 이상의 건설공사'라는 단서가 붙는데 같은 장소에서 진행되는 2개 이상의 건설공종을 의미하는 것으로 보이며, 이럴 경우 '2개 이상의 건설공사를 도급'하거나 '건설공사의 금액의 합이 30억원 이상의 건설공사'를 도급한 건설공사발주자는 '2개 이상의 건설공사가 같은 장소에서 행해지는 경우'에 안전보건조정자를 두도록 하여 건설공사발주자의 실무적인 안전책임과 권한을 다음과 같이 규정화 할 필요가 있다.

「산업안전보건법 시행령」 제56조에 안전보건조정자의 선임에 관한 규정에서 '각 건설공사의 합이 50억원 이상'으로 정해놓고 있다. 하지만, 2021년

| 표 37 | 산업안전보건법 제68조 개정안

현행	개정안
산업안전보건법 제68조(안전보건조정자) ① 2개 이상의 건설공사를 도급한 건설공사발주자는 그 2개 이상의 건설공사가 같은 장소에서 행해지는 경우에 작업의 혼재로 인하여 발생할 수 있는 산업재해 를 예방하기 위하여 건설공사 현장에 안전보건조정자를 두어야 한다.	**산업안전보건법 제68조(안전보건조정자)** ① 동일 장소에서 2개 이상의 건설공사를 도급하거나 건설공사의 금액의 합이 30억 이상인 건설공사를 도급한 건설공사발주자는 2개 이상의 건설공사가 같은 장소에서 행해지는 경우에 작업의 혼재로 인하여 발생할 수 있는 산업재해를 예방하기 위하여 건설공사 현장에 안전보건조정자를 두어야 한다.

부터 2023년까지 총 2,291명에 대한 산재승인 사망사고가 발생했으며, 이 중 80.4%가 50인 미만의 소규모사업장에서 일어났다.

따라서, 「산업안전보건법 시행령」 제56조 제1항 안전보건조정자의 선임 규정도 동일하게 개정하여 기존의 '각 건설공사의 합이 50억 이상인 경우'에 한해 안전보건조정자를 두도록 하는 법을 개정하여 '각 건설공사의 합이 30억 이상인 경우'로 확대하여 개정하는 것이 필요하다.

| 표 38 | 산업안전보건법 시행령 제56조 개정안

현행	개정안
산업안전보건법 시행령 **제56조(안전보건조정자의 선임)** ① 법 제68조제1항에 따른 안전보건조정자 (이하 "안전보건조정자"라 한다)를 두어야 하는 건설공사는 각 건설공사의 금액의 합이 50억원 이상인 경우를 말한다.	**산업안전보건법 시행령** **제56조(안전보건조정자의 선임)** ① 법 제68조제1항에 따른 안전보건조정자(이하 "안전보건조정자"라 한다)를 두어야 하는 건설공사는 각 건설공사의 금액의 합이 30억원 이상인 경우를 말한다.

「산업안전보건법 시행령」 제57조에 정한 안전보건조정자의 업무 규정은 각각의 공사 간에 혼재된 작업의 파악, 혼재된 작업으로 인한 산재발생의 위험성 파악, 산재예방을 위한 시기·내용 및 안전보건 조치 등의 조정, 각 공사 도급인의 안전보건관리책임자 간 작업내용에 관한 정보공유 여부의 확인, 도급인과 관계수급인에 대한 자료제출 요구 등인데 그 역할이 상당히 소극적이라 볼 수 밖에 없다. 여기에 더해 산업재해 발생이 우려되는 위급한 상황에서 공사중지를 요구하여 도급인에게 위급한 상황에 책임과 대응력을 높일 필요가 있다.

| 표 39 | 산업안전보건법 시행령 제57조 개정안

현행	개정안
산업안전보건법 시행령 제57조 (안전보건조정자의 업무) ② 안전보건조정자는 제1항의 업무를 수행하기 위하여 필요한 경우 해당 공사의 도급인과 관계수급인에게 자료의 제출을 요구할 수 있다.	**산업안전보건법 시행령 제57조(안전보건조정자의 업무)** ② 안전보건조정자는 제1항의 업무를 수행하기 위하여 필요한 경우 해당 공사의 도급인과 관계수급인에게 자료의 제출을 요구할 수 있고, 산업재해가 발생할 수 있다고 판단되는 위급한 경우에 공사의 중지를 요구할 수 있다.

결론적으로, 산업안전보건법에서 구체적으로 정한 안전보건조정자의 선임과 역할에 있어 건설공사의 규모에 대한 기준을 재정립하고, 안전보건조정자의 업무권한을 보다 분명히 하여 각 현장의 이해관계자의 업무에 있어 안전보건에 관한 조정권한과 인식을 배양시키고, 건설공사발주자가 그 역할 이행에 관하여 직접 확인하게 하여 사업장의 중대재해 감소를 위해 협력을 확대할 필요가 있다.

제2절 정책적 개선방안

Ⅰ. 소규모사업장의 중대재해 대응 개선방안

1. 개설

중대재해처벌법에서 요구하고 있는 핵심은 안전보건에 관한 컴플라이언스 체계를 구축하라는 것이고, 「중대재해처벌법」 제4조와 같이 사업장의 특성과 규모 등을 고려하여 안전보건관리체계를 구축하고 이행하라고 규정하고 있다.

이처럼 모든 기업들이 동일한 수준의 안전보건 확보의무를 요구하는 것은 아니고 위험의 정도나 기업의 규모에 따라서 안전보건관리체계의 구축과 의무이행의 수준을 달리하는 소위 '합리적 실행 가능성(Reasonable Practicability)'과 '실사(Due Diligence)의 항변'을[280] 하더라도 법에서 요구하는 최소한의 기본체계를 갖추는 것은 중요해 보인다.

하지만, 현실로 돌아오면 2022년 50인 미만 소규모사업장의 경우, 중대재해 사고사망 비율이 전체의 60.24%를 차지하는데도 불구하고 중대재해를 줄이자는 목적보다 우선 형사처벌에 대응해야 한다는 강박관념으로 각종 서류를 갖추고 교육에 끌려다니느라 상당한 시간과 비용을 소진하고 있다.

따라서, 소규모사업장의 현실과 여건에 맞는 보다 현실적이고 구체적인

---

280 CCOHS(Canadian Centre for Occupational Health and Safty); https://www.ccohs.ca/oshanswers/legisl/legislation/diligence.html
최종검색 2024. 11. 20.

대안이 될 수 있는 중소기업 사업장에 맞는 현실적인 체계시스템 도출이 절실하고, 이를 기반으로 지속적으로 개선해 나가는 방식이 필요하다. 다만, 소규모사업장이 신속한 준비를 하기에는 한계가 있어 우선적으로 취해야 할 세부적인 의무이행 조치로 몇 가지를 제안하자면 다음과 같다.

첫째, 소규모 회사의 경우 단일사업장이 많은데 이러한 단일 사업장의 경우에는 대표자가 기존의 안전보건관리책임자이면서 중대재해처벌법상 경영책임자에도 해당한다. 따라서 안전보건 담당 임원을 별도로 선임해두고 안전보건에 관한 사항을 맡겨서는 안되고 대표자가 중대재해처벌법 의무를 이행할 수 있는 조치들을 주도적으로 취해야 할 것으로 보인다.

둘째, 작업 단위별 관리감독자를 지정하고 안전보건관리체계 수립함에 있어서 우선사항은 인적체계를 구축하는 것인데 소규모사업장의 경우에는 법상 안전관리자 선임의무나 안전보건 전담조직, 또는 안전전문가를 고용할 의무는 없다. 따라서 팀별 부서별 팀장이나 부서장들을 작업 단위별로 그 작업의 안전을 관리하는 관리감독자로 선임하고 안전조치들이 취해질 수 있도록 하는 게 필요하다.

셋째, 소규모사업장도 중대재해처벌법 대응의 기초적인 형식을 갖추어야 하는데, 특히, 시행령에서 규정하고 있는 중대재해처벌법상 조치의무 사항은 대기업과 동일하게 모두 준수해야 한다. 이들 의무이행 사항들의 형식적 요건과 매뉴얼 등 기초 형식을 갖춰 놓은 후 지속적으로 사업장에 맞는 구체적인 내용을 적용하고 개선해 나가는 방식이 필요하다.

이와 같이, 현행 중대재해처벌법은 대기업이든 소기업이든 5인 이상 사업장이면 규모에 관계없이 동일하게 적용받고 있는데, 이런 규정을 기업의 규모나 현실적 여건에 맞게 개선할 필요가 있다. 소규모사업장의 중대재해처벌법 대응의 일환으로 현실적 여건과 규모 등에 맞는 '인정안전관리체계'의 도입과 현장교육, 전문가 연계 지원과 디지털 감성을 감안한 체험형 교육 등 다양한 지원정책이 절실히 요구된다.

2. '인정안전관리체계' 도입

정부는 50인 미만의 소규모사업장과 중소기업 규모와 특성에 맞는 맞춤형 안전체계를 제공할 필요가 있다. 소규모사업장은 중견기업 및 대기업과는 현실적으로 규모나 경영여건이 다르기 때문에 소규모사업장을 위한 중대재해처벌법 대응 체계를 별도로 구축해야 한다.

기업 여건과 대응방법이 대기업과 소기업이 현저하게 차이가 나는데 같은 체계를 적용하는 것은 매우 비합리적이다. 소규모사업장 여건에 맞는 소위 합리적 실행가능성에 기반한 '인정안전관리체계'를 도입할 필요가 있다. 소규모사업장이나 중소기업은 대기업에 비해 제한된 물적, 인적 자원으로 인해 기존의 안전보건관리체계를 구축하기에는 한계가 있고, 전문적인 안전관리 인력을 채용하거나 교육할 여력도 부족한 현실이다. 대기업은 전담안전관리 인력을 두고 정기적인 안전 교육과 훈련을 실시할 수 있지만, 소규모사업장은 이러한 여력이 부족하기 때문에 중대재해처벌법에서 요구하는 사항을 충족하기 어려운 상황이라 실제로는 재해예방에도 무방비 상태인 경우가 많다.

특히, 소규모사업장의 60%가 안전관리 전담인력이 없다고 조사되었으며, 사업주는 안전관리 업무를 추가적인 부담으로 느끼고 있어 위험을 증가[281]시키고 있는 것으로 보인다. 또한, 소규모사업장의 안전교육의 질이 떨어지고

---

281 김철수, 앞의 논문, 75면.

비현실적인 경우가 많고, 형식으로 그치는 경우가 많아 근로자들의 안전의식 향상에 실질적인 도움이 되지 않는다는 문제[282]가 제기된다.

해외의 사례를 보자면, 일본의 경우처럼 구체적인 상황을 고려한 상시적인 안전·보건 활동의 메뉴얼화, 도급인과의 정보 공유를 위한 상시적 협의회 참석과 구성원간 공유 등으로 소프트한 접근이 필요하다. 우리나라의 경우, '중대재해가 발생하면 처벌'이라는 심리적 부담보다는 영미권 국가들처럼 실행가능한 절차와 이행체계를 만들고, 사고에 대해서 다소 부담스런 벌금의 부과 등을 통해 안전보건에 관한 긴장감과 협력을 유도하여 '안전하지 않으면 손해'라는 인식을 스스로 인식하게 만드는 것이 필요해 보인다.

결론적으로, 소규모사업장은 기존의 안전보건관리체계의 조문을 개정하여 별도의 적용체계를 만들 필요가 있다. 특히, 「중대재해처벌법 시행령」 제4조와 제5조 안전보건관리체계의 구축과 의무이행 및 조치사항 규정에서 소규모사업장의 규모와 여건에 맞는 방법, 절차, 환경, 의무이행 등을 현실적으로 조정하여 적용하는 소위 '인정안전관리체계'[283]를 통하여 안전경영에 대비할 필요가 있다.

3. 행정적 감독 및 교육지원 강화

중대재해처벌법은 의무이행에 대한 부작위만으로는 책임을 묻지는 않는다. 다만, 중대재해의 발생에 대한 인과관계를 따져서 법적용 여부가 가려진다. 결국, 경영책임자등의 중대재해처벌법상 의무의 이행여부는 수사기관의 사후적인 판단없이 아무 것도 예견할 수 없다.

---

282 정우성, "소규모 사업장의 안전교육 효과성", 법제연구, 2023. 92면.

283 소규모사업장의 규모와 여건에 맞는 의무와 책임 규정을 담은 체계로 가칭 제안 체계임.

대표적인 예로 위험성평가의 경우, 현행 법은 사업주가 스스로 실시하도록 되어 있다. 그런데 사업주가 규정에 따라 위험성평가를 하더라도 해당 사고의 유해·위험 요인을 발견하지 못할 수도 있다.[284] 300명 미만의 기업인 경우 안전관리 전문기관에 위탁하여 평가·관리할 수 있는데, 그렇게 했음에도 불구하고 중대재해가 발생했을 때 사후적으로 수사기관에 의해 부실한 판단을 받을 경우 중대재해처벌법상 의무불이행으로 기소가 될 수 있는 것이다.

따라서, 50인 미만 사업장의 경우 중대재해처벌법 대응을 위한 안전보건관리체계 구축과 의무이행 사항들을 제대로 지키고 있는지 행정적인 감독과 사업장에 대한 근로지원 등이 절실히 필요하다. 현행 「산업안전보건법」 제73조 및 제74조에 의거 '건설재해예방전문지도기관'을 운영하고 있지만 이는 산업안전보건법 체제상의 개념으로 중대재해처벌법 체계의 대응엔 한계가 있다.

소규모사업장의 경우 초기의 기초적 역량강화를 위한 행정적 교육적 지원으로 기초적 안전관리체계를 구축한 후 사업주와 근로자들의 안전의식을 고취하고, 재해예방 능력을 고도로 향상시키는 것이 중요하다. 이를 위해서는 정부와 지자체, 기업과 구성원 및 이해관계인의 협력체계를 통한 적극적인 협력이 필수적이다.

건설업 소규모사업장의 경우 중대재해처벌법 대응에 대한 교육과 업종별 사고사례의 공유와 이를 통한 현장교육, 전문가 연계 지원과 디지털 감성을 감안한 가상현실(VR) 체험, 떨어짐·끼임·물체에 맞음 실증체험과 교육시설과 기자재의 지원확대 등 적극적인 교육지원 확대가 절실하다.

284 김종수, 「중대재해처벌법의 문제점과 개선방안 모색을 위한 심포지엄」, "중대재해처벌법의 법률상 문제점", 서울지방변호사회, 2024. 5, 12면 참조.

Ⅱ. 안전·보건 관련 인증제 적용과 활용

1. 사전대응 '중대재해처벌법 준수인증제(SCC)' 활용

「중대재해처벌법」 제4조 및 제5조에 사업주와 경영책임자등의 안전 및 보건 확보의무와 도급, 용역, 위탁 등 관계에서의 안전 및 보건 확보의무를 이행하도록 규정하고 있고, 동법 시행령 제4조 제9호에 도급, 용역, 위탁의 경우 종사자의 안전·보건을 확보하기 위한 기준과 절차에 따른 평가기준과 점검 및 절차에 관하여 구체화하여 규범력을 강화하고 있다. 또한, 산업안전보건법 제61조는 적격수급인 선정의무 규정으로 "사업주는 산업재해 예방을 위한 조치를 할 수 있는 능력을 갖춘 사업주에게 도급하여야 한다"라고 규정하고 있다.

이와 같이 일선 기업현실에서는 중대재해처벌법의 대응 관련하여 구체적이고 실질적인 대응방법이 절실히 필요한데 이를 위해 '중대재해처벌법 준수인증제'(SCC, SAPA Compliance Certification, 이하 "안전준수인증제"라 한다)[285]를 도입하여 활용할 필요가 있다.

안전준수인증제는 중대재해처벌법의 안전보건관리체계의 구축 및 의무이행을 위한 상시적 점검요건을 갖춘 컴플라이언스 체계로 알려져 있다. 이와 같은 구체적인 대응 솔루션을 도입하고 활용하여 기업의 중대재해 예방체계를 점검·구축하여 기업의 안전보건관리의 객관성을 확대하는 방법을 적극 검토할 필요가 있다.[286] 중대재해처벌법에서 요구하는 주요 의무이행 사항을 영역별 카테고리로 구성하여 점검·구축하는 성격을 가지며, 인

285 법무법인(유한) 대륙아주의 중대산업재해 대응을 위한 솔루션인「중대재해 안전준수인증제, SCC」사례.

286 김진권·신만중, 앞의 논문, 72면.

증은 본사 및 현장 점검, 안전보건관리체계 구축·보완, 의무이행 사항 점검·교육·테스트, 최종심사 및 판정하는 절차로 일정 점수를 통과할 때 인증서(Certification)를 부여하는 방식이다. 인증체계를 구축하였는데도 불구하고 의무이행 점검사항 등에서 60점 이하면 탈락시키고, 미비한 사항을 재구축하고 보완하도록 하여 60점 이상일 때 인증을 부여하게 된다. 안전준수인증제의 가장 중요한 점은 중대재해처벌법에 대한 구체적인 솔루션을 통해 중대재해가 발생하지 않도록 하는 예방효과 뿐만 아니라, 혹시 발생하더라도 중대재해처벌법으로 기소될 형사리스크를 낮춰줄 수 있다는 것이 장점으로 알려진다.

참고로, 인증제는 법적근거 여부에 따라 법정인증과 민간인증으로 구분하는데, 법정인증제는 강제성 여부에 따라 의무인증과 임의인증으로 구분한다.[287] 우리나라와 달리 미국, 일본, 유럽 등에서 국가가 주도하지 않는 분야에서 국가 간에도 인정받는 민간인증제가 상당히 보편화되어 있다.

민간인증제의 대표사례로 미국의 친환경 건축인증제도인 'LEED(Leadership in Energy and Environmental Design)'가 있다. 'LEED'는 미국의 그린빌딩위원회가 개발하여 시행하고 있는 인증제로서 건축물 인증으로 시작해 세계적인 공신력을 갖는 친환경 건축 인증시스템이다.

독일의 경우도 TUV(Technische Ueberwachungs-Verein, 기술검사협회) 인증은 대표적인 민간공인인증기관으로서 자동차, 전기전자 제품 및 부품, 의료기, 서비스 분야까지 인증업무를 관할하고 있으며, CE마크와 GS마크를 부여하고 있다. 중대재해처벌법 대응에 있어 최근엔 공공부문 뿐만 아니라, 민간건설에서도 도급인을 중심으로 하도급 협력사의 입찰참여시 안전부문 평가기준을 강화하

287 산업통산자원부, "인증제도 개선방안", 2022. 9. 참조.

여 안전 인증시 가점을 부여하는 사례가 늘고 있어 안전준수인증제의 적절한 활용을 통해 중소기업 사업장에 안전경영에 대한 막연한 부담도 덜 수 있다.

이와 같이 중대재해처벌법 대응에 있어 선제적인 안전보건관리체계의 구축 및 이행을 통해 건설공사발주자와 도급인 및 관계수급인에 대해 안전체계를 구축할 필요가 있다. 현실적으로 기업 및 공공분야 등에서 중대재해처벌법에 대한 대응에 있어 기존 솔루션을 적극적으로 도입하고 활용하는 방법도 필요하다.

2. 안전건설 '건축성능인증제' 적용

국민의 안전·보건에 있어 생활과 직결되는 건축분야의 부실자재, 부실시공으로 인한 건축성능 문제는 오랫동안 제기되어 왔다.

우리나라는 국토면적이 협소하기 때문에 토지의 효율적인 이용을 위해 고층으로 건축물이 지어질 수밖에 없다. 2022년 국민권익위원회의 조사에 따르면, 주택과 건축 관련 민원이 332,887건으로 주로는 층간소음, 건축물 하자 등으로 인한 부당한 피해호소 등이 많았고, 특히 2020년의 층간소음 갈등은 2019년 2만 6,257건에 비해 60%나 급증한 4만 2,250건에 이르렀다. 이처럼 건축자재 및 건축성능의 하자와 부실시공 등은 국민의 안전생활권과 밀접한 관련이 있음에도 불구하고 그 논의와 개선에 대한 문제는 도외시해 온 측면이 있다.

따라서 건축법과 시행령, 시행규칙 등의 개정을 통하여 공동주택 건설에 따른 개별 건축자재부터 규격과 성능에 대한 기준과 건설프로세스를 재해예방 차원에서 고려하고 개정하여 '건축성능인증제'를 도입·확대할 필요가 있다. 건축 관련 성능은 자재성능부터 설계성능, 구조성능, 시공성능, 유지관리성능 등에 있어서 일정한 기준과 프로세스로 검증하고 구현하는 데서 출발한다.[288] 이를 위한 방법은 우선 공동주택 건축자재의 요구성능등급 반영, 자재·기술·비용이 반영된 건축설계, 건축위원회의 검증과 인허가 기준 반영, 건축시방서 적용과 감리, 최종 점검 및 준공, 건축성능기반 유지관리 절차를 통해 국민의 안전생활권을 향상시킬 필요가 있다.

예를 들어, 한국환경산업기술원은 환경경영을 통해 사회전반의 녹색경영 기반을 조성하기 위한 각종 인증제도를 운영하고 있는데 환경표지인증, 환경성적표지인증, 녹색건축인증, 제품환경성능시험인증 등이 있다. 이 중에서 녹색건축인증은 「녹색건축물 조성 지원법」 제16조(녹색건축의 인증)와 「녹색건축 인증에 관한 규칙」 등을 근거로 하여 운영하고 있다. 녹색건축인증은 지속가능한 개발의 실현을 위한 자원절약형, 자연친화적인 건축물의 건축을 유도하기 위하여 국토교통부 주관 및 환경부 협조로 운영하며, 주로 주거용 공동주택과 단독주택, 일반건축물, 학교, 판매시설, 숙박시설 등의 리모델링이나 신규 건축물을 인증대상으로 하고 있다.

인증에 대한 인센티브 정책으로 신축건물에 대한 취득세 감면[289]과 신축건물에 대한 건축기준 완화(용적률, 건축물 높이 제한)[290] 등을 통해 친환경의 안전한 건축을 유도하고 있다. 다만, 녹색건축인증은 '친환경'에 초점이 맞추어져 있어 국민의 안전을 위한 직접적인 정책이 필요한 이유다.

전술한 바와 같이 건설분야는 연관된 각종 법제를 통해서 안전·보건에 관해 직·간접적으로 근로자 산업재해를 저감시키기 위한 입법중심으로 강화되어 왔다.

---

288 (사)건축성능원, 2022. 6. 설립된 사단법인으로서 건축성능 향상을 위한 학술연구 및 성능인증 업무를 수행하는 기관임, 이의 자료를 참고함.

289 「지방세특례제한법」 제47조의2제1항, 시행령 제24조제1항).

290 「녹색건축물 조성 지원법」 제15조, 시행령 제11조, 건축물의 에너지절약 설계기준 제16조.

여기에서 한발 더 나아가 '건축성능인증제'는 검증된 안전한 건축환경을 구현해 생활에서 국민의 안전·보건 환경을 조성해야 한다는데 그 가치가 있다. 건축성능의 확보를 통한 사회의 더 큰 안전생활권과 삶의 가치, 공간건축의 신뢰를 구현하여 안전고도화로 한 단계 더 도약하는 계기가 될 것이다.

Ⅲ. PQ·적격심사의 안전역량평가 확대

2023년 중대재해 사망자 중 업종별로 건설업 사망자가 전체의 50.7% 비율을 보인 것처럼 중대재해 사망비율이 높은 건설공사에서 중대재해 사망사고를 낮추기 위한 제도적인 환경을 만드는 것이 필요하다.

이를 위해 공공입찰시 PQ심사(Pre-Qualification)와 적격심사에서 안전역량을 반영하는 것이 필요하다. PQ심사는 300억원 이상의 대형공사에서 적용되는 입찰참가자격 사전심사제도이고, 적격심사는 300억 이하의 중소규모 공사에서 입찰 후 낙찰자 결정과정에서 적격여부를 심사하는 제도이다. 현행 PQ심사의 평가항목은 경영상태, 기술능력, 시공경험, 시공평가 결과, 지역·중소기업 참여도, 신인도 등 업체의 자격과 능력평가를 중점적으로 심사하고, 적격심사 평가항목은 입찰가격, 경영상태, 기술능력, 시공경험, 시공평가 결과, 자재 및 인력조달, 신인도 등으로 가격과 업체의 능력을 포함한 종합평가이다.

현행 고용노동부의 산업재해 예방활동 실적 평가기준[291]에 의해 PQ심사 및 적격성 심사시 신인도 평가에 반영하여 산재예방 자율안전활동을 촉진시

291 고용노동부 고시「건설업체의 산업재해예방활동 실적 평가기준」, 시행 2024. 1. 1.

키고 있다. 당초 시공능력평가순위 1~1,000위 까지의 건설업체를 대상으로 하였으나 2024. 1. 1.부터 2만여 개 종합건설사로 확대되었다.

| 표 40 | 현행 공공공사 입찰시 산재예방활동 평가지표

구분	평가지표	배점	비고
공통항목	사업주 안전·보건활동	40	사업주 안전·보건 교육 이수, 현장 안전·보건 점검 및 이행
	전담 안전·보건관리자 정규직 비율	40	상시 안전보건활동 촉진
	본사 안전·보건 전담자	20	전담자 수와 조직구성 여부
가점항목	안전보건경영시스템(KOSHA 인증)	5	사전 안전보건활동 촉진

하지만, 공공공사 입찰시 산재예방활동 평가지표를 보면 사업주 안전보건교육 참여, 안전관리자 및 보건관리자 선임 정규직 비율, 안전보건 조치 등의 항목으로 평가지표를 삼고 있지만 공통항목은 너무 지엽적이라 평가지표의 개정이 필요하고, 가점항목은 중대재해처벌법 대응을 위한 평가지표로는 부족하다.

중대재해처벌법 시행령 제4조에 의한 안전보건관리체계의 구축 및 이행 조치 규정에 의하면, 안전·보건 전담조직을 시공능력평가 순위 200위 이내인 종합건설사업자[292]로 한정하고 있는데 이는 종합건설업체 2만여개 중 10%에 불과한 수준인데 이것도 건설업의 사망사고 재해를 낮추기에는 한계가 뚜렷해 보인다.

따라서, 중대재해처벌법의 구조적 안전문제를 극복하기 위한 공공부분에

---

292 「중대재해 처벌 등에 관한 법률 시행령」 제4조(안전보건관리체계의 구축 및 이행 조치) 제2호의 나. 「건설산업기본법」 제8조 및 같은 법 시행령 별표 1에 따른 토목건축공사업에 대해 같은 법 제23조에 따라 평가하여 공시된 시공능력의 순위가 상위 200위 이내인 건설사업자.

서의 제도적 방안으로 PQ심사와 적격심사 강화가 필요한데 이에 대해 다음과 같은 구체적 개선이 필요하다.

첫째, 공공공사 입찰시 산재예방활동 공통항목 평가지표를 개선하여 현행 3가지가 아닌 중대재해처벌법 시행령 제4조와 5조에서 규정하는 의무이행 사항을 평가지표에 제대로 반영해야 한다. 즉, 안전보건관리체계의 구축 및 이행 조치 9개 사항인 ① 안전·보건 목표와 경영방침 설정, ② 안전·보건 업무 총괄·관리 전담조직 설치, ③ 유해·위험요인 인·개선의 점검, ④ 재해예방 인력·시설·장비 등 예산 편성 및 집행, ⑤ 안전보건관리책임자 등 업무평가 관리 및 조치, ⑥ 안전·보건관리자, 관리담당자, 산업보건의 배치, ⑦ 종사자 의견 청취 및 개선방안 이행조치 의무, ⑧ 중대재해 및 위험 대비 매뉴얼 마련 및 점검, ⑨ 도급시 안전·보건 절차 및 이행상황 점검 의무 등이다.

또는, 동법 시행령 제5조 안전·보건 관계 법령에 따른 의무이행에 필요한 관리상의 조치 사항 4가지인 ① 의무이행의 반기 1회 점검 및 점검결과 보고, ② 의무미이행시 필요한 인력·예산·집행 조치, ③ 안전·보건 교육 반기 1회 점검 및 결과보고, ④ 미실시 교육에 필요한 교육지시 및 조치사항 등으로 총 13개 항목의 일부라도 평가지표에 반영하는 것이 필요하다.

둘째, 평가지표의 가점항목인 안전보건경영관리시스템(KOSHA)은 중대재해처벌법 대응에 한계가 있다. 안전보건경영관리시스템은 ILO의 권고 및 다국적 인증기관 인증의 국제규격으로서 산업안전보건법에 의해 산업안전공단에서 개발한 시스템이다. 건설업 인증은 2001년부터 KOSHA 2000 프로그램으로 인증을 시작하였고, 2003년 재개정되어 KOSHA 18001 명칭으로 변경되어 실시하고 있지만, 현장에서는 주로 KOSHA MS를 요구하는 경우가 많다. 하지만, 형사법 체계로 처벌하는 중대재해처벌법은 그 체계나 적용에 있어 산업안전보건법 대응체계인 안전보건경영관리시스템으로 대응하는 것은 불가능하다.

따라서, 중대재해처벌법의 가점항목을 추가하여 안전보건관리체계 이행 조치 사항의 일부라도 평가항목에 반영하는 것이 필요하다.

셋째, 중대재해처벌법의 중대 사망사고 예방 실효성을 높이려면 안전항목을 정규 배점평가로 전환하여 시행하여야 한다. 기존 실적평가 기준에 의한 PQ심사 및 적격심사시 평가에 반영하는 것을 넘어서 안전관리가 부실한 시공사는 사전에 입찰부터 제한하는 것이 필요하다.

정리하자면, 중대재해 사망비율이 높은 건설공사에 있어 PQ심사 또는 적격심사 단계에서 중대재해처벌법상 의무이행 규정을 안전역량평가에 적용해야 한다. 공공부문부터 적용하면 안전역량을 갖춘 건설회사가 낙찰되어 중대재해 예방가능성도 높이고, 중대재해처벌법에 상시적으로 대응하는 효과도 갖기 때문에 입찰시 중대재해처벌법의 조치사항 등을 적극적으로 평가지표에 추가하여 반영하는 것이 필요하다.

Ⅳ. 형사처벌보다 행정형벌 부과 및 재해예방 정책 전환

중대재해처벌법 제1조에 안전·보건 조치의무를 위반하여 인명피해를 발생하게 한 사업주, 경영책임자, 법인의 처벌 등을 규정함으로써 중대재해를 예방하고 종사자의 생명과 신체를 보호함을 목적으로 한다고 규정하고 있다.

이러한 입법목적으로 중대재해를 예방하기 위해 사업주 또는 경영책임자 등이 안전보건 확보의무를 위반하여 중대재해를 발생하게 하는 범죄에 대하여 산업안전보건법이나 형법(업무상과실치사죄)보다 무겁게 처벌하는 방법으로 잠재적인 중대재해 범죄자에 대한 위하(威嚇)를 통하여 예방효과를 극대화한 것[293]이다.

즉, 엄한 처벌규정을 적용한 형사법적 제재로 산업재해를 예방한다는 특별형법의 성격으로서 법 제6조 제1항에 사망시 1년 이상의 징역 또는 10억원 이하의 벌금에 처하고, 제2항에 6개월 이상 치료 부상자 2명 발생하거나 급성중독 등 직업성 질병자가 1년에 3명 발생시 7년 이하의 장역 또는 1억원 이하의 벌금에 처한다. 제3항에 5년 이내의 재범은 형의 2분의 1까지 가중한다고 규정하고 있다. 이러한 처벌에 대하여는 중대재해와 의무이행 부작위에 따른 인과관계에 의한 엄격한 해석과 형법의 일반원칙에 의해 판단할 일이지만, 중대재해처벌법으로 사업주 또는 경영책임자 등의 처벌 방향에 대해 근본적인 성찰이 필요하다.

미국의 경우, 사업주가 위반사항을 시정하도록 하기 위한 압력의 형태로 부과하며, 벌금을 비용으로 간주할 우려가 있으므로 그 비용을 초과하여 위반의 종류를 5종류로 규정하여 벌금을 부과하고 있다. 벌금 부과는 5단계로 구분하여 중대산업재해의 규모나 형태, 반복성 등에 따라 가중처벌하고 있다.

영국이나 독일의 경우에도 고의에 의한 범죄가 아니면 실제 경영책임자를 처벌한 사례는 거의 드물다. 오히려 계약 주체간의 책임을 중시하고 사용자 책임이 우선하지만 형사처벌보다는 행정처벌로 과태료나 벌금을 법인에 부과하고 있고, 일본의 경우도 고의가 아니면 처벌보다는 사고의 공표 등 신용도와 명예를 떨어뜨리는 제재를 가하고 있는데 반해, 우리나라처럼 경영책임자등을 향한 '처벌' 입법으로 중대재해를 예방하자는 경우는 세계적으로 유일무이하다.

과연 형법상 자유형인 징역형 처벌이 중대재해 예방에 대한 결과론적 합

---

293 권창영 외 16인, 앞의 책, 15면.

리성에 비춰 볼 때 중대재해 예방에 유효했는지, 세계 10대 경제대국임에도 기업의 경영책임자등을 유래없는 형사처벌의 외줄타기 수범자 지위로 계속 둘 것인지 돌아볼 일이다. 산업구조의 변화로 노동의존도가 낮아졌고, AI스마트 시대에 소위 MZ세대가 경제사회에 동참하며 역동적이고 창의적으로 도전하고 주도해야 할 시기에 경직된 기업인 처벌환경에서는 사업장의 활력과 창업, 중대재해 예방의 능동적 개선을 기대할 수 없고, 경직된 매뉴얼만으로는 재해예방의 방어적 제스처에 그칠 우려가 있다.

이제 중대재해에 대한 처벌과 재해예방의 선순환 방법을 진지하게 고민할 때이다. 위반시 현행 자연인인 경영책임자에 대한 징역형이나 금고형은 아주 특별한 경우에 한해 부과하는 것으로 하고, 대신 법인에 대한 행정벌로 과태료나 벌금을 강화하여 위반의 정도를 5~7단계 정도로 차등하여 부과하는 방향으로 전환할 필요가 있다. 또한, 중대재해 예방을 강화하기 위한 각종 인센티브 정책으로 무사고, 무재해, 개선조치 마련·유지·향상, 재해율 감소, 안전환경 개선 등의 예방활동을 유도해야 한다. 정기적인 평가와 점검으로 누적된 노력에 가점(포인트제) 인센티브를 부여하고, 위반시 포인트나 인센티브 차감, 일부 유예조치 등을 통해 근로자와 경영책임자가 자율적인 예방에 힘쓰는 문화를 만들어야 한다.

정리하자면, 법 위반시 자연인 사업주 또는 경영책임자등에 대한 사후적 과도한 형사적 처벌이 아닌, 법인에 대한 행정형벌적 제재와 함께 재해예방 중심의 정책과 이에 부가하여 다양한 인센티브 정책을 도입하여 안전경영 문화를 도모하는 방향으로 법정책을 전환하여야 한다.

결론

중대재해처벌법은 현대중공업 아르곤가스 질식사고, 태안화력발전소 압사사고, 이천 물류창고 건설현장 화재사고, 가습기 살균제 사망사고 등 끊이지 않는 사망재해 속에서 안전문제를 국민의 위기로 보고 국가의 안전권 보장 의무에 기초한 보호청구권의 의미를 살린 형사처벌법이다. 다만, 유래없는 사업주 또는 경영책임자등에 대한 형사법적 처벌로 중대재해를 줄이려는 목적이 법익효과를 거둘 수 있을 지는 책임주체와 이해관계자 및 구성원의 협력정도에 따라 영향을 미칠 것으로 본다.

중대산업재해 발생시 중대재해처벌법과 산업안전보건법, 형법, 근로기준법 등 규율된 관계법령에 따라 같은 유형의 사고라 하더라도 인과된 의무위반 정도에 따라 처벌 경중이 달라지지만, 죄의 동일성이 인정될 땐 상상적 경합관계에 따라 죄수판단이 내려지고 있다. 특히, 중대재해처벌법은 안전·보건 조치를 위반하여 중대산업재해가 발생한 경우, 의무이행의 부작위에 의한 인과관계 여부에 따라 처벌요건을 갖는데, 즉 작위의무를 이행하였다면 중한 결과가 발생하지 않았을 것이 고도로 인정되어 부작위와 사망이라는 결과 사이의 인과관계 에 의해 처벌의 요건이 결정된다.

아무리 사소한 사고라 할지라도 반복이 되면 큰 사고로 이어질 위험이 있는 징후이므로 경미한 산업재해도 그 원인을 분석하고 재발방지 조치를 취해 중대재해를 예방할 필요가 있다. 산업재해의 잠재성과 반복성, 상당성에 비추어 볼 때 적어도 중대산업재해가 발생하였을 때 재발되지 않도록 작업환경을 만드는 것이 사업주 또는 경영책임자등의 책무이다.

특히, 건설업 분야는 전체 산업재해 사망사고의 과반이 넘는 위험도가 상당한 업종임을 볼 때, 사업주 또는 경영책임자등의 의무와 책임은 중하여 중대재해 예방을 위한 이해관계자들과 구성원의 안전의지와 협력은 매우 중요하다. 건설업은 건설공사발주자와 도급인, 관계수급인 등의 복잡한 중층적 도급구조에서 목적물이 완성되어지기 때문에 안전보건관리체계의 구축과 의무이행 주체간 법적책임 규정과 이행정도에 따라 수범자도 달라질 수 있다.

중대재해처벌법에 의해 기소된 사업주 또는 경영책임자, 법인 등은 형법에 의한 업무상 과실, 즉 업무와 관련하여 구체적이고 직접적인 주의의무를 다하지 않음으로써 사람을 사상(死傷)에 이르게 한 경우 업무상과실치사상죄로 적용될 수 있다. 다만, 건설공사 현장에서는 산업안전보건법령상 구체적인 규정들에 의해 안전보건 조치사항과 관리사항, 근로자 교육, 위험성 평가와 안전조치 등에 관한 사항과 의무규정에 의해 규율되고 있다.

중대재해처벌법 위반으로 기소된 사건의 법원 판결 53건을 분석해보면, 무죄 5건, 유죄 48건(유죄 중 실형 4건, 벌금형 3건, 집행유예 41건)이 선고되었다. 이 판결은 「중대재해처벌법 시행령」 제4조 및 제5조의 안전보건관리체계의 구축 및 이행조치와 안전·보건 관계 법령에 따른 의무이행에 필요한 관리상의 조치위반을 각각 위반의 쟁점으로 판시하고 있다.

최근 법원 판결의 동향을 보자면, 건설공사 이해관계자 등의 책임과 처벌에서 주로 도급인 책임에 의한 이행의무와 책임으로 판시하고 있다는 특징을 가진다. 이에 따라 관계수급인 입장에서는 안전·보건에 대한 의무와 책임에 대한 대비나 대응에 있어 협력적 지향이 이탈하여 입법목적을 제대로 구현하지 못할 수 있다는 우려가 있다. 이러한 기조는 5인 이상 50인 미만 소규모사업장에 확대시행된 2024년 초반만 하더라도 안전·보건에 대한 중소기업 경영책임자들의 책임에 대응하고자 했던 긴장된 모습과는 대조적이다.

이러한 배경에는 중대재해처벌법 사업주 또는 경영책임자등의 의무와 책임에 있어 입법적 한계로 비롯된 측면이 있음에 유의해야 한다. 특히, 건설공사에서 경영책임자등의 책임 측면에서 보자면, 도급관계에서 이해관계자의 책임이 주로 도급인에게 과도한 책임이 부과되고 있다는 것이고, 애매하고 모순된 불완전한 법조문으로 인한 다양한 해석상의 논란이 있는 문제로 인해 여전히 법원과 검찰, 법률전문가 등의 주장과 해석이 우려스러운 경우도 있다.

이에 따라 건설공사발주자, 도급인 및 관계수급인 등의 관계에서 현행 입법과 법적용에 있어 도급인의 과도한 법적책임으로 인해 관계수급인이 기업경영과 건설공사에서의 안전·보건 의무와 자기책임 회피로 인한 '협력의 무력화'가 초래될 수 있고, 도급인에 과도한 책임으로 인해 관계수급인의 경영상 '자기책임주의'와 '사적자치 침해' 등 현장의 안전 불균형을 초래할 수 있어 개선이 시급하다.

또한, 불명확한 조문으로 인한 해석상의 논란이 되는 '사업 또는 사업장'의 규정은 공간적 개념의 '사업장'을 포섭하는 '사업'으로 단순명료화 하고, '사업주 또는 경영책임자등'은 '사업주(개인사업) 또는 대표이사(공법상 '법인')'로 명확히 할 필요가 있다. 또한, '실질적 지배·운영·관리' 규정은 현장에서 가장 많은 논란이 있는 조문으로서 우선 이의 해석은 '또는(or)'으로 하여 '실질적으로 지배하거나, 운영 또는 관리하는'의 형태로 구체화 할 필요가 있다. 덧붙여, 사업의 주체인 건설공사발주자의 안전책임 강화 측면에서 '안전보건조정자'의 역할을 보다 확대하여 명확히 할 필요가 있다.

소규모사업장의 중대재해처벌법 대응이 문제인데, 대기업과 소규모사업장의 여건차이를 인정하여 기존 안전보건관리체계를 소규모사업장에 마춤적용한 '인정안전관리체계'를 별도로 마련하거나 규정을 조정하여 적용하는 것이 필요하다. 또한, 변화하는 경영환경과 트렌드에 맞는 미디어 기술을 활용한 안전교육 툴(Tool)과 교육지원, 당국의 적극적인 행정감독 등은 필수 요소이다.

또한, 기업의 중대재해처벌법 대응과 재해예방을 위한 구체적인 방법으로 기존의 인증제를 활용하는 방법으로 안전패키지 솔루션인 '중대재해처벌법

준수인증제'를 기업에 도입하여 활용할 필요가 있다. 뿐만 아니라, 건축단계에서부터 안전·보건상 검증된 자재와 요구성능환경의 구축으로 장기간 안전한 건축성능이 발휘되고, 일상의 안전·보건 환경을 담보하기 위한 '건축성능인증제'의 도입도 절실하다.

평상시 안전한 생활환경 유지와 유사시 화재나 지진 등 재해·재난에 대비하기 위해서는 일정한 대응성능이 보장되어야 하는데, 건설공사 공공입찰단계에서 업체 선정시 PQ심사와 적격심사 단계에서 중대재해처벌법의 의무이행 규정을 안전역량평가에 적극 반영하여 안전·보건 요건이 갖춰진 기업에 더 많은 입찰기회를 갖도록 해야 한다.

또한, 중대재해처벌법 위반시 자연인인 사업주 또는 경영책임자등에 대한 중한 사후적 형사처벌 관점에서 벗어나 법인에 대한 단계별 행정형벌로 제재하는 방법으로 입법전환 할 필요가 있다. 따라서, 현행 '처벌법'에서 벗어나 안전보건에 대한 인센티브 방식을 통해 기업에 활력을 도모하고, 재해예방 역량을 집중시켜 경영책임자와 구성원이 자율적인 재해예방 문화를 만드는 '대응법'이 되도록 법정책을 전환할 필요가 있다.

프랑스 사상가 몽테뉴(Michel de Montaigne)는 "법들은 정당해서가 아니라 법치이기 때문에 신뢰를 얻으면서 존속한다"라고 했듯이 법이 강해서 따르는 것보다 법적 신뢰로 행위에 대한 이익이 따르도록 하는 것이 최선이다.

중대재해처벌법은 헌법상 국민의 안전권을 근거로 제정된 법률로서 입법목적이 추구하는 공익과 제한되는 사익 간의 합리적인 비례관계를 유지하는 수준에서 헌법상 정당화될 수 있다.

부록

중대재해 처벌 등에 관한 법률 (약칭: 중대재해처벌법)

[시행 2022. 1. 27.] [법률 제17907호, 2021. 1. 26. 제정]

제1장 총칙

제1조(목적) 이 법은 사업 또는 사업장, 공중이용시설 및 공중교통수단을 운영하거나 인체에 해로운 원료나 제조물을 취급하면서 안전·보건 조치의무를 위반하여 인명피해를 발생하게 한 사업주, 경영책임자, 공무원 및 법인의 처벌 등을 규정함으로써 중대재해를 예방하고 시민과 종사자의 생명과 신체를 보호함을 목적으로 한다.

제2조(정의) 이 법에서 사용하는 용어의 뜻은 다음과 같다.

1. "중대재해"란 "중대산업재해"와 "중대시민재해"를 말한다.
2. "중대산업재해"란 「산업안전보건법」 제2조제1호에 따른 산업재해 중 다음 각 목의 어느 하나에 해당하는 결과를 야기한 재해를 말한다.
   가. 사망자가 1명 이상 발생
   나. 동일한 사고로 6개월 이상 치료가 필요한 부상자가 2명 이상 발생
   다. 동일한 유해요인으로 급성중독 등 대통령령으로 정하는 직업성 질병자가 1년 이내에 3명 이상 발생
3. "중대시민재해"란 특정 원료 또는 제조물, 공중이용시설 또는 공중교통수단의 설계, 제조, 설치, 관리상의 결함을 원인으로 하여 발생한 재해로서 다음 각 목의 어느 하나에 해당하는 결과를 야기한

재해를 말한다. 다만, 중대산업재해에 해당하는 재해는 제외한다.

가. 사망자가 1명 이상 발생

나. 동일한 사고로 2개월 이상 치료가 필요한 부상자가 10명 이상 발생

다. 동일한 원인으로 3개월 이상 치료가 필요한 질병자가 10명 이상 발생

4. "공중이용시설"이란 다음 각 목의 시설 중 시설의 규모나 면적 등을 고려하여 대통령령으로 정하는 시설을 말한다. 다만, 「소상공인 보호 및 지원에 관한 법률」 제2조에 따른 소상공인의 사업 또는 사업장 및 이에 준하는 비영리시설과 「교육시설 등의 안전 및 유지관리 등에 관한 법률」 제2조제1호에 따른 교육시설은 제외한다.

가. 「실내공기질 관리법」 제3조제1항의 시설(「다중이용업소의 안전관리에 관한 특별법」 제2조제1항제1호에 따른 영업장은 제외한다)

나. 「시설물의 안전 및 유지관리에 관한 특별법」 제2조제1호의 시설물(공동주택은 제외한다)

다. 「다중이용업소의 안전관리에 관한 특별법」 제2조제1항제1호에 따른 영업장 중 해당 영업에 사용하는 바닥면적(「건축법」 제84조에 따라 산정한 면적을 말한다)의 합계가 1천제곱미터 이상인 것

라. 그 밖에 가목부터 다목까지에 준하는 시설로서 재해 발생 시 생명·신체상의 피해가 발생할 우려가 높은 장소

5. "공중교통수단"이란 불특정다수인이 이용하는 다음 각 목의 어느 하나에 해당하는 시설을 말한다.

가. 「도시철도법」 제2조제2호에 따른 도시철도의 운행에 사용되는 도시철도차량

나. 「철도산업발전기본법」 제3조제4호에 따른 철도차량 중 동력차·객차(「철도사업법」 제2조제5호에 따른 전용철도에 사용되는 경우는 제외한다)

다. 「여객자동차 운수사업법 시행령」 제3조제1호라목에 따른 노선 여객자동차운송사업에 사용되는 승합자동차

라. 「해운법」 제2조제1호의2의 여객선

마. 「항공사업법」 제2조제7호에 따른 항공운송사업에 사용되는 항공기

6. "제조물"이란 제조되거나 가공된 동산(다른 동산이나 부동산의 일부를 구성하는 경우를 포함한다)을 말한다.

7. "종사자"란 다음 각 목의 어느 하나에 해당하는 자를 말한다.

가. 「근로기준법」상의 근로자

나. 도급, 용역, 위탁 등 계약의 형식에 관계없이 그 사업의 수행을 위하여 대가를 목적으로 노무를 제공하는 자

다. 사업이 여러 차례의 도급에 따라 행하여지는 경우에는 각 단계의 수급인 및 수급인과 가목 또는 나목의 관계가 있는 자

8. "사업주"란 자신의 사업을 영위하는 자, 타인의 노무를 제공받아 사업을 하는 자를 말한다.

9. "경영책임자등"이란 다음 각 목의 어느 하나에 해당하는 자를 말한다.

가. 사업을 대표하고 사업을 총괄하는 권한과 책임이 있는 사람 또는 이에 준하여 안전보건에 관한 업무를 담당하는 사람

나. 중앙행정기관의 장, 지방자치단체의 장, 「지방공기업법」에 따른 지방공기업의 장, 「공공기관의 운영에 관한 법률」 제4조부터 제6조까지의 규정에 따라 지정된 공공기관의 장

제2장 중대산업재해

제3조(적용범위) 상시 근로자가 5명 미만인 사업 또는 사업장의 사업주(개인사업주에 한정한다. 이하 같다) 또는 경영책임자등에게는 이 장의 규정을 적용하지 아니한다.

제4조(사업주와 경영책임자등의 안전 및 보건 확보의무) ① 사업주 또는 경영책임자등은 사업주나 법인 또는 기관이 실질적으로 지배·운영·관리하는 사업 또는 사업장에서 종사자의 안전·보건상 유해 또는 위험을 방지하기 위하여 그 사업 또는 사업장의 특성 및 규모 등을 고려하여 다음 각 호에 따른 조치를 하여야 한다.

1. 재해예방에 필요한 인력 및 예산 등 안전보건관리체계의 구축 및 그 이행에 관한 조치
2. 재해 발생 시 재발방지 대책의 수립 및 그 이행에 관한 조치
3. 중앙행정기관·지방자치단체가 관계 법령에 따라 개선, 시정 등을 명한 사항의 이행에 관한 조치
4. 안전·보건 관계 법령에 따른 의무이행에 필요한 관리상의 조치

② 제1항제1호·제4호의 조치에 관한 구체적인 사항은 대통령령으로 정한다.

제5조(도급, 용역, 위탁 등 관계에서의 안전 및 보건 확보의무) 사업주 또는 경영책임자등은 사업주나 법인 또는 기관이 제3자에게 도급, 용역, 위탁 등을 행한 경우에는 제3자의 종사자에게 중대산업재해가 발생하지 아니하도록 제4조의 조치를 하여야 한다. 다만, 사업주나 법인 또는 기관이 그 시설, 장비, 장소 등에 대하여 실질적으로 지배·운영·관리하는 책임이 있는 경우에 한정한다.

제6조(중대산업재해 사업주와 경영책임자등의 처벌) ① 제4조 또는 제5조를 위반하여 제2조제2호가목의 중대산업재해에 이르게 한 사업주 또는 경영책임자등은 1년 이상의 징역 또는 10억원 이하의 벌금에 처한다. 이 경우 징역과 벌금을 병과할 수 있다.

② 제4조 또는 제5조를 위반하여 제2조제2호나목 또는 다목의 중대산업재해에 이르게 한 사업주 또는 경영책임자등은 7년 이하의 징역 또는 1억원 이하의 벌금에 처한다.

③ 제1항 또는 제2항의 죄로 형을 선고받고 그 형이 확정된 후 5년 이내에 다시 제1항 또는 제2항의 죄를 저지른 자는 각 항에서 정한 형의 2분의 1까지 가중한다.

제7조(중대산업재해의 양벌규정) 법인 또는 기관의 경영책임자등이 그 법인 또는 기관의 업무에 관하여 제6조에 해당하는 위반행위를 하면 그 행위자를 벌하는 외에 그 법인 또는 기관에 다음 각 호의 구분에 따른 벌금형을 과(科)한다. 다만, 법인 또는 기관이 그 위반행위를 방지하기 위하여 해당 업무에 관하여 상당한 주의와 감독을 게을리하지 아니한 경우에는 그러하지 아니하다.

1. 제6조제1항의 경우: 50억원 이하의 벌금
2. 제6조제2항의 경우: 10억원 이하의 벌금

제8조(안전보건교육의 수강) ① 중대산업재해가 발생한 법인 또는 기관의 경영책임자등은 대통령령으로 정하는 바에 따라 안전보건교육을 이수하여야 한다.

② 제1항의 안전보건교육을 정당한 사유 없이 이행하지 아니한 경우에는 5천만원 이하의 과태료를 부과한다.

③ 제2항에 따른 과태료는 대통령령으로 정하는 바에 따라 고용노동부장관이 부과·징수한다.

제3장 중대시민재해

제9조(사업주와 경영책임자등의 안전 및 보건 확보의무) ①사업주 또는 경영책임자등은 사업주나 법인 또는 기관이 실질적으로 지배·운영·관리하는 사업 또는 사업장에서 생산·제조·판매·유통 중인 원료나 제조물의 설계, 제조, 관리상의 결함으로 인한 그 이용자 또는 그 밖의 사람의 생명, 신체의 안전을 위하여 다음 각 호에 따른 조치를 하여야 한다.

1. 재해예방에 필요한 인력·예산·점검 등 안전보건관리체계의 구축 및 그 이행에 관한 조치
2. 재해 발생 시 재발방지 대책의 수립 및 그 이행에 관한 조치
3. 중앙행정기관·지방자치단체가 관계 법령에 따라 개선, 시정 등을

명한 사항의 이행에 관한 조치

4. 안전·보건 관계 법령에 따른 의무이행에 필요한 관리상의 조치

② 사업주 또는 경영책임자등은 사업주나 법인 또는 기관이 실질적으로 지배·운영·관리하는 공중이용시설 또는 공중교통수단의 설계, 설치, 관리상의 결함으로 인한 그 이용자 또는 그 밖의 사람의 생명, 신체의 안전을 위하여 다음 각 호에 따른 조치를 하여야 한다.

1. 재해예방에 필요한 인력·예산·점검 등 안전보건관리체계의 구축 및 그 이행에 관한 조치
2. 재해 발생 시 재발방지 대책의 수립 및 그 이행에 관한 조치
3. 중앙행정기관·지방자치단체가 관계 법령에 따라 개선, 시정 등을 명한 사항의 이행에 관한 조치
4. 안전·보건 관계 법령에 따른 의무이행에 필요한 관리상의 조치

③ 사업주 또는 경영책임자등은 사업주나 법인 또는 기관이 공중이용시설 또는 공중교통수단과 관련하여 제3자에게 도급, 용역, 위탁 등을 행한 경우에는 그 이용자 또는 그 밖의 사람의 생명, 신체의 안전을 위하여 제2항의 조치를 하여야 한다. 다만, 사업주나 법인 또는 기관이 그 시설, 장비, 장소 등에 대하여 실질적으로 지배·운영·관리하는 책임이 있는 경우에 한정한다.

④ 제1항제1호·제4호 및 제2항제1호·제4호의 조치에 관한 구체적인 사항은 대통령령으로 정한다.

제10조(중대시민재해 사업주와 경영책임자등의 처벌) ① 제9조를 위반하여 제2조제3호가목의 중대시민재해에 이르게 한 사업주 또는 경영책임자등은 1년 이상의 징역 또는 10억원 이하의 벌금에 처한다. 이 경우 징역과 벌금을 병과할 수 있다.

② 제9조를 위반하여 제2조제3호나목 또는 다목의 중대시민재해에 이르게 한 사업주 또는 경영책임자등은 7년 이하의 징역 또는 1억원 이하의 벌금에 처한다.

제11조(중대시민재해의 양벌규정) 법인 또는 기관의 경영책임자등이 그 법인 또는 기관의 업무에 관하여 제10조에 해당하는 위반행위를 하면 그 행위자를 벌하는 외에 그 법인 또는 기관에게 다음 각 호의 구분에 따른 벌금형을 과(科)한다. 다만, 법인 또는 기관이 그 위반행위를 방지하기 위하여 해당 업무에 관하여 상당한 주의와 감독을 게을리하지 아니한 경우에는 그러하지 아니하다.

1. 제10조제1항의 경우: 50억원 이하의 벌금
2. 제10조제2항의 경우: 10억원 이하의 벌금

제4장 보칙

제12조(형 확정 사실의 통보) 법무부장관은 제6조, 제7조, 제10조 또는 제11조에 따른 범죄의 형이 확정되면 그 범죄사실을 관계 행정기관의 장에게 통보하여야 한다.

제13조(중대산업재해 발생사실 공표) ①고용노동부장관은 제4조에 따른 의무를 위반하여 발생한 중대산업재해에 대하여 사업장의 명칭, 발생 일시와 장소, 재해의 내용 및 원인 등 그 발생사실을 공표할 수 있다.

② 제1항에 따른 공표의 방법, 기준 및 절차 등은 대통령령으로 정한다.

제14조(심리절차에 관한 특례) ① 이 법 위반 여부에 관한 형사재판에서 법원은 직권으로 「형사소송법」 제294조의2에 따라 피해자 또는 그 법정대리인(피해자가 사망하거나 진술할 수 없는 경우에는 그 배우자·직계친족·형제자매를 포함한다)을 증인으로 신문할 수 있다.

② 이 법 위반 여부에 관한 형사재판에서 법원은 검사, 피고인 또는 변호인의 신청이 있는 경우 특별한 사정이 없으면 해당 분야의 전문가를 전문심리위원으로 지정하여 소송절차에 참여하게 하여야 한다.

제15조(손해배상의 책임) ① 사업주 또는 경영책임자등이 고의 또는 중대한 과실로 이 법에서 정한 의무를 위반하여 중대재해를 발생하게 한 경우 해당 사업주, 법인 또는 기관이 중대재해로 손해를 입은 사람에 대하여 그 손해액의 5배를 넘지 아니하는 범위에서 배상책임을 진다. 다만, 법인 또는 기관이 해당 업무에 관하여 상당한 주의와 감독을 게을리하지 아니한 경우에는 그러하지 아니하다.

② 법원은 제1항의 배상액을 정할 때에는 다음 각 호의 사항을 고려하여야 한다.

1. 고의 또는 중대한 과실의 정도

2. 이 법에서 정한 의무위반행위의 종류 및 내용
3. 이 법에서 정한 의무위반행위로 인하여 발생한 피해의 규모
4. 이 법에서 정한 의무위반행위로 인하여 사업주나 법인 또는 기관이 취득한 경제적 이익
5. 이 법에서 정한 의무위반행위의 기간·횟수 등
6. 사업주나 법인 또는 기관의 재산상태
7. 사업주나 법인 또는 기관의 피해구제 및 재발방지 노력의 정도

제16조(정부의 사업주 등에 대한 지원 및 보고) ①정부는 중대재해를 예방하여 시민과 종사자의 안전과 건강을 확보하기 위하여 다음 각 호의 사항을 이행하여야 한다.

1. 중대재해의 종합적인 예방대책의 수립·시행과 발생원인 분석
2. 사업주, 법인 및 기관의 안전보건관리체계 구축을 위한 지원
3. 사업주, 법인 및 기관의 중대재해 예방을 위한 기술 지원 및 지도
4. 이 법의 목적 달성을 위한 교육 및 홍보의 시행

② 정부는 사업주, 법인 및 기관에 대하여 유해·위험 시설의 개선과 보호 장비의 구매, 종사자 건강진단 및 관리 등 중대재해 예방사업에 소요되는 비용의 전부 또는 일부를 예산의 범위에서 지원할 수 있다.

③ 정부는 제1항 및 제2항에 따른 중대재해 예방을 위한 조치 이행 등 상황 및 중대재해 예방사업 지원 현황을 반기별로 국회 소관 상임위원회에 보고하여야 한다.

[시행일 : 2021. 1. 26.] 제16조

부칙 〈법률 제17907호, 2021. 1. 26.〉

제1조(시행일) ① 이 법은 공포 후 1년이 경과한 날부터 시행한다. 다만, 이 법 시행 당시 개인사업자 또는 상시 근로자가 50명 미만인 사업 또는 사업장(건설업의 경우에는 공사금액 50억원 미만의 공사)에 대해서는 공포 후 3년이 경과한 날부터 시행한다.

② 제1항에도 불구하고 제16조는 공포한 날부터 시행한다.

제2조(다른 법률의 개정) 법원조직법 중 일부를 다음과 같이 개정한다.

제32조제1항제3호에 아목을 다음과 같이 신설한다.

아. 「중대재해 처벌 등에 관한 법률」 제6조제1항·제3항 및 제10조제1항에 해당하는 사건

중대재해 처벌 등에 관한 법률 시행령 (약칭: 중대재해처벌법 시행령)

[시행 2025. 10. 1.] [대통령령 제35805호, 2025. 10. 1. 타법개정]

제1장 총칙

제1조(목적) 이 영은 「중대재해 처벌 등에 관한 법률」에서 위임된 사항과 그 시행에 필요한 사항을 규정함을 목적으로 한다.

제2조(직업성 질병자) 「중대재해 처벌 등에 관한 법률」(이하 "법"이라 한다) 제2조제2호다목에서 "대통령령으로 정하는 직업성 질병자"란 별표 1에서 정하는 직업성 질병에 걸린 사람을 말한다.

제3조(공중이용시설) 법 제2조제4호 각 목 외의 부분 본문에서 "대통령령으로 정하는 시설"이란 다음 각 호의 시설을 말한다. <개정 2025. 8. 26.>

1. 법 제2조제4호가목의 시설 중 별표 2에서 정하는 시설
2. 법 제2조제4호나목의 시설물 중 별표 3에서 정하는 시설물. 다만, 다음 각 목의 건축물은 제외한다.
   가. 주택과 주택 외의 시설을 동일 건축물로 건축한 건축물
   나. 건축물의 주용도가 「건축법 시행령」 별표 1 제14호나목2)의 오피스텔인 건축물
3. 법 제2조제4호다목의 영업장
4. 법 제2조제4호라목의 시설 중 다음 각 목의 시설(제2호의 시설물은 제외한다)

가. 「도로법」 제10조 각 호의 도로에 설치된 연장 20미터 이상인 도로교량 중 준공 후 10년이 지난 도로교량
나. 「도로법」 제10조제4호부터 제7호까지에서 정한 지방도·시도·군도·구도의 도로터널과 「농어촌도로 정비법 시행령」 제2조제1호의 터널 중 준공 후 10년이 지난 도로터널
다. 「철도산업발전기본법」 제3조제2호의 철도시설 중 준공 후 10년이 지난 철도교량
라. 「철도산업발전기본법」 제3조제2호의 철도시설 중 준공 후 10년이 지난 철도터널(특별시 및 광역시 외의 지역에 있는 철도터널로 한정한다)
마. 다음의 시설 중 개별 사업장 면적이 2천제곱미터 이상인 시설
  1) 「석유 및 석유대체연료 사업법 시행령」 제2조제3호의 주유소
  2) 「액화석유가스의 안전관리 및 사업법」 제2조제4호의 액화석유가스 충전사업의 사업소
바. 「관광진흥법 시행령」 제2조제1항제5호가목의 종합테마파크업의 시설 중 같은 법 제33조제1항에 따른 안전성검사 대상인 테마파크시설

제2장 중대산업재해

제4조(안전보건관리체계의 구축 및 이행 조치) 법 제4조제1항제1호에 따른 조치의 구체적인 사항은 다음 각 호와 같다.

1. 사업 또는 사업장의 안전·보건에 관한 목표와 경영방침을 설정할 것

2. 「산업안전보건법」 제17조부터 제19조까지 및 제22조에 따라 두어야 하는 인력이 총 3명 이상이고 다음 각 목의 어느 하나에 해당하는 사업 또는 사업장인 경우에는 안전·보건에 관한 업무를 총괄·관리하는 전담 조직을 둘 것. 이 경우 나목에 해당하지 않던 건설사업자가 나목에 해당하게 된 경우에는 공시한 연도의 다음 연도 1월 1일까지 해당 조직을 두어야 한다.
   가. 상시근로자 수가 500명 이상인 사업 또는 사업장
   나. 「건설산업기본법」 제8조 및 같은 법 시행령 별표 1에 따른 토목건축공사업에 대해 같은 법 제23조에 따라 평가하여 공시된 시공능력의 순위가 상위 200위 이내인 건설사업자
3. 사업 또는 사업장의 특성에 따른 유해·위험요인을 확인하여 개선하는 업무절차를 마련하고, 해당 업무절차에 따라 유해·위험요인의 확인 및 개선이 이루어지는지를 반기 1회 이상 점검한 후 필요한 조치를 할 것. 다만, 「산업안전보건법」 제36조에 따른 위험성평가를 하는 절차를 마련하고, 그 절차에 따라 위험성 평가를 직접 실시하거나 실시하도록 하여 실시 결과를 보고받은 경우에는 해당 업무절차에 따라 유해·위험요인의 확인 및 개선에 대한 점검을 한 것으로 본다.
4. 다음 각 목의 사항을 이행하는 데 필요한 예산을 편성하고 그 편성된 용도에 맞게 집행하도록 할 것
   가. 재해 예방을 위해 필요한 안전·보건에 관한 인력, 시설 및 장비의 구비
   나. 제3호에서 정한 유해·위험요인의 개선
   다. 그 밖에 안전보건관리체계 구축 등을 위해 필요한 사항으로서

고용노동부장관이 정하여 고시하는 사항

5. 「산업안전보건법」 제15조, 제16조 및 제62조에 따른 안전보건관리책임자, 관리감독자 및 안전보건총괄책임자(이하 이 조에서 "안전보건관리책임자등"이라 한다)가 같은 조에서 규정한 각각의 업무를 각 사업장에서 충실히 수행할 수 있도록 다음 각 목의 조치를 할 것
   가. 안전보건관리책임자등에게 해당 업무 수행에 필요한 권한과 예산을 줄 것
   나. 안전보건관리책임자등이 해당 업무를 충실하게 수행하는지를 평가하는 기준을 마련하고, 그 기준에 따라 반기 1회 이상 평가·관리할 것
6. 「산업안전보건법」 제17조부터 제19조까지 및 제22조에 따라 정해진 수 이상의 안전관리자, 보건관리자, 안전보건관리담당자 및 산업보건의를 배치할 것. 다만, 다른 법령에서 해당 인력의 배치에 대해 달리 정하고 있는 경우에는 그에 따르고, 배치해야 할 인력이 다른 업무를 겸직하는 경우에는 고용노동부장관이 정하여 고시하는 기준에 따라 안전·보건에 관한 업무 수행시간을 보장해야 한다.
7. 사업 또는 사업장의 안전·보건에 관한 사항에 대해 종사자의 의견을 듣는 절차를 마련하고, 그 절차에 따라 의견을 들어 재해 예방에 필요하다고 인정하는 경우에는 그에 대한 개선방안을 마련하여 이행하는지를 반기 1회 이상 점검한 후 필요한 조치를 할 것. 다만, 「산업안전보건법」 제24조에 따른 산업안전보건위원회 및 같은 법 제64조·제75조에 따른 안전 및 보건에 관한 협의체에서 사업 또는 사업장의 안전·보건에 관하여 논의하거나 심의·의결한 경우에는

해당 종사자의 의견을 들은 것으로 본다.

8. 사업 또는 사업장에 중대산업재해가 발생하거나 발생할 급박한 위험이 있을 경우를 대비하여 다음 각 목의 조치에 관한 매뉴얼을 마련하고, 해당 매뉴얼에 따라 조치하는지를 반기 1회 이상 점검할 것
   가. 작업 중지, 근로자 대피, 위험요인 제거 등 대응조치
   나. 중대산업재해를 입은 사람에 대한 구호조치
   다. 추가 피해방지를 위한 조치
9. 제3자에게 업무의 도급, 용역, 위탁 등을 하는 경우에는 종사자의 안전·보건을 확보하기 위해 다음 각 목의 기준과 절차를 마련하고, 그 기준과 절차에 따라 도급, 용역, 위탁 등이 이루어지는지를 반기 1회 이상 점검할 것
   가. 도급, 용역, 위탁 등을 받는 자의 산업재해 예방을 위한 조치 능력과 기술에 관한 평가기준·절차
   나. 도급, 용역, 위탁 등을 받는 자의 안전·보건을 위한 관리비용에 관한 기준
   다. 건설업 및 조선업의 경우 도급, 용역, 위탁 등을 받는 자의 안전·보건을 위한 공사기간 또는 건조기간에 관한 기준

제5조(안전·보건 관계 법령에 따른 의무이행에 필요한 관리상의 조치)

① 법 제4조제1항제4호에서 "안전·보건 관계 법령"이란 해당 사업 또는 사업장에 적용되는 것으로서 종사자의 안전·보건을 확보하는 데 관련되는 법령을 말한다.

② 법 제4조제1항제4호에 따른 조치에 관한 구체적인 사항은 다음 각 호와 같다.

1. 안전·보건 관계 법령에 따른 의무를 이행했는지를 반기 1회 이상 점검(해당 안전·보건 관계 법령에 따라 중앙행정기관의 장이 지정한 기관 등에 위탁하여 점검하는 경우를 포함한다. 이하 이 호에서 같다)하고, 직접 점검하지 않은 경우에는 점검이 끝난 후 지체 없이 점검 결과를 보고받을 것
2. 제1호에 따른 점검 또는 보고 결과 안전·보건 관계 법령에 따른 의무가 이행되지 않은 사실이 확인되는 경우에는 인력을 배치하거나 예산을 추가로 편성·집행하도록 하는 등 해당 의무 이행에 필요한 조치를 할 것
3. 안전·보건 관계 법령에 따라 의무적으로 실시해야 하는 유해·위험한 작업에 관한 안전·보건에 관한 교육이 실시되었는지를 반기 1회 이상 점검하고, 직접 점검하지 않은 경우에는 점검이 끝난 후 지체 없이 점검 결과를 보고받을 것
4. 제3호에 따른 점검 또는 보고 결과 실시되지 않은 교육에 대해서는 지체 없이 그 이행의 지시, 예산의 확보 등 교육 실시에 필요한 조치를 할 것

제6조(안전보건교육의 실시 등) ① 법 제8조제1항에 따른 안전보건교육(이하 "안전보건교육"이라 한다)은 총 20시간의 범위에서 고용노동부장관이 정하는 바에 따라 이수해야 한다.

② 안전보건교육에는 다음 각 호의 사항이 포함되어야 한다.

1. 안전보건관리체계의 구축 등 안전·보건에 관한 경영 방안
2. 중대산업재해의 원인 분석과 재발 방지 방안

③ 고용노동부장관은 「한국산업안전보건공단법」에 따른 한국산업안

전보건공단이나 「산업안전보건법」 제33조에 따라 등록된 안전보건교육기관(이하 "안전보건교육기관등"이라 한다)에 안전보건교육을 의뢰하여 실시할 수 있다.

④ 고용노동부장관은 분기별로 중대산업재해가 발생한 법인 또는 기관을 대상으로 안전보건교육을 이수해야 할 교육대상자를 확정하고 안전보건교육 실시일 30일 전까지 다음 각 호의 사항을 해당 교육대상자에게 통보해야 한다.

1. 안전보건교육을 실시하는 안전보건교육기관등
2. 교육일정
3. 그 밖에 안전보건교육의 실시에 필요한 사항

⑤ 제4항에 따른 통보를 받은 교육대상자는 해당 교육일정에 참여할 수 없는 정당한 사유가 있는 경우에는 안전보건교육 실시일 7일 전까지 고용노동부장관에게 안전보건교육의 연기를 한 번만 요청할 수 있다.

⑥ 고용노동부장관은 제5항에 따른 연기 요청을 받은 날부터 3일 이내에 연기 가능 여부를 교육대상자에게 통보해야 한다.

⑦ 안전보건교육을 연기하는 경우 교육일정 등의 통보에 관하여는 제4항을 준용한다.

⑧ 안전보건교육에 드는 비용은 안전보건교육기관등에서 수강하는 교육대상자가 부담한다.

⑨ 안전보건교육기관등은 안전보건교육을 실시한 경우에는 지체 없이 안전보건교육 이수자 명단을 고용노동부장관에게 통보해야 한다.

⑩ 안전보건교육을 이수한 교육대상자는 필요한 경우 안전보건교육

이수확인서를 발급해 줄 것을 고용노동부장관에게 요청할 수 있다.

⑪ 제10항에 따른 요청을 받은 고용노동부장관은 고용노동부장관이 정하는 바에 따라 안전보건교육이수확인서를 지체 없이 내주어야 한다.

제7조(과태료의 부과기준) 법 제8조제2항에 따른 과태료의 부과기준은 별표 4와 같다.

제3장 중대시민재해

제8조(원료·제조물 관련 안전보건관리체계의 구축 및 이행 조치) 법 제9조제1항제1호에 따른 조치의 구체적인 사항은 다음 각 호와 같다. <개정 2025. 10. 1.>

1. 다음 각 목의 사항을 이행하는 데 필요한 인력을 갖추어 중대시민재해 예방을 위한 업무를 수행하도록 할 것
   가. 법 제9조제1항제4호의 안전·보건 관계 법령에 따른 안전·보건 관리 업무의 수행
   나. 유해·위험요인의 점검과 위험징후 발생 시 대응
   다. 그 밖에 원료·제조물 관련 안전·보건 관리를 위해 기후에너지환경부장관이 정하여 고시하는 사항
2. 다음 각 목의 사항을 이행하는 데 필요한 예산을 편성·집행할 것
   가. 법 제9조제1항제4호의 안전·보건 관계 법령에 따른 인력·시설

및 장비 등의 확보·유지

나. 유해·위험요인의 점검과 위험징후 발생 시 대응

다. 그 밖에 원료·제조물 관련 안전·보건 관리를 위해 기후에너지환경부장관이 정하여 고시하는 사항

3. 별표 5에서 정하는 원료 또는 제조물로 인한 중대시민재해를 예방하기 위해 다음 각 목의 조치를 할 것

가. 유해·위험요인의 주기적인 점검

나. 제보나 위험징후의 감지 등을 통해 발견된 유해·위험요인을 확인한 결과 중대시민재해의 발생 우려가 있는 경우의 신고 및 조치

다. 중대시민재해가 발생한 경우의 보고, 신고 및 조치

라. 중대시민재해 원인조사에 따른 개선조치

4. 제3호 각 목의 조치를 포함한 업무처리절차의 마련. 다만, 「소상공인기본법」 제2조에 따른 소상공인의 경우는 제외한다.

5. 제1호 및 제2호의 사항을 반기 1회 이상 점검하고, 점검 결과에 따라 인력을 배치하거나 예산을 추가로 편성·집행하도록 하는 등 중대시민재해 예방에 필요한 조치를 할 것

제9조(원료·제조물 관련 안전·보건 관계 법령에 따른 의무이행에 필요한 관리상의 조치) ① 법 제9조제1항제4호에서 "안전·보건 관계 법령"이란 해당 사업 또는 사업장에서 생산·제조·판매·유통 중인 원료나 제조물에 적용되는 것으로서 그 원료나 제조물이 사람의 생명·신체에 미칠 수 있는 유해·위험 요인을 예방하고 안전하게 관리하는 데 관련되는 법령을 말한다.

② 법 제9조제1항제4호에 따른 조치의 구체적인 사항은 다음 각 호와 같다.

1. 안전·보건 관계 법령에 따른 의무를 이행했는지를 반기 1회 이상 점검(해당 안전·보건 관계 법령에 따라 중앙행정기관의 장이 지정한 기관 등에 위탁하여 점검하는 경우를 포함한다. 이하 이 호에서 같다)하고, 직접 점검하지 않은 경우에는 점검이 끝난 후 지체 없이 점검 결과를 보고받을 것
2. 제1호에 따른 점검 또는 보고 결과 안전·보건 관계 법령에 따른 의무가 이행되지 않은 사실이 확인되는 경우에는 인력을 배치하거나 예산을 추가로 편성·집행하도록 하는 등 해당 의무 이행에 필요한 조치를 할 것
3. 안전·보건 관계 법령에 따라 의무적으로 실시해야 하는 교육이 실시되는지를 반기 1회 이상 점검하고, 직접 점검하지 않은 경우에는 점검이 끝난 후 지체 없이 점검 결과를 보고받을 것
4. 제3호에 따른 점검 또는 보고 결과 실시되지 않은 교육에 대해서는 지체 없이 그 이행의 지시, 예산의 확보 등 교육 실시에 필요한 조치를 할 것

제10조(공중이용시설·공중교통수단 관련 안전보건관리체계 구축 및 이행에 관한 조치) 법 제9조제2항제1호에 따른 조치의 구체적인 사항은 다음 각 호와 같다.

1. 다음 각 목의 사항을 이행하는 데 필요한 인력을 갖추어 중대시민재해 예방을 위한 업무를 수행하도록 할 것

   가. 법 제9조제2항제4호의 안전·보건 관계 법령에 따른 안전관리

업무의 수행
나. 제4호에 따라 수립된 안전계획의 이행
다. 그 밖에 공중이용시설 또는 공중교통수단과 그 이용자나 그 밖의 사람의 안전에 관하여 국토교통부장관이 정하여 고시하는 사항

2. 다음 각 목의 사항을 이행하는 데 필요한 예산을 편성·집행할 것
가. 법 제9조제2항제4호의 안전·보건 관계 법령에 따른 인력·시설 및 장비 등의 확보·유지와 안전점검 등의 실시
나. 제4호에 따라 수립된 안전계획의 이행
다. 그 밖에 공중이용시설 또는 공중교통수단과 그 이용자나 그 밖의 사람의 안전에 관하여 국토교통부장관이 정하여 고시하는 사항

3. 공중이용시설 또는 공중교통수단에 대한 법 제9조제2항제4호의 안전·보건 관계 법령에 따른 안전점검 등을 계획하여 수행되도록 할 것

4. 공중이용시설 또는 공중교통수단에 대해 연 1회 이상 다음 각 목의 내용이 포함된 안전계획을 수립하게 하고, 충실히 이행하도록 할 것. 다만, 공중이용시설에 대해 「시설물의 안전 및 유지관리에 관한 특별법」 제6조에 따라 시설물에 대한 안전 및 유지관리계획을 수립·시행하거나 공중이용시설 또는 공중교통수단에 대해 철도운영자가 「철도안전법」 제6조에 따라 연차별 시행계획을 수립·추진하는 경우로서 사업주 또는 경영책임자등이 그 수립 여부 및 내용을 직접 확인하거나 보고받은 경우에는 안전계획을 수립하여 이행한 것으로 본다.

가. 공중이용시설 또는 공중교통수단의 안전과 유지관리를 위한 인력의 확보에 관한 사항

나. 공중이용시설의 안전점검 또는 정밀안전진단의 실시와 공중교통수단의 점검·정비(점검·정비에 필요한 장비를 확보하는 것을 포함한다)에 관한 사항

다. 공중이용시설 또는 공중교통수단의 보수·보강 등 유지관리에 관한 사항

5. 제1호부터 제4호까지에서 규정한 사항을 반기 1회 이상 점검하고, 직접 점검하지 않은 경우에는 점검이 끝난 후 지체 없이 점검 결과를 보고받을 것

6. 제5호에 따른 점검 또는 보고 결과에 따라 인력을 배치하거나 예산을 추가로 편성·집행하도록 하는 등 중대시민재해 예방에 필요한 조치를 할 것

7. 중대시민재해 예방을 위해 다음 각 목의 사항이 포함된 업무처리절차를 마련하여 이행할 것. 다만, 철도운영자가 「철도안전법」 제7조에 따라 비상대응계획을 포함한 철도안전관리체계를 수립하여 시행하거나 항공운송사업자가 「항공안전법」 제58조제2항에 따라 위기대응계획을 포함한 항공안전관리시스템을 마련하여 운용한 경우로서 사업주 또는 경영책임자등이 그 수립 여부 및 내용을 직접 점검하거나 점검 결과를 보고받은 경우에는 업무처리절차를 마련하여 이행한 것으로 본다.

가. 공중이용시설 또는 공중교통수단의 유해·위험요인의 확인·점검에 관한 사항

나. 공중이용시설 또는 공중교통수단의 유해·위험요인을 발견한

경우 해당 사항의 신고·조치요구, 이용 제한, 보수·보강 등 그 개선에 관한 사항

다. 중대시민재해가 발생한 경우 사상자 등에 대한 긴급구호조치, 공중이용시설 또는 공중교통수단에 대한 긴급안전점검, 위험표지 설치 등 추가 피해방지 조치, 관계 행정기관 등에 대한 신고와 원인조사에 따른 개선조치에 관한 사항

라. 공중교통수단 또는 「시설물의 안전 및 유지관리에 관한 특별법」 제7조제1호의 제1종시설물에서 비상상황이나 위급상황 발생 시 대피훈련에 관한 사항

8. 제3자에게 공중이용시설 또는 공중교통수단의 운영·관리 업무의 도급, 용역, 위탁 등을 하는 경우 공중이용시설 또는 공중교통수단과 그 이용자나 그 밖의 사람의 안전을 확보하기 위해 다음 각 목에 따른 기준과 절차를 마련하고, 그 기준과 절차에 따라 도급, 용역, 위탁 등이 이루어지는지를 연 1회 이상 점검하고, 직접 점검하지 않은 경우에는 점검이 끝난 후 지체 없이 점검 결과를 보고받을 것

가. 중대시민재해 예방을 위한 조치능력 및 안전관리능력에 관한 평가기준·절차

나. 도급, 용역, 위탁 등의 업무 수행 시 중대시민재해 예방을 위해 필요한 비용에 관한 기준

제11조(공중이용시설·공중교통수단 관련 안전·보건 관계 법령에 따른 의무이행에 필요한 관리상의 조치) ① 법 제9조제2항제4호에서 "안전·보건 관계 법령"이란 해당 공중이용시설·공중교통수단에 적용되는 것으로서 이용자나 그 밖의 사람의 안전·보건을 확보하는 데 관련되는 법

령을 말한다.

② 법 제9조제2항제4호에 따른 조치의 구체적인 사항은 다음 각 호와 같다.

1. 안전·보건 관계 법령에 따른 의무를 이행했는지를 연 1회 이상 점검(해당 안전·보건 관계 법령에 따라 중앙행정기관의 장이 지정한 기관 등에 위탁하여 점검하는 경우를 포함한다. 이하 이 호에서 같다)하고, 직접 점검하지 않은 경우에는 점검이 끝난 후 지체 없이 점검 결과를 보고받을 것
2. 제1호에 따른 점검 또는 보고 결과 안전·보건 관계 법령에 따른 의무가 이행되지 않은 사실이 확인되는 경우에는 인력을 배치하거나 예산을 추가로 편성·집행하도록 하는 등 해당 의무 이행에 필요한 조치를 할 것
3. 안전·보건 관계 법령에 따라 공중이용시설의 안전을 관리하는 자나 공중교통수단의 시설 및 설비를 정비·점검하는 종사자가 의무적으로 이수해야 하는 교육을 이수했는지를 연 1회 이상 점검하고, 직접 점검하지 않은 경우에는 점검이 끝난 후 지체 없이 점검 결과를 보고받을 것
4. 제3호에 따른 점검 또는 보고 결과 실시되지 않은 교육에 대해서는 지체 없이 그 이행의 지시 등 교육 실시에 필요한 조치를 할 것

제4장 보칙

제12조(중대산업재해 발생사실의 공표) ① 법 제13조제1항에 따른 공표(이하 이 조에서 "공표"라 한다)는 법 제4조에 따른 의무를 위반하여 발생한 중대산업재해로 법 제12조에 따라 범죄의 형이 확정되어 통보된 사업장을 대상으로 한다.

② 공표 내용은 다음 각 호의 사항으로 한다.

1. "중대산업재해 발생사실의 공표"라는 공표의 제목
2. 해당 사업장의 명칭
3. 중대산업재해가 발생한 일시·장소
4. 중대산업재해를 입은 사람의 수
5. 중대산업재해의 내용과 그 원인(사업주 또는 경영책임자등의 위반사항을 포함한다)
6. 해당 사업장에서 최근 5년 내 중대산업재해의 발생 여부

③ 고용노동부장관은 공표하기 전에 해당 사업장의 사업주 또는 경영책임자등에게 공표하려는 내용을 통지하고 30일 이상의 기간을 정하여 그에 대해 소명자료를 제출하게 하거나 의견을 진술할 수 있는 기회를 주어야 한다.

④ 공표는 관보, 고용노동부나 「한국산업안전보건공단법」에 따른 한국산업안전보건공단의 홈페이지에 게시하는 방법으로 한다.

⑤ 제4항에 따라 홈페이지에 게시하는 방법으로 공표하는 경우 공표 기간은 1년으로 한다.

제13조(조치 등의 이행사항에 관한 서면의 보관) 사업주 또는 경영책임자등(「소상공인기본법」 제2조에 따른 소상공인은 제외한다)은 제4조, 제5조 및 제8조부터 제11조까지의 규정에 따른 조치 등의 이행에 관한 사항을 서면(「전자문서 및 전자거래 기본법」 제2조제1호에 따른 전자문서를 포함한다)으로 작성하여 그 조치 등을 이행한 날부터 5년간 보관해야 한다.

부칙 〈대통령령 제32020호, 2021. 10. 5.〉

이 영은 2022년 1월 27일부터 시행한다.

부칙 〈대통령령 제33023호, 2022. 12. 6.〉 (도서관법 시행령)

제1조(시행일) 이 영은 2022년 12월 8일부터 시행한다.

제2조 부터 제4조까지 생략

제5조(다른 법령의 개정) ①부터 ⑳까지 생략

㉑ 중대재해 처벌 등에 관한 법률 시행령 일부를 다음과 같이 개정한다.

별표 2 제7호 중 "「도서관법」 제2조제1호"를 "「도서관법」 제3조제1호"로 한다.

㉒부터 ㉕까지 생략

제6조 생략

부칙 〈대통령령 제35696호, 2025. 8. 5.〉 (화학물질관리법 시행령)

제1조(시행일) 이 영은 2025년 8월 7일부터 시행한다.

제2조(다른 법령의 개정) ① 부터 ⑭ 까지 생략

⑮ 중대재해 처벌 등에 관한 법률 시행령 일부를 다음과 같이 개정한다.

별표 5 제11호를 다음과 같이 한다.

11.「화학물질관리법」 제2조제3호부터 제5호까지 및 제7호에 따른 허가물질, 제한물질, 금지물질 및 유해화학물질

⑯ 부터 ㉓ 까지 생략

부칙 〈대통령령 제35716호, 2025. 8. 26.〉 (관광진흥법 시행령)

제1조(시행일) 이 영은 2025년 8월 28일부터 시행한다.

제2조(다른 법령의 개정) ① 부터 ㉒ 까지 생략

㉓ 중대재해 처벌 등에 관한 법률 시행령 일부를 다음과 같이 개정한다.

제3조제4호바목 중 "종합유원시설업"을 "종합테마파크업"으로, "유기시설 또는 유기기구"를 "테마파크시설"로 한다.

㉔ 부터 ㉚ 까지 생략

부칙 〈대통령령 제35804호, 2025. 10. 1.〉 (기후에너지환경부와 그 소속 기관 직제)

제1조(시행일) 이 영은 공포한 날부터 시행한다. 다만, 부칙 제6조에 따라 개정되는 대통령령 중 이 영 시행 전에 공포되었으나 시행일이 도래하지 아니한 대통령령을 개정한 부분은 각각 해당 대통령령의 시행일부

터 시행한다.

제2조 부터 제4조까지 생략

제5조(다른 법령의 개정) ①부터 〈52〉까지 생략

〈53〉 중대재해 처벌 등에 관한 법률 시행령 일부를 다음과 같이 개정한다.

제8조제1호다목 및 같은 조 제2호다목 중 "환경부장관"을 각각 "기후에너지환경부장관"으로 한다.

〈54〉부터 〈80〉까지 생략

부칙 〈대통령령 제35805호, 2025. 10. 1.〉 (고용노동부와 그 소속기관 직제)

제1조(시행일) 이 영은 공포한 날부터 시행한다.

제2조 생략

제3조(다른 법령의 개정) ①부터 ⑪까지 생략

⑫ 중대재해 처벌 등에 관한 법률 시행령 일부를 다음과 같이 개정한다.

제8조제1호다목 및 같은 조 제2호다목 중 "환경부장관"을 각각 "기후에너지환경부장관"으로 한다.

⑬ 부터 ⑮ 까지 생략

중대재해 처벌등에 관한 법률 시행령 | 별표 1 |

직업성 질병(제2조 관련)

1. 염화비닐·유기주석·메틸브로마이드(bromomethane)·일산화탄소에 노출되어 발생한 중추신경계장해 등의 급성중독
2. 납이나 그 화합물(유기납은 제외한다)에 노출되어 발생한 납 창백(蒼白), 복부 산통(產痛), 관절통 등의 급성중독
3. 수은이나 그 화합물에 노출되어 발생한 급성중독
4. 크롬이나 그 화합물에 노출되어 발생한 세뇨관 기능 손상, 급성 세뇨관 괴사, 급성신부전 등의 급성중독
5. 벤젠에 노출되어 발생한 경련, 급성 기질성 뇌증후군, 혼수상태 등의 급성중독
6. 톨루엔(toluene)·크실렌(xylene)·스티렌(styrene)·시클로헥산(cyclohexane)·노말헥산(n-hexane)·트리클로로에틸렌(trichloroethylene) 등 유기화합물에 노출되어 발생한 의식장해, 경련, 급성 기질성 뇌증후군, 부정맥 등의 급성중독
7. 이산화질소에 노출되어 발생한 메트헤모글로빈혈증(methemoglobinemia), 청색증(青色症) 등의 급성중독
8. 황화수소에 노출되어 발생한 의식 소실(消失), 무호흡, 폐부종, 후각신경마비 등의 급성중독
9. 시안화수소나 그 화합물에 노출되어 발생한 급성중독
10. 불화수소·불산에 노출되어 발생한 화학적 화상, 청색증, 폐수종, 부정맥 등의 급성중독

11. 인[백린(白燐), 황린(黃燐) 등 금지물질에 해당하는 동소체(同素體)로 한정한다]이나 그 화합물에 노출되어 발생한 급성중독
12. 카드뮴이나 그 화합물에 노출되어 발생한 급성중독
13. 다음 각 목의 화학적 인자에 노출되어 발생한 급성중독
    가. 「산업안전보건법」 제125조제1항에 따른 작업환경측정 대상 유해인자 중 화학적 인자
    나. 「산업안전보건법」 제130조제1항제1호에 따른 특수건강진단 대상 유해인자 중 화학적 인자
14. 디이소시아네이트(diisocyanate), 염소, 염화수소 또는 염산에 노출되어 발생한 반응성 기도과민증후군
15. 트리클로로에틸렌에 노출(해당 물질에 노출되는 업무에 종사하지 않게 된 후 3개월이 지난 경우는 제외한다)되어 발생한 스티븐스존슨 증후군(stevens-johnson syndrome). 다만, 약물, 감염, 후천성면역결핍증, 악성 종양 등 다른 원인으로 발생한 스티븐스존슨 증후군은 제외한다.
16. 트리클로로에틸렌 또는 디메틸포름아미드(dimethylformamide)에 노출(해당 물질에 노출되는 업무에 종사하지 않게 된 후 3개월이 지난 경우는 제외한다)되어 발생한 독성 간염. 다만, 약물, 알코올, 과체중, 당뇨병 등 다른 원인으로 발생하거나 다른 질병이 원인이 되어 발생한 간염은 제외한다.
17. 보건의료 종사자에게 발생한 B형 간염, C형 간염, 매독 또는 후천성면역결핍증의 혈액전파성 질병
18. 근로자에게 건강장해를 일으킬 수 있는 습한 상태에서 하는 작업으로 발생한 렙토스피라증(leptospirosis)

19. 동물이나 그 사체, 짐승의 털·가죽, 그 밖의 동물성 물체를 취급하여 발생한 탄저, 단독(erysipelas) 또는 브루셀라증(brucellosis)
20. 오염된 냉각수로 발생한 레지오넬라증(legionellosis)
21. 고기압 또는 저기압에 노출되거나 중추신경계 산소 독성으로 발생한 건강장해, 감압병(잠수병) 또는 공기색전증(기포가 동맥이나 정맥을 따라 순환하다가 혈관을 막는 것)
22. 공기 중 산소농도가 부족한 장소에서 발생한 산소결핍증
23. 전리방사선(물질을 통과할 때 이온화를 일으키는 방사선)에 노출되어 발생한 급성 방사선증 또는 무형성 빈혈
24. 고열작업 또는 폭염에 노출되는 장소에서 하는 작업으로 발생한 심부체온상승을 동반하는 열사병

중대재해 처벌 등에 관한 법률 시행령 | 별표 2 |

<개정 2022. 12. 6.>

법 제2조제4호가목의 시설 중 공중이용시설(제3조제1호 관련)

1. 모든 지하역사(출입통로·대합실·승강장 및 환승통로와 이에 딸린 시설을 포함한다)
2. 연면적 2천제곱미터 이상인 지하도상가(지상건물에 딸린 지하층의 시설을 포함한다. 이하 같다). 이 경우 연속되어 있는 둘 이상의 지하도상가의 연면적 합계가 2천 제곱미터 이상인 경우를 포함한다.
3. 철도역사의 시설 중 연면적 2천제곱미터 이상인 대합실
4. 「여객자동차 운수사업법」 제2조제5호의 여객자동차터미널 중 연면적 2천제곱미터 이상인 대합실
5. 「항만법」 제2조제5호의 항만시설 중 연면적 5천제곱미터 이상인 대합실
6. 「공항시설법」 제2조제7호의 공항시설 중 연면적 1천5백제곱미터 이상인 여객터미널
7. 「도서관법」 제3조제1호의 도서관 중 연면적 3천제곱미터 이상인 것
8. 「박물관 및 미술관 진흥법」 제2조제1호 및 제2호의 박물관 및 미술관 중 연면적 3천제곱미터 이상인 것
9. 「의료법」 제3조제2항의 의료기관 중 연면적 2천제곱미터 이상이거나 병상 수 100개 이상인 것
10. 「노인복지법」 제34조제1항제1호의 노인요양시설 중 연면적 1천제곱미터 이상인 것

11.「영유아보육법」 제2조제3호의 어린이집 중 연면적 430제곱미터 이상인 것
12.「어린이놀이시설 안전관리법」 제2조제2호의 어린이놀이시설 중 연면적 430제곱미터 이상인 실내 어린이놀이시설
13.「유통산업발전법」 제2조제3호의 대규모점포. 다만,「전통시장 및 상점가 육성을 위한 특별법」 제2조제1호의 전통시장은 제외한다.
14.「장사 등에 관한 법률」 제29조에 따른 장례식장 중 지하에 위치한 시설로서 연면적 1천제곱미터 이상인 것
15.「전시산업발전법」 제2조제4호의 전시시설 중 옥내시설로서 연면적 2천제곱미터 이상인 것
16.「건축법」 제2조제2항제14호의 업무시설 중 연면적 3천제곱미터 이상인 것. 다만,「건축법 시행령」 별표 1 제14호나목2)의 오피스텔은 제외한다.
17.「건축법」 제2조제2항에 따라 구분된 용도 중 둘 이상의 용도에 사용되는 건축물로서 연면적 2천제곱미터 이상인 것. 다만,「건축법 시행령」 별표 1 제2호의 공동주택 또는 같은 표 제14호나목2)의 오피스텔이 포함된 경우는 제외한다.
18.「공연법」 제2조제4호의 공연장 중 객석 수 1천석 이상인 실내 공연장
19.「체육시설의 설치·이용에 관한 법률」 제2조제1호의 체육시설 중 관람석 수 1천석 이상인 실내 체육시설

비고

둘 이상의 건축물로 이루어진 시설의 연면적은 개별 건축물의 연면적을 모두 합산한 면적으로 한다.

중대재해 처벌 등에 관한 법률 시행령 | 별표 3 |

법 제2조제4호나목의 시설물 중 공중이용시설(제3조제2호 관련)

1. 교량	
가. 도로교량	1) 상부구조형식이 현수교, 사장교, 아치교 및 트러스교인 교량 2) 최대 경간장 50미터 이상의 교량 3) 연장 100미터 이상의 교량 4) 폭 6미터 이상이고 연장 100미터 이상인 복개구조물
나. 철도교량	1) 고속철도 교량 2) 도시철도의 교량 및 고가교 3) 상부구조형식이 트러스교 및 아치교인 교량 4) 연장 100미터 이상의 교량
2. 터널	
가. 도로터널	1) 연장 1천미터 이상의 터널 2) 3차로 이상의 터널 3) 터널구간이 연장 100미터 이상인 지하차도 4) 고속국도, 일반국도, 특별시도 및 광역시도의 터널 5) 연장 300미터 이상의 지방도, 시도, 군도 및 구도의 터널
나. 철도터널	1) 고속철도 터널 2) 도시철도 터널 3) 연장 1천미터 이상의 터널 4) 특별시 또는 광역시에 있는 터널
3. 항만	
가. 방파제, 파제제(波除堤) 및 호안(護岸)	1) 연장 500미터 이상의 방파제 2) 연장 500미터 이상의 파제제 3) 방파제 기능을 하는 연장 500미터 이상의 호안

나. 계류시설	1) 1만톤급 이상의 원유부이식 계류시설(부대시설인 해저송유관을 포함한다) 2) 1만톤급 이상의 말뚝구조의 계류시설 3) 1만톤급 이상의 중력식 계류시설
4. 댐	1) 다목적댐, 발전용댐, 홍수전용댐 2) 지방상수도전용댐 3) 총저수용량 1백만톤 이상의 용수전용댐
5. 건축물	1) 고속철도, 도시철도 및 광역철도 역 시설 2) 16층 이상이거나 연면적 3만제곱미터 이상의 건축물 3) 연면적 5천제곱미터 이상(각 용도별 시설의 합계를 말한다)의 문화·집회 시설, 종교시설, 판매시설, 운수시설 중 여객용 시설, 의료시설, 노유자시설, 수련시설, 운동시설, 숙박시설 중 관광숙박시설 및 관광휴게시설
6. 하천	
가. 하구둑	1) 하구둑 2) 포용조수량 1천만톤 이상의 방조제
나. 제방	국가하천의 제방[부속시설인 통관(通管) 및 호안(護岸)을 포함한다]
다. 보	국가하천에 설치된 다기능 보
7. 상하수도	
가. 상수도	1) 광역상수도 2) 공업용수도 3) 지방상수도
나. 하수도	공공하수처리시설 중 1일 최대처리용량 500톤 이상인 시설
8. 옹벽 및 절토사면(깎기비탈면)	1) 지면으로부터 노출된 높이가 5미터 이상인 부분의 합이 100미터 이상인 옹벽 2) 지면으로부터 연직(鉛直)높이(옹벽이 있는 경우 옹벽 상단으로부터의 높이를 말한다) 30미터 이상을 포함한 절토부(땅깎기를 한 부분을 말한다)로서 단일 수평연장 100미터 이상인 절토사면

비고

1. "도로"란 「도로법」 제10조의 도로를 말한다.
2. 교량의 "최대 경간장"이란 한 경간(徑間)에서 상부구조의 교각과 교각의 중심선 간의 거리를 경간장으로 정의할 때, 교량의 경간장 중에서 최댓값을 말한다. 한 경간 교량에 대해서는 교량 양측 교대의 흉벽 사이를 교량 중심선에 따라 측정한 거리를 말한다.
3. 교량의 "연장"이란 교량 양측 교대의 흉벽 사이를 교량 중심선에 따라 측정한 거리를 말한다.
4. 도로교량의 "복개구조물"이란 하천 등을 복개하여 도로의 용도로 사용하는 모든 구조물을 말한다.
5. 터널 및 지하차도의 "연장"이란 각 본체 구간과 하나의 구조로 연결된 구간을 포함한 거리를 말한다.
6. "방파제, 파제제 및 호안"이란 「항만법」 제2조제5호가목2)의 외곽시설을 말한다.
7. "계류시설"이란 「항만법」 제2조제5호가목4)의 계류시설을 말한다.
8. "댐"이란 「저수지·댐의 안전관리 및 재해예방에 관한 법률」 제2조제1호의 저수지·댐을 말한다.
9. 위 표 제4호의 지방상수도전용댐과 용수전용댐이 위 표 제7호가목의 광역상수도·공업용수도 또는 지방상수도의 수원지시설에 해당하는 경우에는 위 표 제7호의 상하수도시설로 본다.
10. 위 표의 건축물에는 그 부대시설인 옹벽과 절토사면을 포함하며, 건축설비, 소방설비, 승강기설비 및 전기설비는 포함하지 않는다.
11. 건축물의 연면적은 지하층을 포함한 동별로 계산한다. 다만, 2동 이상의 건축물이 하나의 구조로 연결된 경우와 둘 이상의 지하도상가가 연속되

어 있는 경우에는 연면적의 합계로 한다.

12. 건축물의 층수에는 필로티나 그 밖에 이와 비슷한 구조로 된 층을 포함한다.
13. "건축물"은 「건축법 시행령」 별표 1에서 정한 용도별 분류를 따른다.
14. "운수시설 중 여객용 시설"이란 「건축법 시행령」 별표 1 제8호의 운수시설 중 여객자동차터미널, 일반철도역사, 공항청사, 항만여객터미널을 말한다.
15. "철도 역 시설"이란 「철도의 건설 및 철도시설 유지관리에 관한 법률」 제2조제6호가목의 역 시설(물류시설은 제외한다)을 말한다. 다만, 선하역사(시설이 선로 아래 설치되는 역사를 말한다)의 선로구간은 연속되는 교량시설물에 포함하고, 지하역사의 선로구간은 연속되는 터널시설물에 포함한다.
16. 하천시설물이 행정구역 경계에 있는 경우 상위 행정구역에 위치한 것으로 한다.
17. "포용조수량"이란 최고 만조(滿潮) 시 간척지에 유입될 조수(潮水)의 양을 말한다.
18. "방조제"란 「공유수면 관리 및 매립에 관한 법률」 제37조, 「농어촌정비법」 제2조제6호, 「방조제 관리법」 제2조제1호 및 「산업입지 및 개발에 관한 법률」 제20조제1항에 따라 설치한 방조제를 말한다.
19. 하천의 "통관"이란 제방을 관통하여 설치한 원형 단면의 문짝을 가진 구조물을 말한다.
20. 하천의 "다기능 보"란 용수 확보, 소수력 발전이나 도로(하천을 횡단하는 것으로 한정한다) 등 두 가지 이상의 기능을 갖는 보를 말한다.
21. 위 표 제7호의 상하수도의 광역상수도, 공업용수도 및 지방상수도에는 수원지시설, 도수관로·송수관로(터널을 포함한다) 및 취수시설을 포함하고, 정수장, 취수·가압펌프장, 배수지, 배수관로 및 급수시설은 제외한다.

중대재해 처벌 등에 관한 법률 시행령 | 별표 4 |

과태료의 부과기준(제7조 관련)

1. 일반기준

가. 위반행위의 횟수에 따른 과태료의 가중된 부과기준은 최근 1년간 같은 위반행위로 과태료 부과처분을 받은 경우에 적용한다. 이 경우 기간의 계산은 위반행위에 대해 과태료 부과처분을 받은 날과 그 처분 후 다시 같은 위반행위를 하여 적발된 날을 기준으로 한다.

나. 가목에 따라 가중된 부과처분을 하는 경우 가중처분의 적용 차수는 그 위반행위 전 부과처분 차수(가목에 따른 기간 내에 과태료 부과처분이 둘 이상 있었던 경우에는 높은 차수를 말한다)의 다음 차수로 한다.

다. 부과권자는 다음의 어느 하나에 해당하는 경우에는 제3호의 개별기준에 따른 과태료(제2호에 따라 과태료 감경기준이 적용되는 사업 또는 사업장의 경우에는 같은 호에 따른 감경기준에 따라 산출한 금액을 말한다)의 2분의 1 범위에서 그 금액을 줄여 부과할 수 있다. 다만, 과태료를 체납하고 있는 위반행위자에 대해서는 그렇지 않다.

1) 위반행위자가 자연재해·화재 등으로 재산에 현저한 손실을 입었거나 사업여건의 악화로 사업이 중대한 위기에 처하는 등의 사정이 있는 경우

2) 위반행위가 사소한 부주의나 오류로 인한 것으로 인정되는 경우
3) 위반행위자가 법 위반상태를 시정하거나 해소하기 위해 노력한 것이 인정되는 경우
4) 그 밖에 위반행위의 정도, 위반행위의 동기와 그 결과 등을 고려하여 과태료 금액을 줄일 필요가 있다고 인정되는 경우

2. 사업·사업장의 규모나 공사 규모에 따른 과태료 감경기준

상시근로자 수가 50명 미만인 사업 또는 사업장이거나 공사금액이 50억원 미만인 건설공사의 사업 또는 사업장인 경우에는 제3호의 개별기준에도 불구하고 그 과태료의 2분의 1 범위에서 감경할 수 있다.

3. 개별기준

위반행위	근거 법조문	과태료		
		1차 위반	2차 위반	3차 이상 위반
법 제8조제1항을 위반하여 경영책임자등이 안전보건교육을 정당한 사유없이 이행하지 않은 경우	법 제8조 제2항	1천만원	3천만원	5천만원

중대재해 처벌 등에 관한 법률 시행령 | 별표 5 |

<개정 2025. 8. 5.>

제8조제3호에 따른 조치 대상 원료 또는 제조물(제8조제3호 관련)

1. 「고압가스 안전관리법」 제28조제2항제13호의 독성가스
2. 「농약관리법」 제2조제1호, 제1호의2, 제3호 및 제3호의2의 농약, 천연식물보호제, 원제(原劑) 및 농약활용기자재
3. 「마약류 관리에 관한 법률」 제2조제1호의 마약류
4. 「비료관리법」 제2조제2호 및 제3호의 보통비료 및 부산물비료
5. 「생활화학제품 및 살생물제의 안전관리에 관한 법률」 제3조제7호 및 제8호의 살생물물질 및 살생물제품
6. 「식품위생법」 제2조제1호, 제2호, 제4호 및 제5호의 식품, 식품첨가물, 기구 및 용기·포장
7. 「약사법」 제2조제4호의 의약품, 같은 조 제7호의 의약외품(醫藥外品) 및 같은 법 제85조제1항의 동물용 의약품·의약외품
8. 「원자력안전법」 제2조제5호의 방사성물질
9. 「의료기기법」 제2조제1항의 의료기기
10. 「총포·도검·화약류 등의 안전관리에 관한 법률」 제2조제3항의 화약류
11. 「화학물질관리법」 제2조제3호부터 제5호까지 및 제7호에 따른 허가물질, 제한물질, 금지물질 및 유해화학물질
12. 그 밖에 제1호부터 제11호까지의 규정에 준하는 것으로서 관계 중앙행정기관의 장이 정하여 고시하는 생명·신체에 해로운 원료 또는 제조물

사업장 위험성평가에 관한 지침

[시행 2025. 1. 2.] [고용노동부고시 제2024-76호, 2024. 12. 18., 일부개정]

제1장 총칙

제1조(목적) 이 고시는 「산업안전보건법」 제36조에 따라 사업주가 스스로 사업장의 유해·위험요인에 대한 실태를 파악하고 이를 평가하여 관리·개선하는 등 필요한 조치를 통해 산업재해를 예방할 수 있도록 지원하기 위하여 위험성평가 방법, 절차, 시기 등에 대한 기준을 제시하고, 위험성평가 활성화를 위한 시책의 운영 및 지원사업 등 그 밖에 필요한 사항을 규정함을 목적으로 한다.

제2조(적용범위) 이 고시는 위험성평가를 실시하는 모든 사업장에 적용한다.

제3조(정의) ① 이 고시에서 사용하는 용어의 뜻은 다음과 같다.

1. "유해·위험요인"이란 유해·위험을 일으킬 잠재적 가능성이 있는 것의 고유한 특징이나 속성을 말한다.
2. "위험성"이란 유해·위험요인이 사망, 부상 또는 질병으로 이어질 수 있는 가능성과 중대성 등을 고려한 위험의 정도를 말한다.
3. "위험성평가"란 사업주가 스스로 유해·위험요인을 파악하고 해당 유해·위험요인의 위험성 수준을 결정하여, 위험성을 낮추기 위한 적절한 조치를 마련하고 실행하는 과정을 말한다.
4. "근로자"란 기간제, 단시간, 파견 등 고용형태 및 국적과 관계없이 「산업안전보건법」 제2조제3호에 따른 근로자를 말한다.

5. 삭제
6. 삭제
7. 삭제
8. 삭제

② 그 밖에 이 고시에서 사용하는 용어의 뜻은 이 고시에 특별히 정한 것이 없으면 「산업안전보건법」(이하 "법"이라 한다), 같은 법 시행령(이하 "영"이라 한다), 같은 법 시행규칙(이하 "규칙"이라 한다) 및「산업안전보건기준에 관한 규칙」(이하 "안전보건규칙"이라 한다)에서 정하는 바에 따른다.

제4조(정부의 책무) ① 고용노동부장관(이하 "장관"이라 한다)은 사업장 위험성평가가 효과적으로 추진되도록 하기 위하여 다음 각 호의 사항을 강구하여야 한다.

1. 정책의 수립·집행·조정·홍보
2. 위험성평가 기법의 연구·개발 및 보급
3. 사업장 위험성평가 활성화 시책의 운영
4. 위험성평가 실시의 지원
5. 조사 및 통계의 유지·관리
6. 그 밖에 위험성평가에 관한 정책의 수립 및 추진

② 장관은 제1항 각 호의 사항 중 필요한 사항을 한국산업안전보건공단(이하 "공단"이라 한다)으로 하여금 수행하게 할 수 있다.

제2장 사업장 위험성평가

제5조(위험성평가 실시주체) ① 사업주는 스스로 사업장의 유해·위험요인을 파악하고 이를 평가하여 관리 개선하는 등 위험성평가를 실시하여야 한다.

② 법 제63조에 따른 작업의 일부 또는 전부를 도급에 의하여 행하는 사업의 경우는 도급을 준 도급인(이하 "도급사업주"라 한다)과 도급을 받은 수급인(이하 "수급사업주"라 한다)은 각각 제1항에 따른 위험성평가를 실시하여야 한다.

③ 제2항에 따른 도급사업주는 수급사업주가 실시한 위험성평가 결과를 검토하여 도급사업주가 개선할 사항이 있는 경우 이를 개선하여야 한다.

제5조의2(위험성평가의 대상) ① 위험성평가의 대상이 되는 유해·위험요인은 업무 중 근로자에게 노출된 것이 확인되었거나 노출될 것이 합리적으로 예견 가능한 모든 유해·위험요인이다. 다만, 매우 경미한 부상 및 질병만을 초래할 것으로 명백히 예상되는 유해·위험요인은 평가 대상에서 제외할 수 있다.

② 사업주는 사업장 내 부상 또는 질병으로 이어질 가능성이 있었던 상황(이하 "아차사고"라 한다)을 확인한 경우에는 해당 사고를 일으킨 유해·위험요인을 위험성평가의 대상에 포함시켜야 한다.

③ 사업주는 사업장 내에서 법 제2조제2호의 중대재해가 발생한 때에는 지체 없이 중대재해의 원인이 되는 유해·위험요인에 대해 제15조제2항의 위험성평가를 실시하고, 그 밖의 사업장 내 유해·위

험요인에 대해서는 제15조제3항의 위험성평가 재검토를 실시하여야 한다.

제6조(근로자 참여) 사업주는 위험성평가를 실시할 때, 법 제36조제2항에 따라 다음 각 호에 해당하는 경우 해당 작업에 종사하는 근로자를 참여시켜야 한다.

1. 유해·위험요인의 위험성 수준을 판단하는 기준을 마련하고, 유해·위험요인별로 허용 가능한 위험성 수준을 정하거나 변경하는 경우
2. 해당 사업장의 유해·위험요인을 파악하는 경우
3. 유해·위험요인의 위험성이 허용 가능한 수준인지 여부를 결정하는 경우
4. 위험성 감소대책을 수립하여 실행하는 경우
5. 위험성 감소대책 실행 여부를 확인하는 경우

제7조(위험성평가의 방법) ① 사업주는 다음과 같은 방법으로 위험성평가를 실시하여야 한다.

1. 안전보건관리책임자 등 해당 사업장에서 사업의 실시를 총괄 관리하는 사람에게 위험성평가의 실시를 총괄 관리하게 할 것
2. 사업장의 안전관리자, 보건관리자 등이 위험성평가의 실시에 관하여 안전보건관리책임자를 보좌하고 지도·조언하게 할 것
3. 유해·위험요인을 파악하고 그 결과에 따른 개선조치를 시행할 것
4. 기계·기구, 설비 등과 관련된 위험성평가에는 해당 기계·기구, 설비 등에 전문 지식을 갖춘 사람을 참여하게 할 것
5. 안전·보건관리자의 선임의무가 없는 경우에는 제2호에 따른 업무

를 수행할 사람을 지정하는 등 그 밖에 위험성평가를 위한 체제를 구축할 것

② 사업주는 제1항에서 정하고 있는 자에 대해 위험성평가를 실시하기 위해 필요한 교육을 실시하여야 한다. 이 경우 위험성평가에 대해 외부에서 교육을 받았거나, 관련학문을 전공하여 관련 지식이 풍부한 경우에는 필요한 부분만 교육을 실시하거나 교육을 생략할 수 있다.

③ 사업주가 위험성평가를 실시하는 경우에는 산업안전·보건 전문가 또는 전문기관의 컨설팅을 받을 수 있다.

④ 사업주가 다음 각 호의 어느 하나에 해당하는 제도를 이행한 경우에는 그 부분에 대하여 이 고시에 따른 위험성평가를 실시한 것으로 본다.

1. 위험성평가 방법을 적용한 안전·보건진단(법 제47조)
2. 공정안전보고서(법 제44조). 다만, 공정안전보고서의 내용 중 공정위험성 평가서가 최대 4년 범위 이내에서 정기적으로 작성된 경우에 한한다.
3. 근골격계부담작업 유해요인조사(안전보건규칙 제657조부터 제662조까지)
4. 그 밖에 법과 이 법에 따른 명령에서 정하는 위험성평가 관련 제도

⑤ 사업주는 사업장의 규모와 특성 등을 고려하여 다음 각 호의 위험성평가 방법 중 한 가지 이상을 선정하여 위험성평가를 실시할 수 있다.

1. 위험 가능성과 중대성을 조합한 빈도·강도법
2. 체크리스트(Checklist)법

3. 위험성 수준 3단계(저·중·고) 판단법
4. 핵심요인 기술(One Point Sheet)법
5. 그 외 규칙 제50조제1항제2호 각 목의 방법

제8조(위험성평가의 절차) 사업주는 위험성평가를 다음의 절차에 따라 실시하여야 한다. 다만, 상시근로자 5인 미만 사업장(건설공사의 경우 1억원 미만)의 경우 제1호의 절차를 생략할 수 있다.

1. 사전준비
2. 유해·위험요인 파악
3. 삭제
4. 위험성 결정
5. 위험성 감소대책 수립 및 실행
6. 위험성평가 실시내용 및 결과에 관한 기록 및 보존

제9조(사전준비) ① 사업주는 위험성평가를 효과적으로 실시하기 위하여 최초 위험성평가시 다음 각 호의 사항이 포함된 위험성평가 실시규정을 작성하고, 지속적으로 관리하여야 한다.

1. 평가의 목적 및 방법
2. 평가담당자 및 책임자의 역할
3. 평가시기 및 절차
4. 근로자에 대한 참여·공유방법 및 유의사항
5. 결과의 기록·보존

② 사업주는 위험성평가를 실시하기 전에 다음 각 호의 사항을 확정하여야 한다.

1. 위험성의 수준과 그 수준을 판단하는 기준
2. 허용 가능한 위험성의 수준(이 경우 법에서 정한 기준 이상으로 위험성의 수준을 정하여야 한다)

③ 사업주는 다음 각 호의 사업장 안전보건정보를 사전에 조사하여 위험성평가에 활용할 수 있다.

1 작업표준, 작업절차 등에 관한 정보
2. 기계·기구, 설비 등의 사양서, 물질안전보건자료(MSDS) 등의 유해·위험요인에 관한 정보
3. 기계·기구, 설비 등의 공정 흐름과 작업 주변의 환경에 관한 정보
4. 법 제63조에 따른 작업을 하는 경우로서 같은 장소에서 사업의 일부 또는 전부를 도급을 주어 행하는 작업이 있는 경우 혼재 작업의 위험성 및 작업 상황 등에 관한 정보
5. 재해사례, 재해통계 등에 관한 정보
6. 작업환경측정결과, 근로자 건강진단결과에 관한 정보
7. 그 밖에 위험성평가에 참고가 되는 자료 등

제10조(유해·위험요인 파악) 사업주는 사업장 내의 제5조의2에 따른 유해·위험요인을 파악하여야 한다. 이때 업종, 규모 등 사업장 실정에 따라 다음 각 호의 방법 중 어느 하나 이상의 방법을 사용하되, 특별한 사정이 없으면 제1호에 의한 방법을 포함하여야 한다.

1. 사업장 순회점검에 의한 방법
2. 근로자들의 상시적 제안에 의한 방법
3. 설문조사·인터뷰 등 청취조사에 의한 방법
4. 물질안전보건자료, 작업환경측정결과, 특수건강진단결과 등 안전

보건 자료에 의한 방법
5. 안전보건 체크리스트에 의한 방법
6. 그 밖에 사업장의 특성에 적합한 방법

제11조(위험성 결정) ① 사업주는 제10조에 따라 파악된 유해·위험요인이 근로자에게 노출되었을 때의 위험성을 제9조제2항제1호에 따른 기준에 의해 판단하여야 한다.
② 사업주는 제1항에 따라 판단한 위험성의 수준이 제9조제2항제2호에 의한 허용 가능한 위험성의 수준인지 결정하여야 한다.

제12조(위험성 감소대책 수립 및 실행) ① 사업주는 제11조제2항에 따라 허용 가능한 위험성이 아니라고 판단한 경우에는 위험성의 수준, 영향을 받는 근로자 수 및 다음 각 호의 순서를 고려하여 위험성 감소를 위한 대책을 수립하여 실행하여야 한다. 이 경우 법령에서 정하는 사항과 그 밖에 근로자의 위험 또는 건강장해를 방지하기 위하여 필요한 조치를 반영하여야 한다.
1. 위험한 작업의 폐지·변경, 유해·위험물질 대체 등의 조치 또는 설계나 계획 단계에서 위험성을 제거 또는 저감하는 조치
2. 연동장치, 환기장치 설치 등의 공학적 대책
3. 사업장 작업절차서 정비 등의 관리적 대책
4. 개인용 보호구의 사용

② 사업주는 위험성 감소대책을 실행한 후 해당 공정 또는 작업의 위험성의 수준이 사전에 자체 설정한 허용 가능한 위험성의 수준인지를 확인하여야 한다.

③ 제2항에 따른 확인 결과, 위험성이 자체 설정한 허용 가능한 위험성 수준으로 내려오지 않는 경우에는 허용 가능한 위험성 수준이 될 때까지 추가의 감소대책을 수립·실행하여야 한다.

④ 사업주는 중대재해, 중대산업사고 또는 심각한 질병이 발생할 우려가 있는 위험성으로서 제1항에 따라 수립한 위험성 감소대책의 실행에 많은 시간이 필요한 경우에는 즉시 잠정적인 조치를 강구하여야 한다.

제13조(위험성평가의 공유) ① 사업주는 위험성평가를 실시한 결과 중 다음 각 호에 해당하는 사항을 근로자에게 게시, 주지 등의 방법으로 알려야 한다.

1. 근로자가 종사하는 작업과 관련된 유해·위험요인
2. 제1호에 따른 유해·위험요인의 위험성 결정 결과
3. 제1호에 따른 유해·위험요인의 위험성 감소대책과 그 실행 계획 및 실행 여부
4. 제3호에 따른 위험성 감소대책에 따라 근로자가 준수하거나 주의하여야 할 사항

② 사업주는 위험성평가 결과 법 제2조제2호의 중대재해로 이어질 수 있는 유해·위험요인에 대해서는 작업 전 안전점검회의(TBM: Tool Box Meeting) 등을 통해 근로자에게 상시적으로 주지시키도록 노력하여야 한다.

제14조(기록 및 보존) ① 규칙 제37조제1항제4호에 따른 "그 밖에 위험성평가의 실시내용을 확인하기 위하여 필요한 사항으로서 고용노동부장

관이 정하여 고시하는 사항"이란 다음 각 호에 관한 사항을 말한다.

1. 위험성평가를 위해 사전조사 한 안전보건정보
2. 그 밖에 사업장에서 필요하다고 정한 사항

② 시행규칙 제37조제2항의 기록의 최소 보존기한은 제15조에 따른 실시 시기별 위험성평가를 완료한 날부터 기산한다.

제15조(위험성평가의 실시 시기) ① 사업주는 사업이 성립된 날(사업 개시일을 말하며, 건설업의 경우 실착공일을 말한다)로부터 1개월이 되는 날까지 제5조의2제1항에 따라 위험성평가의 대상이 되는 유해·위험요인에 대한 최초 위험성평가의 실시에 착수하여야 한다. 다만, 1개월 미만의 기간 동안 이루어지는 작업 또는 공사의 경우에는 특별한 사정이 없는 한 작업 또는 공사 개시 후 지체 없이 최초 위험성평가를 실시하여야 한다.

② 사업주는 다음 각 호의 어느 하나에 해당하여 추가적인 유해·위험요인이 생기는 경우에는 해당 유해·위험요인에 대한 수시 위험성평가를 실시하여야 한다. 다만, 제5호에 해당하는 경우에는 재해발생 작업을 대상으로 작업을 재개하기 전에 실시하여야 한다.

1. 사업장 건설물의 설치·이전·변경 또는 해체
2. 기계·기구, 설비, 원재료 등의 신규 도입 또는 변경
3. 건설물, 기계·기구, 설비 등의 정비 또는 보수(주기적·반복적 작업으로서 이미 위험성평가를 실시한 경우에는 제외)
4. 작업방법 또는 작업절차의 신규 도입 또는 변경
5. 중대산업사고 또는 산업재해(휴업 이상의 요양을 요하는 경우에 한정한다) 발생

6. 그 밖에 사업주가 필요하다고 판단한 경우

③ 사업주는 다음 각 호의 사항을 고려하여 제1항에 따라 실시한 위험성평가의 결과에 대한 적정성을 1년마다 정기적으로 재검토(이 때, 해당 기간 내 제2항에 따라 실시한 위험성평가의 결과가 있는 경우 함께 적정성을 재검토하여야 한다)하여야 한다. 재검토 결과 허용 가능한 위험성 수준이 아니라고 검토된 유해·위험요인에 대해서는 제12조에 따라 위험성 감소대책을 수립하여 실행하여야 한다.

1. 기계·기구, 설비 등의 기간 경과에 의한 성능 저하
2. 근로자의 교체 등에 수반하는 안전·보건과 관련되는 지식 또는 경험의 변화
3. 안전·보건과 관련되는 새로운 지식의 습득
4. 현재 수립되어 있는 위험성 감소대책의 유효성 등

④ 사업주가 사업장의 상시적인 위험성평가를 위해 다음 각 호의 사항을 이행하는 경우 제2항과 제3항의 수시평가와 정기평가를 실시한 것으로 본다.

1. 매월 1회 이상 근로자 제안제도 활용, 아차사고 확인, 작업과 관련된 근로자를 포함한 사업장 순회점검 등을 통해 사업장 내 유해·위험요인을 발굴하여 제11조의 위험성결정 및 제12조의 위험성 감소대책 수립·실행을 할 것
2. 매주 안전보건관리책임자, 안전관리자, 보건관리자, 관리감독자 등(도급사업주의 경우 수급사업장의 안전·보건 관련 관리자 등을 포함한다)을 중심으로 제1호의 결과 등을 논의·공유하고 이행상황을 점검할 것

3. 매 작업일마다 제1호와 제2호의 실시결과에 따라 근로자가 준수하여야 할 사항 및 주의하여야 할 사항을 작업 전 안전점검회의 등을 통해 공유·주지할 것

제3장 위험성평가 인정

제16조(인정의 신청) ① 장관은 소규모 사업장의 위험성평가를 활성화하기 위하여 위험성평가 활동이 일정 수준 이상인 사업장에 대해 인정하는 사업을 운영할 수 있다. 이 경우 인정을 신청할 수 있는 사업장은 다음 각 호와 같다.

1. 상시 근로자 수 100명 미만 사업장(건설공사를 제외한다). 이 경우 법 제63조에 따른 작업의 일부 또는 전부를 도급에 의하여 행하는 사업의 경우는 도급사업주의 사업장(이하 "도급사업장"이라 한다)과 수급사업주의 사업장(이하 "수급사업장"이라 한다) 각각의 근로자수를 이 규정에 의한 상시 근로자 수로 본다.
2. 총 공사금액 120억원(토목공사는 150억원) 미만의 건설공사

② 제2장에 따른 위험성평가를 실시한 사업장으로서 해당 사업장을 제1항의 인정을 받고자 하는 사업주는 별지 제1호서식의 위험성평가 인정신청서를 해당 사업장을 관할하는 공단 광역본부장·지역본부장·지사장에게 제출하여야 한다.

③ 제2항에 따른 인정신청은 위험성평가 인정을 받고자 하는 단위 사업장(또는 건설공사)으로 한다. 다만, 다음 각 호의 어느 하나에 해당하는 사업장은 인정신청을 할 수 없다.

1. 제22조에 따라 인정이 취소된 날부터 1년이 경과하지 아니한 사업장

2. 최근 1년 이내에 제22조제1항 제2호부터 제4호까지의 규정 중 어느 하나에 해당하는 사유가 있는 사업장

④ 법 제63조에 따른 작업의 일부 또는 전부를 도급에 의하여 행하는 사업장의 경우에는 도급사업장의 사업주가 수급사업장을 일괄하여 인정을 신청하여야 한다. 이 경우 인정신청에 포함하는 해당 수급사업장 명단을 신청서에 기재(건설공사를 제외한다)하여야 한다.

⑤ 제4항에도 불구하고 수급사업장이 제19조에 따른 인정을 별도로 받았거나, 법 제17조에 따른 안전관리자 또는 같은 법 제18조에 따른 보건관리자 선임대상인 경우에는 제4항에 따른 인정신청에서 해당 수급사업장을 제외할 수 있다.

제17조(인정심사) ① 공단은 위험성평가 인정신청서를 제출한 사업장에 대해 다음 각 호에서 정하는 항목에 대해 별표의 기준에 따라 인정 여부를 심사(이하 "인정심사"라 한다)하여야 한다.

1. 사업주의 관심도
2. 위험성평가 실행수준
3. 구성원의 참여 및 이해 수준
4. 재해발생 수준

② 공단 광역본부장·지역본부장·지사장은 소속 직원으로 하여금 사업장을 방문하여 제1항의 인정심사(이하 "현장심사"라 한다)를 하도록 하여야 한다. 이 경우 현장심사는 현장심사 전일을 기준으로 최초인정은 최근 1년, 최초인정 후 다시 인정(이하 "재인정"이라 한다)하는 것은 최근 3년 이내에 실시한 위험성평가를 대상으

로 한다.

③ 제2항에 따른 현장심사 결과는 제18조에 따른 인정심사위원회에 보고하여야 하며, 인정심사위원회는 현장심사 결과 등으로 인정심사를 하여야 한다.

④ 제16조제4항에 따른 도급사업장의 인정심사는 도급사업장과 인정을 신청한 수급사업장(건설공사의 수급사업장은 제외한다)에 대하여 각각 실시하여야 한다. 이 경우 도급사업장의 인정심사는 사업장 내의 모든 수급사업장을 포함한 사업장 전체를 종합적으로 실시하여야 한다.

⑤ 인정심사의 운영에 필요한 세부사항은 고용노동부장관의 승인을 거쳐 공단 이사장이 정한다.

제18조(인정심사위원회의 구성·운영) ① 공단은 위험성평가 인정과 관련한 다음 각 호의 사항을 심의·의결하기 위하여 각 광역본부·지역본부·지사에 위험성평가 인정심사위원회를 두어야 한다.

1. 인정 여부의 결정
2. 인정취소 여부의 결정
3. 인정과 관련한 이의신청에 대한 심사 및 결정
4. 심사항목 및 심사기준의 개정 건의
5. 그 밖에 인정 업무와 관련하여 위원장이 회의에 부치는 사항

② 인정심사위원회는 공단 광역본부장·지역본부장·지사장을 위원장으로 하고, 관할 지방고용노동관서 산재예방지도과장(산재예방지도과가 설치되지 않은 관서는 근로개선지도과장)을 당연직 위원으로 하여 5명 이상 10명 이하의 내·외부 위원으로 구성하여야

한다. 이때 외부 위원의 수는 위원장을 제외한 위원 수의 2분의 1 이상으로 한다.

③ 외부위원은 다음 각 호에 해당하는 사람 중에서 위원장이 위촉한다.

1. 노동계·경영계를 대표하는 단체의 산업안전보건 업무 관련자
2. 법에 따른 산업안전지도사 또는 산업보건지도사
3. 「국가기술자격법」에 따른 안전·보건 분야의 기술사
4. 「국가기술자격법」에 따른 안전·보건 분야의 기사 자격 또는 「의료법」 제78조에 따른 산업전문간호사 면허를 취득하고 안전·보건 분야 경력이 10년 이상인 사람
5. 전문대학 이상의 학교에서 안전·보건 분야 관련 학과 조교수 이상인 사람
6. 안전·보건 분야 박사학위 소지자로 안전·보건 분야 실무경력이 5년 이상인 사람
7. 「의료법」 제77조에 따른 직업환경의학과 전문의
8. 그 밖에 위원장이 자격이 있다고 인정하는 사람

④ 그 밖에 인정심사위원회의 운영에 관하여 필요한 사항은 고용노동부장관의 승인을 거쳐 공단 이사장이 정한다.

제19조(위험성평가의 인정) ① 공단은 인정신청 사업장에 대한 현장심사를 완료한 날부터 1개월 이내에 인정심사위원회의 심의·의결을 거쳐 인정 여부를 결정하여야 한다. 이 경우 다음의 기준을 충족하는 경우에만 인정을 결정하여야 한다.

1. 제2장에서 정한 방법, 절차 등에 따라 위험성평가를 수행한 사업장

2. 현장심사 결과 제17조제1항 각 호의 평가점수가 100점 만점에 70점을 미달하는 항목이 없고 종합점수가 100점 만점에 90점 이상인 사업장

② 인정심사위원회는 제1항의 인정 기준을 충족하는 사업장의 경우에도 인정심사위원회를 개최하는 날을 기준으로 최근 1년 이내에 제22조제1항 각 호에 해당하는 사유가 있는 사업장에 대하여는 인정하지 아니한다.

③ 공단은 제1항에 따라 인정을 결정한 사업장에 대해서는 별지 제2호서식의 인정서를 발급하여야 한다. 이 경우 제17조제4항에 따른 인정심사를 한 경우에는 인정심사 기준을 만족하는 도급사업장과 수급사업장에 대해 각각 인정서를 발급하여야 한다.

④ 위험성평가 인정 사업장의 유효기간은 제1항에 따른 인정이 결정된 날부터 3년으로 한다. 다만, 제22조에 따라 인정이 취소된 경우에는 인정취소 사유 발생일 전날까지로 한다.

⑤ 위험성평가 인정을 받은 사업장 중 사업이 법인격을 갖추어 사업장관리번호가 변경되었으나 다음 각 호의 사항을 증명하는 서류를 공단에 제출하여 동일 사업장임을 인정받을 경우 변경 후 사업장을 위험성평가 인정 사업장으로 한다. 이 경우 인정기간의 만료일은 변경 전 사업장의 인정기간 만료일로 한다.

1. 변경 전·후 사업장의 소재지가 동일할 것
2. 변경 전 사업의 사업주가 변경 후 사업의 대표이사가 되었을 것
3. 변경 전 사업과 변경 후 사업간 시설·인력·자금 등에 대한 권리·의무의 전부를 포괄적으로 양도·양수하였을 것

제20조(재인정) ① 사업주는 제19조제4항 본문에 따른 인정 유효기간이 만

료되어 재인정을 받으려는 경우에는 제16조제2항에 따른 인정신청서를 제출하여야 한다. 이 경우 인정신청서 제출은 유효기간 만료일 3개월 전부터 할 수 있다.

② 제1항에 따른 재인정을 신청한 사업장에 대한 심사 등은 제16조부터 제19조까지의 규정에 따라 처리한다.

③ 재인정 사업장의 인정 유효기간은 제19조제4항에 따른다. 이 경우, 재인정 사업장의 인정 유효기간은 이전 위험성평가 인정 유효기간의 만료일 다음날부터 새로 계산한다.

제21조(인정사업장 사후점검) ① 공단은 제19조제3항 및 제20조에 따라 인정을 받은 사업장이 위험성평가를 효과적으로 유지하고 있는지 확인하기 위하여 인정기간 중 1회 이상 사후점검을 할 수 있다. 다만, 사후점검일 기준 잔여공사기간이 3개월 미만인 건설공사는 제외할 수 있다.

② 사후점검은 직전 현장심사를 받은 이후에 사업장에서 실시한 위험성평가에 대해 현장점검을 하는 것으로 하며, 해당 사업장이 제19조에 따른 인정 기준을 유지하는지 여부 및 수립한 위험성 감소대책을 충실히 이행하고 있는지 여부를 확인하여야 한다.

제22조(인정의 취소 ① 위험성평가 인정사업장에서 인정 유효기간 중에 다음 각 호의 어느 하나에 해당하는 사업장은 인정을 취소하여야 한다.

1. 거짓 또는 부정한 방법으로 인정을 받은 사업장
2. 인정기간 중 다음 각 목의 어느 하나에 해당하는 중대재해가 발생한 사업장. 다만, 법 제5조에 따른 사업주의 의무와 직접적으로 관

련이 없는 재해로서 「고용보험 및 산업재해보상보험의 보험료징수 등에 관한 법률 시행령」 제18조의5제1항에서 정하는 사유는 제외한다.

가. 사망자가 1명 이상 발생한 재해

나. 3개월 이상의 요양이 필요한 부상자가 동시에 2명 이상 발생한 재해

다. 부상자 또는 직업성 질병자가 동시에 10명 이상 발생한 재해

3. 근로자의 부상(3일 이상의 휴업)을 동반한 중대산업사고 발생사업장
4. 법 제10조에 따른 산업재해 발생건수, 재해율 또는 그 순위 등이 공표된 사업장(영 제10조제1항제1호 및 제5호에 한정한다)
5. 제21조에 따른 사후점검을 거부하거나 점검 결과 다음 각 목의 어느 하나의 사유가 확인된 사업장

가. 제19조에 따른 인정기준을 충족하지 못한 경우

나. 현장심사 또는 사후점검에서 개선하도록 지적된 사항을 이행하지 않아 조치 기간을 부여하였음에도 이행하지 않은 것이 확인된 경우

6. 사업주가 자진하여 인정 취소를 요청한 사업장
7. 그 밖에 인정취소가 필요하다고 공단 광역본부장·지역본부장 또는 지사장이 인정한 사업장

② 공단은 제1항에 해당하는 사업장에 대해서는 인정심사위원회에 상정하여 인정취소 여부를 결정하여야 한다. 이 경우 해당 사업장에는 소명의 기회를 부여하여야 한다.

③ 제2항에 따라 인정심사위원회가 인정취소를 결정한 경우 인정취소일은 제1항에 따른 인정취소 사유가 발생한 날로 한다.

제23조(위험성평가 지원사업) ① 장관은 사업장의 위험성평가를 지원하기 위하여 공단 이사장으로 하여금 다음 각 호의 위험성평가 사업을 추진하게 할 수 있다.

1. 추진기법 및 모델, 기술자료 등의 개발·보급
2. 우수 사업장 발굴 및 홍보
3. 사업장 관계자에 대한 교육
4. 사업장 컨설팅
5. 전문가 양성
6. 지원시스템 구축·운영
7. 인정사업의 운영
8. 그 밖에 위험성평가 추진에 관한 사항

② 공단 이사장은 제1항에 따른 사업을 추진하는 경우 고용노동부와 협의하여 추진하고 추진결과 및 성과를 분석하여 매년 1회 이상 장관에게 보고하여야 한다.

제24조(위험성평가 교육지원) ① 공단은 제23조제1항에 따라 사업장의 위험성평가를 지원하기 위하여 다음 각 호의 교육과정을 개설하여 운영할 수 있다.

1. 사업주 교육
2. 평가담당자 교육
3. 실무 역량 지원 교육

② 공단은 제1항에 따른 교육과정을 광역본부·지역본부·지사 또는 산업안전보건교육원(이하 "교육원"이라 한다)에 개설하여 운영하

여야 한다.

③ 제1항제2호 및 제3호에 따른 교육을 수료한 근로자에 대해서는 해당 시기에 사업주가 실시해야 하는 관리감독자 교육을 수료한 시간만큼 실시한 것으로 본다.

제25조(위험성평가 컨설팅지원) ① 공단은 근로자 수 50명 미만 소규모 사업장(건설업의 경우 전년도에 공시한 시공능력 평가액 순위가 200위 초과인 종합건설업체 본사 또는 총 공사금액 120억원(토목공사는 150억원)미만인 건설공사를 말한다)의 사업주로부터 제5조제3항에 따른 컨설팅지원을 요청 받은 경우에 위험성평가 실시에 대한 컨설팅지원을 할 수 있다.

② 제1항에 따른 공단의 컨설팅지원을 받으려는 사업주는 사업장 관할의 공단 광역본부장·지역본부장·지사장에게 지원 신청을 하여야 한다.

③ 제2항에도 불구하고 공단 광역본부장·지역본부·지사장은 재해예방을 위하여 필요하다고 판단되는 사업장을 직접 선정하여 컨설팅을 지원할 수 있다.

제26조(지원 신청 등) ① 제24조에 따른 교육지원 신청은 별지 제3호서식에 따르며 제25조에 따른 컨설팅지원 신청은 별지 제4호서식에 따른다. 다만, 제24조제1항제3호에 따른 교육의 신청 및 비용 등은 교육원이 정하는 바에 따른다.

② 제24조제1항에 따라 사업주 교육 및 평가담당자 교육을 실시하는 기관의 장은 교육 이수자에 대하여 별지 제5호서식 또는 별지 제6호서식에 따른 교육 확인서를 발급하여야 한다.

③ 공단은 예산이 허용하는 범위에서 사업장이 제24조에 따른 교육지원과 제25조에 따른 컨설팅지원을 민간기관에 위탁하고 그 비용을 지급할 수 있으며, 이에 필요한 지원 대상, 비용지급 방법 및 기관 관리 등 세부적인 사항은 공단 이사장이 정할 수 있다.

④ 공단은 사업주가 위험성평가 감소대책의 실행을 위하여 해당 시설 및 기기 등에 대하여 「산업재해예방시설자금 융자금 지원사업 및 보조금 지급사업 업무 처리규칙」에 따라 보조금 또는 융자금을 신청한 경우에는 우선하여 지원할 수 있다.

⑤ 공단은 제19조에 따른 위험성평가 인정 또는 제20조에 따른 재인정 제22조에 따른 인정 취소를 결정한 경우에는 결정일부터 3일 이내에 인정일 또는 재인정일, 인정취소일 및 사업장명, 소재지, 업종, 근로자 수, 인정 유효기간 등의 현황을 지방고용노동관서 산재예방지도과(산재예방지도과가 설치되지 않은 관서는 근로개선지도과)로 보고하여야 한다. 다만, 위험성평가 지원시스템 또는 그 밖의 방법으로 지방고용노동관서에서 인정사업장 현황을 실시간으로 파악할 수 있는 경우에는 그러하지 아니한다.

제27조(인정사업장 등에 대한 혜택) ① 장관은 위험성평가 인정사업장에 대하여는 제19조 및 제20조에 따른 인정 유효기간 동안 사업장 안전보건 감독을 유예할 수 있다.

② 제1항에 따라 유예하는 안전보건 감독은 「근로감독관 집무규정(산업안전보건)」 제10조제1항에 따른 사업장 안전보건감독 종합계획에서 정한 감독·점검 중 장관이 별도로 지정한 감독·점검으로 한정한다.

③ 장관은 위험성평가를 실시하였거나, 위험성평가를 실시하고 인정을 받은 사업장에 대해서는 정부 포상 또는 표창의 우선 추천 및 그 밖의 혜택을 부여할 수 있다.

제28조(재검토기한) 고용노동부장관은 이 고시에 대하여 2025년 1월 1일 기준으로 매 3년이 되는 시점(매 3년째의 12월 31일까지를 말한다)마다 그 타당성을 검토하여 개선 등의 조치를 하여야 한다.

부칙 〈제2012-104호,2012.9.26.〉

이 고시는 2013년 1월 1일부터 시행한다. 다만, 제3장의 규정은 근로자 수 50명 이상 사업장(건설공사를 제외한다)에 대해서는 2014년 1월 1일부터 시행한다.

사업장 위험성평가에 관한 지침 [별표]

<신설 2024. 12. 18.>

위험성평가 인정심사 항목 및 기준

1. 심사항목 및 기준

심사항목	심사기준	배점
Ⅰ. 사업주의 관심도		100
1. 활동체계 구축	위험성평가 등 안전보건경영에 대한 방침 및 목표 수립	10
	위험성평가 담당자 지정 및 역할 분담 등 조직 구성	10
2. 교육	위험성평가 관련 사업주 / 담당자 교육 이수	30
	위험성평가를 포함한 안전보건 교육 실시	20
3. 예산	연간 안전보건 관련 예산 편성 및 집행	10
4. 재해예방 노력	작업 전 안전점검 등 재해예방을 위한 사업주의 노력	20
Ⅱ. 위험성평가 실행 수준		100
1. 계획 수립	위험성평가 실시규정 작성 및 관리	5
	위험성평가에 필요한 사업장 안전보건정보 수집 및 활용	5
2. 위험요인 파악 및 위험성 결정	사업장 유해·위험요인 파악	20
	유해·위험요인별 위험성 수준 결정	5
3. 위험성 감소대책 수립 및 이행	위험성 감소대책 수립	20
	수립한 위험성 감소대책의 이행	20
4. 지속적 개선	위험성평가의 정기·수시평가(또는 상시평가) 실시	10
5. 결과 공유	위험성평가 결과의 현장 근로자 공유	15

Ⅲ. 구성원의 참여 및 이해 수준		100
1. 사업주/임원 (현장소장 포함)	위험성평가 활동에 대한 사업주의 참여와 지원	40
2. 관리자 (관리감독자)	위험성평가 실행에 대한 관리자의 책임과 역할	30
3. 근로자	위험성평가 실행에 대한 근로자의 참여 및 이해 수준	30
Ⅳ. 재해발생		100
재해발생	동일 업종·규모별 재해율 대비 사업장 재해율	100

2. 종합점수 산정 기준

항 목	배점	사업장 평가점수	가중치	환산평가점수
Ⅰ. 사업주의 관심도	100	(a)	10%	a × 10% = A
Ⅱ. 위험성평가 실행 수준	100	(b)	60%	b × 60% = B
Ⅲ. 구성원의 참여 및 이해 수준	100	(c)	25%	c × 25% = C
Ⅳ. 재해발생	100	(d)	5%	d × 5% = D
종합점수	A + B + C + D			

3. 감점 기준

인정신청 사업장에 감점항목에 해당하는 사항이 있는 경우 종합점수에서 감점 항목에 해당하는 점수를 감한다.

감점항목	감점
1. 중대산업사고 또는 산업재해가 발생하였음에도 고시 제15조제2항제5호에 따른 수시 위험성평가를 실시하지 않거나 적정한 감소대책을 이행하지 않은 경우	△5점

참고문헌

단행본

〔01〕 고용노동부, 「중대재해처벌법 설명자료」, 2021.

〔02〕 고용노동부, 「중대재해처벌법 해설- 중대산업재해 관련」, 2021.

〔03〕 권오성, 「중대재해처벌법의 체계」, 새빛, 2021.

〔04〕 권창영 편집대표, 「온라인 주석- 중대재해 처벌 등에 관한 법률」, 로앤비, 2022.

〔05〕 권창영 외 16인, 「중대재해처벌법 연구 I」, 법문사, 2022.

〔06〕 권혁·이승길, 「도급의 유형과 산업안전보건 책임의 한계」, 안전보건공단 한국산업안전보건연구원, 2016.

〔07〕 권형필·나정은, 「건설·하도급 분쟁사례(개정판)」, 지혜와 지식, 2023.

〔08〕 김대휘·김신, 「주석 형법(각칙3)」, 한국사법행정학회, 2017.

〔09〕 김성근·정유철, 「중대재해대응 핵심이슈72선」, 대한경제, 2023.

〔10〕 김영규, 「중대재해처벌법 해설-중대산업재해 쟁점과 사례」, 법문사, 2024.

〔11〕 김·장법률사무소 중대재해대응팀, 「중대재해처벌법」, 박영사, 2022.

〔12〕 김재윤, 「기업의 형사책임」, 마인트랩, 2015.

〔13〕 김혜정·박미숙·안경옥·원혜욱·이인영, 「형법총론(제5판)」, 정독, 2022.

〔14〕 길기관·신동철, 「하도급분쟁의 쟁점」, e대한경제, 2022.

〔15〕 대검찰청, 「중대재해처벌법 벌칙해설」, 2022.

〔16〕 루돌프 폰 예링(Rudolf von Jhering) / 박홍규 역, 「법과 권리를 위한 투쟁」, 문예출판사, 2022.

〔17〕 박상옥·김대휘 등, 「주석 형법(총칙1)」, 한국사법행정학회, 2020.

〔18〕 박찬임 외 7인, 「사내하도급과 산업안전-제조업을 중심으로」, 한국노동연구원, 2015.

〔19〕 법무법인바른, 「중대재해처벌법 연구-조문별 해석중심」, 법문사, 2022.

〔20〕 법무법인 율촌 중대재해센터(강병호 외), 「중소기업·자영업자를 위한 중대재해법 한권으로 끝내기」, 매일경제신문사, 2024.

〔21〕 서울지방변호사회, 「중대재해처벌법대응 TF연구보고서」, 서울지방 변호사회 중대재해처벌법 대응 TF팀, 2024.

〔22〕 성낙인, 「헌법학」, 법문사, 2024.
〔23〕 송인택·안병익·이태승·정재욱·윤상호, 「중대재해처벌법 해설과 대응」, 박영사, 2022.
〔24〕 신승욱·김형규, 「중대재해처벌법」, 박영사, 2021.
〔25〕 안전보건공단, 「안전보건 나침반(건설업, 2023 개정판)」, 안전보건공단 교육혁신실, 2023.
〔26〕 우징숑(吳經經) / 이호선 역, 「정의의 원천」, 도서출판 리원, 2024.
〔27〕 울리히 벡(Ulrich Bech) / 홍성태 역, 「위험사회」, 새물결, 1997.
〔28〕 윤성철, 「하도급분쟁사례해설-건설·하도급 실무 분쟁을 중심으로」, 도서출판 법과교육, 2020.
〔29〕 윤재윤, 「건설분쟁 관계법(제8판, 개정증보판)」, 박영사, 2021.
〔30〕 이건우·정병국 외 7인, 「중대재해처벌법상 책임과 기업의 대응실무」, 공공노무법인, 2022.
〔31〕 이동영, 「중대재해 처벌 등에 관한 법률의 입법영향분석-중대산업재해 관련 규정(제3조~제7조)을 중심으로」 국회입법조사처, 2025.
〔32〕 이성희·김정애, 「상업교육연구(32판 제3권)」, 한국상업교육학회, 2018.
〔33〕 이재상, 「형법총론」, 박영사, 2011.
〔34〕 이재상·장영민·강동범, 「형법총론」, 박영사, 2022.
〔35〕 이주원, 「형법총론(제3판)」, 박영사, 2022.
〔36〕 이준원·이승복·조규선·김철, 「안전보건경영시스템 구축 및 인증 실무」, 성안당, 2021.
〔37〕 임영섭·최은영, 「중대재해처벌법의 이해와 실무」, 바른북스, 2021.
〔38〕 임웅·김성규·박성민, 「형법총론(제13정판)」, 법문사, 2023.
〔39〕 임종률, 「노동법 제14판」, 박영사, 2016.
〔40〕 장춘재, 「조문별 하도급법 실무 가이드」, 삼일인포마인, 2023.
〔41〕 전상수, 「중대재해처벌법 해석과 입법론」, 박영사, 2025.
〔42〕 전영준·이광표·김화랑, 「지역건설산업 활성화를 위한 합리적 정책 방안 발굴 연구」, 한국건설산업연구원, 2022.
〔43〕 정종섭, 「헌법학원론」, 박영사, 2022.
〔44〕 정영철, 「건설·부동산 공법론」, 박영사, 2023.
〔45〕 정재훈, 「하도급법 연구」, 이화여자대학교출판문화원, 2022.
〔46〕 정진우, 「중대재해처벌법(개정3판)」, 중앙경제, 2024.

〔47〕 조윤호, 「원·하청 산업재해 통합 통계 산출Ⅱ」, 안전보건공단(산업안전보건연구원), 2017.

〔48〕 조흠학, 「법제사적 의미에서 산안법의 역할과 지위에 관한 연구」, 산업안전보건연구원, 2010.

〔49〕 조흠학, 「산업안전보건법 해설」, 신광문화사, 2020.

〔50〕 최명기·정유철, 「중대재해처벌법 체계구축과 이행 실무」, 지우북스, 2024.

〔51〕 황정웅, 「기업의 안전보건 경영시스템」, 성안당, 2021.

논 문

〔52〕 고인석, “중대재해 처벌 등에 관한 법률의 실효성 확보에 관한 연구-산업 안전보건법과의 중복입법 및 중복규제 문제에 대한 검토를 중심으로”, 법이론실무연구, 제11권 제1호, (사)한국법이론실무학회, 2023.

〔53〕 권오성, “중대재해처벌법의 해석상 쟁점-제6조와 제7조를 중심으로”, 노동법포럼(통권 제35호), 2022.

〔54〕 김기우, “하도급거래의 구조적 특징과 노동법 및 경제법 관련 개선방안, 노동법논총(제21집), 비교노동법학회, 2011.

〔55〕 김기선, “사내하도급과 산업안전보건 거버넌스”, 강원법학(제48권), 강원대학교 비교법학연구소, 2016.

〔56〕 김성룡, “중대재해처벌법의 적용을 둘러싼 형사법적 쟁점 검토”, 법무부·고용노동부 공동학술대회 자료집, 2021.

〔57〕 김성룡, “「중대재해 처벌 등에 관한 법률」의 적용을 둘러싼 형사법적 쟁점 검토”, 법학논고(제77집), 경북대학교 법학연구원, 2022.

〔58〕 김영국, “중대재해처벌법의 법적 쟁점과 법정책 과제-기업의 안전보건 조치 강화의 관점에서”, 입법학연구(제18집 제1호), 한국입법학회, 2021.

〔59〕 김용섭, “재난 및 안전 관리 법제의 현황과 법정책적 과제”, (사)행정법이론실무학회, 행정법 연구 제45호, 2026.

〔60〕 김용희, “「중대재해처벌법의 적용을 둘러싼 형사법적 쟁점 검토」에 대한 토론문”, 중대재해처벌법 시행 대비 법무부·고용노동부 공동학술대회 자료집, 2021.

〔61〕 김진권·신만중, “중대재해처벌법 실효성 강화방안”, 아주법학(제17권 제2호), 아주대학교 법학연구소, 2023.

〔62〕 김진권, “중대재해처벌법상 건설공사 경영책임자등의 책임에 관한 연구”, 광운대학교 박사학위 논문, 2024.

〔63〕 김진권, “중대재해처벌법 수사 및 법원 판결 분석과 개선방안”, 법학연구(제33권 4호), 경상국립대학교 법학연구소. 2025.

〔64〕 김철수, “건설업 중대재해처벌법의 적용 문제”, 법학연구, 2022.

〔65〕 김한균, “안전보건확보의무의 형법적 부과 - 중대재해처벌법과 그 제정의 형사정책적 평가”, 형사정책(33), 한국형사정책학회, 2021.

〔66〕 김혜경, "중대재해처벌법의 해석과 적용-영국 기업과실치사법과의 비교분석을 중심으로", 형사정책연구 제34권 제4호, 2023·겨울

〔67〕 노정환, "중대산업재해치사상죄에 대한 실무적 고찰"(중대재해 산업안전 세미나), 울산지방검찰청, 2022.

〔68〕 노호창, "안전국가로의 입법현안과 사회변화에 따른 입법과제-중대재해처벌법을 중심으로", 입법학 연구(제21집 제1호), 2024.

〔69〕 박용수, "산업안전보건법상 사업주 책임 확대에 관한 연구" 창원대학교 (박사학위논문), 2019.

〔70〕 박영희, "중대재해처벌법의 인과관계 문제", 산언안전학회지, 2023.

〔71〕 박희영, "독일의 산업안전보건 관련 법률의 처벌규정", 한국산업안전보건공단(제21집 제1호), 2024.

〔72〕 백광섭·정영철, "중대재해처벌법 쟁점과 개선에 대한 연구-건설산업의 기업범죄 관점에서", 공공사회연구(제13권 제4호), 2023.

〔73〕 부태식, "산업안전보건법 및 중대재해처벌법상 건설공사 도급인의 법적 책임에 관한 연구", 동아대학교(법학박사학위논문), 2023.

〔74〕 서진두·이승길, "중대재해처벌법상 도급관계에서 안전보건 확보의무 이행 주체에 관한 소고", 사회법연구(제48호), 2024.

〔75〕 서진두, "중대재해처벌법상 경영책임자 개념의 한계와 책임주체 재구성에 관한 소고", 노동법연구(제60집), 2024.

〔76〕 서준호, "산업안전보건법상 건설공사 도급인의 책임에 관한 연구", 동아대학교 대학원 국제법무학과(박사학위논문), 2020.

〔77〕 송지용, "중대재해처벌법상 도급인과 건공사발주자의 구분 의의 및 기준", 형사법의 신동향(통권 제77호), 2022·겨울.

〔78〕 오기택, "국내 건설공사 이해관계자에 관한 재해예방 강화 연구", 한국재난정보학회 논문집(제20권 제1호 통권63호), 2024.

〔79〕 오대영, "중대재해처벌법의 적용상 쟁점에 관한 소고-중대산업재해를 중심으로", 법조 제71권 제4호(통권 제754호), 법조협회, 2022.

〔80〕 이기헌 외, "유해위험작업에 대한 재하도급 제한 방안에 관한 연구", 산업안전연구원, 2016.

〔81〕 이상협, "중대재해처벌 등에 관한 법률의 도입에 따른 쟁점에 대한 검토", 한국해법학회지(제43권 제2호), 2021.

〔82〕 이승준, “중대재해처벌법위반죄에서의 경영책임자의 책임과 인과관계-의정부지법 고양지원 2023. 4. 6. 선고 202고단3254 판결의 평석”, 형사법의 신동향, 통권 제79호, 2023.

〔83〕 이지혜, “건설업 ESG 확산과 기업 거버넌스 대응방향”, 한국건설산업 연구원, 2024.

〔84〕 전형배, “중대재해처벌법의 해석상 쟁점”, 노동법포럼(제34호), 노동법이론실무학회, 2021.

〔85〕 정완, “중대재해처벌법의 문제점과 개선방안에 관한 고찰”, 이화여자대학교 법학논집, 제28권 제4호, 2024.

〔86〕 정우성, “건설업 대규모 프로젝트에서의 법적책임 분담”, 법제연구, 2022.

〔87〕 정우성, “소규모 사업장의 안전교육 효과성”, 법제연구, 2023.

〔88〕 정시영, “건설분야 주계약자 공동도급제도 활성화 방안”, 대한설비공학회 학술발표대회 논문집, 2012.

〔89〕 정중섭, “발주자 역할과 안전보건경영시스템 운영이 건설재해 감소에 미치는 영향”, 한밭대학교 박사학위논문, 2023.

〔90〕 정진우, “미국 산업안전보건법에서의 도급규제의 법리 전개” 노동법논총(제56집), 2022.

〔91〕 정진우, “중대재해처벌법 제정과정에서의 법적 쟁점과 남겨진 과제”, 과학기술법연구(제27집 제2호), 한남대학교 과학기술법연구원, 2021.

〔82〕 정진우, “산업안전보건법 국제비교: 독일, 미국, 영국, 일본, EU”, 한국학술정보, 2013.

〔93〕 정진우, “중대재해처벌법 제정과정에서의 법적 쟁점과 남겨진 과제”, 과학기술연구(27권, 제2호), 한남대학교 과학기술연구원, 2021.

〔94〕 정진우, “산업안전보건법 국제비교: 독일, 미국, 영국, 일본, EU”, 한국학술정보, 2013.

〔95〕 정진우, “중대재해처벌법 실무상의 법적 쟁점-중대산업재해를 중심으로”, 사회법연구(제46호), 2022. 5.

〔96〕 정완(경희대학교 법학전문대학원 교수), “중대재해처벌법의 문제점과 개선 방안에 관한 고찰”, 이화여자대학교 법학논집(제28권 제4호 통권86호), 2024.

〔97〕 정현희, “중대재해 처벌 등에 관한 법률의 재판 실무상 쟁점”, 사법정책 연구원, 2022.

〔98〕 조은례, “건설공사도급계약의 성립에 관한 연구”, 한국법학회 28권, 2007.

〔99〕 조흠학, “중대재해처벌법에서의 경영책임자의 범위와 의무에 관한 소고”, 노동법논총(제53집), 2022.

〔100〕 조흠학 외, "산업안전보건법 개정안에 관한 소고", 사회법 연구 제36호, 한국사회법학회, 2018.

〔101〕 백태승, "건설공사와 관련한 도급인의 불법행위책임", 인권과 정의 (Vol. 477), 2028.

〔102〕 최수영, "CDM 제도로 본 영국 건설사업의 협력적 안전관리체계", 건설정책저널, 2020.

〔103〕 최정학, "중대재해처벌법- 기업 경영자 처벌의 논리", 노동법연구 제51호, 2021.

〔104〕 한돈희 외, "유해위험작업에 대한 재하도급 제한 방안에 관한 연구", 산업안전보건연구원, 2016.

〔105〕 한수진, "도급인과 수급인 간의 책임 분담 문제" 법제연구, 2022.

〔106〕 허정·신만중, "중대재해처벌법 적용상의 문제점과 개선방안-소규모 건설 현장을 중심으로", 공공사회연구(제13권 제2호), 2023.

발표 및 보고자료

〔107〕 고용노동부, "2022년 12월말 산업재해 발생현황(통계자료)", 산업안전보건공단 홈페이지 내 자료마당 게재, 2023. 4.

〔108〕 고용노동부, "2023년 유족급여 승인 기준 사고사망 현황", 산업안전보건공단, 2024. 4.

〔109〕 고용노동부, "2023 산업재해 발생현황", 산업안전보건공단, 2024. 3.

〔110〕 고용노동부, "2023년 산업재해 현황 부가통계(재해조사 대상 사망사고 발생 현황)" 보도자료 참조(업종·규모별), 2024. 3.

〔111〕 고용노동부, 행정해석 "중대산업재해감독과-2453", 2022. 6.

〔112〕 국회사무처. 제380회 국회(임시회) 제1차 법제사법위원회 "중대재해에 대한 기업 및 책 임자 처벌 등에 관한 법률안 검토보고", 2020. 7.

〔113〕 대한경제신문, "중대재해처벌 확대적용 점검포럼", 건설회관, 2024. 4.

〔114〕 대한상공회의소, "50인 미만 중소기업 중대재해처벌법 대응 실태조사" 보도자료, 2023. 11.

〔115〕 문화체육관광부, "대한민국 정책브리핑-한기봉 칼럼", 2020. 2.

〔116〕 산업통산자원부, "인증제도 개선방안", 2022. 9.

〔117〕 조선일보, "대법, 가습기살균제 피해 국가 배상 책임 인정 판결 최종 확정", 2024. 6. 28. 기사 참조, 최종검색 2024. 6.

〔118〕 최명선, "중대재해기업처벌법 제정의 사회적 의미와 과제", 〈중대재해기업처벌법 제정〉 의미와 과제 토론회, 중대재해기업처벌법 제정운동본부, 2021. 2.

외국문헌

〔119〕 Boyle, Theresa. "Why did safty system fail? Sad Questions growlouder", The Toronto Star(Toronto), 1992.

〔120〕 Susan P. Baker, "The Impact of OSHA Regulations on Workplace Safety", American Journal of Public Health, 2022.

〔121〕 Michael R. Frone, "Workplace Accidents and the Role of Safety Culture in Prevention", Safety Science, 2023.

〔122〕 Clarke, J. "Redgrave's Health and Safety", LexisNexis, 2012.

〔123〕 Matthews, R. & Ageros, J. "Health and Safety Enforcement: Law and Practice", Oxford University Press, 2016.

〔124〕 RIDDS; "The Reporting of Injuries, Diseases and Dangerous Occurrences Regulations", 2022.

〔125〕 David Walters, "Health and Safety at Work Act: Evolution and Impact on Occupational Safety", Routledge, 2023.

〔126〕 Philip James, "The Health and Safety at Work Act 1974: A Review of 50 Years of Workplace Safety Legislation", IOSH(Institution of Occupational Safety and Health), 2023.

〔127〕 高橋 健二,「中小企業における安全衛生管理の現状と改善策」, 安全衛生研究所, 2022.

〔128〕 佐藤 花子,「建設業における中大事故防止のための最新ガイドライン」, 日本建設安全協会, 2023.

〔129〕 田中 裕士 (Hiroshi Tanaka), 「日本における産業安全管理の最新動向」, 日本産業安全衛生協会(Japan Industrial Safety and Health Association, JISHA), 2023

찾아보기

ㄱ

ㅅ

ㅇ

건설공사

중대재해 처벌법

초판 1쇄 인쇄 2025년 12월 10일
초판 1쇄 발행 2025년 12월 17일

지 은 이 김진권

발 행 인 한정희
발 행 처 경인문화사
편 집 양은경 김지선 한주연 김한별 정효민
마 케 팅 하재일 유인순
출판번호 제406-1973-000003호
주 소 경기도 파주시 회동길 445-1 경인빌딩 B동 4층
전 화 031-955-9300 팩스 031-955-9310
홈페이지 www.kyunginp.co.kr
이 메 일 kyungin@kyunginp.co.kr

ISBN 978-89-499-6901-5 93360
값 37,000원